普通高等院校经济管理类"十二五"应用型规划教材
【金融系列】

个人理财

李燕 编著

机械工业出版社
China Machine Press

图书在版编目（CIP）数据

个人理财/李燕编著 . —北京：机械工业出版社，2014.9（2023.7 重印）
（普通高等院校经济管理类"十二五"应用型规划教材·金融系列）
ISBN 978-7-111-47911-6

I. 个⋯ II. 李⋯ III. 私人投资 – 高等学校 – 教材 IV. F830.59

中国版本图书馆 CIP 数据核字（2014）第 203109 号

　　本书以金融市场理论为基础，以个人生命周期为纵向脉络，着重研究利用金融产品对个人及家庭按照生命周期理论分阶段运用理财知识进行规划和完善，以达到理财意义上的人生圆满的目的。本书重在掌握资金时间价值的运用，以及生命周期理论下不同的人生阶段中的理财需求及规划。本书囊括了理财前景及职业介绍、资金时间价值理论，以及人生规划 7 大内容（包括个人家庭财务报表分析、居住规划、教育规划、税收规划、保险规划、退休规划、遗产规划）。

　　本书适用于经济类专业的学习和教学用书以及广大投资理财爱好者的自学教材。

个人理财

出版发行：机械工业出版社（北京市西城区百万庄大街 22 号　邮政编码：100037）
责任编辑：程　琨
印　　刷：北京建宏印刷有限公司
版　　次：2023 年 7 月第 1 版第 11 次印刷
开　　本：170mm×242mm　1/16
印　　张：24.25
书　　号：ISBN 978-7-111-47911-6
定　　价：39.00 元

客服电话：（010）88361066　68326294

版权所有·侵权必究
封底无防伪标均为盗版

Preface·前言

个人理财最早起源于美国,到了20世纪90年代,理财已发展为一个全新的金融服务业,并占据个人金融服务领域第一的位置。理财业务的发展带来了理财行业的蓬勃发展以及从业人员需求的增加。早在1969年12月12日,来自多家金融机构的13位营销员在美国芝加哥奥黑尔机场附近一家酒店聚会喝咖啡,抱怨没有理财通才,决定成立一个理财协会,于是,1970年由会议支持者Loren Duton发起成立了国际理财规划师协会(International Association for Financial Planning,IAFP),诞生了世界上第一个理财从业协会和理财专业人才培训机构。2008年的金融危机更加让多年经济走在世界前列的美国人感受到个人金融知识普及的重要性,并将其放在了国家战略的高度,2008年1月22日,当时的美国总统布什签署命令,成立了金融教育总统顾问委员会,并希望美国民众能够多掌握一些金融知识。可以说,如今理财已成为西方发达国家人们日常经济生活非常重要的一部分。

理财行业和理财教育在西方开展较早,因此日渐成熟。一名优秀的理财师其社会地位和收入比一般行业都要高。但是我国的理财教育发展起步较晚。随着中国经济的快速发展,人们财富迅速累积,形成了多层次和多样化的消费需求,急需个性化的金融规划服务,再加上金融行业发展日新月异,专业化的个人金融理财人才也逐渐受到重视和欢迎,因此各大高校纷纷开展个人理财相关课程的学习,积极鼓励大学生尤其是经济专业的学生掌握专业知识,成为适应时代潮流的个人理财人才。当然个人理财也受到了广大非经济类专业同学的欢迎,因为毕竟"你不理财,财不理你",人人都需要掌握一定的个人理财知识,才能在现代经济生活中立于不败之地。

作者本人自2008年从事金融教育以来,一直在理财课程的建设和创新上努力。在教学过程中,我们探索了大量新型模式,比如除了传统的课堂教学、案例讨论外,还通过专题研讨、小组辩论、理财情景剧剧本编写及巡演、成立理财协会、开展定期讲座以及理财知识竞赛等丰富多彩的形式,向学生们展示个人理财知识,传授专业理财技能,并在实训实践环节通过指导学生独立完成专业理财规划报告书锻炼学生成长为兼具专业知识和实践能力的个人理财专家,因此该课程自开始以来广受好评。

另外,作者在从教和本书的编著过程中,不断吸收来自同行专家、现代媒体甚至许多可爱又努力的同学收集而来的资讯来扩充知识面,同时力图用丰富生动的语言,在不减低书本深度的同时降低学生学习的难度,因此本书容纳了大量案例,使其更加贴近现实,更有利于学生以最贴近现实的角度去思考和学习。另外,优秀的个人理财人才还需掌握丰富多样的知识,因此本书的各个章节都加入了一些对应知识的扩展,以金融小常识等形式出现,既丰富了课本知识,又努力做到不刻板,让同学们如同体验知识小卡片小游戏一样轻松补充知识,同时也有利于教学中师生互动。另外值得一提的是,本书吸收了许多理财规划师技能考试的真题,并进行了备注,力图最真实地展现当代中国理财人才从业资格考试所需掌握的知识,并将其穿插在书本例题以及课后习题中,不仅有利于对知识的复习和掌握,还能帮助学生不知不觉地掌握理财资格考试的专业知识,同时也有助于教师的教学和巩固,一举多得。

本教材主要有以下几个特点:

首先,注重个人理财知识的体系化和完整化。本书的理论知识紧紧围绕着人的一生,利用个人生命周期理论和专业的货币资金时间价值等金融知识,从个人家庭财务报表分析、居住规划、教育规划、税收规划、保险规划、退休规划以及遗产规划等7个方面系统地讲解了人的一生的个人理财知识。从出生之后教育资源的配置到临死前的遗产规划,帮助读者了解个人生涯的理财规划,真正了解个人理财的真谛。

其次,注重内容的实用化和适用化。个人理财由于贴近个人生活,不管是专业对口的大学生还是普通百姓都值得学习也很容易有兴趣学习,因此本教材在编写过程中既加入了大量生动有趣的案例对专业知识加以说明,也补充了大量专业资格考试的真题帮助学生巩固掌握知识。既可作为专业化的课程教学用书,也可作为对理财有兴趣的个人的自学用书,以及作为补充个人理财知识的读物甚至还可以作为相关职业资格考试如理财规划师的学习和复习指导用书。

最后,强调应用性和实践性。本教材在编著过程中,不断通过调查以及多届教学过程中的师生互动和反馈,力图做到内容真实可靠,实践性强,能够帮助同学们更加真实地体会到个人理财的核心知识,并能通过学习较好地应用于自身理财以及日后的工作中。正如作者常常在课堂中提到的,希望通过个人理财的学习,帮助同学做到"穷则独善其身"（即是指通过个人理财知识的学习丰富自己日后的精神和物质生活），"达则兼济天下"（即是指通过学好专业的理财知识，在日后的工作中帮助更多的人从理财角度实现人生梦想——财务自由）。

  本书主要内容是由作者历时三年编写并在不断的修改和完善中完成的，是作者从教生涯的工作内容和经验总结。本书的编写过程得到了广大学者专家以及机械工业出版社的大力支持和帮助。尤其上海浦东干部学院的博导冯俊教授、嘉兴学院商学院潘煜双教授、陈应军先生给予了很多支持和鼓励，在此特表示衷心感谢。同时，我们还在学生中进行了大量的调研和实践，许多特色和最新资讯的收集工作得到了各专业学生的帮助，我们得益于学生的很多想法和新颖的见地，同时也让对自己的未来充满了信心。可以说教材作为教学工作的重要基础工具，本身就离不开这些活泼可爱的孩子的参与和关注，在此也一并表示赞扬和感谢。

  当然，由于作者的能力和水平有限，本书仍然存在着许多不足之处，比如在书中引用了许多精彩的案例或者前人语录，还有一些是专业资格考试历年真题，这些资料有的来自已出版的图书，有的来自现代化的媒体和网络，作者本着真诚敬佩的态度努力做到尽可能的注明或罗列，由于篇幅及个人能力有限，未能详见之处还请多多见谅，同时也欢迎读者不吝提醒和指点，以便进一步修订和完善。另外我们也对一些案例进行了部分整理和修改，在此对给予帮助的所有人再次表示衷心的感谢！

  本书在编写过程中，参阅了大量文献和资料，书后列出了主要的参考资料，限于水平和时间，难免出现疏漏和缺陷，敬请多多谅解。同时也恳请广大读者和同行批评指教，这将成为我们继续前进的动力。

李燕
2014 年 6 月

教学建议 · Suggestion

本课程是关于理财知识的普及及理财能力培养的专业课程，以个人生命周期为脉络，通过讲解个人理财的金融及财务知识，教授生命周期中不同人生阶段的居住规划、教育规划、税收规划、保险规划、退休规划及遗产规划等重要内容提升学生的金融知识掌握程度和个人理财能力，使之对个人生命周期及人生规划脉络有较为清晰的理解，并利用所学专业知识科学规划人生，帮助自己及他人实现财务自由和人生目标，追逐梦想。

教学方式方法及手段建议

个人理财是一门实践性和实用性很强的学科，要求学生不仅掌握扎实的金融知识，还需兼具财务、社会及管理等多个方面的知识。为了让教学效果更好，建议在以课堂教学为主的理论教学基础上，通过书中的案例分析、课后习题练习等手段，帮助和引导学生建立人生规划脉络，以利于运用所学知识深入分析现实问题，并通过具体实践领悟理财真谛，学会理财沟通，掌握理财技能，成长为能够为自己及他人做出科学理财规划的现代理财专业人士。同时还特别建议通过组织课堂专题研讨、师生互动体验式教学（如将学生分成不同小组，针对人生不同阶段规划主题进行辩论、沙盘推演等活动），又或者通过开展理财情景剧等活动，让学生感受理财的现实场景和真实过程，不仅锻炼学生理财知识的运用，还能帮助其锻炼将来在工作和生活中的人际交往能力、专业表达能力、知识运用能力以及应变和解决问题能力，从而真正达到理论与实践相结合的目的，培养出能动脑也能动手的专业理财人才。

学时分配建议（仅供参考）

序号	章节	教学内容	学习要点	学时安排
1	第1章	理财导论	理财起源及发展 理财影响因素 理财规划目标及内容	4
2	第2章	理财基础：资金时间价值	资金时间价值及内涵 资金时间价值的类型 单利终值与现值 复利终值与现值 年金终值与现值 个人生命周期理论	6
3	第3章	个人家庭财务报表分析	家庭资产负债表及其构成 家庭收入支出表及其构成 家庭资产负债结构分析 家庭收入支出结构分析 个人家庭财务报表比率分析 理财成就率、资产增长率、财务自由度、致富公式	6（含实训2课时）
4	第4章	金融市场理财工具	货币市场：人民币集合理财、外汇理财 资本市场：股票、基金、权证 衍生品市场：期货、期权 收藏品市场分类及投资策略	8
5	第5章	居住规划：买房与理财	居住决策、原则 居住决策方法 购房需求 购房费用及贷款类型 换房规划	4
6	第6章	教育规划：个人成长理财	教育规划及分类 自身教育影响因素 自身教育规划流程 子女教育规划原则 教育负担比 子女规划流程	2
7	第7章	保险规划：风险理财	保险类别 不同生涯阶段的保险需求 保险规划基本原则 保险规划步骤	2
8	第8章	税收规划：税务理财	税收规划的原则 税收规划基本方法 纳税人身份设计筹划 征税范围角度筹划 计税依据角度筹划 税收优惠利用	4

（续）

序号	章节	教学内容	学习要点	学时安排
9	第9章	退休规划：夕阳理财	退休规划影响因素 退休规划风险 退休规划原则 退休收入来源分析 退休规划流程	2
10	第10章	遗产规划：身后理财	遗产规划目的 遗产规划策略 遗产规划工具 遗产规划流程	2
11	第11章	理财规划方案设计	理财规划步骤 客户风险评估 目标并进法 目标顺序法	6（含实训4课时）
	合计			46（含实训6课时）

Contents 目录

前言
教学建议

第 1 章　理财导论　　　　　　　　　　　　　　1
　　学习目标　　　　　　　　　　　　　　　　　1
　　第一节　理财概述　　　　　　　　　　　　　1
　　第二节　理财行业发展　　　　　　　　　　　6
　　第三节　理财从业资格　　　　　　　　　　14
　　本章小结　　　　　　　　　　　　　　　　24
　　课后习题　　　　　　　　　　　　　　　　24

第 2 章　理财基础：资金时间价值　　　　　31
　　学习目标　　　　　　　　　　　　　　　　31
　　导读　　　　　　　　　　　　　　　　　　31
　　第一节　资金时间价值概述　　　　　　　　32
　　第二节　资金时间价值规划　　　　　　　　35
　　第三节　资金时间价值计算　　　　　　　　40
　　第四节　资金时间价值的运用　　　　　　　47
　　本章小结　　　　　　　　　　　　　　　　53
　　课后习题　　　　　　　　　　　　　　　　54

第 3 章　个人家庭财务报表分析　　　　　　57
　　学习目标　　　　　　　　　　　　　　　　57

导读	57
第一节 个人家庭财务报表概述	57
第二节 个人家庭财务报表编制	64
第三节 个人家庭财务报表分析	72
第四节 个人家庭财务报表运用	80
本章小结	86
课后习题	86

第4章 金融市场理财工具

学习目标	91
导读	91
第一节 货币市场理财工具	91
第二节 资本市场理财工具	99
第三节 衍生品市场理财工具	109
第四节 收藏品市场理财工具	119
本章小结	125
课后习题	126

第5章 居住规划：买房与理财

学习目标	135
导读	135
第一节 居住规划概述	135
第二节 购房流程及费用	141
第三节 居住规划适宜理财产品	154
本章小结	159
课后习题	160

第6章 教育规划：个人成长理财

学习目标	169
导读	169
第一节 教育规划概述	169

第二节 自身教育与培训	172
第三节 子女教育规划	175
第四节 相关理财产品及案例	183
⋮本章小结	189
⋮课后习题	189

第7章 保险规划：风险理财 — 199

⋮学习目标	199
⋮导读	199
第一节 保险规划概述	200
第二节 保险规划内容	203
第三节 保险规划理财产品比较	211
第四节 保险规划案例分析	216
⋮本章小结	220
⋮课后习题	220

第8章 税收规划：税务理财 — 232

⋮学习目标	232
⋮导读	232
第一节 税收规划概述	232
第二节 个人税收规划具体内容	236
第三节 税收规划基本方法及应用	243
第四节 税收规划相关理财产品	248
第五节 税收规划案例分析	252
⋮本章小结	256
⋮课后习题	256

第9章 退休规划：夕阳理财 — 265

⋮学习目标	265
⋮导读	265
第一节 退休规划概述	265

第二节	退休规划风险与原则	268
第三节	退休规划主要内容	271
第四节	退休规划适宜理财产品及案例	278

┆本章小结 290
┆课后习题 290

第 10 章　遗产规划：身后理财　300

┆学习目标 300
┆导读 300

第一节	遗产规划概述	300
第二节	遗产规划工具及流程	303
第三节	遗产规划适宜理财产品及案例	312

┆本章小结 317
┆课后习题 317

第 11 章　理财规划方案设计　329

┆导读 329

第一节	理财规划流程及要点	329
第二节	理财规划案例分析	334
第三节	理财规划建议书	340

┆本章小结 354
┆课后习题 354

参考文献　376

Chapter 1 · 第1章

理财导论

学习目标

本章要求了解作为美国国家战略的金融理财知识教育的重要性；理财的相关概念及范围；理解和掌握理财价值观、理财行业业务分类和发展以及理财从业资格的主要内容。其中，个人生命周期各阶段的理财活动、理财业务的影响因素、理财师工作内容及流程为本章的重点和难点。

第一节 理财概述

一、相关概念及范围

（一）概念

1. 理财：个人理财与理财规划

理财是指合理利用财务资源，通过明确理财目标、分析财务现状，制定出可行的理财方案，从而实现目标的综合过程。通常由专业的金融理财人员利用先进的金融知识进行规划，但是随着金融知识的普及，理财越来越受到老百姓家庭的重视。

个人理财是指运用科学的方法和特定的程序为客户制定切合实际的、具有可操作性的某方面或综合性的财务方案，是面向个人和家庭的综合性金融服务。包含了人的生命周期每个阶段的资产和负债分析、现金流量预算与管理、个人风险管理与保险规划、投资规划、职业生涯规划、子女养育及教育规划、居住规划、退休规划、个人税务筹划和遗产规划等内容（见图 1-1）。

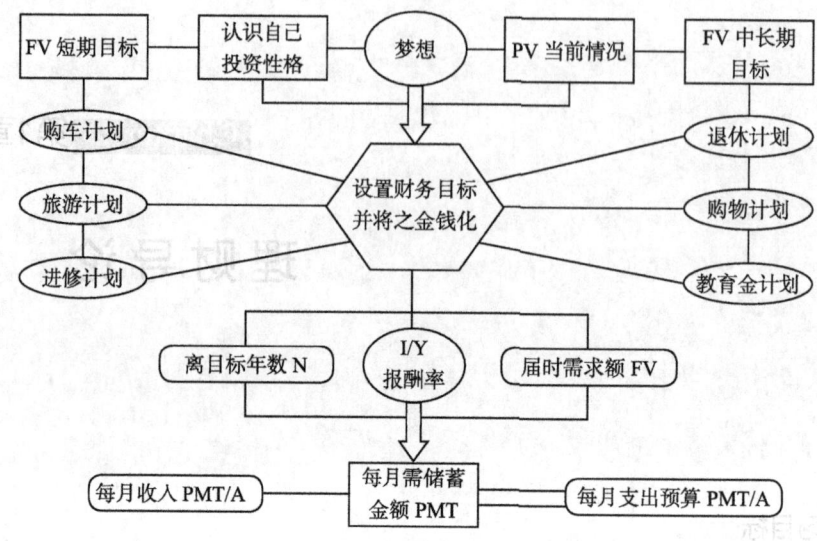

图 1-1 理财规划步骤图

美国先贤富兰克林说过一句话：时间就是金钱。引申到理财上我们不难发现，管好时间其实比管好财富更重要，理财要趁早。利用资金的时间价值和复利价值来创造财富是创造长期价值的关键一步。坚持及早投资、长期投资的原则，可以让未来的生活更有保障。

理财规划的目的在于能够使客户不断提高生活品质，即使到年老体弱或收入锐减的时候，也能保持自己所设定的生活水平。理财规划的目标有两个层次：财务安全和财务自由。理财规划是一个评估个人或家庭各方面财务需求的综合过程，它是由专业理财人员通过明确客户理财目标，分析客户的生活、财务现状，从而帮助客户制定出可行的理财方案的一种综合性金融服务。

 理财小故事 1-1   你是小李还是小张

张三与李四在同一单位工作，每月都有 5 000 元收入。月支出如下：通信费 300 元，伙食费 1 000 元，交通费 500 元，房租 1 000 元，水电费 200 元，合计每月基本支出 3 000 元。收支相抵，结余 2 000 元。

张三有一爱好：打牌。逢赌必输。每月余下的 2 000 元常常输个精光。年底，张三的银行存折上只有 10.00 元。

李四将结余进行如下分配：1 000 元定期存款，另 1 000 元投资证券。一年后李四的收益为：1 000×12×（1+3%）+1 000×12×（1+10%）=25 560 元。

一年后，张三与李四的财富差距为 25 560 元。

2. 个人生命周期各阶段的理财活动

理财规划根据不同生命周期的特点，针对学业、职业的选择到家庭、居住、退休所需要的财务状况，综合使用银行产品、证券、保险产品等金融工具，来进行理财活动和财务安排。

我们按年龄层把个人生命周期比照家庭生命周期分为6个阶段，分别为探索期、建立期、稳定期、维持期、高原期、退休期（见表1-1）。

表1-1 家庭生命周期

期间	探索期	建立期	稳定期	维持期	高原期	退休期
对应年龄	15～24	25～34	35～44	45～54	55～60	60岁以后
家庭形态	以父母家庭为生活重心	择偶结婚、有学前子女	子女上中小学	子女进入高等教育	子女独立	夫妻二人生活
理财活动	求学深造提高收入	量入为出，攒首付钱	偿还房贷筹集教育金	增加收入筹退休金	负担减轻准备退休	享受生活、规划遗产
投资工具	存款基金定投	活期存款、股票、基金定投	实业自用房产投资、股票基金	多元化投资组合	降低投资组合风险	固定收益投资
保险计划	意外险寿险	寿险、储蓄险	定期寿险、养老险	养老型、投资型、防癌型保单	长期看护险、退休年金	退休年金

（1）**探索期**。一般为15～24岁。家庭形态以父母家庭为生活重心；理财活动以求学深造提高收入为目的；投资工具以活期、定期存款、基金定投为主；保险计划则以意外险、寿险为预备；房产暂不考虑。

（2）**建立期**。一般为25～34岁。家庭形态表现为择偶结婚或有学前子女；理财活动要量入为出攒房产首付钱；投资工具以活期、股票、基金定投为主；保险计划则以寿险、储蓄险为预备。

（3）**稳定期**。一般为35～44岁。家庭形态表现为子女上中小学；理财活动则以偿还房贷、筹集教育金为主；投资工具以实业、自用房产、股票、基金为主；保险计划则以定期寿险、养老险为主。

（4）**维持期**。一般为45～54岁。家庭形态表现为子女进入高等教育阶段；理财活动目的是为增加收入养老防病；投资工具可选择多元化投资组合；保险计划则选择养老型、投资型、防病型保单。

（5）**高原期**。一般为55～60岁。家庭形态表现为子女独立；此时理财负担减轻准备退休；投资工具可选择风险较低的投资组合；保险计划则以长期看护险、有固定退休年金的险种为佳。

（6）退休期。一般为60岁以后。家庭形态表现为夫妻二人为主，俗称"空巢家庭"；理财活动以享受生活、规划遗产为主；投资工具可选择固定收益投资（如房产出租、存款）为主；保险计划是领退休年金至终老。

例1-1　个人生命周期中探索期的理财活动主要是（　　）。

A. 偿还房贷，筹教育金　　　　　B. 量入为出，存自备款

C. 提升专业，提高收入　　　　　D. 收入增加，筹退休金

答案解析：C。探索期为15～24岁，为就学和职场新人阶段，在此期间投资自己，提高未来收入是主要理财活动。

（二）范围

1. 生活理财

设计一个将整个生命周期考虑在内的终生生活及财务计划，将未来的职业选择、子女及自身的教育、购房、保险、医疗及养老、遗产及事业继承、税收等各方面的事宜进行妥善安排，在不断提高生活品质的同时，即使在年老体弱及收入锐减的时候，也能保持自己所设定的生活水平，最终达到终生的财务安全、自主、自由和自在（见图1-2）。

2. 投资理财

在客户的生活目标得到满足之后，追求投资于股票、债券、金融衍生工具、黄金、外汇和不动产及艺术品等各种投资工具时的最佳回报，加速个人/家庭资产的成长，从而提高家庭的生活水平和质量（见图1-3）。

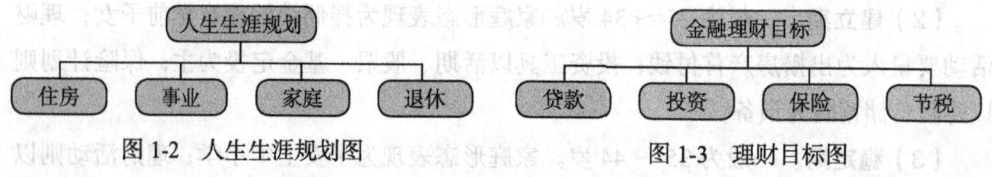

图1-2　人生生涯规划图　　　　　图1-3　理财目标图

理财小故事1-2　　诺贝尔基金会的成功

1896年，诺贝尔捐献980万美元作为诺贝尔基金会的原始基金，但每年颁发的奖项至少要支付500万美元，到1953年基金会只剩下300多万美元。也就在这一年，基金会将原来只准存放在银行与买公债的理财方法，改变为以投资股票、房地产为主的理财方式，到1993年，基金会的总资产竟然滚动到2亿多美元。

二、理财价值观

（一）理财价值观的含义

1. 概念

理财价值观就是客户对不同的理财目标的优先顺序的主观评价。价值观因人而异，无对错之分，理财规划师的责任不是要改变客户的价值观，而是让客户了解不同价值观下的财务特征和理财方式。

2. 客户理财过程中的两种支出

（1）义务性支出。收入中必须优先满足的支出，包括：①日常生活基本开销；②已有负债的本利摊还；③已有保险的续期保费支出。

（2）选择性支出，也叫随意性支出。它是指日常生活中非必要性的支出，具有可选择性的特征，如购买彩票的支出。

（二）四种典型的理财价值观

根据对义务性支出和选择性支出的不同态度划分为后享受型、先享受型、购房型和子女中心型（见表 1-2）。

表 1-2　不同类型的价值观

分类	后享受型	先享受型	购房型	子女中心型
特征	将大部分选择性支出都存起来，储蓄投资的目标是期待退休后享受更高品质的生活	选择性支出放到当前，提升当前的生活水平	义务性支出以房贷为主，或将选择性支出准备购房	义务性支出以子女教育为主，储蓄动机也为子女高等教育做准备
理财特点	储蓄率高	储蓄率低	为拥有住房牺牲消费，购房本息在收入的 25% 以上	牺牲自己的消费为子女教育和遗产
理财目标	退休规划	目前消费	购房规划	教育金规划
付出代价	年轻时苛待自己、年老时无力消费、引发遗产问题	低储蓄率，老年生活品质低	年轻时苛待自己、年老时生活品质低下	在资源有限情况下，不利于自己退休后的生活安排
投资建议	投资： 平衡型基金组合 保险： 养老险 或投资型保单	投资：单一指数型基金 保险：基本需求养老险	投资：中短期看好的基金 保险：短期储蓄险或房贷寿险	投资：中长期表现稳定的基金 保险：子女教育基金

例 1-2 关于不同理财价值观客户所对应的不同的营销策略，下列描述错误的是（　　）。

A. 对于后享受型，应建议其购买养老保险或投资保单
B. 对于先享受型，应建议去购买单一指数型基金
C. 对于购房型，应建议其购买中短期比较看好的基金
D. 对于子女中心型，建议其购买短期稳定基金

答案解析：D。子女教育花费较大部分在后期，应建议其购买中长期表现稳定的基金。

第二节　理财行业发展

一、理财的起源及发展

理财起源于美国，最早是在 20 世纪 30 年代由保险营销人员提供个人财务规划服务。当时严重的经济危机给人们的未来生活带来巨大的不确定性，保险公司提供的可以满足各种不同需求甚至为客户量身定做的保险产品逐渐进入人们的视野。从 20 世纪 60 年代末到 90 年代，在发达国家特别是美国，理财发展为一个全新的金融服务业，并占据个人金融服务领域第一的位置。

（一）国外的发展

1. 萌芽时期

20 世纪 20 年代开始，是理财业务的萌芽时期。经济危机孕育了金融理财业务，保险公司推出个性化保险产品。此时的金融理财是为了兜售本公司产品而采取的一种全新的营销策略。这个阶段还没有关于理财业务的明确概念界定，特点是无理财规划，无数据积累，无专业理财人才；其目的主要在于推销产品，为保险产品和基金产品的销售服务。

2. 形成与发展时期

20 世纪 60～80 年代，第二次世界大战后，经济复苏和财富积累加速，催生了大众富裕阶层。面对政府的社会保障和公共福利政策的改变，各种复杂金融产品和税收制度的出现，人们对专业理财服务日渐重视。

在 20 世纪 70 年代到 80 年代初期，理财业务的主要内容就是避税、年金系列产

品、参与有限合伙（即投资者投资合伙企业但只承担有限责任）以及投资于硬资产（贵金属）。直到1986年，伴随着美国税法的改革以及里根总统时期通货膨胀的显著降低，理财业务的视角逐渐扩展，开始从整体角度考虑客户的理财需求。

3. 成熟时期

20世纪90年代，开始广泛使用衍生金融产品，而且将信托业务、保险业务以及基金业务等相互结合，从而满足不同客户的个性化需求。

例1-3 20世纪90年代是国外理财业务日趋成熟的时期，这一时期的繁荣可以归因于（　　）。

A. 投资者的投资偏好　　　B. 良好的经济态势　　　C. 理财专业数量的增长
D. 理财人员素质的提高　　E. 不断高涨的证券价格

答案解析：BE。20世纪90年代是国外理财业务日趋成熟的时期，许多人涌入理财行业，理财业务在这一时期的繁荣可以归因于良好的经济态势及不断高涨的证券价格。

（二）国内的发展

1. 发展历程

在中国，理财业务是改革开放之后，尤其是在20世纪90年代以后才发展起来的。改革开放后的经济发展和经济增长使中国的综合国力得到了迅速的提高，居民收入作为反映这种发展的一个重要指标，也在不断提升。

20世纪80年代末到90年代是中国理财业务的萌芽阶段，当时银行开始向客户提供专业化投资顾问和个人外汇理财服务，但大多数居民无理财意识。直到2005年才开始中国理财业务的形成时期。这一阶段的特点在于理财产品、理财环境、理财观念和意识及理财师专业人才队伍建设取得显著进步。随着金融市场和经济环境的发展，从2006年我国理财业务开始进入了大幅扩展时期。

（1）理财需求。一方面，随着中国的经济体制由计划经济转向市场经济，经济高速增长，居民收入水平进一步提高。

另一方面，随着中央银行连续多次降低商业银行存款利率、开征利息税等措施的实施，居民银行存款可获收益大幅下降，他们逐渐开始寻求通过最优储蓄和其他投资工具的组合，使未来生活有所保障的同时扩大投资收益的来源。

（2）理财供给。随着中国金融体制的转型，资本市场中投资产品、各类保险产品特别是人寿保险产品迅速推出。特别是加入世界贸易组织之后，金融市场逐步放开，伴随着外资金融机构的进入和相关金融创新产品的引进，金融市场竞争将更加激烈。

因此，理财规划业务的创新和发展成为近年来我国商业银行及其他金融企业完善服务功能的突破口，并且我国商业银行普遍将这种业务的创新视为在目前分业经营、分业监管体制下推动业务综合化发展的主要方向。

2. 目前情况及市场前景

从理财业务本身来看，它至少需要有两个条件：首先是要有富裕的居民，没有财产就谈不上对它的打理；其次是要有金融工具。随着改革开放的不断深入，我国生产力得到了长足发展，人民生活水平迅速提高。家庭财产的持续增长，给金融理财业发展带来广阔的市场发展前景。

目前我国商业银行理财基本业务（基础产品）主要有外汇理财产品（主要是个人外汇结构性存款）以及人民币理财产品。2006年以前，人民币理财产品主要是以银行间债券市场上流通的国债、政策性金融债、央行票据、货币市场基金和企业短期债为收益保证。而向个人发行的理财产品，其特点在于流动性强、风险低、预期收益高。近年来结构性理财产品开始主导市场。

二、理财业务

（一）概念及特点

2005年9月24日经中国银行业监督管理委员会第三十三次主席会议通过并公布了《商业银行理财业务管理暂行办法》、《商业银行理财业务风险管理指引》，自2005年11月1日起施行。

1. 概念

根据《商业银行理财业务管理暂行办法》，理财业务的定义是指商业银行为个人客户提供的财务分析、财务规划、投资顾问、资产管理等专业化服务活动。

2. 特点

①服务对象：个人客户不是企业或其他法人；②服务的性质：顾问性质及受托性质；③服务的个性化、综合化；④服务的专业化，这种专业化还体现在服务提供者是专业化的人才。由此可见，理财业务是建立在委托—代理关系基础之上的业务，是一种个性化、综合化的服务活动。

3. 理财业务人员

理财业务人员是指那些能够为客户提供专业化服务的业务人员，以及其他与理财业务销售和管理活动紧密相关的专业人员,而不是一般性的业务咨询人员。这种专业化服务活动表现出两种性质:一是充当理财顾问,向客户提供咨询,属于顾问性质;二是将按照与客户事先约定的投资计划和方式进行投资和资产管理的业务活动,属于受托性质。

> **金融小常识 1-3**
> 我国理财业务的性质界定不同于国外:国外理财业务中,银行可以从事有关证券业务和信托业务,侧重理财顾问和代客理财。我国相关法律规定商业银行不得从事证券和信托业务。

(二)分类

1. 理财顾问服务

理财顾问服务是指向客户提供财务分析与规划、投资建议、个人投资产品推介等专业化服务。这是一种针对个人客户的专业化服务,不同于为销售储蓄存款、信贷产品等进行的产品介绍、宣传和推介等一般性业务咨询活动。

客户接受服务后,自行管理和运用资金,并获取和承担由此产生的收益和风险,是个性化的、专业化的服务,收取费用,不是一般的咨询活动,客户自行运作资金并承担风险。

例 1-4 下列关于商业银行和客户在理财顾问服务中角色的说法,正确的是( )。

A. 商业银行提供建议并作出决策,客户不参与
B. 商业银行只提供建议,最终决策权在客户
C. 客户提供建议并作出决策,商业银行不参与
D. 客户只提供建议,最终决策权在商业银行

答案解析:B。在理财顾问服务中,商业银行不涉及客户财务资源的具体操作,只提供建议,最终决策权在客户。

2. 综合理财服务

综合理财服务是指商业银行在向客户提供理财顾问服务的基础上,接受客户的委托和授权,按照与客户事先约定的投资计划和方式进行投资和资产管理的业务活动。

(1)与理财顾问服务的重要区别。在综合理财服务活动中,客户授权银行代表客户按照合同约定的投资方向和方式,进行投资和资产管理,投资收益与风险

由客户承担或按照客户与银行约定的方式承担。可见，综合理财服务更突出个性化服务。

（2）综合理财服务可进一步划分为理财计划和私人银行业务。前者是商业银行针对特定目标客户群体进行的理财业务；而后者服务对象主要是高净值客户，涉及的业务范围更广，更具个性化服务特色。

1）理财计划。理财计划是指商业银行在对潜在目标客户群分析研究的基础上，针对特定目标客户群开发、设计并销售的资金投资和管理计划。理财计划按照客户获取收益的方式不同可分为保证收益理财计划和非保证收益理财计划。

保证收益理财计划是指按照约定条件向客户承诺支付固定收益，银行承担由此产生的投资风险，或银行按照约定条件向客户承诺最低收益并承担相关风险，其他投资收益由银行和客户按照合同约定分配，并共同承担相关投资风险的理财计划。一种约定是银行承诺固定收益，银行承担由此产生的风险；另外一种约定则是银行承诺最低收益，银行承担相应风险，其他收益按约定分配，风险共担。但是，由于我国的利率还未完全市场化，因而保证收益理财计划有可能被商业银行利用而成为高息揽储和规模扩张的手段，从而回避利率管制，并进行不正当竞争。因此，监管机构对其实施严格的审批制度和程序。例如，《商业银行理财业务管理暂行办法》第二十四条就规定："保证收益理财计划或相关产品中高于同期储蓄存款利率的保证收益，应是对客户有附加条件的保证收益。商业银行不得无条件向客户承诺高于同期储蓄存款利率的保证收益率。"

非保证收益理财计划可进一步划分为保本浮动收益理财计划和非保本浮动收益理财计划。保本浮动收益理财计划是指商业银行按照约定条件向客户保证本金支付，本金以外的投资风险由客户承担，并依据实际投资收益情况确定客户收益的理财计划，其特点在于保证客户的本金安全，但不保证客户一定获得收益。非保本浮动收益理财计划是指商业银行根据约定条件和实际投资收益情况向客户支付收益，并不保证客户本金安全的理财计划，其特点在于不保本，根据约定条件、实际收益支付收益。

2）私人银行业务。私人银行业务是一种向高净值客户提供的综合理财业务，不仅为客户提供投资理财产品，还为客户进行理财，利用信托、保险、基金等金融工具维护客户资产，在风险、收益和流动性之间进行平衡，同时还为客户进行与理财相关的法律、财务、税务、财产继承、子女教育等专业顾问服务。

其目的在于通过财务咨询和投资顾问，达到财富的保值、增值、继承、捐赠等目标。其核心内容是向富人及家庭提供系统的理财规划服务的混业业务，超越简单的资产负债业务，服务的成分更高、更多（一般占70%以上）。

三、影响因素

（一）宏观因素

1. 政治、法律与政策环境

理财业务不仅需要关注国内政治环境，还需要同时敏锐地判断国际政治环境的变化和动态。同时金融机构开展理财业务必然受到相关法律法规的制约。国家政策的影响也非常显著。主要表现在以下几个方面：① 财政政策（收入政策、支出政策）；② 货币政策（法定存款准备金率、再贴现率、公开市场业务操作）；③ 收入分配政策（针对居民收入水平高低、收入差距大小在分配方面制定的原则和方针）；④ 税收政策，由于税收政策直接关系投资收益与成本，因此对个人和家庭的投资策略具有直接的影响。

例 1-5 理财活动与（　　）经济政策息息相关。

A. 市场　　　　B. 微观　　　　C. 宏观　　　　D. 计划

答案解析：C。国家货币政策、财政政策及其变化趋势等都属于宏观经济政策，这些都直接或间接影响到投资理财活动的各个方面。

2. 经济环境

（1）经济发展阶段。经济环境对理财的影响是多方面的。从宏观上看，主要包括经济增长、经济政策、投资和消费水平、就业率、通货膨胀等方面。按照美国学者罗斯托的观点，将世界各国的经济发展分为以下五个阶段：① 传统经济社会；② 经济起飞前的准备阶段；③ 经济起飞阶段；④ 迈向经济成熟阶段；⑤ 大量消费阶段。属于前三个阶段的国家称为发展中国家，而处于后两个发展阶段的国家则称为发达国家。总的来说，经济环境对理财的影响主要通过两个方面起作用：一是影响客户的收入，二是影响客户的消费。

（2）消费者的收入水平。衡量消费者收入水平的指标主要包括：① 国民收入；② 人均国民收入；③ 个人收入；④ 个人可支配收入；⑤ 个人任意支配收入。

（3）宏观经济状况。

1）经济增长速度和经济周期至关重要。投资者在投资理财时，应该清楚地认识和了解经济周期的演变过程，一个经济周期通常要经过恢复、繁荣、衰退和萧条等不同阶段，不同的阶段理财策略不同（见表 1-3）。

例 1-6 一个完整的经济周期包括（　　）。

A. 恢复　　　　B. 繁荣　　　　C. 衰退　　　　D. 萧条　　　　E. 高涨

答案解析：ABCD。一个经济周期通常要经过恢复、繁荣、衰退和萧条等不同阶段。

经济增长情况对理财策略的影响，具体如表 1-3 所示。

表 1-3　经济增长与理财策略

理财产品	预期未来经济增长比较快，处于景气周期		预期未来经济增长缓慢，处于衰退周期	
	理财策略调整建议	调整理由	理财策略调整建议	调整理由
储蓄	减少配置	收益偏低	增加配置	收益稳定
债券	减少配置	收益偏低	增加配置	风险较低
股票	增加配置	企业盈利增长、支撑牛市	减少配置	企业亏损增加、引发熊市
基金	增加配置	可以实现增值	减少配置	资产缩水
房产	增加配置	价格上涨	适当减少	市场转淡

2）通货膨胀也会对个人投资理财策略产生不同影响，具体如表 1-4 所示。

表 1-4　通货膨胀对个人投资理财策略的影响

理财产品	预期未来温和通货膨胀		预测未来通货紧缩	
	理财策略调整建议	调整理由	理财策略调整建议	调整理由
储蓄	减少配置	净收益降低	维持配置	收益稳定
债券	减少配置	净收益降低	减少配置	价格下跌
股票	适当增加配置	资金涌入价格上升	减少配置	价格下跌
黄金	增加配置	规避通货膨胀	维持配置	价格稳定

3）此外还有就业率以及国际收支与汇率都会对理财策略造成不同的影响，尤其是开放金融体系下的理财业务必须考虑汇率风险的影响，具体如表 1-5 所示。

表 1-5　理财业务的汇率风险

理财产品	预期未来本币升值		预期未来本币贬值	
	理财策略调整建议	调整理由	理财策略调整建议	调整理由
储蓄	增加配置	收益将增加	减少配置	收益将减少
债券	增加配置	本币资产升值	减少配置	本币资产贬值
股票	增加配置	本币资产升值	减少配置	本币资产贬值
基金	增加配置	本币资产升值	减少配置	本币资产贬值
房产	增加配置	本币资产升值	减少配置	本币资产贬值
外汇	减少配置	人民币更值钱	增加配置	外汇相对价值高

3. 社会环境

社会环境对理财业务的影响主要体现在三个方面：① 社会文化环境。社会文化环境是指一个国家、地区或民族的文化传统、风俗习惯、伦理道德观念、价值观念、宗教信仰、审美观、语言文字等。它会导致不同的国情以及人们对理财产品及策略的偏好，如中国人的节约观导致储蓄率在国际水平上偏高，中国人的观念导致购房成为理财中非常重要的环节。不同的文化会导致人们不同的行为，也会对理财问题产生影响。不同的文化之间存在着很多的差异，这些差异存在于人们社会生活的方方面面，把这些差异对理财的影响积累起来，往往会产生重要的影响。② 养老保险制度、医疗保险制度、其他社会保障制度等影响国民日常生活的社会制度环境也会对人们的理财造成不同的影响。③ 人口环境对理财业务也影响重大，主要表现在规模与结构两个方面。

4. 技术环境

技术的变革与进步深刻影响着金融机构的市场份额、产品生命周期、竞争优势。

例 1-7 对理财业务造成影响的经济环境因素包括（ ）。
A. 汇率　　　　　B. 消费者收入水平　　　　C. 通货膨胀
D. 国际收支　　　E. 失业保险制度
答案解析：ABCD。失业保险制度属于社会环境因素。

（二）微观因素

1. 金融市场的竞争程度

金融市场上的竞争状况是影响金融行业理财业务的一个重要因素。一方面，伴随着金融业的逐步开放，理财业务一直是内外资银行争抢的一个主要领域；另一方面，证券公司等其他金融机构也在金融市场上与商业银行竞争理财业务。随着经济的发展，当代金融服务的总体竞争趋势如表 1-6 所示。

表 1-6　当代金融服务的总体竞争趋势

	20 世纪 80 年代前	2000 年后
竞争基础	非价格竞争	价格竞争
进入壁垒	高	相对低
所需投资	高投资成本	相对低的投资成本
划分界限	竞争界限明显	没有竞争界限
专业化程度	需要内部的服务产品和技能	外购技能和服务

2. 金融市场的开放程度及价格机制

金融市场上的一系列价格指标对理财产品的定价都有重要的影响，特别是利率水平。利率水平的变动会影响人们对投资收益的预期,从而影响其消费支出和投资决策的意愿。此外还需要注意区分名义利率和实际利率,只有在物价水平不变的前提下,不同的名义利率才能真实反映投资者投资于理财产品所获得的实际收益率水平的差异。在能够及时准确判断市场真实利率水平变动的前提下,投资者便可以据此判断自己持有的理财产品可能会受到什么样的影响(见表1-7)。

表1-7 利率变动对理财的影响

理财产品策略	预期未来利率水平上升		预期未来利率水平下降	
	理财策略调整建议	调整理由	理财策略调整建议	调整理由
储蓄	增加配置	收益增加	减少配置	收益将减少
债券	减少配置	面临下跌风险	增加配置	面临上涨机会
股票	减少配置	面临下跌风险	增加配置	面临上涨机会
基金	减少配置	面临下跌风险	增加配置	面临上涨机会
房产	减少配置	贷款成本高	增加配置	贷款成本低
外汇	减少配置	本币回报率高	增加配置	外汇汇率可能高

第三节 理财从业资格

一、理财规划师介绍

(一)概念及内涵

理财规划是理财工作的重中之重。它是一个长期的过程,一个努力达到终生的财务安全、自主、自由和自在的过程。对客户而言,理财规划又是一项综合服务,由专业理财人员通过明确个人客户的理财目标。它不局限于提供某种单一的金融产品,而是针对客户不同阶段的理财目标进行的金融服务创新,是一种全方位、多层次、个性化的服务。理财规划的具体内容包括现金规划、消费支出规划、教育规划、风险管理与保险规划、税收规划、投资规划、退休养老规划、财产分配与传承规划等八个方面。

广义的理财规划师是指从事个人财务规划的专业人士。其职业特点在于知识的全面性,出色的沟通与交流能力,信誉被认为是其最重要的财产。理财规划师忠实、客观地为客户长期服务,在很多家庭往往享有准家庭成员的地位。

(二)起源与发展

1. 起源

一般认为现代理财起源于20世纪30年代美国的保险业。"二战"结束后,经济的复苏和社会财富的积累使美国理财规划进入了起飞阶段。

（1）国际理财规划师协会。1969年12月12日，来自保险、金融机构的13位营销员在美国芝加哥O'Hare机场附近一家酒店聚会喝咖啡，抱怨没有理财通才，决定成立一个理财协会，并拟建立一所专门培训学校。1970年，由会议支持者LOREN DUTON发起成立了国际理财规划师协会（International Association for Financial Planning，IAFP）。

（2）注册财务策划师学会。1972年IAFP注册成立了属于自己的教育培训机构——美国金融理财学院有限公司（College for Financial Planning Co.，Ltd），1973年由于美国经济不景气，培训计划也遭遇危机。到了11月，首届毕业班42人获得了注册理财规划师资格证书，其中40名男生，2名女生，并成立了校友会。其中，36名学生后来又把校友会办成独立机构，并命名为"注册财务策划师学会"（ICFP），将理财师的称号授予志同道合的人。

（3）国际CFP标准与实践委员会。1974～1984年期间，由于部分取得CFP资格的人专门给客户制订避税方案，CFP的社会声誉一度跌落，当时国际理财规划师协会主席也不敢把CFP印在名片上。1985年，美国金融理财学院（College for Financial Planning）和注册财务策划师学会（ICFP）合资成立了国际财务策划标准与实践委员会有限公司（International Board of Standards and Practices for Certified Financial Planners Co.，Ltd，IBCFP）。

（4）特许金融理财师委员会。1986年国际财务策划标准与实践委员会收购了美国金融理财学院，并代替学院行使考核与认证的权利。CFP标准委员会（CFP Board of Standards），1994年由IBCFP更名而来。全球范围内受到广泛认可的金融理财师认证机构。

理财规划师职业认证对美国乃至全球行业发展起到了关键的推动作用，使理财规划业务逐渐发展成为独立的金融服务行业，并出现了以客观、公允为执业准则的专业技术人员——金融理财师、理财规划师。他们的主要业务不再是从销售金融产品及服务中获取佣金，而是帮助客户实现其生活、财务目标进行专业咨询，及通过规范的理财服务流程实施理财建议从而防止客户利益受到侵害。

理财规划概念在金融行业已经逐渐为人所知，尤其是在保险公司和商业银行。很多保险公司和商业银行已经设立了专门的个人理财工作室或理财部，提供相应的理财服务。

2. 发展

随着中国经济的快速发展，中产阶级和富豪阶层正在迅速形成，并有相当一部分人从激进投资和财富快速积累阶段逐步向稳健保守投资、财务安全和综合理财方向发展，居民收入和财富的增加带来了相应的高效率理财、实现个人资源优化配置的需求。其次，中国经济改革和对外开放，促进了市场经济发展，拉大了居民收入差距，形成了多层次和多样化的消费需求，需要个性化的金融规划服务。最后，投资和消费的日益复杂化也要求金融理财业的出现和发展。随着经济发展，购房、教育、养老、医疗等消费支出结构的复杂化，金融产品纷繁多样，如何安排投资与消费越来越成为迫切需要解决的问题。

鉴于社会对理财规划师的强烈需求和理财规划师国家标准的缺位，国家职业鉴定中心组织有关专家根据中国国情制定了《理财规划师国家职业标准》，并于2003年1月23日施行，从而将理财规划师正式确定为一门职业。

二、理财规划师的资格认定

理财规划师（CFPCM）是指经过国际注册理财规划师委员（International CFPCM Council）颁发资格证书、具备严格职业道德标准、胜任能力标准以及实际操作标准、并致力于提高公众理财规划意识的专业人群。他们具有一定的相关工作经验，经过专业课程学习，考试合格后由所在国及地区理财规划师协会所授予的专业头衔，代表了财务策划行业的最高标准，是所有财务策划人士奋斗的目标。他们必须具备教育（education）、考试（examination）、经验（experience）、操守（ethics）等4"E"高素养。

1. 丰富的金融、投资、经济、法律知识

理财规划师是指运用理财规划的原理、技术和方法，针对个人、家庭以及中小企业、机构的理财目标，提供综合性理财咨询服务的人员。理财规划师应是"全才＋专才"，这就是说理财规划师应系统掌握经济、金融、投资、法律知识，在某些方面又是专才，如保险、证券等方面有特长。理财规划要求提供全方位的服务，因此理财规划师要全面掌握各种金融工具及相关法律法规，为客户提供量身订制的、切实可行的理财方案，同时在对方案的不断修正中，满足客户长期的、不断变化的财务需求。

2. 良好的人品及职业操守

客户是理财规划师的"衣食父母"，他应以客户利益为服务中心，时刻为客户着想，而不是以单一向客户推销产品为目的。此外，保守客户个人秘密也是重要的一方面，理财规划过程中涉及很多客户隐私，作为客户的私人理财顾问，应严守机密。

3. 相对的独立性

在银行、证券、保险公司工作的理财规划师，在为客户进行理财规划的同时，或多或少都有推销产品目的,这是客观存在的问题。但推销产品应以客户的利益为出发点,不应是"为推销而理财"。今后社会上可能会出现很多独立的理财公司,这些理财公司不依附于金融机构,独立性较强,它们能够从客户的角度出发,帮助选择投资产品,实现客户的理财目标。

三、规划目标及内容

在理财规划实际工作中,财务安全和财务自由目标在现金规划、消费支出规划、教育规划、风险管理与保险规划、税收规划、投资规划、退休养老规划、财产分配与传承规划等八个具体规划中体现,集中表现为以下八个方面:

1. 必要的资产流动性

个人持有现金主要是为了满足日常开支、预防突发事件、投机性等方面需要。个人要保证有足够的资金来支付计划中和计划外的费用,所以理财规划师在现金规划中既要保证客户资金的流动性,又要考虑现金的持有成本,通过现金规划使短期需求可用手头现金来满足,预期的现金支出通过各种储蓄和短期投资工具来满足。

2. 合理的消费支出

理财目标的首要目的并非个人价值最大化,而是使个人财务状况稳健合理。在实际生活中,减少个人开支有时比寻求高投资收益更容易达到理财目标。通过消费支出规划,使个人消费支出合理,使家庭收支结构大体平衡。

3. 实现教育期望

教育为人生之本,时代变迁,人们对受教育程度要求越来越高,再加上教育费用持续上升,教育开支的比重变得越来越大。客户需要及早规划教育费用,通过合理的财务计划,确保将来有能力合理支付自身及其子女的教育费用,充分达到个人(家庭)的教育期望。

4. 完备的风险保障

在人的一生中,风险无处不在。理财规划师通过风险管理与保险规划做到适当的财务安排,将意外事件带来的损失降到最低限度,使客户更好地规避风险,保障生活。

5. 合理的纳税安排

纳税是每一个人的法定义务,但纳税人往往希望将自己的税负减到最小。为达到这一目标,理财规划师通过对纳税主体的经营、投资、理财等经济活动的事先筹划和安排,充分利用税法提供的优惠和差别待遇,适当减少或延缓税负支出。

6. 积累财富

个人财富的增加可以通过减少支出相对实现，但个人财富的绝对增加最终要通过增加收入来实现。薪金类收入有限，投资则完全具有主动争取更高收益的特质，个人财富的快速积累更主要靠投资实现。根据理财目标、个人可投资额以及风险承受能力，理财规划师可以确定有效的投资方案，使投资带给个人或家庭的收入越来越多，并逐步成为个人或家庭收入的主要来源，最终达到财务自由的层次。

7. 安享晚年

人到老年，其获得收入的能力必然有所下降，所以有必要在青壮年时期进行财务规划，达到晚年"老有所养、老有所终、老有所乐"，过上有尊严、自立的老年生活。

8. 财产分配与传承

财产分配与传承是理财规划中不可回避的部分。理财规划师要尽量减少财产分配与传承过程中发生的支出，协助客户对财产进行合理分配，以满足家庭成员在家庭发展的不同阶段产生的各种需要；要选择遗产管理工具和制定遗产分配方案，确保在客户去世或丧失行为能力时能够实现家庭财产的代际相传。

四、职业发展

理财规划师有多元化发展方向。可以服务于商业银行、保险公司等。金融机构站在中立的角度帮客户配置资产或理财产品。而越来越多的理财规划师选择进入正规第三方理财公司或者持有从业资格的专业人士独立执业（私人理财顾问）。私人理财顾问可通过收取咨询费、理财规划书制作费、每年定期服务费、客户盈利分成、产品方佣金等方式进一步提高收入。

> **专题：美国作为"国家战略的全民金融教育"**
>
> 2008年1月22日，美国总统小布什签署命令，成立了金融教育总统顾问委员会，并在当天关于全民金融教育的演讲中谈到，如果美国想成为充满希望之国度，美国大众就应该去投资，去拥有资产和住房。而这一切都要求人们具备一定的金融知识。金融知识的缺乏会导致个人财务危机，而个人危机的恶化又会伤及国家的利益。小布什还谈到，目前美国面临的最大问题就是次级债危机，他希望美国民众在申请次级贷款或使用其他金融工具时能够明白个人的金融行为。他希望美国民众能够管理好个人资产、了解信用卡的功能作用、掌握一些金融概念、知晓信用评分的含义。

小布什的讲话将美国人的目光再次引向全民金融教育问题。这里的金融教育不是指大学课堂里的金融专业（学历）教育，也不是指金融从业人员的职业教育，而是针对全体国民的金融知识和金融常识的启蒙教育和普及教育。金融教育在美国已被关注多年，但对我国来说，还是一个新领域。在经济快速发展的今天，金融业已经成为推动中国经济增长的重要行业。我们看到金融创新日益活跃、金融产品日渐复杂、金融服务日趋多样化。这些变化使债券、股票、外汇、基金、QDII、信用卡、房屋按揭、家庭理财、网络银行、养老保险等金融概念大量而快速地渗透到大众生活中，大众已成为金融服务业重要的参与者和金融产品主要的消费者。但是，从现阶段来看，我国国民接受金融教育的程度还很低，大多数人在金融知识、投资选择、风险意识以及信用观念等方面还处于缺乏或薄弱状态，还没有足够的能力选择金融产品、判断投资风险和识别欺骗手段，我国的金融教育已经明显滞后于金融业的快速发展。因此，向国民普及金融知识、推广金融教育对我国经济又好又快发展有着重大意义。美国在金融教育理论和实践方面一直走在世界的前端，自20世纪90年代美国启动金融教育战略以来，他们在该领域已经有不少成果积累。为推动我国金融教育，我们不妨参考和借鉴一下美国的经验，以帮助建立和完善我国金融教育体系。

一、美国金融教育的定位

美国的金融教育定位很明确，即把金融教育看作美国未来发展的国家战略。迄今为止，世界上还没有哪个国家像美国一样把对国民的金融教育看得如此重要。

2003年12月4日，经国会批准后，美国总统小布什签发总统令，颁布了FACT法案（公平交易与信用核准法案），在该法案第五项"金融扫盲与教育促进条例"中明确提出正式成立美国金融知识与教育委员会（The Financial Literacy and Education Commission），把面向美国国民的金融教育正式纳入国家法案。该条例指出，金融扫盲与教育委员会成立的目的就是通过实施金融教育国家战略，提高美国国民的金融教育程度。美国联邦政府、地方政府、私人机构、非营利机构以及公共机构都将成为美国金融教育战略的制定者和执行者。FACT法案的颁布和实施确立了金融教育在美国国民经济和国民教育中的重要地位。

美国金融扫盲与教育委员会（以下简称委员会）是实施金融教育战略最重要的组织者和推动者。委员会由20家政府机构成员组成，美国财政部和联邦储备局是委员会的核心成员，此外，还有教育部、劳动部、农业部、商品期货交易委员会、联邦贸易委员会、国民储蓄管理局、国家信用联盟管理局、证券交易委员会、小企业管理局等其他 18 家重要的部委和机构组织。该委员会受制于美国国会,由财政部部长兼任委员会主席。随着美国金融扫盲与教育委员会的诞生,由组织者、参与者和实施者构成的美国金融教育体系框架也逐渐形成。其中,政府是关键的组织者,在实施金融教育战略中扮演着重要角色;全体美国民众是参与者,也是金融教育的受益者;地方政府、社区组织、教育机构、银行、金融机构以及营利或非营利私人组织都是金融教育战略重要的实施者,他们的视野和行动影响着美国国民接受金融教育的程度,更影响着美国经济的未来。

二、略

三、美国金融教育项目重点关注的几个层面(对应理财)

(一)个人储蓄教育

个人储蓄是国民大众经济生活中最重要的内容之一,它关系到国民财富的积累,关系到国民生活的质量,关系到国民大众是否有能力实现个人生活目标和家庭梦想。虽然储蓄的意义如此重大,但美国大众在储蓄方面的认识和行为都令美国政府担忧。2004 年,美国居民可支配收入中只有 1.3% 用于储蓄,比 30 年前 9.4% 的比例下滑了很多。因此,个人储蓄首当其冲地成为美国金融教育重点关注的内容。其目标是:让越来越多的美国公民认识到储蓄的价值;学会做储蓄计划,实现财富积累;学会选择多种金融工具来实现储蓄目标。为了实现这些目标,美国联邦政府联手地方政府、公共组织、私人机构,开展了一系列的教育项目,旨在引导美国民众的个人储蓄行为。

(二)房产所有权教育

让美国民众拥有私人房产,这一直以来都是美国联邦政府公共服务政策的重要目标。房产不仅是家庭和谐、社会稳定的重要因素,它更是家庭资产中最重要的组成部分,对每个家庭来说意义重大。截至 2004 年,美国已有 69% 的家庭拥有自己的房产。但是对于那些中低收入的美国家庭来说,拥有私人房产还只是一个梦想,很多原因阻碍了这个梦想变为现实。比如,不良的个人信用记录、让人畏缩的房贷按揭、复杂的贷款手续以及其他的附加费用。技术进步和金融创新使多样化的按揭产品走入市场,让购房者眼花缭乱。随着按揭服务竞争的升级,许多潜藏的危险也悄然来到购房者身边,很多人无力选择适合自己的按揭产品,更无力识别潜在的信用风险和欺诈手段。面对这一系列的现实问题和潜在风险,美国政府通过项目的实施着手对美国民众开展了一系列的房产知识和房屋信贷教育,地方基层组织成为传播活动的主力军。此外,美国的非营利组织、金融机构以及美国住房与城市发展部（HUD）等联邦政府部门也加入到对美国民众进行房产金融教育的行列，帮助个人和家庭正确地选择适合自己的按揭产品，规避潜在的信贷风险，实现家庭住房梦想。

（三）退休储蓄教育

当今的美国和其他发达国家一样都面临着严峻的人口老龄化问题。美国人寿命预期的增加代表着社会的进步和生活质量的提高，但也给社会保障体系带来空前的压力。尤其是随着婴儿潮时代出生的一代逐渐迈入退休年龄，美国社会保障体系面临的压力更为突出。目前，美国社会保障体系为65岁以上2/3的已婚夫妇和单身人群提供50%或50%以上的收入，其中22%人群的全部收入要倚仗社保的资助。但是随着老龄化的蔓延，美国的社保体系越来越不堪负重。据预测，到2017年美国的社保资金将入不敷出，2041年，美国的社保信托基金将被消耗殆尽。因此，仅靠单一的美国社保体系是不能支撑美国老龄人口的退休生活的。为了化解未来的危机，美国联邦政府组织了一系列的退休储蓄教育活动，号召美国民众加入退休储蓄计划和雇主参与式养老金计划，来弥补社保资金的不足和缺漏。在广泛的传播教育活动中，企业的雇主、政府机构以及非营利组织都扮演了重要的角色。2006年春季，美国劳工部（DOL）召开高层会议，商讨退休储蓄议题，以推动全国范围的退休储蓄公众教育项目。随着各种项目的不断启动，越来越多的美国民众逐渐意识到美好的退休生活是靠个人退休储蓄、雇主参与以及社会保障体系共同作用而实现的，更重要的是，他们也学会了选择不同的退休储蓄产品，为自己的退休生活做好充分的准备。

（四）信用风险教育

今天的美国消费者在享受方便快捷的信贷服务的同时，债务负担和信贷风险也在悄然增加。面对眼花缭乱的消费信贷产品和数量众多的消费信贷机构，消费者常常感到茫然无措。他们的决策不仅影响到个人生活质量和信用记录，而且还关系到国家金融体系的安全。因此，引导国民恪守信用并有效地控制信贷风险便成为美国联邦政府对民众进行信用教育的重点内容。基本上，美国的信用教育是在三个层面上展开：一是让民众了解信用、信用报告以及信用评分的真实含义及其作用。在接受信用教育后，消费者应该掌握或知晓与个人信贷行为相关的关键术语、信贷成本计算方法以及不同的信贷类型等；二是让美国民众了解不良的信用记录会增加个人消费信贷成本，甚至会对个人的消费信贷行为产生严重的不利影响；三是要让美国民众了解如何获取正确信息、如何选择信贷产品以及如何获得咨询指导。在向美国民众推广信用教育、提供咨询指导的过程中，美国联邦政府一直是积极的组织者。此外，银行、非银行金融机构、非营利组织也都扮演了重要的角色。

（五）纳税人权利教育

每年的4月15日是美国公民报税的截止日。从义务角度看，美国民众很明白自己作为纳税人应尽的义务，并严格地履行个人的纳税义务。这一方面是由于美国税法制度的规范，它严格约束和引导人们不去跨越道德底线；另一方面也是由于美国法律有效的惩罚力度，它让人们知道逃税是一种严重的犯罪行为，这种行为将使个人和家庭付出昂贵的代价，并接受严厉的惩罚。但是从权利角度看，不是所有的美国人都知晓纳税人除了应尽义务外还应该享有一定的权利。比如，残疾人、老年人、中低收入人群以及失业者都有资格享受政府税收所带来的好处，这也是美国税法赋予美国公民的权利。但是由于美国税收体制的庞大和繁杂性，有相当部分的纳税人不知晓自己享有何种权利，也不知道如何提出申请和获得这些权利。其结果是美国的税收能做到取之于民，但是没有高效率地用之于民。因此，提升纳税人权利意识是美国金融教育的重要内容之一，为此，美国政府、社区机构实施了诸如纳税服务志愿者、边远乡村纳税人教育等一系列项目，这些项目的实施使美国民众尤其是弱势群体在履行纳税义务的同时也最大限度地利用和享受了税收资源带来的利益。

（六）大众投资者教育

投资者的投资行为不但为市场输入大量的资本，促进了企业的融资和国家经济的发展，而且还为科技进步和金融创新带来新的机会。无论是家庭财富的积累还是国家经济的繁荣都始于投资者口袋中的每一分钱，因此，培育聪明而理性的大众投资者便成为美国金融教育中又一项重点内容。美国对大众投资者的教育主要包括四方面的内容：①了解金融产品，知晓金融概念；②掌握投资费用和投资成本的计算方法；③学会识别投资陷阱和欺诈手法；④培养风险意识，规避投资损失。在对美国大众投资者进行投资教育的过程中，美国证券交易委员会（SEC）、商品期货交易委员会（CFTC）以及美国证券交易商联合会（NASD）等政府机构和社会组织都发挥了关键性的作用。比如，美国证券交易委员会印制了大量的读本和材料发放给大众投资人，宣传投资产品和金融概念。委员会还在自己的官方网站上（www.sec.gov）为投资者提供诸如"共同基金成本计算器"等数学计算工具，使投资者很容易地计算投资基金的成本。或者提供"查找你的经纪人"等专业咨询平台，帮助投资人解答投资问题、评估投资决策等。投资者教育使美国大众拓宽了投资视野，提高了风险意识和危险识别能力，逐渐成为理性和智慧的投资者。这不仅有利于家庭财富的积累，更有利于国家金融市场的繁荣和稳定。

（七）青少年早期金融教育

美国政府把对青少年的早期金融教育纳入国家战略，并从五个方面入手，展开对青少年的早期金融教育：① 在现行的 K-12 课程体系下引入金融教育课程、渗透金融知识。K-12 体系是指从幼稚园到高中阶段的课程体系。目前在美国的中小学中一方面在主要科目基础上加入金融教育课程；另一方面，将金融知识渗透到不同的科目中，如数学、科学、家庭经济学、美国历史、世界历史、地理以及社会等科目。此外，美国非营利组织和联邦政府还开发了"货币中的数学：谋生的学问"等课程，在推动青少年早期金融教育中扮演了重要角色；② 对教师进行培训，提高教师的金融知识和授课能力；③ 为教师提供大量的金融教育材料和学习资源，扩展教师的金融教育视野；④ 利用一切课外活动和校外渠道向青少年进行金融教育；⑤ 重点加强高中学生的金融技能训练。

四、中国亟待普及对国民的金融教育

美国的次贷危机引发了美国政府对全民金融教育的再次关注，这无疑将推动美国的金融教育走向深化和成熟。而中国作为正在崛起的经济大国更应该思考一下金融教育的未来方向。实际上，金融教育在今天的中国比以往任何时候都更重要。我们可以从三个方面来理解我国金融教育的紧迫性：

（一）随着金融服务业的迅速发展，我国金融市场的供给方和需求方都在迅速壮大。供给方不断推出新产品，为金融市场带来繁荣和创新，但是作为需求方的消费者在眼花缭乱的金融产品和变幻莫测的市场面前却显得力不从心。金融教育的缺失使中国的金融消费者还没能储备足够的金融知识，去面对快速到来的金融时代。这种有需求、没技能的现状如果不及时得到调整，那么中国金融业的发展势必受到"瓶颈"般的抑制。

（二）随着我国经济的快速崛起，我国国民财富的迅速增长，这使中国人的生活方式和生活理念发生了巨大变化，由过去的挣钱糊口变成现在的投资创富。老百姓渴望通过金融行为将今日的小积蓄变成未来的大财富。而实现这个理想的理性途径就是接受金融教育，参与投资活动。只有金融教育才能提升国民的金融素质，进而实现个人和家庭的财富梦想。

（三）我国的消费者在享受金融服务带来的方便和收益时也面临着巨大的潜在

风险。这个风险既包括市场变化带来的不确定性风险，也包含了人为操纵的金融诈骗风险。而金融教育可以帮助国民大众提高识别风险的能力，成为理性而智慧的投资者。

国民金融素质决定着国家金融业发展的质量。21世纪的中国亟须建立与复杂的经济环境和多变的金融市场相适应的国民金融教育体系。我国目前虽然已经开展了一些金融教育活动，《金融知识国民读本》等普及性的知识读物对国民大众也有着一定的积极影响，但是我们的金融教育还缺乏普及化、系统化和规范化。中国政府应该担负起对国民进行金融教育普及的重任，并联合金融机构、教育组织和民间力量将中国的金融教育带入更高的层次，这才是中国金融业持续繁荣的关键。

资料来源：龚秀敏，韩莉.把握未来：谈作为美国国家战略的金融教育[J].生产力研究，2008（16）：89-91.

本章小结

针对全体国民的金融知识和金融常识的启蒙教育和普及教育具有重要意义，美国将其放在国家战略的高度。理财是指合理利用财务资源，通过明确的理财目标、分析财务现状，从而制定出可行的理财方案，实现目标的综合过程。通常由专业的金融理财人员利用先进的金融知识进行规划，但是随着金融知识的普及，理财越来越受到老百姓家庭的重视。理财规划根据个人不同生命周期的特点，针对学业、职业的选择到家庭、居住、退休所需要的财务状况，综合使用银行产品、证券、保险产品等金融工具，来进行理财活动和财务安排。理财规划是一个长期的过程，一个努力达到终生的财务安全、自主、自由和自在的过程。理财规划师是指从事个人财务规划的专业人士，其职业特点在于知识的全面性，还要有出色的沟通与交流能力，再者信誉是其最重要的财产。

课后习题

一、单项选择题

1. 一般认为，现代理财起源于（　　）。（2007年5月国家理财规划师考试真题）

    （A）英国证券业

    （B）英国银行业

    （C）美国保险业

    （D）美国信托业

2. 人生目标多种多样，就一般意义上，理财规划的最终目标是要达到（　　）。(2011年5月国家理财规划师考试真题)

   (A) 财务独立　　　　　　　　　　(B) 财务安全
   (C) 财务自主　　　　　　　　　　(D) 财务自由

3. 客户周先生希望实现财产的增值，作为理财师你应该为他主要进行（　　）。(2008年11月、2011年5月国家理财规划师考试真题)

   (A) 现金规划　　　　　　　　　　(B) 风险管理和保险规划
   (C) 投资规划　　　　　　　　　　(D) 财产分配与传承规划

4. 关于理财目标的确定原则说法错误的是（　　）。(2011年5月国家理财规划师考试真题)

   (A) 理财目标需要遵守客户意愿
   (B) 以改善客户财务状况，使之更加合理为主旨
   (C) 理财目标必须具有现实性
   (D) 理财目标要具体明确

5. 理财方案建议书经过修改最终交付客户后，需要客户签署声明书。一般来说，客户声明不包括（　　）。(2009年5月、2011年5月国家理财规划师考试真题)

   (A) 已经完整阅读该方案　　　　　(B) 信息真实准确，没有重大遗漏
   (C) 理财师就重要问题进行了必要解释　(D) 完全接受该建议书的建议

6. 如果客户和理财师就理财服务合同发生争端，应尽量通过（　　）方式解决。(2011年5月国家理财规划师考试真题)

   (A) 协商　　　(B) 调解　　　(C) 诉讼　　　(D) 仲裁

7. 理财规划服务合同的客体是（　　）。(2009年5月国家理财规划师考试真题)

   (A) 理财规划方案书　　　　　　　(B) 理财规划师
   (C) 客户　　　　　　　　　　　　(D) 理财规划师制订理财规划的行为

8. 关于签订理财规划服务合同，说法错误的是（　　）。(2008年5月国家理财规划师考试真题)

   (A) 签订理财规划服务合同应以理财规划师的名义
   (B) 理财规划师在向客户解释合同条款时，应注意合同条款中是否有理解歧义的地方

(C) 不得向客户作出收益保证或承诺

(D) 合同签订后应将原件交付相关部门存档

9. ( ) 不是确定客户理财目标的原则。(2008年5月国家理财规划师考试真题)

(A) 主要关注客户的期望

(B) 理财目标必须具有现实性

(C) 以改善客户财务状况，使之更加合理为主旨

(D) 理财目标必须考虑客户的现金准备

10. 王先生和张小姐是一对年轻白领夫妇，对风险的承受能力比较高，对于这样的家庭，理财规划的核心策略是( )。(2008年5月国家理财规划师考试真题)

(A) 月光型   (B) 进攻型

(C) 攻守兼备型   (D) 防守型

11. 王老板多年经商，资产过亿，富甲一方。他希望对其个人财产提供最高层次的经营管理，下列符合王老板要求的理财服务类型是( )。(2008年5月国家理财规划师考试真题)

(A) 大众银行大众理财

(B) 富裕银行贵宾理财

(C) 私人银行财富管理

(D) 外资银行 VIP 服务

12. 小周今年结婚成家，幸福生活刚刚开始。对于小周这样的青年家庭来讲，其进行投资的核心策略应为( )。(2007年5月国家理财规划师考试真题)

(A) 进攻为主，适当考虑投资风险较高的项目

(B) 防守为主，基本不考虑高风险项目

(C) 保守理财，安全是最重要的

(D) 中度保守，不应直接投资于股票，但可以考虑投资股票型基金

13. 理财规划师在和客户沟通时做法正确的是( )。(2009年11月国家理财规划师考试真题)

(A) 提问"为什么你打算在60岁退休？"

(B) 为节省客户时间一次提问两个问题

(C) 提问客户不懂的问题以体现自己的专业

(D) 在会谈快结束时进行总结

14. 理财规划合同中，说明签约的原因、条件和目的的条款是（　　）。（2009年11月国家理财规划师考试真题）

    (A) 当事人条款　　　　　　　　(B) 鉴于条款
    (C) 违约责任　　　　　　　　　(D) 解决争议条款

15. 如果一个客户性格属于常常改变主意或离题，有丰富的想象力，在做决定的时候有新思路并付诸行动，则根据荣格的心理分析模型，该客户属于（　　）。（2009年11月国家理财规划师考试真题）

    (A) 直觉型　　　　　　　　　　(B) 思想型
    (C) 内在感觉型　　　　　　　　(D) 外在感觉型

16. 客户风险偏好为中立型时，其资产组合为（　　）。（2009年11月国家理财规划师考试真题）

    (A) 成长型资产：30%以下；定息资产：70%以上
    (B) 成长型资产：70%~80%；定息资产：20%~30%
    (C) 成长型资产：50%~70%；定息资产：30%~50%
    (D) 成长型资产：30%~50%；定息资产：50%~70%

17. 目前，世界上的资产管理业务不包括（　　）。（2009年11月国家理财规划师考试真题）

    (A) 基金管理　　　　　　　　　(B) 教育金管理
    (C) 养老金管理　　　　　　　　(D) 保险资产管理

18. 关于职业道德，正确的说法是（　　）。（2011年11月国家理财规划师考试真题）

    (A) 对职业道德的理解无一定之规
    (B) 职业道德是从业人员就业的道德资格
    (C) 职业道德总是不断变化、难以捉摸的
    (D) 职业道德是一种人为的主观要求

19. 关于职业化管理，正确的说法是（　　）。（2011年11月国家理财规划师考试真题）

    (A) 职业化管理是一种不强调过程的管理
    (B) 职业化管理本质上是一种法治化管理
    (C) 建立职业化标准是实施职业化管理的关键步骤
    (D) 直觉和灵活应变是推动职业化管理的重要措施

20. 关于职业道德与职业技能的关系，正确的说法是（　）。(2011年11月国家理财规划师考试真题)

　　(A) 职业技能高低决定了职业道德素质的高低
　　(B) 职业道德对职业技能具有统领作用
　　(C) 强调职业道德往往会约束职业技能的提高
　　(D) 职业道德与职业技能无关联性

二、多项选择题

1. 职业道德的特征包括（　）。(2011年11月国家理财规划师考试真题)
　　(A) 适用范围上的有限性　　　　(B) 一定的强制性
　　(C) 绝对稳定性　　　　　　　　(D) 利益相关性

2. 加强职业道德建设，要反对形形色色的错误思想，其中包括（　）。(2011年11月国家理财规划师考试真题)
　　(A) 个人主义　　　　　　　　　(B) 集体主义
　　(C) 享乐主义　　　　　　　　　(D) 拜金主义

3. 理财规划师在与客户进行语言交流时，应注意（　）。(2009年11月、2011年5月国家理财规划师考试真题)
　　(A) 词语的特定意思　　　　　　(B) 不要使用"保证"、"肯定"等措辞
　　(C) 在介绍所在机构时，不得有直接或间接贬损其他机构的语言
　　(D) 避免主观臆断　　　　　　　(E) 语速和长度

4. 理财规划师在与客户签订理财规划服务合同时，应注意（　）。(2009年11月国家理财规划师考试真题)
　　(A) 签订合同应以所在机构的名义
　　(B) 如合同是多页，要求客户在最后一页签字
　　(C) 如发现合同某一条款出现歧义，应提请所在机构的相关部门进行修改
　　(D) 不得向客户做出收益保证或承诺
　　(E) 合同签订后，应送交档案管理部门存档

5. （　）是理财规划服务合同的必备条款。(2009年5月、2011年5月国家理财规划师考试真题)
　　(A) 当事人条款　　　(B) 委托事项条款　　　(C) 理财服务费用条款
　　(D) 鉴于条款　　　　(E) 争议解决条款

6. 理财规划师在进行理财规划时要根据客户家庭类型不同选择不同的核心策略，一般而言基本的家庭模型有三种，即（　　）。（2007年5月国家理财规划师考试真题）

   (A) 青年家庭　　　(B) 中年家庭　　　(C) 老年家庭

   (D) 壮年家庭　　　(E) 单亲家庭

7. 理财规划师在为客户服务的过程中应做到（　　）。（2007年5月国家理财规划师考试真题）

   (A) 在提供理财规划服务过程中始终保持严谨

   (B) 忠于职守

   (C) 在合法的前提下最大限度地维护客户的利益

   (D) 提供的投资方案不应有任何风险

   (E) 以专业的角度进行审慎判断

8. 在签订理财规划服务合同时，理财规划师应注意的事项有（　　）。（2007年5月国家理财规划师考试真题）

   (A) 理财规划师应以个人的名义与客户签订合同

   (B) 理财规划师在向客户解释合同条款时，与客户意见不同，则应按照客户的要求进行修改

   (C) 合同签订完毕后，理财规划师应自己留存原件，并将复印件交给所在机构存档

   (D) 不得向客户做出收益保证或承诺，也不得向客户提供任何虚假或误导性信息

   (E) 理财规划合同宜采用书面形式

三、案例分析题

（一）某公司确立了优秀员工的十条准则，其中，有四条准则规定了如下内容：第一，对自己公司的产品抱有极大的兴趣，包括对公司的产品具有寻根究底的好奇心；始终表现对公司产品的兴趣和热爱；热爱并专注自己的工作；天下没有一劳永逸的事，要不断自我更新。第二，以传教士般的热情和执着打动客户，包括站在客户的立场为客户着想；最完善的服务才有最完美的结果。第三，乐于思考，让产品更贴近客户，包括了解并满足客户的需求；思考如何让产品更贴近客户。第四，与公司制定的长远目标保持一致，包括跟随公司的目标；把握自己努力的方向；做一个积极主动的人；奖金和薪水不是唯一的工作动力；把自己融入到整个团队中去；帮助老板成功，你才能成功。（2011年11月国家理财规划师考试真题）

1. 根据上述准则,员工要实现"打动客户"的目标,应该( )。
    (A) 做传教士
    (B) 学习宗教理论知识
    (C) 把服务客户作为信念
    (D) 做到客户要求什么,就满足什么

2. 根据上述准则,在下面的说法中,理解正确的是( )。
    (A) 即使对公司产品没有兴趣,也要装作很有兴趣的样子
    (B) 凡事用心去做,就会赢得客户的理解
    (C) 员工个人要始终按照公司的要求行事
    (D) 绝不考虑奖金和薪水

3. 对于"帮助老板成功,你才能成功"这句话,理解正确的是( )。
    (A) 只有与老板同心,员工才会受到赏识
    (B) 即使你能帮助老板取得成功,自己也只能做一个打工仔
    (C) 这是老板占有员工剩余劳动的一种说法而已
    (D) 在做好本职工作中锻炼和成就自己

    (二)谈谈你对理财行业的看法,以及如何成为一名优秀称职的理财师。

Chapter 2 · 第2章

理财基础：资金时间价值

学习目标

本章要求了解资金时间价值的概念、产生条件、原因；理解和掌握资金时间价值规划的主要内容，包括资金时间价值的衡量、资金的基本类型和辨别以及资金时间价值与理财规划之间的关系；资金时间价值的计算，包括单利与复利、终值与现值之间的关系及转换、4大年金终值与现值的计算；并通过案例分析学习个人生命周期理论在资金时间价值中的实践与运用。其中资金时间价值的计算、4大年金终值与现值的计算以及个人生命周期理论为本章的重难点。

导读

资金时间价值是一个客观存在的经济范畴，无论对于投资者还是消费者，都是理财和投资规划中必须考虑的一个重要因素。经济和社会的不断发展、金融市场的不断完善，为资金时间价值的存在提供了基础，同时也增加了利用资金时间价值的机会。因此学习如何加强资金管理，牢固树立货币的时间价值观念，已经成为当下的一个重要课题。对资金时间价值做出详细而合理的规划，往往可以提高投资决策的科学性和准确性，帮助投资者节约资金成本，充分提高资金的使用效果，使资金在有限的时间和空间范围内获取最大价值，在投资理财中具有重要的作用和意义。

> **理财小故事 2-1　一个古老印度寓言背后的理财寓意**
>
> 传说古印度的一位学者发明了国际象棋，当时的国王很喜欢，于是他决定赏赐这位学者。国王问学者："感谢你伟大的发明，你有什么样的赏赐要求吗？我都将满足。"这个学者说，他不要金银财宝，只要粮食。"粮食？"国王心

想,太简单了,自己的国家拥有那么多粮食,于是他很爽快地答应了学者。然后学者说,他要的粮食的数量正好和他发明的国际象棋有关。请国王派人在国际象棋棋盘的64个方格中,第一个方格放一粒粮食,第二个方格放二粒粮食,第三个放四粒,第四个放八粒……以此类推直到把棋盘的64个方格全部填满。

国王自信满满,认为这个要求不高,随便一堆粮食的粒数都多得数不清,填满64个方格能要多少粮食呢?于是国王吩咐手下马上照办。然而在填方格的过程中,国王惊慌地发现即使把全国粮库里的粮食都填上去,这些方格都没能填满。

那么填满64个方格到底需要多少粮食呢?答案是2的64次方粒粮食,这在当时是一个多么巨大的天文数字,即使在今天全世界的粮库里也不一定有这么多的粮食。如果把每一粒粮食当作一个单位的金钱,不断前进的象棋方格象征着不断流逝的时间,那么聪明的读者,你发现这其中的奥秘了吗?

第一节 资金时间价值概述

一、概念

资金时间价值问题存在于我们日常生活中的每一个角落,我们经常会遇到这类问题:购房者是花30万元买一幢现房值呢,还是花27万元买一年以后才能住进的期房值呢?我们若想买一辆汽车,是花20万元现金一次性购买值呢?还是每月支付6 000元,共付4年更划算呢?回答这些问题的其实是一个非常简单的道理,那就是今天的一元钱比明天的一元钱值钱。而这也是金融的两大基本原理之一,那就是资金具有时间价值。下面我们先来看一个关于资金时间价值的典型案例:

例2-1 麦克先生是一家公司的职员,于2006年1月1日在一次交通事故中死亡,享年53岁。他的家属起诉了这次交通事故中另一辆车的驾驶员行为上的疏忽,他们要求经济赔偿的主要部分是:如果事故没有发生麦克所能得到收入的现值。

如果麦克在2006年仍然工作,他的年工资收入是85 000元,而该公司男性员工的正常退休年龄是60岁。为准确计算麦克失去的收入的现值,需要考虑几件事:第一,麦克如果没有去世,在他以后还将工作的7年内工资可能增加;第二,如果这场事故没有发生，麦克也不一定能活到退休，或许可能会因为其他原因死亡。因此，到2013年年底退休时，麦克失去的收入的贴现值初步估算为：

$$PV = W_O + W_O(1+g)(1-m_1)/(1+R) + W_O(1+g)(1+g)(1-m_2)/(1+R) + \cdots + W_O(1+g)(1+g)(1+g)(1+g)(1+g)(1+g)(1-m_7)/(1+R) \quad (2-1)$$

式中，W_O 是他 2006 年的工资，g 是工资增长的年百分率，因此 $W_1 = W_O(1+g)$ 是他 2007 年的工资，依次类推 $W_2 = W_O(1+g)(1+g)$ 是他 2008 年的工资等。而 m_1 至 m_7 是他的历年死亡率，即他在 2007～2013 年由于其他原因而死亡的可能性。死亡率资料可以从相同年龄和种族的男性死亡保险表中得到。至于 g，我们采用过去十年该公司员工工资的平均增长率 8%，对于利息率 R，我们采用政府基准利率，大约 9%，那么麦克失去的工资计算如表 2-1 所示。

表 2-1 麦克先生失去的工资

年份	$W_O(1+g)$	$1-m_t$	$1/(1+R)$	$W_O(1+g)(1-m_t)/(1+R)$
2006	85 000	0.991	1.000	84 235
2007	91 800	0.990	0.917	83 339
2008	99 144	0.989	0.842	82 561
2009	107 096	0.988	0.772	81 671
2010	115 642	0.987	0.708	80 810
2011	124 893	0.986	0.650	80 043
2012	134 884	0.985	0.596	79 185
2013	145 675	0.984	0.547	78 408
合计	—	—	—	650 252

由表 2-1，我们用现值计算可以得到失去的工资为 650 252 元。但是如果我们不考虑货币时间价值，不是计算收入的现值，而是直接计算失去的工资，则麦克先生的家人所得到的赔偿额是 85 000×7 = 595 000 元，远小于 650 252 元。

资料来源：任葆同. 着力提高货币的时间价值[M]. 武汉市：湖北科技出版社，2007.

资金时间价值是指资金在生产和流通过程中随着时间推移而产生的增值，它也可被看成是资金的使用成本。资金不会自动随时间变化而增值，只有在投资过程中才会有收益。由于理性个体不会将资金闲置不用，所以这个时间价值一般用无风险的投资收益率来代替。它会随时间的变化而变化，是时间的函数，随时间的推移而发生价值的变化，变化的那部分价值就是原有的资金时间价值。

二、产生的条件

(一) 商品经济的高度发展和借贷关系的普遍存在

在自然经济条件下，人们生产产品，为的是满足自己的需要，即不考虑价值的增值,也不会考虑通过尽快出售加速实现其价值的问题,也就不可能产生资金时间价值的观念。受这种自然经济思想的影响,即使在商品经济开始出现的封建社会,仍然有许多富有者愿意把金银财宝埋入地下,而不是去考虑如何运用它生息、生利。

但是在资本主义条件下,当货币所有者同货币使用者开始分离时,资本分化为借贷资本和经营资本。随着商品经济的高度发展和借贷关系的普遍存在,资金时间价值作为货币资金在价值运用中形成的一种客观属性,必然发生作用。同样在社会主义资金的运动中也必然客观的存在着这种时间价值。

(二)剩余价值的产生

资金在周转过程中随着时间推移而产生的价值增值,来源于劳动者在生产过程中创造的剩余价值。资金的所有者把资金使用权转让给使用者,使用者必须把资金增值的一部分支付给资金的所有者作为报酬。资金占用的金额越大,使用的时间越长,所有者所要求的报酬就越高。资金在周转过程中的价值增值是资金时间价值产生的根本源泉。比如现在将1 000元钱存入银行,假定年利息率为3.5%,那么1年后可得到1 035元,于是现在的1 000元与1年后的1 035元相等。1 000元经过1年的时间增值了35元,这增值的35元就是资金经过1年的时间价值。

但是货币闲置不用是没有时间价值的,而且还可能因为通货膨胀而贬值,只有把货币转化为资金并投入到生产过程中进行周转才能产生时间价值,因此树立货币时间观念对于资金的合理使用和提高投资的经济效益具有十分重要的意义。⊖

三、资金时间价值产生的原因

(一)资源稀缺性

经济和社会的发展要消耗社会资源,现有的社会资源构成现存社会财富,利用这些社会资源创造出来的将来物质和文化产品构成了将来的社会财富。由于社会资源具有稀缺性特征,又能带来更多社会产品,所以现在物品的效用要高于未来物品的效用。在货币经济条件下,货币是商品的价值体现,现在的货币用于支配现在的商品,将来的货币用于支配将来的商品,所以现在货币的价值自然高于未来货币的价值。市场利息率是对平均经济增长和社会资源稀缺性的反映,也是衡量货币时间价值的标准。⊜

⊖ 刘林吉.资金时间价值的内涵本质[J].技术经济,1999(08).
⊜ 钟登华.考虑资金时间价值因素的多资源均衡优化[J].经营管理者,2006(09).

(二) 流通中货币的固有特征

在现有的信用货币制度下，流通中的货币是由中央银行基础货币和商业银行体系派生存款共同构成。由于信用货币有增加的趋势，所以货币贬值、通货膨胀成为一种普遍现象，现有货币也总是在价值上高于未来货币。市场利息率是可贷资金状况和通货膨胀水平的反映，反映了货币价值随时间的推移而不断降低的程度。

(三) 人们认知心理的反映

由于人在认识上的局限性，人们总是对现存事物的感知能力较强，而对未来事物的认识较模糊，结果人们存在一种普遍的心理就是比较重视现在而忽视未来，现在的资金能够支配现在商品满足人们现实的需要，而将来资金只能支配将来商品满足人们将来不确定的需要，所以现在单位货币价值要高于未来单位货币的价值。为使人们放弃现在货币及其价值，必须付出一定代价，利息率便是这一代价。

第二节 资金时间价值规划

一、资金时间价值的衡量

(一) 利息和纯收益

利息和纯收益（盈利或利润）是资金时间价值的基本形式，它们都是资金增值的一部分，是社会剩余价值在不同部门的再分配。利息是以信贷为媒介的资金使用权的报酬，纯收益（盈利或利润）由生产和经营部门产生，都是资金在时间推移中的增值。对于利息和纯收益的获得者来说，利息和纯收益都是一种收入，都是投资得到的报酬。因此，利息和纯收益是衡量资金时间价值的绝对尺度。⊖

(二) 利率和收益率

利率和收益率（盈利率或利润率）是一定时间（通常为一年）的利息或纯收益占原投入资金的比率，也可以称为使用资金的报酬率。它能反映资金随时间变化的增值率，因此它是衡量资金时间价值的相对尺度。例如，某机构2013年年初投资1 000万元用于购买国债，年底收回1 100万元，则该投资在2013年的货币时间价值是多少？

⊖ 王廷科. 资金时间价值解读 [J]. 时代财会，2004（03）.

用绝对尺度来衡量,时间价值为 1 100-1 000=100(万元);用相对尺度来衡量,时间价值为 100/1 000×100%=10%。相对尺度常被用来做项目比较以及投资可行性分析,是现代理财投资的重要工具。

例2-2 某企业在 2013 年年初,有两个投资方案可供选择:一是项目投资,需投资 2 000 万元,预计 3 年后获利 600 万元;二是证券投资,需投资 200 万元,预计 3 年后本利和可达 450 万元,试比较两个项目的货币时间价值。解析如表 2-2 所示。

表 2-2 投资方案获利比较

	绝对值	相对值		绝对值	相对值
项目投资	600 万元	600/2000 = 30%	证券投资	450-200 = 250 万元	250/200 = 125%

从表 2-2 中可以看出,如果仅以绝对值作为衡量尺度,那么项目投资获利远大于证券投资。然而,证券投资以 200 万元的投资本金便可获得 250 万元的获利,相对于投资 2 000 万元收益 600 万元的项目投资来说,其收益率高得多。故在现实生活中,投资评价更偏向于相对数,因为它便于人们将两个不同规模的决策方案直接进行比较。比较资金时间价值的绝对值显然不恰当,因为两者的原始投入不同,而比较相对数更有价值。

二、资金时间价值的基本类型

资金时间价值的计算是进行财务管理的基础,要想掌握资金时间价值的计算方法和计算技巧,首先要学会区分资金的两种基本类型:一次性收付款项和年金。实际上由于资金的两种基本类型在款项收付的方式、时间及数额上有一定的特点和规律,所以我们可以归纳出不同类型资金的时间价值计算公式,并且配有相应的系数表,这些系数表的运用大大简化了资金时间价值的实际计算过程。因此在资金时间价值的计算中关键是正确判断资金的类型,资金类型判断准确就可以快速、无误地计算出相应的时间价值。下面介绍资金的几种基本类型。

(一)一次性收付款项

一次性收付款项是指在某一特定时点上发生的某项一次性付款(或收款)业务,经过一段时间后发生与此相关的一次性收款(或付款)业务。一次性收付款项的特点是资金的收入或付出都是一次性发生的。

(二) 年金

年金是指一定时期内每次等额收付的系列款项。年金的特点是资金的收入或付出不是一次性发生的，而是分次等额发生，而且每次发生的间隔期都是相等的。按照每次收付款发生的具体时点不同，又可以把年金分为普通年金、即付年金、递延年金和永续年金。其中普通年金和即付年金是年金的两种基本类型。

1. 普通年金

普通年金又称"后付年金"，是指每期期末有等额的收付款项的年金。这种年金形式是在现实经济生活中最为常见的。普通年金终值犹如零存整取的本利和，它是一定时期内每期期末等额收付款项的复利终值之和（见图2-1）。

2. 即付年金

即付年金又称为"先付年金"或"预付年金"，是指在一定时期内，以相同的时间间隔在各期期初收入或支出的等额款项（见图2-2）。与普通年金相比，其区别仅在于付款时间是在期初。

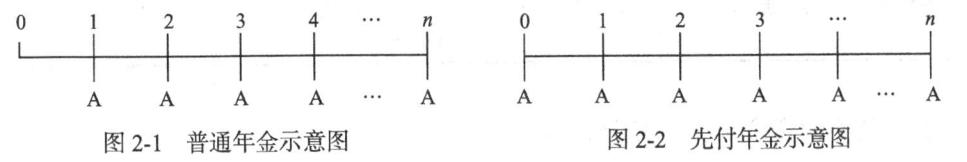

图2-1　普通年金示意图　　　　图2-2　先付年金示意图

3. 递延年金

递延年金是指从第一期以后才开始的，在一定时期内每期期末等额收付的系列款项，是普通年金的特殊形式（见图2-3），凡不是从第一期开始的普通年金都是递延年金。它是一种"零存整付"的观念，而且分为两个阶段：第一阶段为累计期，第二阶段为清偿期；也就是先将资金存入一定的期间（累计期），再由银行在一定期间后开始给付年金（清偿期）。

4. 永续年金

永续年金是指从第一期开始，无限期每期期末等额收付的系列款项，即一系列没有到期日的现金流。由于永续年金持续期无限，没有终止时间，因此没有终值，只有现值。永续年金可视为普通年金的特殊形式，即期限趋于无穷的普通年金（见图2-4）。

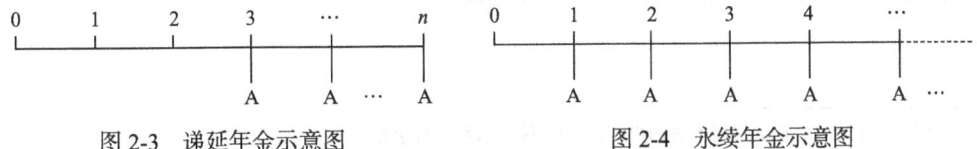

图2-3　递延年金示意图　　　　图2-4　永续年金示意图

三、资金类型的辨别

(一) 掌握不同资金类型的含义及特点

要想准确区分不同类型的资金，关键在于掌握各种资金的含义及其特点，只有熟识不同资金的含义和特点，才能帮助我们进行深入分析，才能从复杂多变的现象中发现资金的本质，准确判断资金的类型（见表2-3）。

表2-3 各类年金比较

年金类型	计期时间	收付时间	适用性
普通年金	从第一期开始	一定时间内每期期末	购买货物约定分 N 期支付，每年年末支付等额款项
即付年金	从第一期开始	一定时期内每期期初	每年年初存入银行一定数额资金，N 年后所获本利和
递延年金	从第一期以后开始	一定时期内每期期末	年初存入一笔资金，从第 N 年年末起（$N \neq 1$）每年取出一定数额的金钱，X 年内取完
永续年金	从第一期开始	无限期每期期末	采用存本取息的方式存入银行一笔资金，今后无期限地每年年末从银行取出一定数额的金钱

(二) 理解不同资金类型的划分标准

在掌握不同类型资金的含义和特点后，还要真正理解划分不同资金类型的标准。划分标准往往是区分不同类型资金的有效手段和现实技巧，比如先要弄清一次性款项和年金的划分标准：前者是一次性发生款项，后者则是多次等额发生款项，然后在此基础上进一步掌握不同年金的划分标准是款项发生的具体时点不同。

(三) 熟练掌握不同资金类型的相互转换

不同的资金类型之间并非完全割裂、独立的，它们往往既相互联系、又相互区别，特别是年金的两个基本类型——普通年金和即付年金之间更是有着密切的关系，在实际计算即付年金的时间价值时，往往把其转换为普通年金的计算问题。因此还需要在掌握其含义、特点和划分标准的基础上，熟练掌握不同资金类型的相互转换，这是对其含义、特点和划分标准灵活运用的具体体现。⊖

⊖ 万军玲. 对资金时间价值的再认识 [J]. 科技信息（科学教研），2010（03）.

四、资金时间价值与理财规划

(一) 资金时间价值对投资理财的意义

资金时间价值是一个需要考虑的重要前提,无论是涉及个人理财,还是涉及企业的投资决策,其都将会产生重要的影响。在进行投资决策时,一定要考虑资金时间价值的规划,重视资金时间价值,事先做好资金时间价值规划,合理安排科学的投资决策(见图 2-5)。

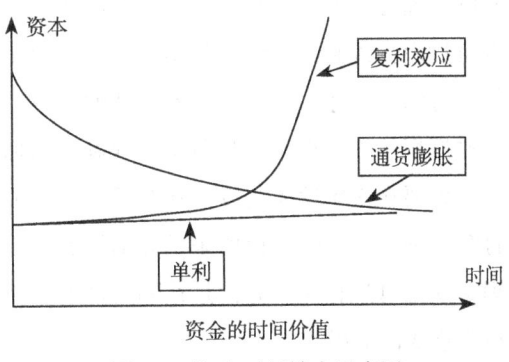

图 2-5 资金时间效应示意图

为了评价投资能否创造财富,我们需要清楚地了解现金流量和资金时间价值。而资金时间价值是财务管理中一个最基本的概念,是资金经过一定时间的投资与再投资后所增加的价值。从投资的角度来讲,资金的时间价值对投资者来说,是放弃资金的使用权而应得的报酬,拥有一个好的资金时间价值规划,可以获得更多的收益;对资金的借入者来说,是使用资金所应支付的成本,通过规划资金时间价值,选择合适的还本付息方式,可以减少对利息的支付⊖(见图 2-6)。

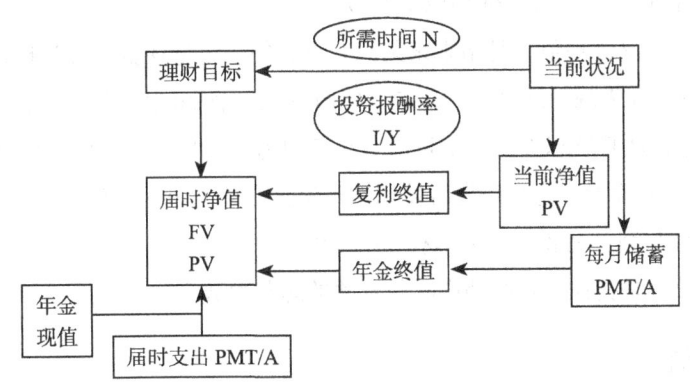

图 2-6 资金时间价值规划流程图

因此,无论是对于投资者还是借入者来说,懂得资金时间价值规划都是十分重要的。它反映的是由于时间因素的作用而使现在的一笔资金高于将来某个时期的同等数量的资金的差额或者资金随时间推延所具有的增值能力。在一个广义的环境中,资金时间价值与任何一个渴望在一定期间内支付或收到货币的人都有关。

⊖ 郑明望. 资金时间价值在项目投资决策中的运用 [J]. 财政监督, 2009 (16).

（二）基于资金时间价值前提下考虑理财规划

资金时间价值是我们日常生活中一个非常值得重视的问题，因其十分重要并且涉及所有理财活动，有人称之为理财的"第一原则"。单纯的货币不会产生时间价值，只有将货币投入到再生产过程中去，即转化为生产资金，并且再生产活动要能够正常运作，时间价值才会产生。因此，理财应当基于对资金时间价值的考虑来规划，它如同理财规划的外部框架，是科学、准确安排理财规划的前提。倘若现值为100万元的房子，想要在5年后还是以100万元的价格买入，那几乎是不可能的，因此，必须早作打算，利用资金时间价值来推算估计5年后的房价。在现实生活中，资金时间价值与理财规划息息相关，无论是在购房规划、养老规划还是教育规划中，都是最基础而又极为重要的前提。

第三节 资金时间价值计算

一、单利的终值与现值

在时间价值计算中，经常使用以下符号：

P——本金，又称现值，是指未来某一时点上的一定量现金折合为现在的价值。

i——利率，就表现形式来说，是指一定时期内利息额同借贷资本总额的比率。

I——利息，从其形态上看，是货币所有者因为发出货币资金而从借款者手中获得的报酬；从另一方面看，它是借贷者使用货币资金必须支付的代价。

F——本金与利息之和，又称本利和或终值。

n——期数，是指在一定时期内收付款项的总共次数。

（一）单利终值

单利终值的计算可依照如下计算公式：

$$F = P + P \cdot i \cdot n = P(1 + i \cdot n) \tag{2-2}$$

例2-3 某人现在存入银行1 000元，利率为5%，3年后取出，试问：在单利方式下，3年后取出多少钱？

解析：由题意可知，本金P为1 000元，利率i为5%，年数n为3，求本利和，据式（2-2）可得：$F = 1\,000 \times (1 + 3 \times 5\%) = 1\,150$（元）

需要注意的是，在计算利息时，除非特别指明，给出的利率是指年利率。对于不足 1 年的利息，以 1 年等于 360 天来折算。

（二）单利现值

单利现值的计算同单利终值的计算是互逆的，由终值计算现值称为折现。将单利终值计算公式变形，即得单利现值的计算公式为：

$$P = F/(1 + i \cdot n) \tag{2-3}$$

例 2-4 如果希望在 3 年后取得本利和 1 150 元，用以支付一笔款项，已知银行存款利率为 5%，则在单利方式下，现在需存入银行多少钱？

解析：由题意可知，本利和 F 为 1 150 元，利率 i 为 5%，年数 n 为 3，求现值，据式（2-3）可得：$P = 1\,150/(1 + 3 \times 5\%) = 1\,000$（元）

二、复利的终值与现值

（一）复利终值

复利终值是指一定量的本金按复利计算的若干期后的本利和。

若将 P 元存放于银行，年利率为 i，则：

第一年的本利和为：$F = P + P \cdot i = P \cdot (1 + i)$

第二年的本利和为：$F = P \cdot (1 + i) \cdot (1 + i) = P \cdot (1 + i)^2$

第三年的本利和为：$F = P \cdot (1 + i)^2 \cdot (1 + i) = P \cdot (1 + i)^3$

第 n 年的本利和为：$F = P \cdot (1 + i)^n$ \hfill （2-4）

式中 $(1 + i)^n$ 通常称为复利终值系数，用符号 $(F/P, i, n)$ 表示。如 $(F/P, 7\%, 5)$ 表示利率为 7%，5 期复利终值的系数。复利终值系数可以通过查阅 "1 元复利终值系数表"直接获得。

例 2-5 某人现在存入本金 2 000 元，年利率为 7%，5 年后的复利终值为多少？

解析：由题意可知，本金 P 为 2 000 元，年利率 n 为 7%，年数 n 为 5，据式（2-4）可得：$F = 2\,000 \times (F/P, 7\%, 5) = 2\,000 \times 1.403 = 2\,806$（元）

(二) 复利现值

复利现值是复利终值的逆运算，它是指今后某一特定时间收到或付出一笔款项，按复利计算的相当于现在的价值。其计算公式为：

$$P = F \cdot (1+i)^{-n} \quad (2-5)$$

式中，$(1+i)^{-n}$ 通常称为复利现值系数，用符号 $(P/F, i, n)$ 表示。复利现值系数可以通过查阅"1元复利现值系数表"直接获得。

例2-6 某项投资4年后可得收益40 000元，按利率6%计算，其复利现值应为多少？

解析：由题意可知，终值 F 为 40 000 元，利率 n 为 6%，年数 n 为 4，据式（2-5）可得：$P = 40\,000 \times (P/F, 6\%, 4) = 40\,000 \times 0.792 = 31\,680$（元）

三、年金的终值与现值

年金是指一定时期内每次等额收付的系列款项，即如果每次收付的金额相等，则这样的系列收付款项便称为年金，通常记作A。年金的形式多种多样，如保险费、折旧、租金、等额分期收付款以及零存整取或整存零取储蓄等，都存在年金问题。年金终值是指一定时期内每期等额发生款项的复利终值的累加和。年金现值是指一定时期内每期等额发生款项的复利现值的累加和。

年金按其每次收付发生的时点不同，可分为普通年金、先付年金、递延年金和永续年金。⊖

（一）普通年金的终值与现值

普通年金是指一定时期内每期期末等额收付的系列款项，又称后付年金，如图2-7所示。

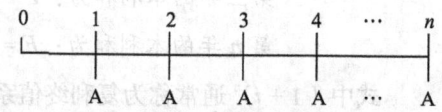

图2-7 普通年金示意图

1. 普通年金终值

由年金终值的定义可知，普通年金终值的计算公式为：

$$F = A \cdot (1+i)^0 + A \cdot (1+i)^1 + A \cdot (1+i)^2 + \cdots + A \cdot (1+i)^{n-1}$$

根据等比数列前 n 项和公式 $S_n = \dfrac{a_1(1-q^n)}{1-q} (q \neq 1)$ 整理可得：

⊖ 刘启够. 浅谈资金时间价值的计算要点 [J]. 经济师，2010（03）.

$$F = A \cdot \frac{(1+i)^n - 1}{i} \quad (2\text{-}6)$$

式中，通常称 $\frac{(1+i)^n - 1}{i}$ 为年金终值系数，记作 $(F/A, i, n)$，可以直接查阅"1元年金终值系数表"（详见本书附录）。

例 2-7 某企业准备在今后 6 年内，每年年末从利润留成中提取 50 000 元存入银行，计划 6 年后，将这笔存款用于建造某一福利设施，若年利率为 6%，问 6 年后共可以积累多少资金？

解析：由题意可知，等额提取金额 A 为 50 000 元，年利率 i 为 6%，年数 n 为 6，据式（2-6）可得：$F = 50\,000 \times (F/A, 6\%, 6) = 50\,000 \times 6.975 = 348\,750$（元）

例 2-8 某企业准备在 6 年后建造某一福利设施，届时需要资金 348 750 元，若年利率为 6%，则该企业从现在开始每年年末应存入多少钱？

解析：很明显，此例是已知年金终值 F，倒求年金 A，是年金终值的逆运算。

$$348\,750 = A \cdot (F/A, 6\%, 6)$$
$$A = 348\,750 / (F/A, 6\%, 6) = 348\,750 / 6.975 = 50\,000 \text{（元）}$$

2. 普通年金现值

由年金现值的定义可知，普通年金现值的计算公式为：

$$P = A \cdot (1+i)^{-1} + A \cdot (1+i)^{-2} + \cdots + A \cdot (1+i)^{-n}$$

同样，根据等比数列前 n 项和公式 $S_n = \frac{a_1(1-q^n)}{1-q}$ $(q \neq 1)$ 整理可得：

$$P = A \cdot \frac{1 - (1+i)^{-n}}{i} \quad (2\text{-}7)$$

式中，通常称 $\frac{1-(1+i)^{-n}}{i}$ 年金现值系数，记作 $(P/A, i, n)$，可以直接查阅"1元年金现值系数表"（详见本书附录）。

例 2-9 某企业准备在今后的 8 年内，每年年末发放奖金 70 000 元，若年利率为 12%，问该企业现在需向银行一次存入多少钱？

解析：由题意可知，发放等额奖金 A 为 70 000 元，年利率 i 为 12%，年数 n 为 8，据式（2-7）可得：

$$P = 70\,000 \times (P/A, 12\%, 8) = 70\,000 \times 4.968 = 347\,760(元)$$

📖 **例 2-10** 某企业现在存入银行 347 760 元，准备在今后的 8 年内等额取出，用于发放职工奖金，若年利率为 12%，问每年年末可取出多少钱？

解析：很明显，此例是已知年金现值，倒求年金 A，是年金现值的逆运算。

$$347\,760 = A \cdot (P/A, 12\%, 8)$$
$$A = 347\,760 / (P/A, 12\%, 8) = 347\,760 / 4.968 = 70\,000(元)$$

（二）先付年金的终值与现值

先付年金是指一定时期内每期期初等额收付的系列款项，又称即付年金。如图 2-8 所示：

1. 先付年金终值

将图 2-8 与图 2-7 进行比较可以看出，先付年金与普通年金的付款次数相同，但由于其付款时点不同，先付年金终值比普通年金终值多计算一期利息。因此，在普通年金终值的基础上乘上 $(1+i)$ 就是先付年金的终值，即：

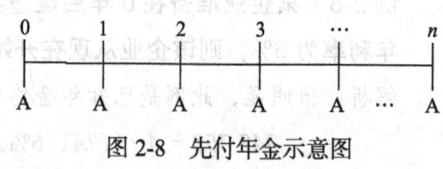

图 2-8 先付年金示意图

$$F = A \cdot \frac{(1+i)^n - 1}{i} \cdot (1+i) \tag{2-8}$$

📖 **例 2-11** 某企业准备在今后 6 年内，每年年初从利润留成中提取 50 000 元存入银行，计划 6 年后，将这笔存款用于建造某一福利设施，若年利率为 6%，问 6 年后共可以积累多少资金？

解析：由题意可知，每年存入银行资金 A 为 50 000 元，年利率 n 为 6%，年数 n 为 6，据式（2-8）可得：

$$F = 50\,000 \times (F/A, 6\%, 6) \times (1+6\%) = 50\,000 \times 6.975 \times 1.06 = 369\,675(元)$$

2. 先付年金现值

将图 2-7 与图 2-8 进行比较可以看出，先付年金与普通年金的付款次数相同，但由于其付款时点不同，先付年金现值比普通年金现值多折现一期。因此，在普通年金现值的基础上乘上 $(1+i)$ 就是先付年金的现值，即：

$$P = A \cdot \frac{1-(1+i)^{-n}}{i} \cdot (1+i) \tag{2-9}$$

例 2-12 某企业准备在今后的 8 年内,每年年初从银行取出 70 000 元,若年利率为 12%,问该企业现在需向银行一次存入多少钱?

解析:由题意可知,每年从银行取出金额 A 为 70 000 元,年利率 i 为 12%,年数 n 为 8 年,据式(2-9)可得:

$$P = 70\,000 \times (P/A, 12\%, 8) \times (1+12\%) = 70\,000 \times 4.968 \times 1.12 = 389\,491.2(元)$$

(三)递延年金的现值

递延年金是指第一次收付款发生时间不在第一期期末,而是隔若干期后才开始发生的系列等额收付款项。如图 2-9 所示:

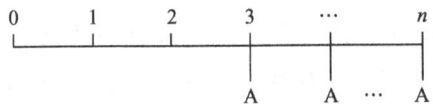

图 2-9 递延年金示意图

递延年金是普通年金的特殊形式,凡不是从第一期开始的普通年金都是递延年金。一般用 m 表示递延期数,用 n 表示年金实际发生的期数,则递延年金现值的计算公式为:

$$P = A \cdot \frac{1-(1+i)^{-(m+n)}}{i} - A \cdot \frac{1-(1+i)^{-m}}{i} \tag{2-10}$$

$$或 = A \cdot \frac{1-(1+i)^{-n}}{i} \cdot (1+i)^{-m} \tag{2-11}$$

例 2-13 某人拟在年初存入一笔资金,以便能从第 6 年年末起每年取出 1 000 元,至第 10 年年末取完。若银行存款利率为 10%,此人应现在一次存入银行多少钱?

解析:由题意可知,每年取出金额 A 为 1 000 元,从第六年开始取钱,至第 10 年取完,即递延期数 m 为 5,年金实际发生期数 n 为 5,利率 i 为 10%,据式(2-10)或式(2-11)可得:

$$P = 1\,000 \times (P/A, 10\%, 10) - 1\,000 \times (P/A, 10\%, 5)$$
$$= 1\,000 \times 6.145 - 1\,000 \times 3.791 = 2\,354(元)$$
$$或 P = 1\,000 \times (P/A, 10\%, 5) \cdot (P/F, 10\%, 5)$$
$$= 1\,000 \times 3.791 \times 0.621 = 2\,354(元)$$

理财小常识 2-1　资金时间价值理财中的表格及其运用

　　现代理财中，人们往往在烦琐复杂的计算中望而却步，忽略了理财应从点滴做起，从而任由资金时间价值从指缝间流逝而不自知，但是这样的计算并非太难，而且简单的计算就能帮助人们认识到自己时间价值的强大能力，并帮助自己更好地理财，实现财富增值。不管是复利终值还是现值，也不管是年金终值还是现值，都早有前人帮助计算并整理成规范的表格供大多数可能时间或者数学功底没有达到水平但渴望理财或者计算的普通民众使用，那就是资金时间价值理财中的四大表格：复利终值系数表、复利现值系数表、普通年金终值系数表以及普通年金现值系数表（详见本书附表 1、2、3、4）。这四大表格几乎囊括了资金时间价值计算中的大多数需要的数字，并且其他很多年金的计算都可从中获益。

　　四大表格均附有计算公式、期数以及利率。对应于计算公式中的 f, n, i。需要时只需了解该项资金类型，比如求利率 i 为 5%，期数为 10，现值为 10 000 的复利终值，只需在表格 1 中，纵向查找 10，横向查找 5%，二者方向交叉处数值为 1.628 9，那么 10 000 元现金在年利率为 5% 的银行里存 10 年，最终能得到 16 289 元。同理其他类推使用。这四个表格能够将人们从烦琐的计算中解脱出来，从而将重点真正关注在理财本身，并帮助人们更好地运用资金时间价值帮助自己。试试看，是不是很容易？

（四）永续年金的现值

　　永续年金是无限期等额收付的特种年金，可视为普通年金的特殊形式，即期限趋于无穷的普通年金。如图 2-10 所示：

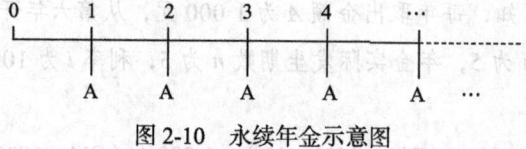

图 2-10　永续年金示意图

　　由于永续年金持续期无限，没有终止时间，因此没有终值，只有现值。通过普通年金现值计算可推导出永续年金现值的计算公式为：

$$P = A/I \qquad (2-12)$$

例 2-14 某人现在采用存本取息的方式存入银行一笔钱，希望今后无限期地每年年末能从银行取出 1 000 元，若年利率为 10%，则他现在应存入多少钱？

解析：由题意可知，每年取出金额 A 为 1 000 元，年利率 i 为 10%，据式（2-12）可得：$P = 1\ 000 / 10\% = 10\ 000$（元）

第四节　资金时间价值的运用

一、个人生命周期理论

（一）概念及起源

生命周期理论是由经济学家莫迪利亚尼、布伦博格与安多共同创建的。该理论从个人的生命周期消费计划出发，最终建立了消费和储蓄的宏观经济理论。莫迪利亚尼等认为人的生命是有限的，可以区分为依赖、成熟和退休三个阶段。一个人一生的财富累积状况就像驼峰的形状，年轻时很少，赚钱之后开始成长累积，到退休之前（中年时期）财富累积达到高峰，随后开始降低。

该理论的基本思想在于指出个人应在相当长的时间内计划消费和储蓄行为，以便在整个生命周期内实现消费的最佳配置（见图 2-11）。也就是说一个人将综合考虑其即期收入、未来收入以及可预期的支出、工作时间、退休时间等因素，来决定当前的消费和储蓄，使其消费水平在生命周期内保持相对平稳的水平，而不致出现消费水平的大幅波动。

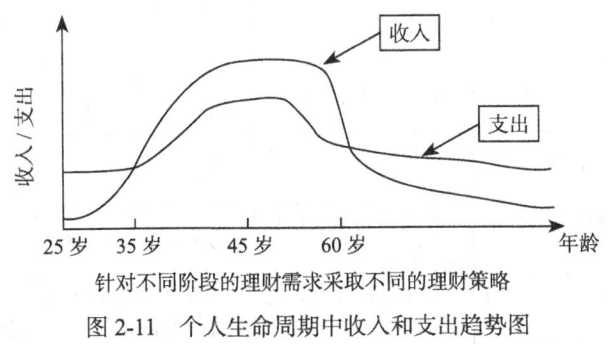

针对不同阶段的理财需求采取不同的理财策略

图 2-11　个人生命周期中收入和支出趋势图

生命周期理论作为指导理财规划的核心理论之一，它从个人或家庭生命周期整体出发考虑理财，掌握各个周期的特点，让人们结合实际情况设计理财方案，选择适当产品，以便在整个人生过程中合理分配财富，实现人生效用的最大化。该理论建立在跨期最优化理论基础上，核心内容是在个人或家庭生命周期内有限的经济资源约束下，求解于终生消费（包括闲暇和遗赠）效用最大化的消费/投资策略问题。

（二）个人生命周期各阶段理财活动

理财规划是根据在个人不同生命周期的特点，针对学业、职业的选择和家庭、居住、退休所需要的财务状况，综合使用银行产品、证券、保险产品等金融工具，进行理财活动和财务安排。按年龄层个人生命周期分为六个阶段：

第一阶段称为探索期：15～24岁，学生时代对理财活动的探索；第二阶段是建立期：25～34岁，单身创业时代个人财务的形成期；第三阶段是稳定期：35～44岁，成家立业时代的理财任务，做好三大准备；第四阶段是维持期：45～54岁，持续发展时代面临的三大考验；第五阶段是高原期：55～60岁，辉煌时代妥善管理好自己的财富；最后是退休期：60岁以后，养老时代稳健投资保住自己的财产。

（三）家庭生命周期各阶段理财活动

生命周期理论将家庭的生命周期分为四个阶段，理财师可以帮助客户根据其家庭生命周期计划选择适合客户的保险、信托、信贷理财套餐，帮助客户根据其家庭生命周期的流动性、收益性和获利性需求给予资产配额建议（见表2-4）。

表2-4 家庭生命周期

分类	家庭形成期	家庭成长期	家庭成熟期	家庭衰老期
特征	建立家庭并生养子女	子女长大就学	子女独立和事业发展到巅峰	退休到终老只有两个老人（空巢期）
	从结婚到子女出生	从子女上学到完成学业	从子女完成学业独立到夫妻退休	从夫妻退休到过世
	家庭成员增加	家庭成员固定	家庭成员减少	夫妻两人
收入和支出	收入以双薪为主	收入以双薪为主	收入以双薪为主，事业发展进入巅峰	以理财收入和转移收入为主
	支出逐渐增加	支出随子女上学增加	支出逐渐减少	医疗费提高，其他费用减少
储蓄	随家庭成员增加而减少	收入增加而支出稳定，储蓄增加	收入巅峰，支出降低	支出大于收入
居住	和父母同住或自行购房租房	和父母同住或自行购房租房	与老年父母同住或夫妻两人居住	夫妻居住或和子女同住
资产	可积累的资产有限，但可承受较高风险投资	可积累资产逐年增加，需开始控制风险投资	可积累的资产达到巅峰，要逐步降低投资风险	开始变现资产来应付退休后的生活，投资以固定收益为主
负债	高额房贷	降低负债余额	还清债务	无新增负债

例 2-15 个人理财规划的理论基础是（　　）

A. 风险管理理论　　　　　B. 收益最大化理论

C. 生命周期理论　　　　　D. 财务安全理论

解析：C，划分客户生命周期，目的在于划分客户所处的生命阶段，分析不同阶段的财务状况和理财目标，从而有效对其进行个人理财规划。生命周期理论是理财规划的基础。

（四）个人财产周期

理财可以被看作一系列的决策，这些决策是关于在未来的某段时间内需要多少钱来实现目标以及如何得到这些钱，为了能为这些目标作计划，这些目标需要用货币表示，并要加上时间限制。有两种实现这些目标的资金来源：一种是现有现金，投资一段时间会增值；另一种是辛勤工作获得的报酬，一部分用于消费，其余的成为储蓄。这些新的储蓄加上原来的储蓄一起拿去投资会带来投资收入，实现理财目标。在这一过程，必须考虑时间因素。一方面获得货币的时间价值即财富增值；另一方面在有限生命完成自己理想生活目标。所以，在人的一生的理财中，还有一个周期即个人财产周期。

在人生的不同阶段，每个人的财务状况以及获取收入的能力是不同的。几个不同阶段组成的人的一生称之为财务生命周期。个人成年以前在经济上是完全依赖家庭的，父母为整个家庭而理财，但成年后则必须设法赚足够的钱来维持自身日常的基本消费。

在生命周期的初级阶段，个人消费支出可能会超过收入，例如为谋求更好的工作而参加培训课程或者购买房屋和其他耐用消费品，这些花费很可能超过当期收入，为此，在生命的初级阶段可能要背负许多债务；随着时间的推移，收入开始超过消费支出，在步入中年之前，收入在不断增多，同时子女也一天天长大；当子女长大成人开始独立生活，债务也已还清，于是开始收支相抵并有了盈余或称之为储蓄存款，随着存款数量的增加，存款总额也在逐年增长；退休后，个人收入大幅度减少或没有丝毫收入，于是开始动用储蓄存款来维系自己的生活，存款总额开始随之减少，如果计划周详，一个人在去世时正好花光其所有存款。

由此可见，基于生命周期的理财，是通过合理的贷款和储蓄，弥补收入与支出之差，从而更好地利用现在已有和将来可能拥有的资源，完成人生不同阶段的财务目标，在一定程度上可以说是针对人的整个一生而不是某个阶段的规划。

二、资金时间价值案例分析

(一) 基于资金时间价值的储蓄规划

理论上,在家庭储蓄中包括两种计息方式:一种是单利计息,一种是复利计息。实际生活当中,银行活期存款如果定期结息并转入储户账户的话,属于结息期内单利,结息期利息转本金属于计算复利。定期存款通常是单利计息,除非与银行约定自动滚存。复利就是我们常说的"利滚利",即每经过一个计息期都要将所生利息加入本金再计算利息,逐笔滚算。原则上,计息期越短,滚入次数越多,复利效应越强。

理财小常识 2-2　如何利用资金时间价值知识合理规划家庭储蓄?

中国自古就有勤俭节约的传统美德,许多家庭都懂得储蓄,积少成多。同时由于资金量不足及投资渠道的匮乏,一般认为钱存在银行里比投资更安全,所以对于大多数家庭来说,闲置资金仍主要用于储蓄。而活期存款利息率远远小于定期存款利率,定期存款又流动性不够,如果提前支取定期存款,损失的利息会很多。

因此,可以试着采取一种比较合理的储蓄方式,称之为阶梯式储蓄。即将家庭中准备作为储蓄的资金分为几份,通常这一比例可以根据家庭情况进行设置,并根据资金存量和流量进行调整。比如3:3:3:1的比例。也就是说,30%作为定期存款,30%作为活期存款备用,30%进行其他投资,10%用于调整和弥补前三项的不足。同时也可以在各种定期存款下都存入一定的资金,比如30%的存长期,30%存半年,30%存最低期限3个月,10%用于微调和补充。同时对于家庭收入较高且稳定的家庭来说,可以多存一些长期定期存款,对于家庭收入较低且不稳定的家庭来说,应该多存一些短期存款,以备不时之需。还可以通过每月定存的方式实现细水长流。长此以往,坚持下来,会发现家庭财务结构得到了很好的调整,兼具有了流动性和收益性。

(二) 基于资金时间价值的购车规划

随着分期付款购房方式的出现,人们日常生活中的很多物品都可以分期付款购买,仅次于住房的奢侈品便是汽车。

例 2-16 刘先生欲订购一辆私家车,采用现付方式的话,车款为 20 万元。如果分期付款,于每季季末付款 1.2 万元,付款期限为五年,假设五年期银行存款利率为 4%,在不考虑其他费用的情况下,刘先生应采用哪种方式付款呢?

解析:根据资金时间价值理论,不同时间点的资金是不能比较的,需要把它们换算到同一时间点上才能够作比较,那么我们便可以利用资金时间价值的换算将分期付款的普通年金折算到现值为 21.65 万元:

$$P = 1.2 \times (P/A, 0.8\%, 5 \times 4) = 21.65 (万元)$$

显然,21.65 万元比 20 万元要高,所以刘先生应该选择现付方式购车。在考虑现付还是分期付款时,必须将资金的时间价值考虑进去,表面上是每期等额付款,实际上随着时间的推移,起初所付的 100 元已经不等于几年后所付的 100 元了。

(三) 基于资金时间价值的住房规划

例 2-17 (2007 年 5 月国家理财规划师考试真题) 刘先生,某外企员工,2005 年 9 月在某高档小区购买了一处住宅,房屋总价 120 万元,贷款 70 万元。刘先生听说等额本金法还利息较少,遂决定按照等额本金方式还款,贷款期限 15 年,按月还款,贷款利率为固定利率 6.84%。请根据资料回答:

1. 刘先生每个月所还的本金约为 ( )
A. 3 889   B. 6 229   C. 289   D. 422

答案:A。解析:等额本金还款法每月本金偿还计算过程,700 000/(15×12) = 3 889

2. 刘先生第一个月所还利息约为 ( )
A. 3 690   B. 3 790   C. 3 890   D. 3 990

答案:D。解析:等额本金还款法第一个月所还利息计算过程,700 000×6.84%/12 = 3 990

3. 刘先生第二个月所还的利息约为 ( )
A. 3 690   B. 3 790   C. 3 968   D. 7 850

答案:C。解析:等额本金还款法第二个月所还利息计算过程,(700 000 − 3 889)×6.84%/12 = 3 968.20

○ 赵丽丽. 资金时间价值例解 [J]. 财会通讯(综合版),2008(08).

4. 刘先生第一年所还利息之和约为（ ）
A. 26 417.02   B. 36 417   C. 46 416   D. 56 417
答案：C。解析：3 889×（180+179+178+…+168）×6.84%/12=46 416

5. 刘先生如果按照这种方法将所有款项还清，则所还利息总额约为（ ）
A. 361 095   B. 461 095   C. 561 095   D. 661 095
答案：A。解析：3 889×（180+179+178+…+1）×6.84%/12=361 095

6. 刘先生把等额本金还款法与等额本息还款法进行了比较，如他采用等额本息法来偿还贷款，每月需要偿还贷款约为（ ）
A. 3 889   B. 6 229   C. 289   D. 422
答案：B。计算过程：PV=700 000 N=15×12 I/Y=6.84/12 FV=0 CPT PMT=−6 229

7. 若刘先生用等额本息的方法将所有款项还清，共需偿还约（ ）利息。
A. 361 095   B. 421 283   C. 561 095   D. 661 095
答案：B。解析：PMT=6 229 6 229×180=11 212 201 121 220−700 000=421 220

请思考：本题还有别的计算方法吗？

（四）基于资金时间价值的养老费用规划

例 2-18 （2007年5月国家理财规划师考试真题）退休养老规划是为保证客户在将来有一个自立、尊严、高品质的退休生活，从现在开始积极实施的理财方案。张某夫妇打算 20 年后退休，现在对退休生活进行规划。他们根据自身的健康状况，估计退休后生存 25 年，结合现在的通货膨胀率，设定了退休以后每年的生活费用平均为 90 000 元。另外，估计退休后每年能得到 40 000 元左右的退休金。目前二人有 10 万元的银行存款，并打算将这部分存款投资到年收益率为 5% 的产品组合中，且退休后的退休基金也投资到 5% 的产品组合中。根据材料回答：

1. 可以推测，张某夫妇在退休后平均每年大约还需要（ ）才能弥补退休后的生活费用。
A. 50 000   B. 55 000   C. 45 000   D. 40 000
答案：A。解析：每年养老金缺口=每年养老金需求−每年养老金供给，每年费用缺口=90 000−40 000=50 000

2. 根据 1 题，如退休后每年的费用缺口折现至刚刚退休的时候，其现值约为

(　　)(假设费用缺口发生在每年年初,折现率为5%)。

A. 739 932　　　　　　　　　B. 1 250 000

C. 839 932　　　　　　　　　D. 939 932

答案:A。解析:计算器可直接计算,注意设置计算器为期初模式。N = 25 I/Y = 5 PMT = −50 000 FV = 0 CPT PV = 739 932。

3. 张先生家庭以目前10万元的银行存款进行投资,20年后这笔资金增值为(　　)

A. 285 330　　　B. 275 330　　　C. 265 330　　　D. 2 000 000

答案:C。解析:计算过程,PV = 100 000 N = 20 I/Y = 5 PMT = 0 CPT FV = −265 330。

4. 根据上题,张先生夫妇在退休前还需要贮备的退休基金的额度为(　　)

A. 285 330　　　B. 275 330　　　C. 265 330　　　D. 474 602

答案:D。解析:739 932−265 330 = 474 602。

5. 如果采取每年年末投入固定资金余年收益率为5%的投资组合中已达到弥补退休基金缺口的目的,那么每年需要投入资金(　　)。

A. 14 353　　　B. 13 353　　　C. 12 353　　　D. 11 353

答案:A。解析:FV = 474 602 I/Y = 5 N = 20 PV = 0 CPT PMT = −14 353。

6. 2005年2月,国务院发布的《关于完善企业职工基本养老保险制度的决定》要求,从2006年1月1日起,基本养老保险个人账户的规模统一由本人缴费工资的11%调整为(　　)

A. 7%　　　　B. 8%　　　　C. 9%　　　　D. 10%

答案:B。解析:考查要点为2006年1月1日,基本养老保险个人账户的调整。

7. 国家统一规定,养老保险金要预留相当于(　　)的养老金开支,其余按原规定处理。

A. 1个月　　　B. 2个月　　　C. 3个月　　　D. 4个月

答案:C。解析:考查要点为国家养老保险的相关规定。

本章小结

资金时间价值是一个十分重要的经济概念。由于货币时间价值揭示了不同时点上资金之间的数量换算关系,因此无论是对投资决策,还是对理财规划,对不同时点上的资金进行加总和比较,都将会产生极大的影响。在制定投资理财规划前,一定要考虑到资金时间价值的影响,重视资金的时间价值,从而尽早做出科学、准确的决策,以便利用资金的时间价值和复利效应来创造更大的效益与利润。

课后习题

一、单项选择题

1. 整存零取是一种事先约定存期，整数金额一次存入，分期平均支取利息的定期储蓄，它的起存金额为人民币（　）元。（2009 年 11 月国家理财规划师考试真题）
   (A) 1 000　　　　(B) 3 000　　　　(C) 5 000　　　　(D) 50 000

2. 最近很多银行推出了等额递增还款法和等额递减还款法，理财规划师一般会推荐下列哪类人群采用等额递增还款（　）。（2011 年 11 月国家理财规划师考试真题）
   (A) 目前收入一般、还款能力较弱，但未来收入预期会逐渐增加的人群，如毕业不久的学生
   (B) 目前还款能力较强，但预期收入将减少，或者目前经济很宽裕的人
   (C) 经济能力充裕，初期能负担较多还款，想省息的购房者
   (D) 收入处于稳定状态的客户

3. 李先生计划 10 年后账户余额为 20 万元，以 7% 的年投资收益率计算，在按季复利的状态下李先生每月初需要往账户中存（　）元。（2011 年 11 月国家理财规划师考试真题）
   (A) 1 151.4　　　(B) 1 200.8　　　(C) 1 325.6　　　(D) 1 345.9

4. 处于不同生命周期的客户，其风险承受能力不同，所选择的投资工具各不相同。这体现了财务管理原则中的（　）。（2011 年 5 月国家理财规划师考试真题）
   (A) 资金合理配置原则　　　　　　(B) 收支积极平衡原则
   (C) 成本效益原则　　　　　　　　(D) 风险收益均衡原则

5. 若要维持正常的偿债能力，从长期看，已获利息倍数至少应当（　）。（2011 年 5 月国家理财规划师考试真题）
   (A) 小于零　　(B) 大于零且小于 1　　(C) 大于零　　(D) 大于 1

6. 某客户计划将一部分钱存为 7 日个人通知存款，则该客户存入的最低金额为（　）。（2011 年 5 月国家理财规划师考试真题）
   (A) 1　　　　　(B) 2　　　　　(C) 5　　　　　(D) 10

7. 张先生既想保有定期存款的收益水平，又希望有活期的方便存取，则他可以采用（　）。（2011 年 5 月国家理财规划师考试真题）
   (A) 零存整取　　(B) 存本取息　　(C) 整存零取　　(D) 定活通

8. 何先生的信用卡账单日为每月10日,到期还款日为每月30日,3月10日银行的对账单显示何先生3月5日有一笔2 000元的消费。如果何先生3月30日偿还银行200元,则何先生4月10日账单实际的循环利息为( )元。(2009年5月国家理财规划师考试真题)

(A) 9.9 (B) 33.9 (C) 25 (D) 34.9

二、多项选择题

1. 理财规划必须和不同生命周期,不同的家庭模型相结合才能产生最佳实践效果。小张是一个刚刚走出大学校门的单身青年,他的理财规划重点应该是( )。(2008年11月国家理财规划师考试真题)

   (A) 现金规划 (B) 消费支出规划
   (C) 投资规划 (D) 子女教育规划 (E) 退休养老规划

2. 从消费信贷业务比较发达的国家(地区)来看,住房消费信贷、汽车消费信贷、信用卡消费信贷是消费信贷的三种主要形式,其中信用卡的特点是( )。(2008年11月国家理财规划师考试真题)

   (A) 先消费,后还款
   (B) 可以将钱存在信用卡里获得利息,很方便
   (C) 可以提取现金解燃眉之急,而且还免息
   (D) 可以利用信用卡分期付款
   (E) 记账功能

3. 理财规划中常用的统计量主要包括( )。(2008年11月国家理财规划师考试真题)

   (A) 算术平均数 (B) 几何平均数 (C) 中位数
   (D) 众数 (E) 相关系数

4. 根据生命周期理论,将理财规划的重要时期进一步细分,可以分为( )。(2009年5月国家理财规划师考试真题)

   (A) 单身期 (B) 家庭与事业形成期
   (C) 家庭与事业成长期 (D) 退休前期 (E) 退休期

5. 理财规划的原则包括( )。(2009年5月国家理财规划师考试真题)

   (A) 整体规划 (B) 提早规划 (C) 现金保障优先
   (D) 风险管理优于追求收益 (E) 消费、投资与收入相匹配

6. 关于个人综合消费贷款说法正确的是（　　）。（2009年5月国家理财规划师考试真题）

    (A) 个人综合消费贷款是银行向借款人发放的用于指定消费用途的人民币担保贷款

    (B) 个人综合消费贷款的用途主要有个人住房、汽车、一般助学贷款

    (C) 个人综合消费贷款具有用途广泛、贷款额度高、贷款期限较长等特点

    (D) 贷款额度主要由银行根据借款人资信状况及所提供的担保情况确定具体贷款额度

    (E) 对贷款用途为医疗和留学的，期限最长可为8年

7. 马斯洛提出了著名的需求层次理论，即人们的需求可以分为（　　），人们对于财产的需求也基于该理论基础之上。（2009年5月国家理财规划师考试真题）

    (A) 生理需求　　　　(B) 安全需求　　　　(C) 社交需求

    (D) 尊重需求　　　　(E) 自我实现需求

8. 下列关于理财原则的说法中（　　）体现了理财的整体规划原则。（2009年5月国家理财规划师考试真题）

    (A) 整体规划原则是指规划思想的整体性

    (B) 为了防范客户家庭遭受风险，需要为客户家庭建立风险储备

    (C) 作为理财师需要综合考虑客户的财务状况与非财务状况

    (D) 只有综合考虑客户整体状况，才能提出符合客户实际和目标预期的规划

    (E) 应将客户的消费与投资结合进行分析

三、判断题

1. 理财规划是一个一生的财务计划，是理性的价值观和科学的理财计划的综合体现。（　　）（2011年11国家理财规划师考试真题）

2. 未来交易或事项可能产生的负债必须确认。（　　）（2011年11国家理财规划师考试真题）

3. 永续年金既无现值，也无终值。（　　）（2011年11国家理财规划师考试真题）

4. 家庭与事业成长期指从结婚到新生儿诞生的这段时期，一般为1～3年。（　　）（2009年5月国家理财规划师考试真题）

5. 金钱的秘密在于单利效应和复利效应都会使得资金正增长，只不过单利增长随着时间的推移会越来越大于复利增长。（　　）

Chapter 3 · 第3章

个人家庭财务报表分析

学习目标

本章要求了解个人家庭财务报表的内涵、原则以及特点；理解个人家庭规划的意义，掌握个人家庭财务报表的制作、个人财务报表的结构分析以及财务报表比率分析。其中家庭资产负债表、家庭收入支出表（现金流量表）、财务比率分析中的常用财务比率分析（如资产负债比率、收入负债比率、净资产保障率、灾变保障率）以及综合财务比率分析中的财务自由度、致富公式等为本章的重难点。

导读

个人家庭财务报表是个人资产状况变动的信息载体，是个人进行资产运营和投资理财的重要依据。掌握个人家庭财务报表理论与知识，并应用个人家庭财务报表进行财务分析，对于我们个人与家庭理财的投资规划、决策具有很大的作用。借助财务报表的分析，全面地分析个人与家庭的经济状况，从而调整个人与家庭的经济结构，对日常的经济收入和支出进行优化，从而更好地对个人与家庭的资产进行规划管理，达到理财规划的目标。

第一节 个人家庭财务报表概述

一、内涵

个人家庭财务报表是用以反映个人或家庭财务状况和财富增减变动的会计报表，主要用于个人或家庭的财务计划，如取得分期付款购货优惠、缴纳个人所得税、申办信用贷款上学、编制退休计划和赠送遗产计划以及公开个人财务情况等。在许多发达国家，政府官员及即将成为政府官员的人士，为表明其廉洁奉公，取信于民，会义务定期编制个人财务报表。

个人家庭财务报表一般分两种，包括家庭资产负债表和家庭收入支出表。家庭资产负债表是总括反映家庭在特定日期的财务状况的会计报表，是一个存量的概念（见表3-1）。家庭收入支出表反映家庭一段时间内现金收支的变化，通常以月计算，是一个流量的概念（见表3-2）。

（一）家庭资产负债表

表 3-1 家庭资产负债表

姓名：		先生/女士	日期：	年 月 日	
资产			金额（元）	百分比（%）	
金融资产	现金与现金等价物	现金			
		活期存款			
		定期存款			
		其他类型银行存款			
		货币市场基金			
		人寿保险现金收入			
	其他金融资产	债券			
		股票			
		基金			
		权证			
		期货			
		外汇实盘投资			
		人民币理财产品			
		保险理财产品			
		证券理财产品			
		信托理财产品			
		其他			
实物资产		自住房			
		投资房			
		机动车			
		家具家电			
		珠宝和收藏品			
		其他个人资产			

(续)

姓名：		先生/女士	日期： 年 月 日	
		资产	金额（元）	百分比（%）
资产总计				
负债		信用卡透支		
		消费贷款（助学贷款）		
		创业贷款		
		汽车贷款		
		住房贷款		
		其他负债		
负债总计				
		净资产		

资料来源：关彤. 学做家庭资产负债表[J]. 投资实务，2003（10）：70-73.

家庭资产负债表是个人家庭财务报表中的重要报表之一，它反映的是个人资产和负债在某一时点上的基本情况。在理财规划中，由于客户情况千差万别，我们需要关注的重点也各不相同，所以一般不对个人的资产负债表的格式做具体的规定与限制，理财规划可以根据客户的家庭和工作的习惯进行具体的格式设计。在这一点上，个人家庭资产负债表与公司显然大不相同。在实际工作中，可以依据客户数据调查中与此相关的资料，加以必要的分析调整，便可以编制出个人家庭资产负债表。表 3-1 中反映的是个人家庭资产负债表中通常包括的内容，若有需要可以调整和补充其他内容。

（二）家庭收入支出表

个人家庭收入支出表同样是一个重要的财务分析工具，对于帮助了解个人的收入支出信息很有意义。通过收入支出表中的内容，我们可以对客户在某一时期的收入和支出进行归纳，为进一步的财务状况分析与理财目标设计提供基础资料。通常情况下，个人家庭收入支出表分为三栏，收入、支出和结余（或超支）。收入支出表一般以 12 个月为一个编制周期。实际操作中可以通过对数据调查表的相关资料进行分析整理进而编制收入支出表。表 3-2 显示了客户家庭收入支出表通常包括的内容，若有需要可以调整和补充其他内容。

表 3-2　家庭收入支出表

日期：　年　月　日　——　年　月　日　　姓名：　　先生/女士

	项目		金额（元）	占总收入比例（%）
收入	工资和薪金			
	自雇收入（稿费及其他非薪金收入）			
	奖金和佣金			
	养老金和年金			
	投资收入	利息和分红		
		资本利得		
		租金收入		
		其他		
	其他收入			
	总收入			
支出	房子	租金/抵押贷款支付		
		修理、维护和装饰		
	家具家电和其他大件消费（购买和维修）			
	汽车	贷款支付		
		汽油及维护费用		
		保险费、养路费、车船税等		
		过路与停车费等		
	日常生活开支	水电气等费用		
		通信费		
		交通费		
		日常生活用品		
		外出就餐		
		其他		
	购买衣物开支	衣服鞋子及附件		
	个人护理支出	化妆品、头发护理、美容健身		
	休闲和娱乐	度假		
		其他休闲娱乐		
	商业保险费用	人身保险		
		财产保险		
		责任保险		
	医疗费用			
	其他项目			
	总支出			
	现金结余（或超支）			

资料来源：关彤. 学做家庭资产负债表 [J]. 投资实务，2003（10）：70-73.

二、原则

(一)借贷相等原则

个人与家庭财务报表同样也必须要遵循企业会计的基本原则,即"有借必有贷,借贷必相等"(见表3-3),具体表现在:

1. 日常生活中,任何一笔经济业务的发生都必然会同时导致至少两个账户发生变化,而且这两个账户之间存在相互的关系。

2. 在记入有关账户时,有的记入一个或几个账户的借方,同时有的记入另一个或几个账户的贷方。不能全部记入借方或全部记入贷方,即有借必有贷。

3. 记入借方账户的金额与记入贷方账户的金额必须相等,即借贷必相等。

表3-3 借贷相等原则表

会计科目	借方	贷方	会计科目	借方	贷方
资产	增加	减少	收入	减少	增加
负债	减少	增加	支出	增加	减少
净值	减少	增加			

(二)流量与存量相对应原则

流量是指一定时期测算的量,即一定时期内生产产品和劳务而取得的收入或支出的总量,是时期指标。存量是指一定时点上测算的量,即某一时点上过去生产与积累起来的产品、货物、存储、资产负债的结存数,是时点指标。主要包括:

1. 期初存量 + 本期流入(收入) − 本期流出(支出) = 期末存量

2. 当期净流入量(储蓄) = 前后期净资产差异

3. 期初净资产 = 过去历年储蓄累积额 − 资产折旧 + 资产价值增减额(资本利得或损失)

(三)收付实现制原则

收付实现制又称现金制或实收实付制,是以现金收到或付出为标准,来记录收入的实现和费用的发生。按照收付实现制,收入和费用的归属期间将与现金收支行为的发生与否紧密地联系在一起。在现金收付的基础上,凡在本期实际以现款付出的费用,不论其是否在本期收入中获得补偿均应作为本期应计费用处理;凡在本期实际收到的现款收入,不论其是否属于本期均应作为本期应计的收入处理;反之,凡本期还没有以现款收到的收入和没有用现款支付的费用,即使它归属于本期,也不作为本期的收入和费用处理。如刷卡消费时不记支出，缴付信用卡款时才记支出。这样也便于将期初与期末的现金相对照，查看有无漏计、错计之处。

（四）成本价值与市场价值双重度量原则

成本价值通常按购入时所支付的现金额计算，市场价值通常以结算时点资产的市场价格或按市场行情评估的价值计算。对于价格具有公开性、统一性、频繁波动性的资产，应按上期期末市价记入以成本价值反映的资产负债表，如股票、债券、基金等，按结算日的收盘价记入以市场价值反映的资产负债表。对于没有可参照的公开统一的市场价格、流动性较差的资产，可以不用重估调整，按成本价入账，如房地产、汽车、收藏品等。

三、特点

（一）不需要对外公开

（制作个人及家庭财务报表的主要目标是家庭财务管理，这些信息大部分情况下都不需要对外公开）。如果需要对外公开，一般主要有两种情况：一是个人及家庭的个人财务规划师或理财师、保险顾问、税务顾问、律师等为了帮助个人及家庭进行个人财务、个人风险管理和保险规划、个人税务筹划或遗产、事业继承规划，往往需要用到这些资料和数据；二是一些贷款人为了对个人及家庭的资产和偿付能力进行评估从而据此做出贷款或者授信决策，需要对个人及家庭资产负债表和收入支出表中的一些他们所关注的内容，比如总债务水平、房产和汽车价值、其他金融资产或生息资产的价值，进行了解，但他们一般不会使用全部个人及家庭资产负债表和收入支出表的内容。

（二）不受严格会计准则及制度约束

由于个人及家庭的财务报表不需要定期对外报告，所以一般不用受到严格的会计准则或国家会计、财务制度的约束。对于个人及家庭的财务报表，没有任何广泛接受的会计准则的要求。个人及家庭完全可以根据自己的实际情况与需要来编制，不必拘泥于有限的模板和式样。本文所提供的范例不代表任何财务准则或会计制度，在实际运用中可以自行设计适合自己的报表，也可以创造性地提出一些其他财务指标对报表加以分析。

(三) 没有计提减值准备的严格要求

在企业的会计和财务管理中,为了审慎地计量企业的资产,会计的谨慎原则要求对各种资产项目计提减值准备,另外对于在建工程和委托贷款也都要计提减值准备。这些减值或跌价准备作为对相应资产项目的备抵科目,必须列在资产负债表中,作为相应资产的减项。而对于个人及家庭的财务报表就没有这么严格的要求。以上列举的很多会计科目都不是个人及家庭资产负债表的内容。即使对于那些个人及家庭资产负债表中的主要资产项目,比如住宅、汽车、股票投资或债券投资,减值准备必须视个人及家庭的需要和编制会计报表时的经济环境而定,是可列可不列的。一般而言,只有宏观经济十分萧条,金融市场交易特别清淡的时候,谨慎起见,才需根据房产(包括自用住宅和商用、投资住宅)或金融资产或生息资产可能贬值的情况,对这些项目计提减值准备,列入个人及家庭资产负债表作为减项。

(四) 不严格要求对固定资产计提折旧

企业会计要求必须对固定资产进行计提折旧,国家有关部门根据企业所属的不同类型规定其计提折旧的不同政策。但是对于个人及家庭会计报表而言,尽管家庭的自用住宅、商用(投资)住宅和汽车也有折旧的问题,尤其是家用汽车,3~5年就可能折旧完。但是很多时候,也不一定需要把折旧列入个人及家庭资产负债表。由此个人及家庭财务报表与企业财务报表之间存在着很大差异,个人及家庭财务不严格要求对固定资产进行计提折旧。

(五) 无须严格的对应关系

在企业的损益表中,每一项都是与资产负债相对应,例如企业的一项资产增加,其增加的价值将最终进入利润及利润分配表中,同时资产负债表中的所有者权益和资产也会增加。但是如果个人及家庭的自用住宅价值增加,一般就只需要在其资产负债表中直接记入已经增加的价值额,而不会把它列为收入而记入净资产。因为个人及家庭还会在这里住很长时间,不会立即转手卖掉,增加的价值不会形成当期收益,而会被个人及家庭慢慢消费掉。当然,自用住宅之外的投资性房产(比如用于商用或出租)的价值增值是例外。

(六) 倾向于处理现金

在个人及家庭的财务管理中,倾向于处理现金而不是将来会有的收入。个人及家庭的财务会计中几乎不进行收入或费用的资本化。比如个人投资于某学历或职业培训,会由于增加了的人力资本价值从而增加其未来收入。企业可以将这项支出资本化从而递延到未来分期摊销，而个人及家庭的财务管理一般就只把它视为一项生活支出，而不是投资性支出。由此可见个人家庭财务报表处理的对象主要为日常现金的管理而不进行收入或费用的资本化处理。

第二节 个人家庭财务报表编制

个人家庭财务报表编制是在一定的整体目标下，参照会计处理的原则，组织家庭财务活动，处理财务关系的一项经济管理工作。家庭财务报表编制的原理和方法与企业财务管理类似，但是个人与家庭财务管理也有自身特点，需要从实际应用出发，对家庭财务管理方法加以调整。

一、家庭资产负债表及其构成

家庭资产负债表是指家庭在某一时点的资产和负债状况的财务报表。它并不揭示资产和负债是如何形成的，只是告诉家庭目前的结果。在理财规划中，由于各个家庭情况千差万别，我们需要关注的重点也各不相同，所以一般不对个人的资产负债表的格式做具体的规定与限制，理财规划可以根据客户的家庭情况和工作习惯进行具体的格式设计（见表3-4）。在这一点上，个人家庭资产负债表与公司显然大不相同。在实际工作中，可以依据客户数据调查中与此相关的资料，加以必要的分析调整。

表 3-4 家庭资产负债项目表

资产项目		负债项目	
金融资产（生息资产）	现金、银行存款、股票、债券、基金、退休储蓄计划累积额、养老金现金价值、保单现金价值等	流动负债	信用卡透支、应付水电气费、应付租金、税金、保险金等
自用资产	房子、汽车、家具、家电、衣服、运动器材、厨具餐具等	长期负债	房贷、消费贷款、助学贷款、投资贷款
奢侈资产	珠宝、别墅、收藏品等	个人净资产	个人实际拥有的财富

（一）个人资产

个人资产是个人家庭所拥有的全部资产，家庭资产多种多样，不可能在报表中一一详细列出，一般做法是将它们进行大体分类，主要反映有价值的、特别是可以管理的、可以规划的资产。大体分为三类：

1. 金融资产（生息资产）

金融资产是指能带来利息、带来收益或者退休后能够继续消费的资产。包括现金、银行存款、股票、债券、基金、退休储蓄计划累积额、养老金现金价值、保单现金价值等。这是个人财务规划中最重要的项目,大多数个人财务管理都是针对这些资产进行的。

2. 自用资产

自用资产是指那些我们每天生活都要使用的资产,包括房子、汽车、家具、家电、衣服、运动器材、厨具餐具等,它们的主要功能是满足当前消费。由于它们不产生收入,也很难变现,所以不是财务规划考虑的主要方面。

3. 奢侈资产

奢侈资产是指那些家庭基本生活需要之外的特殊需要的资产。虽然也是个人使用的,但它们不是家庭必需的,包括珠宝、别墅、收藏品等。奢侈资产的外延弹性很大,是不是奢侈资产,取决于这个家庭认为哪些资产是必需的、哪些是非必需的判断。奢侈资产与自用资产的主要区别在于,变卖时奢侈资产的价值高。

(二)个人负债

个人负债需要在将来的一定时期归还,主要的形式包括信用卡的应付款、汽车贷款、住房按揭等。根据到期时间的长短,个人负债被分为流动负债和长期负债。流动负债是指一个月以内到期的负债,也包括当月要支付的长期负债,如信用卡透支、应付水电气费、应付租金、税金、保险金等。长期负债是指一个月以后到期的或多年内每月都要支付(摊还)的负债,如房贷、消费贷款、助学贷款、投资贷款等(见表3-5)。

表 3-5 完整的个人/家庭资产负债表

	资产科目	金额		负债科目	金额
	自用资产			流动负债	
1	自用住宅		1	信用卡透支	
2	家具、家电等家居用品		2	应付电话费	
3	汽车		3	应付水电气费	
4	衣物		4	应付租金	
5	运动器材		5	应付保费	
6	其他自用资产		6	应付所得税	
	自用资产小计		7	当期应付长期贷款	
	奢侈资产		8	其他流动负债	
7	珠宝			流动负债小计	
8	度假房产或别墅			长期负债	
9	有价值的收藏品		9	房屋按揭贷款	
10	其他奢侈资产			9.1 商业性住房贷款	

(续)

	资产科目	金额		负债科目	金额
	奢侈资产小计			9.2 住房公积金贷款	
	金融资产			9.3 商用房贷款	
11	现金		10	汽车贷款	
12	在金融机构的存款		11	装修、家具、家居用品贷款	
	12.1 人民币储蓄		12	大额耐用消费品贷款	
	12.1.1 活期储蓄		13	医疗消费贷款	
	12.1.2 定期储蓄		14	旅游贷款	
	12.2 外币储蓄		15	其他长期消费信贷	
	12.3 教育储蓄		16	投资贷款	
13	其他短期投资		17	教育贷款	
14	债券			17.1 国家助学贷款	
15	股票			17.2 商业性助学贷款	
16	基金		18	租赁费用	
17	信托和理财产品		19	其他长期负债	
18	金融衍生产品			长期负债小计	
19	管理性/商业性投资				
20	不动产投资（如投资型房产）			负债总计	
21	贵金属/宝石			净资产	
22	储蓄型保险及投资连结险现金价值				
23	养老金/寿险保单现金价值				
24	其他金融资产				
	金融资产小计				
	资产总计			负债与净资产总计	

(三) 个人净资产

个人净资产是指个人实际拥有的财富。它等于个人资产减去个人负债。如果个人净资产小于零，则意味着个人或家庭面临资不抵债的状况。一般来说，个人净资产会随人的年龄的增长而逐渐增加。例如，在学生时期，其个人净资产会很少，主要是父母提供的生活费用；在工作几年之后，会有一定的积蓄，个人净资产便会有较大的提高；在结婚生子之后，可能已经购买了住房和汽车，银行存款也有进一步提高，个人净资产会再上一个台阶。在进行长期的理财规划时，个人净资产是个十分重要的数据。

如果确定将积累财富作为理财的一个目标，那么跟踪个人净资产数据是一个很好的分析方法（见表3-6）。

表3-6 主要资产负债项目的金额计算

资产		负债	
项目	金额	项目	金额
现金	月底盘点余额	信用卡透支	签单/对账单累加
存款	月底存单存折余额	小额信贷	月底本金余额
债券	持有张数×月底市价（或按面额计）	房贷、车贷	账单月底本金余额
股票	持有股数×月底股价	民间借贷	借据所载金额
基金	持有份数×月底净值	应付费用	通知单金额或原约定金额
保险资产	保单份数×对应的现金价值		
房地产	买价/最近估价		
汽车	同类二手车行情		

（四）各项资产负债的计价方式

理财中各项资产负债的计价尤为重要。金融资产一般按市场价值计价，如果要更精确，可扣除变现的交易费用（一般为市场价值的1%～5%）。自用资产不出售则按成本计价，考虑出售时、计算财产保险额度时以及家庭对未来的计划改变时，房子和汽车按照市场价值计价（减去卖出时的费用），其他资产一般按重置价值计价。负债则按所欠金额的"当前价值"来计价。

（五）案例分析：资产负债表的应用

例3-1 在个人财务分析中，一般认为，总资产＝总负债＋净资产，总收入＝总支出＋净储蓄。某企业员工夏飞2012年12月31日的资产负债状况如表3-7：

表3-7 夏飞的资产负债

资产	数额	负债	数额	资产	数额	负债	数额
现金	10 000	他人借款	20 000	汽车	100 000		
股票	50 000	购房贷款	100 000				
基金	30 000	汽车贷款	40 000	资产合计	590 000	净资产	430 000
房产	400 000	负债合计	160 000			合计	590 000

2013年夏飞家庭发生如下经济活动：

（1）2013年1～8月份工资收入为7万元，生活支出为4万元；

（2）在这期间股票上升20%，基金上升10%，房产市值上升5%；

（3）卖出所有基金，买了一架钢琴，花了1.5万元；

（4）偿还私人借款1万元，偿还房贷本金1万元，汽车本金贷款1万元，偿还三项合计利息0.6万元；

（5）买了2万元的保险，其中纯保费支出0.8万元，储蓄型保险1.2万元；

（6）汽车折旧1万元；

根据以上信息，请：

1. 编制夏飞家庭2013年8月31日资产负债表；
2. 说明影响夏飞家庭净资产变动的因素；

解析：工作收入、生活支出、保费支出、利息支出、股票上涨、基金上涨、汽车折旧等因素是影响夏飞家庭资产负债表变化的重要原因（详见表3-8）。

表3-8 夏飞家庭资产负债表的变动计算

资产	数额	负债	数额	资产	数额	负债	数额
现金	2 000	他人借款	10 000	汽车	90 000		
股票	60 000	购房贷款	90 000	钢琴	15 000		
基金	0	汽车贷款	30 000	储蓄型保险	12 000	净资产	469 000
房产	420 000	负债合计	130 000	资产合计	599 000	合计	599 000

二、家庭收入支出表（现金流量表）及其构成

通过家庭资产负债表可以了解到在某一时点上家庭财富的存量及家庭目前的财务状况。收支表则是可以显示家庭某个时间内现金收入和支付的财务报表，它揭示家庭生成现金的能力和时间分布，反映出一个时段内家庭的收支状况，反映出一段时间内个人家庭的财务活动状况（见表3-9）。家庭收支表一般以现金基础为原则记账。收支表主要有三个组成部分：收入、支出和余额（盈余或赤字）。

表3-9 收入支出项目

收入项目		支出项目	
工作收入	工资、奖金、津贴、补贴等	日常开支	衣食住行、文化娱乐、医疗健身等
理财收入	利息、租金、股利、资本利得等	可自行决定的开支	家具、照相机、旅游等项目
债务收入	借入款、资产变现、债权回款等	不能自行决定的开支	税款等
其他收入	接受资助和馈赠、遗产继承、中彩票等	余额	收入减去支出

（一）收入

收入即所获得的现金收入，家庭现金流入可分为工作收入（工资、奖金、津贴、补贴等人力资本创造的收入，通常较为稳定）、理财收入（利息、租金、股利、资本利得等，存在投资风险）、债务收入（借入款、资产变现、债权回收款等）、其他收入（接受资助和馈赠、遗产继承、中彩票等偶然收入）。

（二）支出

支出是指现金的支付，家庭支出比较庞杂，我们可以分为日常开支、可自行决定的开支和不能自行决定的开支。日常开支是指每天生活中重复的开支，主要包括衣食住行、文化娱乐、医疗健身等日常生活方面必需的开支。可自行决定的开支主要是诸如家具、照相机、旅游等项目的支出，可以实现又不是生活必需的。一个家庭最容易改变的习惯就在这一类中，这些开支数额相对较大又不是生活必需的。

（三）余额

余额是收入支出表中收入减去支出以后的所得，工资转账凭单一般都列明工资收入及扣除的所得税、社保基金、失业保险金、企业年金，可以据此算出拨入银行工资账户的现金净收入。

一般来说，保持收支大体平衡为宜。有了家庭收支表，可以比较清楚地了解家庭的收入支出状况，结合资产负债表，进一步了解家庭资产状况，就可以计算出有关投资理财成果的评价指标。

（四）编制个人/家庭现金流量表时应注意的要点

1. 为了便于支出的预算和控制，在对支出项目进行统计和编制时，要将其分为两大类：一是可自行决定的开支，二是不能自行决定的开支。

2. 一般每月编制一次现金流量表，编制日可选在月底，也可选在发薪日或收到信用卡缴款单日，每个家庭根据自身情况做出选择，但周期必须一致。

3. 需要对期末资产负债表中现金与现金流量表中的现金结余进行对比，据以核对记账的准确性。

4. 已实现资本利得（或损失）计入收入（或支出）项目，未实现资本利得（或损失）是期末资产及净资产的调整项，不计入当期的现金流量表。

5. 房贷、车贷每月还款额应划分为本金和利息，利息作为支出项目计入现金流量表，本金不计入，作为负债减少计入资产负债表。

6. 产险、定期寿险、健康险等无储蓄性质，保费直接列为支出项目；而终身寿险、养老保险、投资连结险、教育年金等因可累积现金价值，具有储蓄性质，只需把实缴保费减去当年保单现值增加额的差值作为费用，计作支出。

完整的个人/家庭现金流量表如表 3-10 所示。

表 3-10 完整的个人/家庭现金流量表

	收入项目	金额		支出项目	金额
	应税收入			消费支出	
1	工薪所得		1	消费支出——食	
	1.1 工资（包括固定的津贴\补贴）			1.1 日常饮食支出	
	1.2 奖金、年终加薪、劳动分红			1.2 在外用餐费	
	1.3 退休金		2	消费支出——衣	
	1.4 其他工薪所得			2.1 制装与衣饰	
2	利息、股息、红利所得			2.2 洗衣	
	2.1 确定性的利息收入			2.3 理发、美容、化妆品	
	2.2 股息、红利所得		3	消费支出——住	
3	劳务报酬所得			3.1 房租	
4	稿酬所得			3.2 水电气	
5	财产转让所得			3.3 日用品	
	5.1 房地产转让所得		4	消费支出——行	
	5.2 有价证券转让所得			4.1 油费	
	5.3 其他资产转让所得			4.2 出租车、公交车费	
	收入项目	金额		支出项目	金额
6	财产租赁所得			4.3 停车费、养路费	
	6.1 不动产租赁收入			4.4 车辆维护费	
	6.2 动产租赁收入		5	消费支出——教育	
7	个人经营所得			5.1 学杂费	
8	承包、承租经营所得			5.2 保姆、家教、补习费	
9	特许权使用费所得		6	消费支出——文化娱乐	
10	偶然所得			6.1 报纸杂志费	
	应税收入小计			6.2 视听娱乐费	
	免税收入			6.3 旅游费	
1	国债、国家金融债利息		7	消费支出——医疗	
2	保险赔款			7.1 门诊体检费	
3	政府特殊津贴、补贴			7.2 药品、医疗器材费	
4	福利费、抚恤金、救济金			7.3 住院费	
	免税收入小计		8	消费支出——交际	
				8.1 电话费	
				8.2 礼金支出	
				8.3 转移支出	

(续)

收入项目		金额		支出项目	金额
				消费支出小计	
				理财支出	
			9	债务利息支出	
				9.1 房贷每月利息支出	
				9.2 车贷每月利息支出	
				9.3 信用卡利息	
				9.4 其他个人消费信贷还本付息额	
				9.5 投资性贷款利息支出	
			10	保险支出	
				10.1 产险与责任险保费支出	
				10.2 寿险保费支出	
				10.3 健康险保费支出	
				10.4 社会保险及企业补充保险支出	
				理财支出小计	
				其他支出	
			11	税收支出	
			12	捐赠支出	
			13	其他偶然性支出	
				其他支出小计	
	收入总计			支出总计	
				盈余 / 赤字	

（五）紧急备用金的测算

紧急备用金的用途在于收入突然中断或支出突然暴增时的应急需要，以免家庭陷入财务困境。通常用于应对以下情况：

1. 失业

失业会造成个人及家庭收入的急剧减少，因此应对储备至少能保证 3～6 个月的固定支出的金额作为失业后的紧急备用金。

2. 丧失劳动能力

投保残疾收入保险者至少要准备相当于 3 个月固定支出的紧急备用金，没有投保者则需要更多。

3. 支出突然暴增

需要紧急医疗，或因为天灾、被盗等导致财产损失，需要重建或重购支出时，一时庞大的支出可能超出当时的收入能力，因此需要储备一定量的紧急备用金。

满足紧急备用金需求有两种方式：一种是流动性高的活期存款或短期定期存款；另外一种则是备用贷款额度。一般来说一个家庭或个人至少要储备半年以上的固定支出作为紧急备用金。

（六）收入的初步测算

1. 普通雇员，包括国家机关工作人员和在大企业工作的工薪阶层，收入稳定，增长率不能设定太高，通常比通货膨胀高 3% 就已经不错了。

2. 公司业务人员、个体经营者、自由职业者、企业主的收入与国家经济发展前景、经济周期波动及所处行业景气状况有密切关系，具有不稳定性，要根据历史和当年情况预测其增减变化。

第三节 个人家庭财务报表分析

一、个人家庭财务规划的意义

（一）合理规划消费和投资

对家庭财务进行记录和规划，也就是俗称的记账，最直接的作用就是掌握收入、支出的具体情况，看看到底挣了多少钱，花了多少钱、钱都花在什么地方，还可以计算出维持正常的日常生活需要多少钱，剩下的钱再考虑进行消费和投资，这是家庭财务规划的基础。比如房贷每月还款额多少是合理的，这不应该是拍脑袋想想就决定的问题，而应该通过了解自己每月能有多少结余而定。如果某人每月挣 5 000 元，可能觉得还 2 000 元房贷不成问题，但是记账之后却发现自己每月只能存下 1 000 元。所以弄清楚这些才有可能谈理财、谈投资，才能对今后的消费、投资做出合理的规划。

（二）培养良好的消费习惯

记账是理财的第一步，通过个人家庭财务报表就可以轻松地迈开这一步，很快踏上理财的正确道路。运用家庭财务报表能够有效增强对个人财务的敏感度，不断提高理财水平。现实生活中很多被称为"月光族"的家庭或个人，并不全是挣钱少不够花，很多是不能理性消费。通过记账搞清楚钱是怎样花出去的，花到哪里去了，才能有效控制支出，避免大手大脚乱花钱。通过记账就有可能成为精明的理性消费者，把钱花在刀刃上，用更少的钱做更多的事。

(三)促进家庭成员和睦相处

社会学家调查发现,经济纠纷是家庭破裂的重要原因之一,特别是成员较多的大家庭,日常生活的开支需要家庭主要成员共同负担。时间长了,没有清楚的家庭财务数据,就难免会互相猜疑,或者怪持家长辈偏心。如果有翔实的财务记录,谁挣多少、谁花多少一目了然,家庭成员自然也就无话可说。在中国的传统生活中,亲友直接的借债、人情往来往往不写字据,时间长了就难免遗忘,对家庭财务进行记录,就可以做到有账可查,心中有数。选择好用的家庭记账方法,也能让你的记账事半功倍。

(四)记录生活和社会变化

如同日记一样,家庭财务的记录还可以看出社会的发展变化,增强社会责任感。摸清家底才能使投资理财活动做到知己知彼,否则就是漫无目的,不知所终。就像现在你就是一名指挥作战的将军,想取得理财这场战役的胜利就得先弄清楚自己手上有多少兵力和炮火。只有这样才能充分运用手上的资源,在金融投资市场这个战场上,赢得胜利获得财富。所以,随时了解自己家庭的可用资源是理财的基础。更甚者,如果几十年如一日地坚持记录家庭财务流水账,那么通过家庭收入和支出的变化,我们甚至还可以看出国家社会经济发展的串串足迹。

二、个人家庭财务报表结构分析

现代经济生活中,除了对个人家庭财务进行简单的记录外,还可以通过一些指标的计算,对家庭财务的结构进行分析:

(一)资产负债结构分析

1. 资产项目分析

(1)内容:家庭资产项目主要分为自有资产、金融资产和奢侈资产3种。自有资产根据性质不同分为升值性资产,如房地产和收藏品等;折旧资产,最常见的就是汽车,还有家具等。金融资产是理财财务规划的重中之重,第一类是现金和准现金,通常要求一个家庭的现金及准现金至少要能保证三个月到半年的开支,这一原则与紧急备用金的理念不谋而合;其次就是生息资产,它是理财收入的重要来源,其持有比例应根据经济情况合理调整,一般随年龄的增加,比重会逐渐增加。奢侈资产则并非每个家庭都能拥有,因此在家庭理财中处于次要地位。

(2)原则:一般家庭财务的最终目标是要求家庭总负债要小于总资产。长期负债通常情况下反映了对客户的总体财富的要求，客户的总资产要大于其总负债，如果小于，则说明财务状况相当糟糕，应建议客户立即采取措施（增加收入、减少开支）来改善状况，否则面临破产的威胁。而短期负债则反映对客户流动性的要求，这些债务都需要客户一个月偿还，一旦客户流动性不足，则可能引起暂时性财务危机。

2. 净资产分析

净资产之所以增加，主要源于几种原因：一是收入增加，支出减少；二是取得投资收益接受一笔礼物或遗产；三是由于某种原因，过去债务无须再还。假定某客户的收入处于该地区的中上水平，并已工作多年，那么净资产能够很好地说明其财务状况：

（1）净资产为负，说明财务状况糟糕，应尽快偿还近期债务，同时尽快增加收入。

（2）净资产低于年收入的一半，说明有必要控制开支，更多地进行储蓄和投资，并注意增加收入。

（3）净资产相当于半年到三年的收入，如果客户年轻，则其财务状况良好，如果客户即将退休，则仍要采取措施增加净资产。

（4）净资产相当于三年以上的收入，说明财务状况良好，年轻家庭可以进行一些负债投资。

3. 负债总体结构的动态分析

家庭财务分析中同样满足资产减去负债等于净资产这样的规律，但是不同计价标准下的净资产可能产生很大差异。比如以成本计的期初净资产减去期末净资产等于当期的储蓄额，而以市价计价的期初期末净值资产差异则等于储蓄额加未实现的资本利得或损失再加上资本评估增值或减去资本评估减值，也就是说以市价计价要考虑资本利得或估价所带来的增值或损失。

（二）收入支出结构分析

1. 收入结构分析

（1）工作收入。主要包括工资、薪金、奖金、年终加薪、劳动分红、津贴、补贴等人力资本创造的收入。其特点在于较为稳定，但有失业和丧失劳动能力的风险。

（2）理财收入。包括了利息、股利、资本利得、房租等以金钱或已有资产衍生出来的收入。一般随金融环境而变化，存在投资风险。

（3）因为借入款、资产变现款及债权回收款等导致的资产负债调整的现金流入。

2. 支出结构分析

（1）衣食住行、文化娱乐、医疗健身等日常生活方面的支出。

（2）因借款利息、投资手续费、保险费等导致的费用，或资产负债调整支出、偿还债务和投资置产方面的现金流出导致的理财支出。

3. 储蓄结构分析

储蓄严格意义上可以分为两类：一类是工作收入减去生活支出，称为生活储蓄；另外一类则是理财收入减去理财支出，形成理财储蓄。现实生活中，家庭现金流量的变动应该是由生活储蓄、理财储蓄和资产负债调整所形成的现金净流入共同构成的。如此分类的意义在于退休后，只应有理财收入而没有理财支出，用正的理财储蓄支应负的生活储蓄，如此才能实现财务独立。

（三）相关权数

1. 金融资产权数

$$金融资产权数 = 金融资产 / 总资产 \quad (3-1)$$

金融资产市值的波动一般较大，因此若家庭的金融资产权数较大，则总资产的起伏将比较大。但是，金融资产的获利能力远大于自用资产，是未来收益的保障。一个家庭金融资产一般是由一系列风险收益情况各异的金融资产组合构成的，可以通过分析其中各类风险资产的比重来考察该家庭的财务风险状况。

2. 自用资产权数

$$自用资产权数 = 自用资产 / 总资产 \quad (3-2)$$

自用资产以提供使用价值为主要目的，一般家庭未购房前此比例较低。在购房后贷款未缴清前，多数家庭均将积蓄用来偿还贷款，以至于无法累积金融资产，因此此时自用资产权数一般在七八成以上。

三、个人家庭财务报表比率分析

一些常见于公司财务报表分析中的财务比率分析以及从理财角度出发的适用于个人及家庭的特殊指标，也同样常见于家庭财务报表的分析过程中：

（一）常见财务比率分析

1. 资产负债比率

$$资产负债比率 = 负债总额 / 总资产 \quad (3-3)$$

资产负债比率是家庭负债总额除以家庭总资产的比值，也就是负债总额与资产总额的比例关系。反映的是在总资产中有多大比例是通过借债来筹资的，也是用于衡量家庭财务状况是否良好的一项重要指标。该项数值应控制在 0.5 以下,才能预防因流动资产不足而可能出现的财务危机。若负债比率过高,则家庭的财务状况可能会出现一定困难。

总资产负债比率(<0.5)= 总负债 / 总资产,反映客户债务负担状况和还债能力;净资产比率(>0.5)= 净资产 / 总资产,反映家庭自有资产对总资产的支撑程度。

2. 负债收入比率

$$负债收入比率 = 每年偿债额 / 税前年收入 \tag{3-4}$$

负债收入比率是指家庭到期需支付的债务本息与同期收入的比值,它是衡量家庭一定时期财务状况是否良好的重要指标。该项数值保持在 0.4~0.5 以下比较合适,同时该比率越小说明财务状况越好,反之,负债收入比率过高,则家庭在进行借贷融资时会出现一定困难。

3. 流动资产保障率

$$流动资产保障率 = 流动性资产 / 每月支出 \tag{3-5}$$

流动资产是指未发生价值损失条件下能迅速变现的资产,主要由现金、银行存款、货币市场基金以及现金等价物构成,反映资产在不发生价值损失的条件下迅速变现以应付基本支出需要的能力。一般来说,家庭流动资产应满足 3~6 个月的日常开支。该数值也不宜过大,因为由于流动资产的收益一般不高,该数值若过大会影响到家庭资产进一步升值能力。

4. 净资产保障率

$$净资产保障率 = 净资产 / 月固定支出 \tag{3-6}$$

净资产是扣除负债后的家庭自有资产,包括自用资产。当可变现资产仍不能满足家庭发生变故后的基本支出需要,有可能需要变卖部分自用资产。这一保障比率经验值为 12,该比率越大表示资产的保障程度越好,相反,比率越小表示资产的保障程度需要进一步提高。

5. 变现资产保障率

$$变现资产保障率 = 可变现资产 / 月固定支出 \tag{3-7}$$

可变现资产包括流动性资产、基金、股票、定期存款及中长期债券等。当流动性资产不能满足基本支出需求时,就要动用其他需要付出一定成本的可变现资产。这一比率的经验值为 6,该比率越大表示资产的保障程度越好,相反,比率越小表示资产的保障程度有待提高。

6. 灾变保障率

$$灾变保障率 = (可变现资产 + 保险理赔金 - 现有负债) / (5 \sim 10 年生活费 + 房屋重建装修成本) \quad (3-8)$$

这一比率是考虑到已参加各类保险的情况下，一旦发生意外和灾变，利用现有资产和保险理赔可以维持一定时期家庭正常生活的程度。灾变保障比率大于1，表明该客户的灾变承受能力较高；小于1，需要尽快提高灾变承受力，最快改善方式为增加保险。合理的终身寿险保额应等于5～10年生活费加现有负债减可变现资产，若感到终身寿险保费太高，可投保定期寿险或意外险。

7. 净资产投资比率

$$净资产投资比率 = 投资资产 / 净资产 \quad (3-9)$$

净资产投资比率是指家庭投资资产与净资产的比值，它反映了家庭通过投资提高净资产的能力。该项数值在0.5左右为宜，在0.5的水平下，既可保持适当的投资收益，又不会面临太高的风险。投资资产是能带来投资收益的资产，包括金融资产和投资用不动产，自己居住的房产只能算是资产，不能算作投资资产。

8. 支出比率与收支平衡点收入

$$\frac{总支出\,TF}{总收入\,Y} = \frac{消费支出\,C + 理财支出\,F}{总收入\,Y} = 消费率 + 财务负担率 \quad (3-10)$$

该公式用于分析家庭支出结构的合理性，收支平衡点收入＝固定支出/工作收入净结余率，用于计算保证现在及退休后的生活水准，一个客户需要创造多少收入，才能量入为出，如果当前的收入达不到，就应当采取增收措施。

例 3-2 郭先生每月工资 8 000 元，社保扣缴 300 元，所得税扣缴 1 000 元，交通费 500 元，快餐费 300 元，交际应酬费平均 300 元。那么其工作收入结余为 5 600 元，结余率 70%。如果每月固定生活开销为 3 000 元，房贷还本付息 2 000 元。可以算出其收支平衡点收入为 5 000 元 ÷ 70% = 7 142.8 元。

解析：目前收入高于平衡点收入 10.7%，这可以称为安全边际，即有 10.7% 的缓冲空间。但是，按一生的收支平衡点来考虑，每月固定开销中还应包括定期定额投资，以便为子女教育和退休做准备。如果这部分开支每月需要 500 元，则收支平衡点收入为 7 900 元，几乎已没有缓冲空间。如果这部分开支每月需要 2 000 元，则郭先生就需要再找一个月收入能达到 10 000 元以上的工资。

（二）综合财务比率分析

1. 理财成就率

$$理财成就率 = 目前的净资产 / (目前的年储蓄 \times 已工作年数) \quad (3-11)$$

理财成就率是目前的净资产与目前的年储蓄和已工作年数之积的比值，它反映一定时期内的个人理财成绩好坏。该指标的标准值为 1，比率越大表示过去的个人理财成绩越好，相反，比率越小表示过去的个人理财成绩有待提高。如过去工作 5 年，当前年储蓄 5 万元，假设投资增长率和储蓄增长率相当，则过去储蓄本金加投资收益的累积基准值 = 5 × 5 = 25（万元）。如果现在资产只有 20 万元，理财成就率 = 0.8，则理财成绩欠佳。

例 3-3 郭先生与张先生 10 年前是大学同窗，这 10 年他们每年都可以储蓄 5 万元，而储蓄的年报酬率为 10%。郭先生工作 5 年后，将积攒下来的 30 万作为首付款，向银行贷款 50 万元买房，每年平均本金摊还额为 4.5 万元，利息 5 000 元。张先生没有购房。

解析：郭先生如果房子没有增值，5 年后累积净资产 = 30+4.5×5 = 52.5。理财成就率 = 52.5÷50 = 1.05；如果房子升值至 250 万，5 年后累积净资产 = 250−50+4.5×5 = 222.5，理财成就率 = 222.5/50 = 4.45；而张先生理财成就率 = 5×15.9374/（5×50）=1.6。

2. 资产增长率

资产增长率的意义在于能够体现个人财富增加的速度。其规律在于：年纪越大，资产积累越多，资产增长率越低；年轻人的资产基准低，资产增长率比年长者高；储蓄较高或积极投资的人，其资产增长率也会比同龄人高，所以应该尽可能多储蓄，并将储蓄所积累的净资产做积极的投资。

$$
\begin{aligned}
资产增长率 &= 总储蓄 / 期初总资产 \\
&= (生活储蓄 + 理财储蓄) / 期初总资产 \\
&= \frac{年生活储蓄}{年收入} \times \frac{年收入}{期初总资产} + \frac{生息资产}{期初总资产} \times 投资报酬率 \\
&= 生活储蓄率 \times 收入周转率 + 生息资产比重 \times 投资报酬率 \quad (3-12)
\end{aligned}
$$

例 3-4 郭先生期初资产 50 万元，其中 20 万元金融资产（生息资产），30 万元个人使用（自用资产），本期储蓄 5 万元，投资报酬率 10%。请分析资产增长率解析：本期资产增加额 = 5 + 20×10% = 7 万元，资产增长率 = 7/50 = 14%；如果郭先生收入 10 万元，储蓄率 = 5/10 = 50%。收入周转率 = 10/50 = 20%，资产增长率 = 50%×20% + 40%×10% = 14%。

3. 财务自由度

财务自由度是家庭理财中一项很重要的指标。如果一个人靠购买基金和炒股的收益完全可以应付家庭日常支出，工资可以基本不动，那这个人的财务自由度就高，即使以后失业了也不会对家庭生活带来太大影响；而如果一个人除了工资之外几乎没有任何理财收入，那则只能完全依赖工作吃饭了。因此，提高家庭财务自由度，要及早树立理财意识，提高理财收入，同时要将消费支出控制在合理的范围内。

财务自由度 = 投资性收入（非工资收入）/ 日常消费支出 ×100%

= （目前的净资产 × 投资报酬率）/ 目前的年支出

$$F = S \times N \times R/C \qquad Y-C=S \qquad S/Y = F/(F+N\times R) \qquad (3\text{-}13)$$

式中：F——财务自由度，S——年储蓄，N——总工作年数，R——投资报酬率，C——年支出，Y——年所得，S/Y——储蓄率。

客户的理想目标值：退休之后，财务自由度为 1，即包括退休金在内的资产，放在银行生息，仅靠利息就可以维持生活。

若客户最迟 65 岁时候退休，而届时的理财成就率为 1，净资产 = 年储蓄 × 已工作年数，客户 25 岁开始工作，刚开始时年收入 3 万元，收入成长率 = 投资报酬率 = 5%，应有储蓄率 = 1/(1+ 工作年数 × 投资报酬率) = 1/(1+40×5%) = 33.33%。如果项工作 30 年就退休，投资报酬率提高到 8%，应有储蓄率 = 1/(1+30×8%) = 29.41%。结论是报酬率越高，或工作年数越长，所需的储蓄率越低。如果客户的财务自由度远低于应有标准，应建议他更积极储蓄和投资。

4. 致富公式

致富公式描述的是让个人 / 家庭净资产增加的过程，净资产成长率代表累积净资产的速度。其含义及推导过程为：

$$净资产成长率（g）= 净储蓄 / 净资产 = V/E = [(W-C)+(M-I)]/E$$

式中：W——工资薪金或事业收入，C——消费，M——理财收入，I——理财支出，E——净资产。

$$V/E = [(S/W) \times (W/M) \times r \times (F/A) + Fr/A - Li/A]/(E/A)$$

$$= [(1+sw)rf - i]/e \qquad (3\text{-}14)$$

式中：S——年储蓄，F——金融 / 生息资产，s——工资薪金储蓄率 = S（毛储蓄）/W，

w——工资薪金与理财收入相对比率 = W/M，r——投资报酬率 = M（理财收入）/F（生息资产），f——投资性资产占总资产的比例 = F/A，i——负债平均利率 = I（理财支出）/L（负债总额），l——L（负债总额）/A（总资产），e——净资产占总资产比例 = E/A。

致富公式告诉我们：

（1）提高生活储蓄率。这是年轻人的致富重点。因为年轻人刚参加工作，净资产很少，工薪收入远大于理财收入，因而尽快提升储蓄率是快速致富的诀窍。

（2）提高投资报酬率。在长期投资情况下，由于复利机制的作用，投资报酬率的杠杆效应非常突出。当客户步入中年，已积累了相当规模的净资产，理财收入在总收入中所占比重不断提高时，提高投资报酬率就成为快速致富的关键因素。

（3）提高生息资产比重。在家庭资产中，只有生息资产能带来收入，所以，要想增加收入，除了努力工作、提高工薪收入外，就是要尽可能增大生息资产在总资产中所占比重。年轻人可以延缓购房购车，让储蓄尽可能生利。

（4）逐渐降低工薪收入相对于理财收入的比率。要迈向财务自由，就必须逐渐提高理财收入在总收入中所占比例，也就是说要降低工薪收入与理财收入的比率。随着年龄的增长，理财收入逐渐取代工作收入是一个必经过程，越早开始理财就越早实现财务自由。

（5）降低资产负债率。必要的负债可以提升生活质量，如果能实现较高的投资报酬率还能够加快净资产的积累速度。但负债毕竟是要偿还和付息的，其利率还是不可控的，这些对理财来说都是很不利的。所以，应尽可能少负债，特别是消费性负债，住房贷款尽可能及早还清。

（6）降低净资产占总资产的比重。此处指的是要充分利用杠杆效应，当投资报酬率高于负债利率时，增加投资性负债能够加快净资产的增长，这会使净资产占总资产的比重下降。

第四节　个人家庭财务报表运用

一、个人家庭投资理财产品选择

在分析个人家庭财务报表的基础上，结合个人家庭自身的条件、能力，选择适合的投资工具进行理财，将会产生良好的投资回报，获得较丰富的投资经验。

选择个人家庭投资理财产品时应注意以下几个方面。

（一）熟知相关知识

只有掌握相关的知识技能才能更好地选择合适的理财产品。投资者需要掌握基本的金融知识，如经营知识、财税知识、法律知识等，并且还要掌握一些基本的技能，如信息获取与分析、交易完成后的结算、电脑与网络技术等。根据调查，目前家庭投资主要是储蓄、债券、股票。一般家庭有余钱进行投资时，由于储蓄比较稳定，参加储蓄的比例不低于30%，而且还往往选择一些不征收利息税的储种，比如个人储蓄性教育保险金、个人储蓄性医疗保险金等。国债与储蓄相比具有利息高的长处，与股票相比具有还本付息的优势。投资国债既可以使收益高于储蓄，又可以避免股票连本带利付诸东流的风险，因此国债在投资能力中占50%。股票可能获得比储蓄和国债高出几倍甚至上千倍的收益，但是股票也是有风险的，需要选择新上市的前景看好的行业为佳。工薪族宜于长线投资为主，不要有短期行为，投资比例最好不要超过投资能力的20%，这样即使是出现风险也无大碍。

（二）学会规避风险

个人在一定的财务状况下进行理财规划操作需要相对丰富的投资经验、投资技巧、心理素质及应变能力，任何一个方面的缺陷，都将可能导致个人理财效果的失败。所以在实际操作过程中，还需要经验丰富的理财师的指导，千万不要高估自己，盲目地选择理财工具。资产投资需要组合，才能既有效益又避开风险，许多家庭都已懂得"鸡蛋不要放在同一个篮子里"这一道理，并付诸自己的投资活动中，但通过大量实证分析，仍然发现有不少家庭只是单纯地增加几种投资品种，这些投资缺乏内在的联系，仅是"凑合"在了一起，投资者并不考虑资产间如何组合才能做到有比例地相互联系和相互结合。现代社会的各种投资理财工具已经十分复杂，单纯地依靠经验和直觉投身于投资市场将面临巨大的风险。

（三）遵循市场规律

无论做任何理财投资都有这样的警示，那就是"投资有风险，入市需谨慎"。所以在个人家庭理财活动中合理地选择理财产品，遵循市场规律以及趋势，才有可能赚取较高的收益。比如目前黄金外汇还是一个比较新颖的投资理财工具，而一般来说新颖的投资更容易赚钱。其优势点在于国际性的金融双向交易，24小时不间断地交易T+0交易，投资成本低，操作灵活。现货黄金每天的交易量巨大，几乎没有任何财团和机构能够人为操控如此巨大的市场，完全靠市场自发调节，因此投资黄金外汇市场就有可能成为家庭理财过程中收益较高风险较小的不错选择。总而言之，个人投资理财必须要不断学习新的知识，不断在失败和成功中总结经验和教训，不断在投资理财过程中磨炼心理素质，这样才能最终成为投资理财的胜利者和成功者。一个人可以积累多少财富，不仅在于每个月、每一年能赚多少钱，更在于如何理财，如何生钱（见表3-11）。

表3-11 个人家庭投资理财产品参考表

投资品种	收益来源	年收益区间	风险特性	变现时流动性	税务特性
活期存款	利息	0.7%～1%	银行破产风险	随时变现	利息税5%
定期存款（1年内）	利息	4%～5%	银行破产风险、利率调高风险	损失利息	利息税5%
国债回购	利息	2%～3.5%	券商挪用风险	不损失利息	免税，有手续费
中短期国债	利息价差	2%～5%	利率调高风险	可能有价差损失	免税，有手续费
中短期企业债	利息价差	1%～5%	利率调高风险	可能有价差损失	所得税5%有手续费
长期国债	利息	4.5%～6%	利率调高风险	可能有价差损失	免税，有手续费
分红保险	分红	3%～5%	保险公司破产风险	可质押	免个人所得税
债券基金	分红价差	2%～5%	基金公司管理风险	有手续费	免个人所得税
指数基金	分红价差	不确定	市场系统风险	可能有价差损失	免个人所得税
黄金	价差	和通胀持平	市场风险	可能有价差损失	—
股票基金	分红价差	不确定	市场风险	可能有价差损失	免个人所得税
股票组合	分红价差	不确定	退市风险	可能有价差损失	免个人所得税

二、案例分析

（一）客户情况分析

1. 基本情况

王先生，24周岁，单身，大学毕业，银行行政管理工作，工作半年。由于是刚开始工作，工资不高，目前税前工资是2 700元/月，单位缴纳五险一金。2008年8月晋级后，工资可达税前3 950元/月，年终奖12 000元。此外单位提供每月300元住房补贴、100元手机通信费补贴。目前有将近1.5万元的资金投资于股市，活期存款8 000元。开支方面，没有住房，每月得支付房租（小城市，消费不算高），每月得承担交通、社交、餐饮以及服饰等费用，估计一个月800元。目前本人身体良好，无病症，但是工作方面缺乏经验，有一定失业风险。负债方面，助学贷款1.8万元，信用卡负债2 500元。父母身体状况良好，能自足，有生活和身体保障（见表3-12）。下面我们对王先生的财务状况进行简单的基础分析：

表 3-12 王先生财务信息表

财务信息	资产状况	拥有 8 000 元人民币活期存款，股票账面价值 1.5 万元人民币
	负债状况	目前有 1.8 万元助学贷款和 2 500 元信用卡欠款
	收入状况	税后年收入第一年为人民币 3.6 万元，第二年为人民币 6 万元
	支出状况	每月固定日常支出为 800 元
	保障情况	参加了基本社会医疗保险和大病保险

2. 财务现状分析

本部分内容基于案例提供的信息，通过整理、分析，对客户年月收支及个人资产进行了细分，展示出目前客户的日常收支情况和资产全貌，我们将以它为基础开始理财计划。由于客户目前只有收入和金融资产情况，无其他固定资产，可得出表 3-13：

表 3-13 个人资产负债表　　　　　　　　　　（单位：元）

资产		负债	
流动资产		贷款余额	
现金		个人住房贷款余额	
活期存款	8 000	商业住房贷款余额	
一年内到期存款		信用卡贷款	2 500
美元外币存款		消费贷款	
投资资产		教育贷款	18 000
一年以上定期存款		其他贷款	
国债和企业债券			
基金			
股票	15 000		
特定投资资产			
预付保险费			
住房公积金			
社保			
实物资产			
房地产			
车辆			
其他实物资产			
其他个人债权		其他个人债务	0
总资产	23 000	总负债	20 500
净资产（总资产－总负债）	2 500		
家庭金融资产总计	23 000		

王先生目前的财务状况是：几乎没有净资产，有一定的负债，风险承受能力低；资产结构简单而集中，流动性强，投资风险和收益水平均较低；缺乏增值能力强和保障功能强的资产。接下来对王先生进行财务指标分析。

（二）财务指标分析

1. 净资产偿付比例或总资产自有权益比例

净资产偿付比例＝净资产/总资产＝2 500/23 000＝0.11，偿付比率低于0.5，说明目前王先生个人偿还债务能力很低。但是这与他作为刚踏入社会的新人的情况是相符合的，所以这也是正常的，要做的只是思考如何通过个人家庭财务分析、利用个人理财规划途径提高这一重要指标。

2. 总资产负债比例

总资产负债比例是客户负债和总资产的比值，同样可以用来衡量客户综合还债能力。王先生的总资产负债比例＝负债/总资产＝20 500/23 000＝0.89，属于较高水平，表明王先生的资产中有较大部分来自负债或者需要被用来偿还债务，应该尽量将该数值控制在0.5以下，以减少由于资产流动性不足而出现财务危机的可能。

3. 流动比例

现金活期存款、短期债券以及其他短期市场货币工具，这些"现金及现金等价物"被视为流动性资产，王先生的流动比例＝流动性资产/每月支出，计算得出8 000/1 350＝5.93，反映王先生的流动性资产大约可以满足其6个月的开支。一般而言，客户流动资产应该至少可以满足其三个月的开支，即流动性比例大约为3，在3到6之间。对于一些有收入保障或工作十分稳定的客户，其资产流动性比例可以较低，因为如果他们将更多的资金用于资本市场投资，就能够获得更高的利益。很明显王先生流动性资产比率过高，由于流动性资产的收益一般不高，而且该客户月收入相对稳定，因此应降低资产流动性比例，以获得更高的收益。

4. 储蓄比例

储蓄比例是客户现金流量表中盈余和收入的比例，它反映了客户控制其开支和增加其净资产的能力。为了更准确地体现客户的财务状况，一般采用的是客户的税后收入。经计算，王先生的储蓄比例＝盈余/税后收入＝（13 500-4 680）/13 500＝0.65，说明王先生偿债能力很低，资金周转非常容易，而且有65%的收入可以用于增加储蓄或投资。但客户资产流动比率大，投资额不高，结构性差异导致投资收入太少，收入结构单一。

5. 财务自由度

客户的理想目标值是退休之际，财务自由度等于1，即包括退休金在内的资产，放在银行生息的话，仅靠利息就可以维生。当然，银行利率可能会持续走高，但同时通货膨胀率也可能持续走高，若仍以存款利率衡量，即使积累了一大笔存款，多数人的财务自由度也会很低。另外，如果每个人估计的投资报酬率不同，那么财务自由度之间也无从比较。因此可拟订一个较客观的标准，即每个客户都可以采用相同且合理的投资报酬率，然后根据个别的净资产与年支出状况，计算出不同客户的财务自由度。

王先生净资产 = 总资产 − 总负债 = 23 000−20 500 = 2500元，那么他的财务自由度 =（目前的净资产 × 投资报酬率）/ 目前的支出 =（2 500 × 4.14%）÷ 1 350 = 0.08，表明他现在还离财务自由的目标有较远的距离，因此应该加强投资，提高收益率，累计资本，从而为将来的退休生活打下基础。

（三）理财建议

通过分析可以看出，在其他条件设定以后，用以改善王先生的最后现金流和财政赤字的，除了压缩开支、提高工资收入水平外，就只剩下提高流动资产的收益率这一方法了，故对流动资产的投资渠道的选择和资产配置成为个人理财的重点。

例如，基金投资就是一种相对而言风险较小的金融产品，是降低总资产风险度的有力手段。所以，理财方案设计中可以把它当作王先生资产组合的一个重要组成部分。在选择基金方面，首先要对经济形势的中长期走势作个判断，然后再选择基金公司择优而入。从长期来说，中国的经济发展速度是比较快的，近年来证券的迅速发展不是偶然现象，中国的金融市场还有待进一步的发展。要参与到新兴市场的收益中，可以选择股票型的基金。经过咨询，王先生是金融投资相关专业毕业，本身也是从事银行工作，因此对于新的投资产品乐于尝试，但他认为没有必要为了追求过高的收益而冒太大的风险。王先生的股票投资可以走价值投资路线，挖掘市场上被低估的股票品种，或者是高速增长需要重新估值的股票，这样符合市场的价值规律，能够在长时间内规避市场风险，实现增值计划。而且这样的投资可以节约大量的精力，把信任建立在真实的公司效益上，把主要的精力用在自己的工作上。还有一些多品种的套利，如股票和权证的套利，股票和可转债的套利，但是这需要掌握一些固定的技术，然后要做到心态好、不贪心，理性地寻求市场中的错误估值并且从中获取应得的收益。股票投资变现快，其投资所得部分可计划用于职业规划。通过理财规划，王先生能够不断优化自己的财务情况，从而享受更加优越的物质和精神生活。

本章小结

个人家庭财务报表是记录个人家庭资产变动的重要信息载体,它是个人进行资产运营的依据。本章详细介绍了个人家庭财务报表(资产负债表、收入支出表)的编制过程,阐述了如何对个人家庭财务报表进行分析并在此基础上进行合理的理财规划,同时运用案例加以说明,提高对个人家庭财务报表的理解和应用。借助财务报表的分析,全面分析个人与家庭的经济状况。通过家庭财务报表分析,评价过去的理财业绩,比较分析以往不同时点的报表,衡量现在的家庭财务状况,分析时点上的财务净值状况,分析如何进行理财方法的改进,以帮助我们实现家庭理财规划的目标。

课后习题

一、单项选择题

1. 在财务安全的模式下,收入曲线应该在支出曲线的( )。(2007年5月国家理财规划师考试真题)
   (A)上方　　　　(B)下方　　　　(C)左方　　　　(D)右方

2. 有关客户净资产的说法中,( )是错误的。(2007年5月国家理财规划师考试真题)
   (A)净资产一般应为正值
   (B)净资产越大,说明个人拥有的财富越多,所以客户就越应尽量增加净资产
   (C)理财规划师在对客户净资产的规模进行分析时还要考虑其结构
   (D)取得投资收益是扩大净资产规模的途径之一

3. 即付比率的意义在于( )。(2007年5月国家理财规划师考试真题)
   (A)了解客户家庭资产负债情况
   (B)考察宏观经济形势发生重大不利变化时客户的随时偿债能力
   (C)考察客户综合偿债能力的高低
   (D)考察客户通过投资提高净资产规模的能力

4. 个人理财规划要解决的首要问题是( )。(2009年5月国家理财规划师考试真题)
   (A)财务预算　　(B)收支相抵　　(C)财务安全　　(D)财务自由

5. 在表示收入与支出的坐标轴中,当( )位于支出线的上方时,我们说该客户实现了财务安全。(2009年5月国家理财规划师考试真题)
   (A)总收入 (B)投资收入 (C)工资收入 (D)其他收入

6. 理财规划师进行任何理财规划前首先考虑和重点安排的目标是( )。(2009年5月国家理财规划师考试真题)
   (A)投资规划 (B)养老保障 (C)教育保障 (D)现金保障

7. 应对客户家族的亲友出现生产、生活、教育、疾病等重大事件需要的紧急支援储备属于( )。(2009年5月国家理财规划师考试真题)
   (A)日常生活覆盖储备   (B)意外现金储备
   (C)投资资金储备   (D)风险覆盖储备

8. 在理财规划中只有实现( ),才能达到人生各阶段收入支出的基本平衡。(2009年5月国家理财规划师考试真题)
   (A)财务规划 (B)财务安全 (C)自我实现 (D)财务自由

9. 要实现财务自由,需要使( )成为个人或家庭收入的主要来源。(2009年5月国家理财规划师考试真题)
   (A)工资收入 (B)利息收入 (C)偶然收入 (D)投资收入

10. 为了应对客户家庭主要经济收入创造者因为失业或其他原因失去劳动能力对家庭生活造成严重影响,进行的现金保障是( )。(2009年5月国家理财规划师考试真题)
    (A)家族支援储备   (B)日常生活覆盖储备
    (C)意外现金储备   (D)投资资金储备

11. 根据家庭模型理论来看,中年家庭的理财规划核心策略为( )。(2009年11月国家理财师考试真题)
    (A)进攻型   (B)稳健型
    (C)攻守兼备型   (D)防守型

12. 个人财务中的会计主体是( )。(2009年11月国家理财师考试真题)
    (A)资产   (B)可支配收入
    (C)预期收入   (D)个人或家庭

13. 关于权益报酬率计算正确的是（　　）。（2009年11月国家理财师考试真题）

    (A) 权益报酬率 = 销售净利率 × 权益乘数

    (B) 权益报酬率 = 净利润 ÷ 销售收入

    (C) 权益报酬率 = 资产净利率 × 权益乘数

    (D) 权益报酬率 = 负债总额 + 总资产平均占用额

14. 在个人或家庭财务比率分析中，反映客户家庭在一段时期内（通常是一年）财务状况良好程度的指标是（　　）。（2009年11月国家理财师考试真题）

    (A) 投资与净资产比率　　　　　(B) 清偿比率

    (C) 负债比率　　　　　　　　　(D) 负债收入比率

15. 为了反映客户资产的真实状况，我们需要根据客户资产的（　　）为定价依据。（2009年11月国家理财师考试真题）

    (A) 购买成本　　(B) 市场公允价值　　(C) 重置成本　　(D) 沉没成本

16. 家庭消费模式主要有三种类型：收大于支、收支相抵、支大于收，关于这三种类型说法正确的是（　　）。（2009年11月国家理财师考试真题）

    (A) 在这三种模式中收入主要是工薪类收入，家庭的各项支出统一叫作"支出"

    (B) 在收大于支和收支相抵型的消费模式中，收入曲线一直在消费曲线的上方，此时家庭便达到了财务安全的目标

    (C) 收支相抵型的家庭如果在初始时期就有一定投资，只要投资是盈利的，经过较长时间还是可以实现财务自由的

    (D) "月光族"属于收支相抵型的消费模式

17. 王先生和张小姐是一对年轻白领夫妇，对风险的承受能力比较高，对于这样的家庭，理财规划的核心策略为（　　）。（2011年11月国家理财规划师考试真题）

    (A) 月光型　　(B) 进攻型　　(C) 攻守兼备型　　(D) 防守型

18. 下列对理财的理解，表述不正确的是（　　）。（2011年5月国家理财规划师考试真题）

    (A) 理财关注客户的整体需求，是实现金融顾问式营销的重要手段

    (B) 理财应关注客户的生命周期，尽量不要为客户制定短期规划

    (C) 理财是个性化的，客户不同，理财服务重点也不同

    (D) 理财规划通常由专业人士提供

二、多项选择题

1. 保证财务安全是个人理财规划要解决的首要问题，一般来说，衡量一个人或家庭的财务安全，包括以下内容（　　）。（2011年11月国家理财规划师考试真题）
   (A) 是否有稳定、充足的收入
   (B) 个人是否有发展的潜力
   (C) 是否有充足的现金准备
   (D) 是否有适当的住房
   (E) 是否购买了适当的财产和人身保险

2. 个人及家庭财务与企业财务既有区别又有联系，关于二者关系的表述正确的是（　　）。（2009年5月国家理财规划师考试真题）
   (A) 个人及家庭财务报表不必像企业财务报表一样必须对外公开
   (B) 个人及家庭财务报表与企业财务报表都必须计提减值准备
   (C) 企业资产负债表与损益表所必需的对应关系在个人及家庭财务报表中不重要
   (D) 个人及家庭财务报表与企业财务报表都必须对固定资产计提折旧
   (E) 个人与家庭财务管理倾向于处理现金而不是将来会有的收入

3. 净资产越大，说明个人拥有的财富越多。可以通过（　　）方式来提高家庭的净资产。（2011年5月国家理财规划师考试真题）
   (A) 工资薪金增加　　　(B) 提高投资收益率
   (C) 接受馈赠　　　　　(D) 减税　　　　　　(E) 接受继承

4. 理财规划师在对客户进行收支表分析时，应该特别注意（　　）。（2011年5月国家理财规划师考试真题）
   (A) 理财师首先应具体分析各收入支出项目的数额及其在总额中所占的比例
   (B) 对客户财务状况影响较大的经常性项目应重点关注
   (C) 任何客户都应该努力保持正的净现金流量
   (D) 理财师应关注于减少客户家庭的债务负担
   (E) 理财师应着重关注家庭的资产配置合理性

5. 关于个人财务报表与企业财务报表的区别的说法中，（　　）正确。（2007年5月国家理财规划师考试真题）
   (A) 个人及家庭的财务报表，不受会计准则的要求约束
   (B) 个人及家庭财务报表信息大部分情况下都不需要对外公开

(C) 个人及家庭的财务报表不必严格对资产计提折旧，资产多以原值填列

(D) 企业财务报表中资产负债表与利润表中所必需的对应关系在个人及家庭财务报表中显得不是那么重要

(E) 在个人及家庭的财务管理中，理财规划倾向于处理将来会有的收入而不是现金

6. 人们的短期需求导致人们有保持资金流动性的动机，这种动机主要包括（　　）。（2007年5月国家理财规划师考试真题）
    (A) 交易动机　　　　　　(B) 谨慎动机　　　　　　(C) 投机动机
    (D) 储存动机　　　　　　(E) 预防动机

三、判断题

1. 就个人及家庭理财而言，会计要素和企业会计要素一样，分为资产、负债、所有者权益、收入、费用和利润6大类，并以此来编制个人财务报表。（　　）（2008年5月、2011年11月国家理财规划师考试真题）

2. 个人净资产的数量越大，资产结构越合理。（　　）（2008年11月、2011年5月国家理财规划师考试真题）

3. 如果个人及家庭的自用住宅价值增加，一般就只需要在其资产负债表中直接记入已经增加的价值额，而不会把它列为收入而记入净资产。（　　）（2008年11月理财规划师考试真题）

4. 与企业资产的定价模式一样，个人资产的价值也应当以历史成本为定价依据。（　　）（2009年11月国家理财师考试真题）

5. 对处于家庭与事业成长期的家庭而言，应设法提高家庭资产中投资资产的比重，逐年累积净资产。（　　）（2009年11月国家理财师考试真题）

Chapter 4 · 第4章

金融市场理财工具

学习目标

本章要求了解金融市场理财工具的范围包括货币市场、资本市场、衍生品市场及收藏品市场，并了解它们的概念与特征；理解和掌握货币市场、资本市场、衍生品市场及收藏品市场的理财工具类型及国内外相关理财产品发展情况。其中资本市场、衍生品市场的理财工具类型及相关理财产品为本章的重难点。

导读

改革开放30多年来，我国整个社会的财富总量不断增加。人们分享着改革发展的成果，可支配的收入和财产显著增长，日渐富裕的人们对现有财富和资产的保值与增值的强烈愿望催生着一个需求和潜在需求不断上升的金融理财市场。在我国现阶段，货币市场的发展相较于其他市场来说更为完善和成熟。因此，在此基础上创新和开发出来的理财产品市场占有率更高、竞争优势更强。随着各项理财产品的日益完善，我们正在进入一个全新的财富管理时代。

第一节　货币市场理财工具

一、货币市场概述

（一）货币市场的概念及特征

1. 概念及构成

货币市场是指融资期限在一年以下的金融市场，是短期资金市场，是金融市场的重要组成部分。由于该市场所容纳的金融工具主要是政府、银行及工商企业发行的短期信用工具，具有期限短、流动性强和风险小的特点，在货币供应量层次划分上被置于现金货币和存款货币之后，称为"准货币"，所以将该市场称为"货币市场"。

货币市场由同业拆借市场、票据市场、可转让大额定期存单市场、国库券市场、消费信贷市场和回购协议市场6个子市场构成。一个有效率的货币市场应该是一个具有广度、深度和弹性的市场，其市场容量大，信息流动迅速，交易成本低，交易活跃且持续，能吸引众多的投资者和投机者参与。

2. 特征及功能

货币市场具有三大主要特征：一是低风险、低收益，使得货币市场较之其他市场具有更好的稳定性；二是期限短、流动性高，使得货币市场能够更好地满足人们的短期需求；三是交易量大，使货币市场在整个金融市场中占有较大的市场份额，对整个金融市场的影响也比较大。根据货币市场的这三大特征，可以了解到货币市场的主要功能在于实现整个金融市场上短期的资金融通，对货币市场上所开展的业务进行有效管理，同时积极做好政策传导的中介。

(二) 货币市场理财产品概述

1. 内涵

货币市场理财产品是指投资于货币市场的理财工具及产品，主要投资于信用级别较高、流动性较好的金融工具。这种理财产品具有投资期限短、资金赎回灵活、本金、收益安全性高等主要特点。

2. 分类

货币市场理财常见的几种工具与产品主要包括储蓄、人民币集合理财、信用卡理财、外汇理财及货币市场基金等。根据不同的特征还可以对各个产品进一步分类。储蓄主要包括活期储蓄、定期储蓄、通知存款、教育储蓄和一些新型理财产品；人民币集合理财根据投资期限不同可分为普通人民币理财产品和超短期人民币理财产品，根据产品结构不同可以分为结构型人民币理财产品和资产联结型人民币理财产品；外汇理财主要包括外币储蓄存款、外汇结构型存款、外汇期权产品、外汇交易和人民币特种股票。

二、货币市场理财工具

(一) 储蓄

1. 活期储蓄

即没有期限限制，可以随时存入和支用的一种比较灵活的储蓄。由于无存入和支用的时间限制，虽然在经济正常情况下这类储蓄存款有一个相对稳定的余额可以利用，但作为信贷资金来源安排运用时，毕竟不如定期储蓄可靠，因此，其利息率较低。

2. 定期储蓄

即事先约定存入时间，存入后，期满方可提取本息的一种储蓄。它的积蓄性较高，是一项比较稳定的信贷资金来源。定期储蓄的开户起点、存期长短、存取时间和次数、利率高低等均因储蓄种类不同而有所区别。中国的定期储蓄有整存整取、零存整取、存本取息、整存零取和定活两便五种。

（1）整存整取存款是在存款时约定存期，一次存入本金，全部或部分支取本金和利息的服务。整存整取存款50元起存，存期分为三个月、半年、一年、二年、三年、五年。

（2）零存整取存款是指客户按月定额存入，到期一次支取本息的服务。零存整取存款人民币5元起存，多存不限；零存整取存款存期分为一年、三年、五年；存款金额由客户自定，每月存入一次。

（3）存本取息存款是指存款本金一次存入，约定存期及取息期，存款到期一次性支取本金，分期支取利息的业务。存本取息存款5 000元起存；存期分为一年、三年、五年；取息日由客户开户时约定，可以一个月或几个月取息一次，取息日未到不得提前支取利息，取息日未取息，以后可随时取息，但不计复息。

（4）整存零取存款是指一次将一大笔较大的整数款项的本金存入储蓄所，分期按本金平均支取，到期支付利息的储蓄存款。特点是适合有较大的款项收入，而且准备一期内分期陆续使用的家庭存储。一般最低起存额为1 000元，多存不限，存款期限分为一年、三年、五年。

（5）定活两便存款是存款时不确定存期，一次存入本金随时可以支取的业务。定活两便存款50元起存；存款利率分两种情况：存期不满三个月的，按天数计付活期利息；存期三个月以上（含三个月）、不满半年的，整个存期按支取日定期整存整取三个月存款利率打六折计息。

3. 通知存款

一种不约定存期，支取时需提前通知银行，约定支取日期和金额方能支取的存款。通知存款不论实际存期多长，按存款人提前通知的期限长短划分为一天通知存款和七天通知存款两个品种。一天通知存款必须提前一天通知约定支取存款，七天通知存款则必须提前七天通知约定支取存款。

4. 教育储蓄

一种特殊的零存整取定期储蓄存款，享受优惠利率，更可获取额度内利息免税。

起存金额 50 元，本金合计最高限额为 2 万元人民币。存款到期，凭存款人接受非义务教育（全日制高中、大中专、大学本科、硕士和博士研究生）的录取通知书或学校开具的存款人正在接收非义务教育的学生身份证明，可享受整存整取的利率。在存期内遇有利率调整，按开户日挂牌公告的相应储蓄存款利率计付利息，不分段计息。

（二）人民币集合理财

人民币集合理财的信誉度较高，由于人民币理财是银行推出的，而银行在中国所有金融机构中信誉度是最高的，因此人民币集合理财产品具有极高的信誉保障。人民币集合理财产品可以利用银行在银行间债券市场上的绝对优势得到一些特殊的债券品种，从而为客户获得较高的投资收益。同时，银行可以利用其特有的优势为人民币理财产品推出一些独有的条款（见表 4-1）。

表 4-1 人民币集合理财产品品种分类表

人民币集合理财产品按期限不同进行划分	普通人民币理财产品
	超短期人民币理财产品
人民币集合理财产品按产品结构进行划分	结构型人民币理财产品
	资产联结型人民币理财产品

（三）信用卡理财

信用卡理财相比普通的储蓄卡理财来说，可以在卡里没有现金的情况下进行普通消费，在很多情况下只要按期归还消费的金额就可以了。不需要存款即可透支消费，并可享有 20 到 56 天的免息期，按时还款利息分文不收。购物刷卡不仅安全、方便，还有积分礼品赠送。持卡在银行的特约商户消费，可享受折扣优惠。还可积累个人信用，在信用档案中添加诚信记录，从而终身受益。可以在全国无障碍通行，在有银联标志的 ATM 和 POS 机上均可取款或刷卡消费。信用卡理财还具有免费邮寄对账单等各种附属功能。

（四）外汇理财

（1）固定收益型的外汇结构性存款的特点是不论市场利率或 LIBOR 如何变化，投资者都是按照协议以事先确定的利率计收益。

（2）浮动收益型的外汇结构性存款，是一种将外汇投资收益与国际市场上的外汇利率指标（通常为 LIBOR）相挂钩的投资产品。

（3）本金有风险类存款，它是由存款和外汇期权组成的。即在存款的同时，卖出一个存款货币的看涨期权，期权费收入以利息方式反映，从而提高收益。

（4）金融期权（financial option）是以期权为基础的金融衍生产品，指以金融商品或金融期货合约为标的物的期权交易。具体地说，其购买者在向出售者支付一定费用后，就获得了能在规定期限内以某一特定价格向出售者买进或卖出一定数量的某种金融商品或金融期货的权利。

（5）实盘外汇交易是一种现货交易，是指客户通过柜台服务或其他金融电子服务方式进行的、不可透支的、可自由兑换外汇的交易。

（6）虚盘外汇交易即外汇保证金交易，是指客户在银行缴纳一定的保证金后进行的、交易金额可放大若干倍的外汇交易，在这种交易中，银行要垫付资金。

（7）人民币特种股票即为B股，是以人民币标明面值、以外币认购和买卖、在中国境内（上海、深圳）证券交易所上市交易的外资股。

外汇投资理财中结构性理财是最为主要的部分，结构性理财产品通过将大部分资金进行固定收益产品投资，小部分资金进行衍生品投资，从而实现了在保本的目标下博取可能的高收益（见表4-2）。另一方面，结构性产品可以挂钩的对象包括不同币种、不同地区、不同金融产品、不同行业甚至不同预期，这就把客户的预期具体化了。

表4-2 外汇理财产品品种分类表

外币储蓄存款		
外汇结构性存款	按收益率进行划分	固定收益型的外汇结构性存款
		浮动收益型的外汇结构性存款
	按本金有无风险进行划分	本金有风险类存款
		本金无风险类存款
外汇期权产品		
	外汇交易	实盘外汇交易
		虚盘外汇交易
人民币特种股票		

（五）货币市场基金

货币市场基金（Money Market Fund，MMF）是指投资于货币市场上短期（一年以内，平均期限120天）有价证券的一种投资基金。该基金资产主要投资于国库券、商业票据、银行定期存单、政府短期债券、企业债券等短期有价证券。其主要特点是低风险、收益稳定，是一种较好的流动性管理工具。对于一般投资人来说，货币市场基金是一种良好的储蓄替代品种。

货币市场基金与其他投资于股票的基金最主要的不同在于基金单位的资产净值是固定不变的，通常是每个基金单位1元。投资该基金后，投资者可利用收益再投资，投资收益就不断积累，增加投资者所拥有的基金份额。衡量货币市场基金好坏的标准是收益率，这与其他基金以净资产价值增值获利不同。货币市场基金具有流动性好、资本安全性高的特点，这主要源于货币市场是一个低风险、流动性高的市场。同时投资者可以不受到期日限制，随时可根据需要转让基金单位。货币市场基金投资成本低通常不收取赎回费用，并且其管理费用也较低，年管理费用大约为基金资产净值的0.25%～1%，比传统的基金年管理费率低1%～2.5%。

货币市场基金为开放式基金，通常被视为无风险或低风险投资工具，适合资本短期投资生息，特别是在利率高、通货膨胀率高、证券流动性下降、可信度降低时，可使本金免遭损失。

三、相关理财产品发展情况

（一）国外发展情况

在国外发达的经济体内部其货币市场的发展已经相当成熟，而在货币市场中的传统理财工具的发展已经非常完善。

1. 没有遗憾存款证

美国第一资本银行提供了一种称为"没有遗憾的存款证"的理财产品。这是一款在利率上升的情况下，允许客户在到期日之前将利率提升一次的存款证业务。目标客户是厌恶风险的客户群，客户存入的资金可以享有固定利率，这一利率高于国家平均水平。

如果市场利率上升，客户可以有权将存款证的利率提高一次，提高后的利率水平仍然高于国家的平均利率水平。客户无须重新开始存款证的起始日期，存款证的期限从半年到六年不等。该存款证享有利息保障，客户可以享有更多的资金收益，没有风险。

2. 跳板存款账户

加拿大 ATB Financial 公司提供了一种称为跳板的存款账户。这种存款账户在客户的存款余额上升时，存款的利率就上升，利息按照每日的存款余额计算，每月支付。该存款账户对于 5 000 加元以下、5 000～500 万加元和 500 万加元以上的存款分别给以分段的利率，对于 5 000 加元以上的存款给以优惠利率，积极鼓励存款。

3. 累加器

新加坡华侨银行提供了一种称为累加器的货币市场理财产品。累加器是由伦敦的 Schroders 基金公司专门为新加坡华侨银行设计的持续提升最低价格的基金。累加器采用了一种最低价值保护机制，使该基金免受市场下行风险的影响。这种投资产品在设计时确保了产品的安全性和灵活性，确保在全球股票市场上价值上升的可能性。

该基金净值达到的最高价值85%时被保值，在上升的市场，基金的最低价格被锁定，如果市场下降，基金的最低价值不下降。累加器是一个开放式的基金，投资者可以在基金的存续期间进行投资或进行赎回。该基金投资于两种主要的资产类别，增值资产由股票基金和代表全球股市股票的交易所基金。安全资产是货币市场上的投资工具。累加器在资金存续期间，每年允许客户有两次的机会进行投资或者赎回。

4. 目标英国账户

英国巴克莱银行提供了一种称为目标英国账户的货币市场理财产品。目标英国账户是向使用短期工作合同在英国生活和工作的外国人提供的个性化的金融账户组合产品。主要特点是产品组合中包括了每季度付息的经常性账户、借记卡、账户的自动透支功能和信用卡。

客户必须是非英国公民，并且在英国工作，必须在该行开立工资账户。该行向客户提供独特的英国税务顾问服务，帮助国际客户优化他们在英国工作生活期间的税务支付。提供包括交纳房租、公用事业交费、支付账单等服务。客户还可以选择的产品有账户的自动透支1 000英镑功能。英国或离岸存款账户、管理跨区域资金账户、在英国购买房产的按揭贷款、多币种账户和投资产品。

5. 花旗银行旅游者账户

澳洲花旗银行提供了一种称为花旗银行旅游者账户的货币市场理财产品。这是一个线上交易账户，使持有旅游签证的旅行者在离家之前能够开立澳大利亚银行的账户。目标客户是英国或德国18～30岁的旅游签证持有者。这项产品向准备来澳洲旅游的旅游签证持有者客户提供澳洲花旗银行的账户，这是一种比现金和支票更加安全的方式。

客户可以每天在ATM上取款3 000澳元，没有月度使用费，没有最低开户金额或之后的最低余额要求，除此之外还一并提供机场接机、住宿和介绍到职业中介机构的服务，旅行者的其他家庭成员可以在旅行者出发前或到达澳洲之后向账户内存入资金（见表4-3）。

表4-3 国外新型货币市场理财产品一览表

新型理财产品	说明
没有遗憾存款证	由普通的储蓄存款创新而来
跳板存款账户	由普通的信用卡创新而来
累加器	由普通的货币市场基金创新而来
目标英国账户	由普通的外汇理财产品创新而来
花旗银行旅游者账户	由普通的外汇理财产品创新而来

（二）国内发展情况

我国货币市场及其相应的理财产品的发展与国外仍然具有一定的差距，但在现阶段我国的理财产品市场中，货币市场理财产品是发展最为完善、最为成熟的一类金融理财产品。

1. 储蓄卡——我国居民的理财首选

根据零点指标网通过随机抽样的方式调查都市人家庭理财观念的报告显示，我国居民在对理财方式的选择上仍然是以储蓄为主。由此可见，都市人的理财观念相较于从前并没有发生显著变化。由此可见，通过储蓄来对个人、家庭的财富进行保值增值仍然是我国许多居民所偏好的方式。

1993 年，中国建设银行广州分行向社会发行了第一张名为"速办事"的储蓄卡，从而拉开了我国储蓄卡市场发展的序幕。储蓄卡成为我国居民理财好助手的原因在于，储蓄卡的发展较好地适应了当前的国情，贴近普通老百姓的日常工作和生活。其较为突出的特点使其成为拥有广泛市场的首选理财品种。储蓄卡的主要特点有：申办手续非常简单、使用非常方便、安全性好以及功能比较齐全，为客户的投资理财带来了极大的便利。

2. 外汇理财——客户理财的国际化产品

自从我国数家银行取得金融衍生品交易资格以来，市场上的外汇理财产品就异常活跃起来，市场竞争异常激烈。中国银行的汇聚宝、民生银行的民生财富理财、中国工商银行的汇财通等理财产品纷纷亮相，各家银行在各自产品基础上的不断改进，使得外汇理财产品市场日益升温，促进我国居民理财方式向国际市场深入。

我国外汇结构性产品产生于 2002 年，并于 2004 年得到了迅速的发展。例如，中国银行推出的国内首款与黄金交易挂钩的外汇结构性理财产品，收益与国际金价挂钩，成为对黄金走势有一定判断的投资者的首选。目前的结构性理财产品可以被分为内嵌期权型、利息交换型或者利率区间挂钩型。外汇理财产品之所以如此受到青睐，是因为它的类型品种更加丰富，收益趋向于简单型、收益固定，更加惠及大众，更加体现"客户为本"的思想，更加个性化。

3. 货币市场基金——理财新主意

货币市场基金是一种以银行存款、短期债券、回购协议和商业票据等安全性极高的货币市场工具为投资对象的投资基金。我国于 2003 年 10 月批准首只货币市场基金上市。对于我国投资者来说，货币市场基金是一个较新的投资方式，其投资方式正越来越受到投资者的追捧。

货币市场基金与其他基金、理财产品和储蓄相比具有如下一系列的优点：单位资产净值固定不变、分红方式较优、以收益率作为衡量基金好坏的标准、收益率较高、流动性强、买卖无手续费、认购起点低及本金风险小。因此，对于大多数投资者来说，货币市场基金不失为一种较好的理财产品。

4. 信用卡理财——大学生的特殊理财工具

大学生信用卡在我国的发展仅有五年多的时间，但发展速度相当惊人，自 2004 年 9 月 20 日金诚信用和广东发展银行联名发行首张大学生信用卡起，国内各家银行也随之纷纷发行了针对在校大学生的大学生信用卡。其与一般银行借记卡的最大区别在于允许一定额度的透支，并且能够为这种透支提供一个月左右的免息期。

具有良好素质和巨大潜力并且喜欢新鲜事物的大学生成为各家银行争夺的焦点，各家银行通过各种优惠措施吸引大学生办理信用卡。大学生通过办理信用卡并在日常生活中以信用卡为依托养成良好的习惯，对其良好理财观念的形成具有较大的促进作用。

5. 人民币理财产品——理财新主张

人民币理财产品是由商业银行推出的、投资于银行间债券市场和货币市场的一种金融工具。通过吸收人民币储蓄资金，再将资金投放于短期金融工具，从而获取高于储蓄本金收益的一种理财方式。自 2004 年商业银行推出第一只固定收益人民币理财产品之后，短短半年内数百亿元个人储蓄汇集到了商业银行的这一新兴业务之中。

相对于传统的人民币理财产品，新型人民币理财产品正向资源配置多元化、产品结构复杂化、收益结构多元化和产品设计个性化的趋势发展，新型人民币理财产品具有收益稳定、风险较低、期限灵活、融资便利、复利计息、滚动投资、手续简便、费用低廉的特点。因此，人民币理财产品得到了更多人的青睐，更多的投资者愿意选择人民币集合理财来实现自有资金保值增值（见表 4-4）。

表 4-4 我国货币市场理财产品一览表

货币市场理财产品	地位
储蓄卡	我国居民的首选理财
外汇理财	客户理财的国际化产品
货币市场基金	理财新主意
信用卡理财	大学生的特殊理财工具
人民币集合理财	理财新主张

第二节 资本市场理财工具

资本市场主要是指期限在一年以上的资金融通活动的总和，包括一年期以上的证券市场和一年期以上的银行信贷市场，我国主要的资本市场工具有股票、债券、证券投资基金和权证。

一、内涵概述

资本市场

1. 概念

资本市场是长期资金市场,是指证券融资和经营一年以上的资金借贷和证券交易的场所,也称中长期资金市场。资本市场是金融市场的一部分,它包括所有关系到提供和需求长期资本的机构和交易。长期资本包括公司的部分所有权如股票、长期公债、长期公司债券、一年以上的大额可转让存单、不动产抵押贷款和金融衍生工具等,也包括集体投资基金等长期的贷款形式,但不包括商品期货。长期资本的存在是资本市场与其他金融市场如衍生市场、货币市场之间的区别。

2. 特征

(1)融资期限长。资本市场的融资期限至少在1年以上,也可以长达几十年,甚至无到期日。例如:中长期债券的期限都在1年以上;股票没有到期日,属于永久性证券;封闭式基金存续期限一般都在15～30年。

(2)流动性相对较差。在资本市场上筹集到的资金多用于解决中长期融资需求,故流动性和变现性相对较弱。

(3)风险大收益较高。由于融资期限较长,发生重大变故的可能性也大,市场价格容易波动,投资者需承受较大风险。同时,作为对风险的报酬,其收益也较高。

3. 分类

以金融工具的基本性质为标准,资本市场可分为股权市场及债权市场,前者是指股票市场,后者则指债券市场。资本市场上资本出让的合同期一般在一年以上,这是资本市场与短期的货币市场和衍生市场的区别。资本市场也可以分为一级市场和二级市场,其中一级市场用于政府或公司首次发售证券,在债券和股票首次发售后,它们就可以在二级市场交易。在我国,资本市场理财工具主要有股票、债券、证券投资基金和权证。

二、相关理财产品类型

(一)股票

1. 概念

股票是股份有限公司经过一定的法定程序发行,证明股东对公司财产拥有所有权及其份额的凭证。

2. 特征

（1）不可偿还性。股票是一种无偿还期限的有价证券，投资者认购了股票后，就不能再要求退股，只能到二级市场卖给第三者。

（2）参与性。股东有权出席股东大会，选举公司董事会，参与公司重大决策。股票持有者的投资意志和享有的经济利益，通常是通过出席股东大会来实现。

（3）收益性。股东凭其持有的股票，有权从公司领取股息或红利，获取投资的收益。股息或红利的大小，主要取决于公司的盈利水平和公司的盈利分配政策。

（4）流通性。股票的流通性是指股票在不同投资者之间的可交易性。流通性通常以可流通的股票数量、股票成交量以及股价对交易量的敏感程度来衡量。

（5）风险性。由于股票价格要受到诸如公司经营状况、供求关系、银行利率、大众心理等多种因素的影响，会产生波动，有很大的不确定性。

（6）永久性。股票所载有的权利的有效性是始终不变的，因为它是一种无限期的法律凭证。

3. 分类

股票根据股东权利分类，股票可分为普通股、优先股和后配股；根据上市地区可以分为A股、B股、H股、N股和S股等；根据业绩可分为ST股、垃圾股、绩优股、蓝筹股；根据股票是否记载股东姓名分为记名股票和无记名股票；根据股票是否记明每股金额分为有票面值股票和无票面值股票；根据股票所代表的权利大小分为普通股票和特别股票；根据股票持有者有无表决权分为表决权股票和无表决权股票（见表4-5）。

表4-5 股票分类表

分类标准	种类
根据股东权利不同	普通股、优先股、后配股
根据上市地区不同	A股、B股、H股、N股、S股等
根据业绩不同	ST股、垃圾股、绩优股、蓝筹股
根据股票是否记载股东姓名	记名股票、无记名股票
根据股票是否记明每股金额	有票面值股票、无票面值股票
根据股票所代表的权利大小不同	普通股票、特别股票
根据股票持有者有无表决权	表决权股票、无表决权股票

资料来源：吴晓求. 证券投资学 [M]. 北京：中国人民大学出版社，2004.

（二）债券

1. 概念

债券是政府、金融机构、工商企业等机构直接向社会借债筹措资金时，向投资者发行，承诺按一定利率支付利息并按约定条件偿还本金的债权债务凭证。债券的本质是债的证明书，具有法律效力。债券购买者与发行者之间是一种债权债务关系，债券发行人即债务人，投资者（或债券持有人）即债权人。最常见的债券为定息债券、浮息债券以及零息债券。与银行信贷不同的是，债券是一种直接债务关系，而银行信贷是通过存款人——银行、银行—贷款人形成间接的债务关系。债券不论何种形式，大都可以在市场上进行买卖，并因此形成了债券市场。

2. 特征

债券作为一种债权债务凭证，与其他有价证券一样，也是一种虚拟资本，而非真实资本，它是经济运行中实际运用的真实资本的证书。债券作为一种重要的融资手段和金融工具，特征如下：

（1）偿还性。债券一般都规定有偿还期限，发行人必须按约定条件偿还本金并支付利息。

（2）流通性。债券一般都可以在流通市场上自由转让。

（3）安全性。与股票相比，债券通常规定有固定的利率。与企业绩效没有直接联系，收益比较稳定，风险较小。此外，在企业破产时，债券持有者享有优先于股票持有者的对企业剩余资产的索取权。

（4）收益性。债券的收益性主要表现在两个方面：一是投资债券可以给投资者定期或不定期地带来利息收入；二是投资者可以利用债券价格的变动，买卖债券赚取差额。

3. 分类

我国债券的种类按发行主体分为政府债券、金融债券和企业/公司债券；按付息标准分为零息债券、定息债券和浮息债券；按计息方式分为单利债券、复利债券、累进利率债券；按利率确定方式分为固定利率债券和浮动利率债券；按偿还期限分为长期债券、中期债券和短期债券；按债券形态分为实物债券（无记名债券）、凭证债券和记账债券；按募集方式分为公募债券和私募债券；按担保性质分为有担保债券、无担保债券和质押债券；按债券的可流通与否分为可流通债券（上市债券）和不可流通债券（非上市债券）；还有一种特殊类型债券：可转换公司债券（见表4-6）。

表 4-6 债券分类表

分类标准	种类
根据发行主体划分	政府债券、金融债券、企业/公司债券
根据财产担保划分	抵押债券、信用债券
根据债券形态划分	实物债券、凭证债券、记账债券
根据是否可转换划分	可转换债券、不可转换债券

(续)

分类标准	种类
根据付息标准划分	零息债券、定息债券、浮息债券
根据是否能提前偿还划分	可赎回债券、不可赎回债券
根据偿还方式划分	一次到期债券、分期到期债券
根据计息方式划分	单利债券、复利债券、累进债券
根据是否记名划分	记名债券、无记名债券、记名公司债券、无记名公司债券
根据是否上市划分	上市债券、非上市债券

资料来源：吴晓求. 证券投资学 [M]. 北京：中国人民大学出版社，2004.

(三) 证券投资基金

1. 概念

证券投资基金是一种间接的证券投资方式。基金管理公司通过发行基金单位，集中投资者的资金，由基金托管人（即具有资格的银行）托管，由基金管理人管理和运用资金，从事股票、债券等金融工具投资，然后共担投资风险、分享收益。

证券投资基金的主体有基金发起人（我国规定证券投资基金发起人为证券公司、信托投资公司及基金管理公司）、基金托管人、基金管理人和基金份额持有人（基金投资者）。

2. 特征

基金作为一种现代化的投资工具，主要具有以下三个特征：一是集合投资，基金是这样一种投资方式：它将零散的资金巧妙地汇集起来，交给专业机构投资于各种金融工具，以谋取资产的增值；二是分散风险，以科学的投资组合降低风险、提高收益；三是专业理财，基金实行专家管理制度，这些专业管理人员都经过专门训练，具有丰富的证券投资和其他项目投资经验，他们善于利用基金与金融市场的密切联系，运用先进的技术手段分析各种信息资料，能对金融市场上各种产品的价格变动趋势做出比较正确的预测，最大限度地避免投资策略的失误，提高投资成功率。

3. 分类

（1）按交易机制分可分为封闭式基金和开放式基金。封闭式基金是指基金的发起人在设立基金时，限定了基金单位的发行总额，筹集到这个总额后，基金即宣告成立，并进行封闭，在一定时期内不再接受新的投资，又称为固定型投资基金。开放式基金是指基金管理公司在设立基金时，发行基金单位的总份额不固定，可视投资者的需求追加发行。投资者也可根据市场状况和各自的投资决策，或者要求发行机构按现期净资产值扣除手续费后赎回股份或受益凭证，或者再买入股份或受益凭证，增持基金单位份额（见表4-7）。

表 4-7 证券投资基金分类表

分类标准	种类
按交易机制	封闭式基金、开放式基金、交易型开放式指数基金（ETF）和上市型开放基金（LOF）
投资对象	股票基金、债券基金、期货基金、配置基金、货币市场基金、对冲基金、基金中的基金（FoF）、指数基金和混合基金
按投资目标	成长型基金、收入型基金和平衡型基金
按募集方式	公开募集基金和私募基金
按资本来源和运用地域	国际基金、海外基金、国内基金、国家基金和区域基金

（2）按投资对象分为股票基金、债券基金、期货基金、配置基金、货币市场基金、对冲基金、FoF（Fund of Funds）、指数基金和混合基金。

（3）按投资目标分为成长型基金、收入型基金和平衡型基金。成长型基金是基金中最常见的一种，它追求的是基金资产的长期增值。收入型基金主要投资于可带来现金收入的有价证券，以获取当期的最大收入为目的。平衡型基金将资产分别投资于两种不同特性的证券上，并在以取得收入为目的的债券及优先股和以资本增值为目的的普通股之间进行平衡。

（4）按募集方式分为公开募集基金和私募基金。

（5）按资本来源和运用区域分为国际基金、海外基金、国内基金、国家基金和区域基金。国内基金是资本来源于国内并投资于国内金融市场的投资基金。一般而言，国内基金在一国基金市场上应占主导地位。国际基金是基金资本来源于国内但投资于境外金融市场的投资基金。由于各国经济和金融市场发展的不平衡性，因而在不同国家会有不同的投资回报，通过国际基金的跨国投资，可以为本国资本带来更多的投资机会并在更大范围内分散投资风险，但国际基金的投资成本和费用一般也较高。海外基金是基金资本从国外筹集并投资于国内金融市场的基金。

（四）权证

1. 概念

权证（Warrant），在中国大陆和香港也音译为涡轮，是指标的证券发行人或其以外的第三人（以下简称发行人）所发行，约定持有人在规定期间内或特定到期日，有权按约定价格向发行人购买或出售标的证券，或以现金结算方式收取结算差价的有价证券。

2. 特征

权证的持有者有权利而无义务，权证与股票都有期权的特征。在资金不足、股市形势不明朗的情况下，投资者可以购买权证而推迟购买股票，减少决策失误而造成的损失。权证有如下特征：

（1）风险有限，可控性强。从投资风险看，认股权证的最大损失仅是权证买入价，其风险锁定，便于投资者控制；权证为投资者提供了杠杆效应。投资人可用少量资金购买备兑权证，取得认购一定数量股份的权利，可能赢得一旦这些股份上市可获得的价差，具有以小博大的特性。

（2）结构简单、交易方式单一。认股权证是一种个性化的最简单的期权。它的认购机理简单、交易方式与股票相同，产品创新的运作成本相对较低。大部分衍生产品都是以现金进行交割，而认股权证可以用实券交割，更符合衍生产品发展初期投资者的交易习惯。

（3）权证的发行不涉及发行新股或配股。它的发行是因为发行人已拥有大量已发行的股票，或通过市场吸纳了现有的股票，以备各备兑权证持有者行使权利，因此发行备兑权证具有套现的目的，它并不增加证券的总量，不会摊薄正股的每股盈利；而一般认购证因涉及发行新股或配股，所以在发行时都伴随着股本的扩张，具有集资的目的。

3. 分类

（1）按照发行人的不同，权证可以分为股本权证（Equity Warrant）和备兑权证（Covered Warrant）。股本权证发行人通常为上市公司，标的证券为该上市公司或其子公司的股票。股本权证持有人行权时，发行人会增发股票，标的证券的股本总额会增加。备兑权证是由标的证券发行人以外的第三方（通常为证券公司或投资银行等金融机构）发行的权证。备兑权证持有人行权时，发行人购买或支付标的证券或支付差价，并不会造成总股本的增加。

（2）按权力行使方向的不同，权证可以分为认购权证（Call Warrant）和认沽权证（Put Warrant）。认购权证持有人可在约定期间或到期时按约定价格向发行人购买标的证券。认购权证价值与标的证券价格同向变化，当标的证券价格低于认购权证行权价格与行权手续费之差时，认购权证的价值为零。认沽权证持有人可以在约定期间或到期时按约定价格向发行人卖出标的证券。认沽权证价值与标的证券价格反向变化，当标的证券的价格高于认沽权证行权价格与行权手续费之差时，认沽权证的价值为零。

（3）按行权期限的不同，权证可以分为美式权证（American Style Warrant）、欧式权证（European Style Warrant）和百慕大式权证（Bermuda Style Warrant）。美式权证持

有人可以在权证到期日前的任一交易日行权。欧式权证持有人只能在权证到期日当日行权。百慕大式权证介于美式权证和欧式权证之间，百慕大式权证具有多个行权日或是一段行权期，如到期日前5日（见表4-8）。

表4-8 权证分类表

分类标准	种类
发行人的不同	股本权证和备兑权证
权力行使方向不同	认购权证和认沽权证
行权期限的不同	美式权证、欧式权证和百慕大式权证

三、资本市场理财产品综合比较

（一）发行主体不同

作为筹资手段，股票只能是股份制企业才可以发行；无论是国家、地方公共团体还是企业，都可以发行债券；证券投资基金是基金管理公司通过发行基金单位来融资的；权证是由标的证券的发行公司或以外的第三者，例如证券公司、投资银行等发行的。

（二）保本能力不同

从本金方面看，股票本金一旦交给公司，就不能再收回，只要公司存在，就永远归公司支配。公司一旦破产，还要看公司剩余资产清盘状况，那时甚至连本金都会蚀尽，小股东特别有此可能；债券到期可回收本金，也就是说连本带利都能得到，如同放债一样；证券投资基金的基金管理公司会配备投资专家，一般都具有深厚的投资分析理论功底和丰富的实践经验，以科学的方法研究股票、债券等金融产品，组合投资，规避风险，但不可避免地也有一定风险，但是基金管理公司也有保本基金，即基金公司在基金合同中保证投资者本金安全的基金；权证投资的标的证券，可以是一个股票、基金、债券，也可以是一个组合、一个指数等，所以可以利用投资组合保本。

（三）收益稳定性不同

从收益方面看，股票在购买之前不定股息率，股息收入随股份公司的盈利情况变动而变动，盈利多就多得，盈利少就少得，无盈利就不得；债券在购买之前，利率已定，不管发行债券的公司经营获利与否，到期就可以获得固定利息；证券投资资金是由基金管理人选择股票、债券等金融工具进行投资，所以收益并不稳定。收益的多少主要取决于基金管理人选择的投资工具；权证的时间价值会每天减少，故即使股市一个月没有升跌，相关权证尚有25%～40%的下跌空间，并且权证的实际价格与理论价格有差距，能预测股市走势不等于能够获得由理论得出的利润，所以权证的收益稳定性差。

(四) 风险性不同

股票是金融市场上最主要的投资对象，其交易转让的周转率高，市场价格变动幅度大，可以暴涨暴跌，安全性低，风险大，但却又能获得很高的预期收入，因而能够吸引不少人进行股票投资；债券只是一般的投资对象，其周转率比股票低，风险性较小；证券投资基金的基本原则是组合投资，分散风险，把资金按不同的比例分别投于不同期限、不同种类的有价证券，把风险降至最低程度，所以风险性比债券高，比股票低；权证在用于套期保值时，可降低风险，使收益的方差降低，但用于投机时会增加风险，使收益的方差扩大，此时风险远高于股票。

(五) 流动性不同

股票可以自由交易，因此流动性最强；对机构来说，流动性强的债券是指那些能够在二级市场上进行交易且交易较为活跃的债券；对普通居民来说，能在证券交易所买卖或者银行柜台买卖的债券流动性就强，不能买卖的金边债券，则流动性弱；证券投资基金都能在二级市场进行交易，流动性强，但由于买卖双方不像股票交易一样容易达成一致，所以流动性弱于股票；权证实行的是T+0交易，当天买入的美式认购权证（在到期日前的任何一天，均可申请执行履约价格）可以在当天按照履约价格认购标的证券，但是不能在当天卖出，而当天买入的欧式认购权证，只能在到期日申请执行履约价格，所以流动性有强有弱。

(六) 经济利益关系不同

股票所表示的是公司的所有权，股票持有者有权直接或间接地参与公司的经营管理；债券所表示的是公司的一种债权债务关系，债券持有者无权过问公司的经营管理；证券投资基金是一种间接的证券投资方式，即基金管理公司通过发行基金单位，集中投资者的资金，由基金托管人（即具有资格的银行）托管，由基金管理人管理和运用资金，从事股票、债券等金融工具投资，然后共担投资风险、分享收益，所以证券投资基金所表示的是信托关系；从法律角度分析，认股权证本质上为一种权利契约，投资人于支付权利金购得权证后，有权于某一特定期间或期日，按约定的价格（行使价），认购或沽出一定数量的标的资产（如股票、股指、黄金、外汇或商品等）。

(七) 主要影响因素不同

在宏观政治、经济环境一致的情况下，股票的价格受供求关系和公司基本面（经营、财务状况等）的影响巨大；影响债券价格的主要因素是利率；基金的价格主要取决于资产净值；权证的价值主要由标的资产价格、行权价、有效期、标的资产价格波动性、无风险利率所决定。

（八）交易场所不同

股票、证券投资基金、权证均是在证券交易所交易，但债券既可以在证券交易所交易，也可以在柜台和市场交易，即自营买卖和代理买卖。

（九）交易方式不同

股票按买卖双方决定价格方式的不同可分为议价买卖㊀和竞价买卖㊁，按达成交易的方式不同，分为直接交易㊂和间接交易㊃，按交割期限不同分为现货交易㊄和期货交易㊅；债券交易方式有现货交易、期货交易、信用交易㊆、回购交易㊇和期权交易㊈；证券投资基金中的封闭式基金交易方式类似股票，开放式基金交易方式为场外交易；我国权证的交易方式为 T+0 交易（见表 4-9）。

表 4-9 股票、债券、证券投资基金、权证综合对比表

比较	股票	债券	证券投资基金	权证
发行主体	股份制企业	国家、地方公共团体、企业	基金管理公司	证券公司、投资银行等
保本能力	有可能本金全损	到期得到本息	保本混合型可保本	可利用投资组合保本
收益稳定性	极不稳定	稳定	不稳定	不稳定
风险性	高	较低	较高	保值：可利用投资组合分散风险 投机：很高

㊀ 议价买卖是买方和卖方一对一地面谈，通过讨价还价达成买卖交易，是场外交易中常用的方式。
㊁ 竞价买卖是指买卖双方都是由若干人组成的群体，双方公开进行双向竞争的交易，即交易不仅在买卖双方之间有出价和要价的竞争，而且在买者群体和卖者群体内部也存在着激烈的竞争，最后在买方出价最高者和卖方要价最低者之间成交，是证券交易所中买卖股票的主要方式。
㊂ 直接交易是买卖双方直接洽谈，股票也由买卖双方自行清算交割，在整个交易过程中不涉及任何中介的交易方式。场外交易绝大部分是直接交易。
㊃ 间接交易是买卖双方不直接见面和联系，而是委托中介人进行股票买卖的交易方式。证券交易所中的经纪人制度，就是典型的间接交易。
㊄ 现货交易是指股票买卖成交以后，马上办理交割清算手续，当场钱货两清。
㊅ 期货交易则是股票成交后按合同中规定的价格、数量，过若干时期再进行交割清算的交易方式。
㊆ 信用交易又称保证金交易或垫头交易，是指交易人凭自己的信誉，通过交纳一定数额的保证金取得经纪人信任，进行债券买卖的交易方式。
㊇ 回购交易是指卖（或买入）债券的同时，约定到一定的时间后以规定的价格再买回（或卖出）这笔债券，实际上就是附有购回（或卖出）条件的债券买卖。
㊈ 期权是指持有期权者可在规定的时间里，按双方约定的价格，购买或出售一定规格的金融资产的权利。

(续)

比较	股票	债券	证券投资基金	权证
流动性	极强	有强有弱	较强	有强有弱
经济利益关系	所有权关系	债权债务关系	信托关系	契约关系
主要影响因素	市场供求关系和公司的经营、财务状况等	利率	资产净值	标的资产价格、行权价、有效期、标的资产价格波动性、无风险利率
交易场所	证券交易所	证券交易所、证券公司	证券交易所	证券交易所
交易方式	现货交易、期货交易、直接交易、间接交易、议价买卖、竞价买卖	现货交易、期货交易、期权交易、信用交易等	封闭式基金类似股票，开放式基金为场外交易	T+0 交易①

① 凡在股票成交当天办理好股票和价款清算交割手续的交易制度，就称为 T+0 交易。

第三节 衍生品市场理财工具

现代意义的金融衍生品市场是从 20 世纪 70 年代开始发展起来的，其规模增长迅速，全球交易总量逐年上升。金融衍生品为交易者提供避险、套期保值等作用。次贷危机引发的全球金融危机，使全球金融衍生品市场的空气骤然紧张起来，对金融衍生品的态度变得谨慎起来，金融衍生品及其市场又一次成为探讨的热点。中国在加入 WTO 之后，资本市场不断深化并逐步开放，金融衍生品需求增加，快速发展和逐步开放的金融环境为我国金融衍生品市场发展提供了坚实基础和有力保障。所以，我国发展金融衍生品市场既是顺应国际发展潮流，也是出于自身所具备的条件及对金融衍生品的需求。

一、金融衍生品市场概述

(一) 概念

金融衍生品以杠杆或信用交易为特征，以在传统的金融产品如货币、债券、股票等的基础上派生出来的具有新的价值的金融工具为工具，其价值依附于基本标的资产价格。金融衍生品市场是以金融衍生品为交易对象，具有相应组织设计制度的交易体系，具有特定的组织结构，主要包括法律制度、监管结构、交易场所、交易平台和交易品种等一系列紧密联系的范畴，是由一组规则、一批组织和一系列产权所有者构成的一套市场机制。金融期货、金融期权、信用交易、可转换公司债券是衍生金融工具与产品市场的主要内容[一]。

(二) 特征

1. 投机性

金融衍生品交易具有杠杆效应。可以用较少成本获取现货市场上需较多资金才能完成的结果,因此具有投机性的特征,这同时也使衍生品市场交易具有高收益的特点,但是高收益必然伴随着高风险。如在金融期货交易中,如果交易者对价格趋势判断错误,买入期货合约后价格下降,卖出期货合约后价格上涨,都会放大损失。保证金比率越低,交易的杠杆作用就越大,高收益高风险的投机性特征也就越明显。

2. 不确定性

金融衍生品交易是在现时对基础工具未来可能产生的结果进行交易。交易结果要在未来时刻才能确定盈亏。期间市场环境变动,标的资产价格的变动,交易双方资金变动等因素都有可能影响衍生品交易的结果,让衍生品市场具有很强的不确定性。且从理论上讲,金融衍生品可以有无数种具体形式,它可以把不同现金流量特征的工具组合成新的工具,但不管组合多么复杂,基本构成元素还是远期、期货、期权和互换。

3. 标的物的灵活性

金融衍生品的价值来自其标的物,标的物的范围十分广泛,可以是商品、外汇、国债、股票、指数,也可是一项服务,甚至是天气,如降雨量、温度。虽然标的物五花八门,但在一项资产或一个变量可以发展为衍生工具前,必须确定有公认的标准可以去衡量其价值,否则日后很难去衡量以此为标的物而设计的金融合约[二]。

4. 表外性

金融衍生品是对未来的交易,按照权责发生制的财务会计规则,在交易结果发生之前,交易双方的资产负债表并不反映这类交易的情况,因此,潜在的盈亏无法在财务报表中体现出来。

(三) 相关理财产品类型

1. 金融期货

金融期货合约是指在特定的交易所通过竞价方式成交,承诺在未来的某一日或某

[一] 艾正家. 金融理财学 [M]. 上海: 复旦大学出版社, 2010 (21): 34-35.

[二] 谢圣姬. 中国金融衍生品市场发展研究 [J]. 中国经济研究, 2008 (11): 12-15.

一期限内，以事先约定的价格买进或卖出某种标准数量的某种金融工具的标准化契约。期货交易方式是指买卖双方约定在将来某个日期以成交时所约定的价格交割一定数量的某种商品的交易方式。所谓金融期货是指以各种金融资产，如外汇、债券、股价指数等作为标的资产的期货交易方式，换言之，金融期货是以金融期货合约为对象的期货交易。

2. 金融期权

金融期权，又称之为选择权，是指赋予其购买者在规定期限内按双方约定的价格或执行价格购买或出售一定数量某种金融资产的权利的合约。实质上是对选择权的买卖。所谓金融期权是指以各种金融资产或金融衍生工具与产品作为标的资产的期权交易形式。从其本质上讲，期权实质上是在金融领域中将权利和义务分开进行定价，使得权利的受让人在规定时间内对于是否进行交易，行使其权利，而义务方必须履行。在期权的交易时，购买期权的一方称作买方，而出售期权的一方则叫作卖方；买方即是权利的受让人，而卖方则是必须履行买方行使权利的义务人[○]。

3. 信用交易

信用交易又称为保证金交易或垫头交易，我国叫融资融券交易，是指证券交易的当事人在买卖证券时，只向证券公司交付一定的保证金，或者只向证券公司交付一定的证券，而由证券公司提供融资或者融券进行交易。因此，信用交易具体分为融资买进和融券卖出两种。也就是说，客户在买卖证券时仅向证券公司支付一定数额的保证金或交付部分证券，其应当支付的价款和应交付的证券不足时，由证券公司进行垫付，而代理进行证券的买卖交易。其中，融资买入证券"买空"，融券卖出证券为"卖空"。

4. 可转换公司债券

可转换公司债券（简称可转换债券）是公司债的一种[○]，有广义和狭义之分。狭义的可转换公司债是指债券持有人有权依照约定的条件将所持有的公司债券转换为发行公司股份的公司债券。广义的可转换公司债券是指赋予了债券持有人转换为他种证券权利的公司债券，转换对象不限于发行公司的股份。可转换公司债券是一种可以在特定时间、按特定条件转换为普通股股票的特殊企业债券。

○ 翟力荣. 我国金融衍生品市场发展研究 [D]. 首都经济贸易大学，2007（10）：20-21.
○ 刘斌. 金融衍生品与投资理财问题研究 [J]. 金融天地，2011（3）：12-14.

二、金融衍生品市场理财产品分析

(一) 特征

1. 金融期货特征

(1) 合约标准化和集中化。它指除了价格外,标的金融资产,到期时间,结算方式等合约的所有条款都是预先由交易所规定好的,具有标准化的特点。金融期货市场是一个高度组织化的市场,并且实行严格的管理制度,金融期货交易最终在交易所内集中完成。

(2) 双向交易和对冲机制。金融期货交易者既可以买入合约作为交易的开端,也可以卖出合约作为交易的开端。在金融期货交易中,大多数交易者并不是通过合约到期时进行实物交割来履约,而是通过与建仓时的交易方向相反的交易来解除履约责任。

(3) 杠杆机制。期货交易具有的以少量资金就可以进行较大价值额的投资特点,被形象地称为杠杆机制。在一些金融交易中,交易者可以通过缴纳一部分交易保证金,而进行数额较大的交易。

而在交易中,交易者的盈亏与实际缴纳保证金所能从事的交易相比,盈亏被放大了。这种交易机制被称为杠杆机制,简单地讲是以小博大。金融期货交易实行保证金制度,交易者在进行交易时只需要缴纳少量的保证金,一般为交易合约价值的10%左右,就能完成数倍乃至数十倍的合约交易,这一特点吸引了大量投机者参与交易。

(4) 每日无负债结算机制。在每个交易日结束后,对交易者当天的盈亏状况进行结算,在不同交易者之间根据盈亏进行资金划转,如果交易者亏损严重,保证金账户资金不足时,则要求交易者必须在下一个交易日开市前追加保证金以做到"每日无负债",否则,交易所将对其头寸进行强制平仓⊖(见表4-10)。

表4-10 衍生品市场主要理财产品特征

理财产品	金融期货	金融期权	信用交易	可转换公司债券
特征	合约标准化	权利金制度	杠杆性	债权性
	交易集中化			
	双向交易和对冲机制	标的资产不确定性	资金疏通性	股权性
	杠杆机制	权利可选择性	信用双重性	可转换性
	每日无负债结算机制	义务不对等性	做空机制	可赎回性

资料来源:张祥. 衍生品理财产品研究[J]. 世界经济,2010 (5): 4-5.

2. 金融期权特征

买方要想获得权利必须向卖方支付一定数量的费用(指权利金);期权买方取得的

⊖ 吴冬艳. 发展信用衍生品业务对我国商业银行的重要性[J]. 金融投资,2009 (11): 3-4.

权利是在未来的,或在未来一段时间;期权买方在未来的买卖标的物是特定的;期权买方可以买进标的物(指买进看涨期权的履约),也可以卖出标的物(指买进看跌期权的履约),而不负有必须买进或卖出的义务。买方有执行的权利,也有不执行的权利,完全可以灵活选择。

3. 信用交易特征

(1)杠杆性。融资融券交易最显著的特点是借钱买证券和借证券卖证券。普通的股票交易必须支付全额价格,但融资融券只需缴纳一定的保证金即可交易。例如,如果缴纳10%的保证金,意味着可以用同样多的金额进行十倍的操作。投资者通过向证券公司融资融券,扩大交易筹码,可以利用较少资本来获取较大的利润,这就是信用交易的杠杆效应。

(2)资金疏通性。货币市场和资本市场作为金融市场的两个有机组成部分,两个市场间的资金流动必须保持顺畅状态,如果相互间资金流动的通道阻塞或狭窄,势必降低金融市场的整体效率。信用交易机制以证券金融机构为中介,一头联结着银行金融机构,一头联结着证券市场的投资者,通过融资融券交易,引导资金在两个市场之间有序流动,从而提高证券市场的整体效率。因此,从信用交易机制的基本功能看,它是货币市场和资本市场之间重要的资金通道,具有资金疏通性[⊖]。

(3)信用双重性。证券融资融券交易中存在双重信用关系。在融资信用交易中,投资者仅支付部分价款就可买进证券,不足的价款由经纪人垫付,经纪人向投资者垫付资金是建立在信用基础上的,也就是说,经纪人垫付部分差价款,是以日后投资者能偿还这部分价款及支付相应利息为前提[⊜]。这是第一层信用关系;另一方面,经纪人所垫付的差价款,按一般的做法,来源于券商的自有资金、客户保证金、银行借款或在货币市场融资。这称为转融通,包括资金转融通和证券转融通。我国由于试点期间只允许证券公司利用自有资金和自有证券从事融资融券业务,因此融资融券建立初期,我国只有第一层信用关系。

(4)做空机制。普通的股票交易必须先买后卖,当股票价格上涨时很容易获利,但是当股票价格下跌时,要么割肉止损要么等待价格重新上涨。而引入融资融券制度后,投资者可以先借入股票卖出,等股价真的下跌后再买回归还给证券公司。

4. 可转换公司债券特征

(1)债权性。可转换公司债券在本质上是一种债券债务凭证,在转换前可转换公

⊖ 王石. 中国金融衍生品市场研究与中国期货市场实践 [D]. 吉林大学, 2006(12):11-13.
⊜ 赖其男. 关于我国可转换债券的实证研究 [J]. 北京经济, 2013(30):11-12.

司债券的持有人只是公司（发行人）的债权人，而不是股东。因此，在债券发行时，可转换公司债券规定一定的票面利率和期限。一般情况下，持有人可以选择不进行转换，而是在到期时按照债券的票面利率收取本金及相应的利息。

（2）股权性。虽然可转换公司债券在转换之前是纯粹的债券，但是债券在转换成股票之后，原债券持有人就由债权人变成股东，这时投资者就可以以股东的身份参与公司经营管理决策以及利润分配。显然，其股权性不是一般债券所具有的特征。

（3）可转换性。可转换性是可转换公司债券的最本质的特征，它表明债券持有人可以按照约定的条件将债券转换成股票。在本质上，可转换性所赋予投资者的转股权是投资者享有的一般债券所不具有的选择权。可转换性的具体特征是由发行人在发行条款中详细规定的，这些条款表明投资者可以按约定的条件将债券转换成发行公司的普通股股票。

（4）可赎回性。可转换公司债券一般带有赎回条款，它规定发行人可以在可转换公司债券到期之前按照一定条件提前赎回可转换公司债券。赎回价格一般高于面值，高出部分被称为赎回溢价。赎回是指发行人在一定时期内可以提前赎回未到期的可转换公司债券。赎回条款的具体内容是决定赎回性对可转换公司债券投资价值影响的重要因素。

(二) 分类

1. 以产品的基本交易形态为依据⊖

（1）远期合约。交易双方约定在未来某一特定时间、以某一特定价格、买卖某一特定数量和质量资产的交易形式。期货合约是期货交易所制定的标准化合约，对合约到期日及其买卖的资产的种类、数量、质量做出了统一规定。远期合约是根据买卖双方的特殊需求由买卖双方自行签订的合约。因此，期货交易流动性较高，远期交易流动性较低。

（2）期货合约。它是一种为交易双方签订的在未来某一时期相互交换某种资产的合约。更为准确地说，掉期合约是当事人之间签订的在未来某一期间内相互交换他们认为具有相等经济价值的现金流的合约。较为常见的是利率掉期合约和货币掉期合约。掉期合约中规定的交换货币是同种货币，则为利率掉期；是异种货币，则为货币掉期⊜。

（3）期权合约。它是买卖权利的交易。期权合约规定了在某一特定时间、以某一

⊖ 文昕. 欧美金融衍生品发展经验及对我国的启示 [J]. 科技情报开发与经济，2005（15）：22-24.

⊜ 李红浪. 关于我国商业银行金融衍生品业务发展的若干思考 [J]. 金融各领域，2011（14）：11-12.

特定价格买卖某一特定种类、数量、质量原生资产的权利。期权合同有在交易所上市的标准化合同，也有在柜台交易的非标准化合同。

2. 以原生资产形态为依据

货币衍生产品包括远期外汇合约、外汇期货、外汇期权、货币互换等；利率衍生产品包括远期利率协议、短期利率期货、债券期货、债券期权、利率互换、互换期权等（见表 4-11）。

表 4-11　以原生资产为分类依据的衍生品品种

对象	原生资产	金融衍生产品
利率	短期存款	利率期货、利率远期、利率期权、利率互换
	长期债券	债券期货、债券期权合约
股票	股票	股票期货、股票期权合约
	股票指数	股票指数期货、股票指数期权合约
货币	各类现汇	货币远期、货币期货、货币期权、货币互换合约
商品	各类实物商品	商品远期、商品期货、商品期权、商品互换合约等

资料来源：刘利，喻青. 浅析我国金融衍生品市场发展现状 [J]. 商业经济，2013（2）：119-120.

股票衍生产品包括股票期权、股指期货、股指期权、股票期货、认股权证、可转换债券等。股票类中又包括具体的股票和由股票组合形成的股票指数；利率类中又可分为以短期存款利率为代表的短期利率和以长期债券利率为代表的长期利率；货币类中包括各种不同币种之间的比值；商品类中包括各类大宗实物商品。

3. 以交易方式为依据

（1）场内交易。它又称交易所交易，指所有的供求方集中在交易所进行竞价交易的交易方式。这种交易方式具有交易所向交易参与者收取保证金、同时负责进行清算和承担履约担保责任的特点。此外，由于每个投资者都有不同的需求，交易所事先设计出标准化的金融合同，由投资者选择与自身需求最接近的合同和数量进行交易。所有的交易者集中在一个场所进行交易，这就增加了交易的密度，一般可以形成流动性较高的市场。期货交易和部分标准化期权合同交易都属于这种交易方式[⊖]。

（2）场外交易。它又称柜台交易，指交易双方直接成为交易对手的交易方式。这种交易方式有许多形态，可以根据每个使用者的不同需求设计出不同内容的产品。同时，为了满足客户的具体要求、出售衍生产品的金融机构需要有高超的金融技术和风险管理能力。场外交易不断产生金融创新。但是，由于每个交易的清算是由交易双方

⊖ 张维. 期权博弈理论的方法 [J]. 管理科学，2001（2）：43-44.

相互负责进行的，交易参与者仅限于信用程度高的客户。掉期交易和远期交易是具有代表性的柜台交易的衍生产品。

三、各类理财产品交易策略

(一) 金融期货

1. 买进金融期货合约

当投资者判断在期货市场金融期货合约价格将上涨时，便可按规定缴纳保证金后买进金融期货合约，或持有金融期货合约的多头部位。若未来合约到期前，金融期货价格果真上涨，便可通过卖出合约对冲多头部位，盈利出局；若金融期货价格背离预期而出现下降，投资者将出现损失，只要损失比例没有低于最低维持保证金率，便没有必要补充保证金，可继续持有合约，等待盈利机会；若损失超过最低保证金维持率，则必须追加保证金，否则期货经纪商将予以强制平仓⊖（见表4-12）。

表4-12 期货价格变动对做多投资者的影响

期货价格变动	投资者行动	盈亏	期货价格变动	投资者行动	盈亏
上涨	卖出合约对冲多头部位	盈利	下跌	有被追加保证金的可能	亏损

2. 卖出金融期货合约

当投资者判断在期货市场金融期货合约价格将下跌时，便可按照规定缴纳保证金后卖出金融期货合约，或持有金融期货合约的空头部位。若未来合约到期前，金融期货价格果真下跌，便可通过买进合约对冲空头部位，盈利出局；若金融期货价格背离预期而出现上涨，投资者将出现损失，便没有必要补充保证金，可继续持有合约，等待盈利机会（见表4-13）。

表4-13 期货价格变动对做空投资者影响

期货价格变动	投资者行动	盈亏	期货价格变动	投资者行动	盈亏
上涨	有被追加保证金的可能	亏损	下跌	买进合约对冲空头部位	盈利

(二) 金融期权

1. 看涨期权交易

当期权买方预期某种金融工具市场价格将会上升时，就会购买看涨期权。若金融工具的市场价格在期权合约到期日低于协议价格，买方不会行使期权，其损失是已支付的期权费。

⊖ 王光明. 信用衍生品发展的经验与启示 [J]. 理财规划, 2011 (3): 21-22

若市场价格高于协议价格，但低于协议价格加上期权费（盈亏平衡点），买方将行使期权，不过这样做只是为了减少损失。只有当市场价格升至盈亏平衡点之上时，买方才能获利（不考虑佣金），其收益随市价的上升而增加（见图4-1）。

期权卖方的损益状况则正好相反，可能获得的最大盈利是期权费，而理论上的亏损额则没有下限（假定卖方出售的是无担保的看涨期权），期权买卖双方的盈亏分布曲线是对称的。

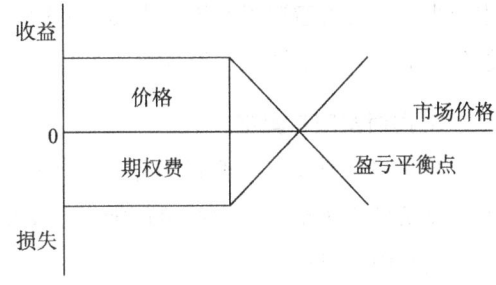

图4-1 看涨期权盈亏分析图

2. 看跌期权交易

当期权买方预期某种金融工具市场价格会下降时，将购买看跌期权，盈亏平衡点是协议价格减去期权费。若合约到期日标的物市场价格降至盈亏平衡点以下，期权买方即可获得利润，市价降幅越大，买方获得的利润就越多[⊖]。

与看涨期权相反，看跌期权靠标的资产价格按预期下降来获得收益，倘若资产价格未能如愿上涨，则购买方要承担标的资产价格下跌所带来的损失，一切以图4-2的盈亏平衡点为重要的参考依据。

当市价降到为零时，买方可能获得的盈利达到最大限度。若标的物市场价

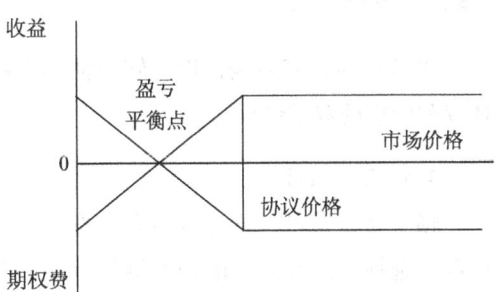

图4-2 看跌期权盈亏分析图

格在到期日高于协议价格，期权买方就不会行使期权，其亏损额为期权费，如若标的物价格低于协议价格但高于盈亏平衡点，买方仍然会行使期权，以减少亏损。期权卖方的盈亏分布与期权买方相反。

（三）信用交易

1. 买空信用交易

当买空的股票市价上涨后，投资者的负债没有变化，但资本增加，投资者有了盈利；当买空的股票市价下跌时，投资者的负债不变，但资本减少，投资者遭遇了盈亏。

2. 卖空信用交易

投资者预期证券市场价格下跌，则会向他的证券经纪商接入证券卖空，待日后再

⊖ 朱静文. 股指期权新发展[J]. 证券期货研究，2009（3）：33-34.

买入证券归还。当卖空的股票市价上涨后，投资者的资产没有变化，但负债增加，资本减少，投资者遭遇了亏损；当卖空的股票市价下跌时，投资者的资产同样没有变化，但负债减少，资本增加，投资者有了利润。

3. 同时买空与卖空

投资者建立第一个交易头寸时，其总资产为买空交易中的资产加卖空交易中的资产，总负债为买空交易中的负债加卖空交易中的负债，总资本为买空交易中的资本加卖空交易中的资本。

以外汇交易来举例说明：1∶100杆杠，买进（或卖出）一手仅需1 000美元（实际需10万美元，不计算汇率差在内）以1万美元开户为例：欧元升值开仓买进一手（做多欧元）1.3 621买进一手。1.3 759平仓，获利138点×10美元=1 380美元；以1万美元开户为例：欧元贬值开仓卖出一手（做空欧元）；1.3 759卖出一手，1.362 1平仓，获利1 380美元。

（四）可转换公司债券

可转换债券交易是指以可转换债券为对象进行的流通转让活动。可转换债券具有债权和股权的双重性质。

1. 债券—债券

债券持有者可一直持有债券，直至偿还期满时收回本金和利息。这种债券持有者还可以选择在证券交易市场上将其抛售来实现收益。企业发行的可转换公司债券，应当在初始确认时将其包含的负债成分和权益成分进行分拆，在进行分拆时，应当先确定负债成分的公允价值并以此作为其初始确认金额，确认为应付债券；再按整体发行价格扣除负债成分初始确认金额后的金额确定权益成分的初始确认金额，确认为资本公积。

2. 债券—股票

债券持有者也可在规定的转换期间内选择有利时机请求发行公司按规定的价格和比例将债券转换成股票。可转债作为基于股票的衍生产品，在转股期且股价处于实值时，转债的价格主要是盯住基础股票。从日内高频数据来看，转债的波动通常比股票的波动慢上一拍，如果股价下跌，转债的下跌会有一定的滞后；如果股价上涨，转债的上涨也会滞后，弹性也不如股票，所以，股价持续上涨时，套利机会将很容易产生。首先必须有一定数量的股票和现金（股票也可以由转债转换而来），当市场出现套利机会时，套利者卖出股票，同时买入相应数量的转债并申请转股，第二个交易日套利者的持仓结构变为：股票数量不变，现金增加。现金增加部分即为套利收益，但套利者必须承担持股的风险，这是单边市场套利所不可避免的。

第四节　收藏品市场理财工具

奈斯比特和阿伯丹曾经预言，21世纪收藏品投资将取代证券投资和房地产投资，成为人类最主要的投资方式。虽然到目前为止，他们的预言仍然缺乏实证研究的支持，但可以肯定的是，收藏品已成为了继证券和房地产之后的第三大投资热点。相较国外，我国以收藏品作为理财产品发展较晚。从1979年开始荷兰银行、美国花旗集团和美国摩根斯坦利集团等大名鼎鼎的金融机构还先后推出了收藏投资的咨询服务，为客户提供相应的金融支持。近几年我国收藏品投资数量迅速上升，并开始问鼎全球艺术品拍卖市场的龙头位置。未来收藏品理财产品还将继续向多品种、高收益继续发展，收藏经济已经初现端倪。

一、收藏品市场概述

（一）概念及特征

1. 概念

收藏品市场是指买卖双方进行收藏品交换活动的场所（固定场所或互联网），是收藏品买方和收藏品卖方之间各种经济关系的汇合和总和。

2. 特征

收藏品市场是一个比较特殊的市场，它有一般商品交流的普遍性，也有收藏品交流的特殊性。其特殊性主要表现在：

（1）信息不对称。一般来说，收藏品市场的卖方相对买方而言，对自己打算出售的收藏品在真假、瑕疵、价值估测等方面的信息总是更为了解。这样的结果就很容易导致信息弱势方在交易决策上出现价值预测的失误，或者信息优势方做出不利于信息弱势方的行为，通过向信息贫乏的一方传递某些所谓"可靠"信息而使得掌握更多信息的一方在市场中获益。

（2）消费者权益难以保障。随着市场经济的不断发展，改革开放后收藏热的不断升温，各种仿古工艺厂顺势逐渐崛起，其伪造手段之高超以及造假者之间默契的分工合作，已然将收藏品造假推向专业化和产业化，极大地扰乱了市场秩序，使得消费者权益难以保障。

（3）价质不符。收藏品市场价质不符存在的原因除信息不对称和消费者高收益预期外，还有一个重要的因素就是赝品的存在。由于收藏品的真品数量非常有限，以及收藏者的收藏行为必须在客观上受到其购买能力的约束，因此，收藏者有时会有选择性地购买一些制作精美的复制品或者价格低廉的仿制品来"把玩欣赏"，并且赝品还能够满足收藏者的其他需要如装饰、炫耀或者是以赝品买卖进行投机等，这才造成了收藏品市场这种特殊的状况。

（二）收藏品市场理财产品特性

收藏品分为自然历史、艺术历史、人文历史和科普历史四类，由于收藏品自身的特殊性，使得其作为理财产品具有以下特性。

1. 两重性

收藏品具有两重属性，它既可以作为消费品，又可以作为投资品。收藏品市场的出现是源于对收藏品消费需求的满足，而收藏品投资需求的产生又是消费品市场发展到一定阶段的必然结果。收藏与投资的结合将会给收藏者带来丰厚的收益，但这种收益并不是物质收益的最大化，也不是精神收益的最大化，而是物质收益与精神收益相结合所带来的快乐最大化。在绝大多数情况下，只有当我们所追求的目标既包括物质收益，也包括精神收益的时候，消费乐趣与投资回报才有可能达到双赢。

2. 价值的难以度量性

收藏品价值没有衡量标准，也不能简单衡量。各类收藏品价值是在分析、品评、判断其价值的基础上，再根据其存世数量的多少和历年来市场交易情况等作出的，但这个价格也只能是一个大致的估算。另外，在具体情况下，收藏品价值会因为其珍稀程度与其竞购程度的不同上下浮动。近几年由于经济发展迅速，收藏品价格涨幅速度惊人，甚至经常出现价格高过市场价值的情况。因此收藏品与一般商品的批量生产等特点不尽相同，不能等同于一般商品。

3. 高收益性

收藏品一般为中长线投资，投资风险小，不受地域限制，有不可取代的珍贵性和限量性，增值比较稳定，增幅显著。据国际资料显示，国际上证券两年增值1倍，房地产6年增值3倍，艺术品10年增值6倍。美国近10年投资的回报率为：房地产4.7%，股票17%，收藏品24%。从世界经济发展行情看，股票的保险率仅为30%左右，而艺术品收藏投资保险率为100%。

4. 稀缺性

多数收藏品之所以能拍出高价位，其重要原因之一就是存世量稀少。当需求大于供给时，物价就会上涨，这是市场的普遍规律。而收藏品市场也不例外，甚至最为显著。一般而言，越稀少的收藏品，其价格越高。存世量的多少虽然不是评定收藏品价格的唯一因素，但一定是一个非常重要的因素，而人们对投资价值的追求也促成了收藏品的稀缺性。

5. 专业性

投资者必须了解自己想要投资的收藏品的特性、质量好坏的判别标准、真伪的鉴别、收藏的价值、价格及价格的未来走势等，也就是说投资收藏品对专业知识、行业规律、市场信息、投资经验的要求非常高，否则即使投入了大量资金，到头来收集来的只是假冒伪劣品或低于预期价值，最终只会导致收藏者损失惨重。

二、理财产品类型

收藏品是个宽泛的概念，指一切可以收藏并可带来价值的物品。这里所指的收藏品主要是指可以用来投资具有保值增值效果，且具有一定流动性的历史物品。主要分为自然历史、艺术历史、人文历史和科普历史四类。具体又可分为文物类、书画类、文献类、陶瓷类、玉器、珠宝类和观赏石类、徽章类、钱币类、邮票类、票券类、商标类、模型类、非实物投资类、其他类等。其中，以文物类、陶瓷类、书画类、黄金为收藏品市场的主要投资理财产品。具体分类如表 4-14 所示。

表 4-14 收藏品市场理财产品分类

序号	一级分类	二级分类
1	文物类	历史文物类，如革命文物、雕塑、铭刻、器具、工艺美术品等
2	书画类	书法类，如碑帖、拓本等；绘画类，如国画、油画、水彩画等
3	文献类	各种文字资料，如古籍、档案、照片及影剧说明书等
4	陶瓷类	陶器、瓷器、紫砂陶等
5	玉器、珠宝、观赏石类	玉器类，如玉礼器、玉兵器等；珠宝类，如珠宝翠钻；观赏石类，均以自然未经人工雕琢为主，如各种砚石、印石等
6	徽章类	纪念章、奖章、证章及其他各种徽章
7	邮、币卡类	邮票类，如世界各国邮票及相关其他收藏品；钱币类，如各国历代古钱币及现代货币；卡类，如电话卡、银行卡、交通卡等
8	票券类	印花税票、奖券、门券、商品票券、交通票证等
9	商标类	火花、烟标、酒标、糖纸等
10	模型类	与实物按比例制作的精美模型如火车、汽车、飞机等
11	非实物投资类	黄金类，如黄金衍生品等；基金类，如艺术品基金等
12	其他类	主要为另类收藏，如钟表、眼镜、唱片、老照片等

(一) 按照国际拍卖行的成交情况分类

1. 字画（包括中国书画和油画）

根据雅昌艺术市场检测中心的分类，具体将其分为京津画派、海派书画、岭南画派、长安画派、新金陵画派、中国写实画派、新现实主义油画和中青年女油画家。

2. 陶瓷（主要分官窑跟民窑）

瓷器收藏一直是国内外收藏的重头戏，但一般仅限于官窑与民窑。官窑的产品代表当时社会的最高工艺水平，其艺术价值跟历史价值均较高，而且官窑存世量较少，买家较多，价格普遍较大，非一般收藏者能够涉足。民窑相对于官窑其价值会稍微偏低，但均为瓷器，其所包含的价值不容忽视，在民窑中也有很多精品，如一些仿瓷等，而且民窑存世量较多，满足了瓷器收藏者的需求，在瓷器市场上很好地弥补供给缺口。民窑相对于官窑价格较低，但仍非一般投资者能进入。另外瓷器市场赝品繁多，非专业人士投资瓷器所面临的风险巨大。

3. 杂件等其他种类（包括珐琅彩器、翡翠玉石、明清家具、名石名表等）

除了以上两类大件外，其他诸多藏品统一被称为杂件。杂件的历史价值一般低于大件藏品的历史价值，杂件更多的是古玩家具，也包括现代的艺术品，如根雕、名表等。大部分杂件的升值并非来源自身价值的升值，而是由于通货膨胀的原因引起的升值。投资杂件能很好地规避通货膨胀的风险，达到保值增值的目的，在现今的艺术品基金中较为常见。

(二) 按照投资渠道分类

1. 直接投资于收藏品

对于直接投资于藏品的投资方式，属于高风险高收益的类型。我国收藏品市场是个真品有市，赝品有价的一个市场，而且对于投资者来说，投资收藏品最大的风险就是收藏品的风险，俗称打眼。所以投资收藏品最重要的是具有辨别真伪的能力，故需要较高的鉴赏能力和理论知识。

2. 通过收藏品基金间接投资收藏品

间接投资收藏品主要是通过艺术品基金的形式参与投资的。这里所指的艺术品基金⊖是指形式上投资于艺术品或艺术品衍生权益的金融产品。在我国主要有3类艺术品基金：投资型艺术品基金、融资型艺术品基金和复合型艺术品基金。

⊖ 这里指代的艺术品基金是广义的艺术品基金，包含了信托、银行理财产品、私募等集合理财形式。

（1）投资型艺术品基金即通过信托、银行理财、私募计划募集资金后，根据合同的约定，直接投资于艺术品且产品的还款来源直接来源于出售所投资的艺术品，产品一般为浮动收益。

（2）融资型艺术品基金即通过信托、银行理财、私募计划募集资金后，根据合同的约定，投资于艺术品或艺术品权益，其还款来源主要来源与该计划合作方的回购款，一般为固定收益。

（3）复合型艺术品基金即产品资金投资于艺术品，退出渠道主要通过出售艺术品，但投资顾问或其他合作方承诺回购。产品收益为浮动收益为主。

三、收藏品理财策略分析

(一) 直接持有

收藏品由于投资周期较长，因此要求投资环境要稳定和持久。从政治环境分析，随着中国经济的迅速发展，民主和法制建设的不断完善以及人民生活水平的逐年提高，政治环境会在较长的一段时间内保持稳定；从经济环境来看，依据国际惯例，当人均GDP达到1 000美元时，收藏市场才能真正启动，当人均GDP达到8 000美元时，收藏市场才会出现繁荣。我国自2003年人均GDP已经突破1 000美元大关，但在2012年人均GDP尚未突破8 000美元，表明目前中国收藏市场尚不属于繁荣市场，后市收藏市场前景可期。从社会要素角度看，中国文化历经5 000余年，有深厚的沉淀，有投资价值的藏品较为丰富，为藏品市场的繁荣打下一个良好的基础。

直接投资收藏品也有不同的理财策略。在收藏品领域，不同类型的收藏品其投资理念及投资方式是不尽相同的。对于不同类型的投资者，应该分析投资品种，寻找合适的投资机会，以下以艺术品与邮币卡为例（见表4-15）。

表4-15 艺术品与邮币卡的投资区别

比较	艺术品	邮币卡
投资门槛	普遍较高	相对较低
价值衡量标准	没有统一合理的衡量标准	有较为清晰的衡量标准
回报收益	投资成本大，回报收益相对较低	投资成本小，回报收益相对较高
投资者能力要求程度	对鉴赏辨别艺术品的能力要求特别高	鉴赏能力相对较低
持有成本	收藏成本较高	收藏成本较低

1. 投资门槛

艺术品的投资门槛普遍较高，以字画为例，稍有名望的画家作品售价一般在五六位数以上，一些大家动辄百万甚至千万元人民币，普通工薪家庭不敢问津；而邮币卡的投资门槛就要低很多,据国内情况,一般只需几千元资金便可投资邮币卡,投资数万资金可以达到一定规模的投资了。

2. 价值衡量标准

价值衡量代表着藏品的价格衡量。对于艺术品,不同作家不同流派观点迥异,对同一作品的价值也千差万别,且在艺术界、投资界都存在这种情况,艺术品价值的高低因人而异,没有统一合理的衡量标准;邮币卡大部分都是统一成套发行的,而且生产制作过程中,也有一定的模具,其价值衡量相对容易,而且有较为清晰的衡量标准。而在现实生活中,往往出现"有钱人收藏的艺术品一定是高价值艺术品"的谬论,这一现象也从一侧面说明了艺术品没有统一的价值衡量标准。

3. 回报收益

艺术品市场进入门槛高,投资大,相对于邮币卡,其汇报收益较低;邮币卡市场投资小,相对于艺术品市场回报收益较高。

4. 投资者能力要求程度

一件艺术品的价格往往较高,在艺术品市场内,赝品比比皆是,随处可见。这一现象对投资要求具备较高的识别鉴赏能力,以此降低投资风险。邮币卡单件的价格较低,赝品较少,对投资者要求的能力相对较低,而且风险也较小。

5. 持有成本

持有成本指在获得收藏品之后到出售收藏品这段时间花费的成本,主要是保管和维护费用。艺术品的价值受其品相,色泽和完整度影响,在入藏期间需要对其保管维护花费较高的费用,持有成本较高;邮币卡的价值受品相等因素的影响相对较低,而且邮币卡便于保存,入藏期间的费用较少,持有成本较低。

综上我们可以看出,投资艺术品不仅投资门槛高,持有成本高而且对投资者的能力要求程度也很高,非专业投资者应谨慎进场;邮币卡系列投资门槛较低,规模较小,易于保存,比较适合爱好古玩的收藏玩家的小规模投资或者普通工薪家庭的收藏品投资。

(二)间接投资收藏品

以投资绘画作品为例,盈利模式主要有四类:一是通过拍卖行买卖艺术品,二是通过海外收购艺术品,三是直接从艺术家手中购入,四是画廊盈利模式。具体如表4-16。

表 4-16 投资绘画类艺术品的模式分析

模式	通过拍卖市场购入艺术品	海外收购模式	直接从艺术家手中购入作品	画廊盈利模式（签约中青年艺术家）
代表产品	中融—邦文传家宝集合资金信托计划	天物馆1号中国瓷器投资集合资金信托计划	上海国际信托香花石系列中国新绘画艺术品投资计划	中信龙藏1号艺术品投资信托基金集合资金信托计划
盈利手段	在拍卖市场上寻得艺术品中的精品	利用国内外艺术品的价差获利	避开拍卖行高昂的佣金直接向艺术家购买画作，减少投购入成本	通过对艺术家的挖掘、运作和包装等措施使其作品被市场所接受，从而获取较高的利润

资料来源：傅瑜，傅乐. 我国艺术品基金的调查与研究 [J]. 上海金融，2012（6）.

1. 通过拍卖行

艺术品买卖就是艺术品二级市场上买卖，与股票在二级市场上买卖原理相同，这种模式有两个要求：一能大势把握，二要有投资顾问的操盘能力。

2. 海外收购模式

如同贸易，其盈利来源于境内外比较优势和禀赋的不同。该模式盈利能力较强。

3. 从艺术家手中直接购入

该模式属于一级市场投资，思路清晰，盈利能力较强。其盈利原因是直接从艺术家手中购入艺术品的价格一般而言一定是低于其市场价的，因为许多艺术家专注于艺术创作，并不太关注于艺术品的市场价格或者说对于艺术品的金钱价值没有概念。有慧眼的商人便通过各种途径直接接近艺术家以此来直接购买他们的作品。

4. 画廊模式

其盈利理念是通过对年轻艺术家的挖掘、运作和包装等措施使其作品被市场说接受，从而获得较高利润。

间接投资使得投资门槛降低，投资要求也降低了很多，而且以份额形式发行，有利于艺术品资产证券化，降低投资风险，方便投资者进入艺术品市场。但证券化后的艺术品失去了其除经济价值外的所有价值，包括文化价值、艺术价值、历史价值等，这种投资模式不适合追求情感投资⊖的投资者。

本章小结

货币市场理财产品是指投资于货币市场的理财工具及产品，主要投资于信用级别

⊖ 情感投资：指一些投资者投资艺术品不仅仅是为了获得资本收益，也看重艺术品本身的文化价值、艺术价值等，甚至认为，投资艺术品主要追求艺术品所带来的精神上的满足。

较高、流动性较好的金融工具。这种理财产品具有投资期限短，资金赎回灵活，本金、收益安全性高等主要特点。而以金融工具的基本性质分类，资本市场可区分为股权市场及债权市场，前者是指股票市场，后者则指债券市场。金融衍生产品是指以杠杆或信用交易为特征，以在传统的金融产品如货币、债券、股票等的基础上派生出来的具有新的价值的金融工具，其价值依附于基本标的资产价格。金融期货，金融期权，信用交易，可转换公司债券是衍生金融工具与产品市场的主要内容。收藏品是个宽泛的概念，指一切可以收藏并可带来价值的物品。这里所指的收藏品主要是指可以用来投资具有保值增值效果，且具有一定流动性的历史物品。主要分为自然历史、艺术历史、人文历史和科普历史四类。

课后习题

一、单项选择题

1. 分析客户财务状况是理财服务流程的重要步骤，（　　）不属于分析客户财务状况的主要内容。（2011年5月国家理财规划师考试真题）
   (A) 投资偏好分析　　　　　　　　(B) 资产负债表分析
   (C) 现金流量表分析　　　　　　　(D) 财务比率分析

2. （　　）不属于意外现金储备的支付范围。（2011年5月国家理财规划师考试真题）
   (A) 重大疾病　　　　　　　　　　(B) 意外灾难
   (C) 犯罪事件　　　　　　　　　　(D) 突然失业或失能

3. 个人及家庭理财中的会计要素与企业会计要素是有所区别的。下列要素中不属于个人及家庭理财会计要素的是（　　）。（2011年5月国家理财规划师考试真题）
   (A) 资产、负债　　　　　　　　　(B) 净资产
   (C) 所有者权益　　　　　　　　　(D) 收入、支出

4. 在个人或家庭财务比率分析中，反映客户家庭在一段时期内（通常是一年）财务状况良好程度的指标是（　　）。（2011年5月国家理财规划师考试真题）
   (A) 投资与净资产比率　　　　　　(B) 清偿比率
   (C) 负债比率　　　　　　　　　　(D) 负债收入比率

5. 家庭消费模式主要有三种类型：收大于支、收支相抵、支大于收，关于这三种类型说法正确的是（　　）。（2011年5月国家理财规划师考试真题）
   (A) 在这三种模式中收入主要是工薪类收入，家庭的各项支出统一叫作"支出"

(B) 在收大于支和收支相抵型的消费模式中，收入曲线一直在消费曲线的上方，此时家庭便达到了财务安全的目标

(C) 收支相抵型的家庭如果在初始时期就有一定投资，知识投资是盈利的，经过较长时间还是可以实现财务自由的

(D) "月光族"属于收支相抵型的消费模式

6. 货币市场基金主要投资于短期货币市场工具，下列不属于货币市场基金常见的投资对象的是（　　）。（2011年5月国家理财规划师考试真题）

(A) 商业票据　　　　　　　　(B) 国库券
(C) 银行定期存单　　　　　　(D) 股票

7. 如果某客户的净资产占总资产比例过大，说明（　　）。（2009年5月理财规划师考试真题）

(A) 客户家庭财务结构很合理
(B) 客户家庭可以通过增加债务进一步优化财务结构
(C) 客户家庭支出过多，应开源节流
(D) 客户家庭资产配置状况良好

8. （　　）是为了预防意外支出而持有一部分现金及现金等价物的动机。（2009年5月理财规划师考试真题）

(A) 交易动机　　(B) 相机动机　　(C) 投资动机　　(D) 谨慎动机

9. 某客户家庭现有资金5 000元，活期存款2万元，定期存款5万元，货币市场基金5 000元，其他基金3万元。每月平均支出3 000元，则该客户的流动性比率为（　　）。（2009年5月国家理财规划师考试真题）

(A) 26.67　　(B) 25.67　　(C) 23.67　　(D) 28.67

10. 个人理财规划要解决的首要问题是（　　）。（2011年5月国家理财规划师考试真题）

(A) 财务预算　　(B) 收支相抵　　(C) 财务安全　　(D) 财务自由

11. 理财规划师进行任何理财规划前首先考虑和重点安排的目标是（　　）。（2011年5月国家理财规划师考试真题）

(A) 投资规划　　(B) 养老保障　　(C) 教育保障　　(D) 现金保障

12. 应对客户家族的亲友出现生产、生活、教育、疾病等重大事件需要的紧急支援储

备属于（　）。（2011年5月国家理财规划师考试真题）

(A) 日常生活覆盖储备　　　　　　　(B) 意外现金储备

(C) 投资资金储备　　　　　　　　　(D) 风险覆盖储备

13. 某客户最终确定的资产配置方案中，确定了如下组合：成长性资产：30%～50%，定息资产：50%～70%。则该客户投资偏好分类应属于（　）。（2007年5月国家理财规划师考试真题）

(A) 轻度保守型　　　　　　　　　　(B) 中立型

(C) 轻度进取型　　　　　　　　　　(D) 进取型

14. 理财规划师为顾客赵某进行理财规划，在对其现金流量表进行分析时，理财规划师做得不对或理解有误的一项是（　）。（2007年5月国家理财规划师考试真题）

(A) 理财规划师分析了赵某各收入支出项目的数额及其在总额中所占的比例

(B) 理财规划师发现赵某月供支出占其家庭收入的比重较大，就此情况理财规划师进行了详细分析

(C) 理财规划师认为现金流量表反映了赵某家庭当期的部分财务状况

(D) 理财规划师认为为了达到投资收益最大化，是否保持客户的净现金流量为正并不重要

15. 下列不属于现金等价物的是（　）。（2008年11月理财规划师考试真题）

(A) 活期储蓄　　　　　　　　　　　(B) 货币市场基金

(C) 各类银行存款　　　　　　　　　(D) 股票

16. 下列不属于对金融资产流动性要求的是（　）。（2008年11月理财规划师考试真题）

(A) 交易动机　　(B) 谨慎动机　　(C) 预防动机　　(D) 个人偏好

17. 目前全国银行类理财产品多达3 000多种，金额超过10 000亿元。对于银行来讲，下列论述正确的是（　）。

(A) 理财业务属于资产业务

(B) 理财业务属于负债业务

(C) 理财业务属于中间业务

(D) 理财业务整合了资产、负债和中间业务

18. 近年来，人民币理财产品中的（　　）开始主导市场。

（A）外汇理财产品

（B）人民币理财产品

（C）结构性理财产品

（D）以银行间短期收益债券为收益保证的理财产品

19. 李大爷于2008年6月10存入一年定期储蓄存款200元，月利率为9.45‰，2009年6月10日到期支取。在这一段期间，从2009年4月15日起，一年期存款月利率有9.45‰调整到8.4‰，求李大爷这笔存款支取的利息是（　　）元。

(A) 32.45　　　　(B) 24.54　　　　(C) 22.68　　　　(D) 26.32

20. 储户一次存入本金，约定存期和支取利息的期次，在存款期限内按约定支息期次平均支取利息，到期支取全部本金。指的是哪种储蓄形式（　　）。

（A）整存整取　　（B）零存整取　　（C）存本取息　　（D）整存零取

21. 教育储蓄是国家为促进教育事业发展而开办的一种城乡居民为其本人或子女接受非义务教育积蓄资金的一种（　　）存续存款。

（A）整存整取　　（B）零存整取　　（C）存本取息　　（D）整存零取

22. 如果公司希望获得高于一般性存款的利息收入，同时公司又预测存款利率在存款期间不会大幅上升的应该选择（　　）。

（A）浮动利率但收益封顶型结构性存款

（B）与一利率区间挂钩型结构性存款

（C）与某一利率指标挂钩型结构性存款

（D）收益递增型结构性存款

23. 发卡银行对信用卡的取现应每笔授权，每卡每日累计取现不得超过（　　）人民币。

(A) 1 000　　　　(B) 2 000　　　　(C) 5 000　　　　(D) 10 000

24. 下列有关信用卡的说法有误的是（　　）。

（A）信用卡持卡人选择最低还款方式或超过发卡银行批准的信用额度用卡时，将享受免息还款期待遇

（B）发卡银行对信用卡持卡人未偿还最低还款额和超信用额度用卡的行为，应当分别按最低还款额未还款部分、超过信用额度的5%收取滞纳金和超限费

(C) 信用卡透支按月计收复利

(D) 信用卡透支利率为日利率万分之五

25. 为了满足客户的需求，商业银行的理财产品也在不断地推陈出新，下列属于创新的外币储蓄存款是（　　）。

(A) 外币活期存款　　　　　　(B) 外币定期存款

(C) 外币通知存款　　　　　　(D) 外币协议储蓄

26. 小陈在银行办理了一种特殊外汇存款业务，在介绍中他得知这是根据客户所愿承担的风险程度及对汇率、利率等金融产品的价格预期，设计出的一系列风险、收益程度不同的存款产品。则小陈办理的外汇存款业务是（　　）。

(A) 外币通知存款　　　　　　(B) 外币协议储蓄

(C) 外汇结构性存款　　　　　(D) 外汇期权产品

27. "外汇宝"的推出是我国个人外汇交易发展过程中的重要一步，下列不属于外汇宝的特点的是（　　）。

(A) 不可透支的可自由兑换外汇的交易

(B) 需要向银行缴纳一定的保证金

(C) 银行不垫付资金，买卖成交后必须进行实际交割

(D) 除了提供利用汇率波动赚取差价的机会外，还可满足客户的兑换需求

28. 某人在选择外汇理财产品的过程中听取了一专家结合其实际的建议，将50%的资金交给银行进行专业理财规划，其余的用于安全度较高的储蓄和信托产品上。则他最有可能属于（　　）类型的投资者。

(A) 资金规模小的保守型投资者

(B) 资金规模中等的保守型投资者

(C) 资金规模中等的进取型投资者

(D) 资金规模大的进取型投资者

29. 下列关于货币市场基金说法有误的是（　　）。

(A) 货币市场基金是伴随资本市场与证券投资基金制度的发展而产生，并逐渐兴盛起来的一种货币市场理财产品

(B) 货币市场基金是指投资于货币市场上短期有价证券的一种证券投资基金

(C) 货币市场基金的投资净值固定不变

(D) 货币市场基金均为开放式基金，投资者可随时要求赎回

30. 货币市场基金主要投资于短期货币市场工具，下列不属于货币市场基金常见的投资对象的是（ ）。
    (A) 商业票据   (B) 国库券   (C) 银行定期存单   (D) 股票

31. 货币市场基金投资组合平均期限一般为（ ）。
    (A) 1至3个月   (B) 3至6个月   (C) 6至9个月   (D) 一年及以上

32. 投资者选择资本市场工具作为理财工具，下列不属于资本市场工具的是（ ）。
    (A) 股票   (B) 国库券   (C) 中长期债券   (D) 权证

33. 如果要将股票作为个人理财的工具，下列指标不属于其考虑因素的是（ ）。
    (A) 股息收益率   (B) 持有期收益率
    (C) 到期收益率   (D) 持有期回收率

34. 对股价变动影响最大、也最直接的因素是（ ）。
    (A) 经济增长   (B) 利率   (C) 财政收支   (D) 货币供应量

35. 下列收藏品中，最适合普通投资者进行投资的是（ ）。
    (A) 名家字画   (B) 唐宋古董   (C) 古代玉器   (D) 邮票

36. 收藏品市场最主要的参加者是（ ）。
    (A) 进出口商   (B) 事业单位   (C) 银行   (D) 个人

37. 下列因素中，属于推动收藏品价格上升的有（ ）。
    (A) 企业运行良好   (B) 利率水平上升
    (C) 市场需求增加   (D) 能源危机

38. 下列关于收藏品的特点，说法不正确的是（ ）。
    (A) 面对通货膨胀的压力，收藏品投资具有保值增值的作用
    (B) 抗系统风险的能力强，所以任何情况下都可以无风险地投资收藏品
    (C) 影响收藏品价格的直接因素有市场需求、收藏品自身价值等
    (D) 收藏品的投资方式主要有古董、字画、邮票等

39. 下列关于收藏品的特点，说法不正确的是（ ）。
    (A) 抗系统风险的能力弱   (B) 具有内在价值和实用性
    (C) 存在市场不充分风险和自然风险   (D) 收益和股票市场的收益负相关

二、多项选择题

1. 储蓄存款是我国传统的金融理财产品,目前依然是我国大部分公民常用的金融理财方式,其基本类型有( )。
   (A) 活期储蓄　　　(B) 定期储蓄　　　(C) 通知存款　　　(D) 教育储蓄

2. 对于定活两便储蓄存款的认识,正确的有( )。
   (A) 既有定期存款利息高的优势,又有活期存款流动性好的便利
   (B) 属于定期储蓄的一种,起存额度是 50 元
   (C) 不必约定存期,支取时需提前通知银行
   (D) 存单分为记名、不记名两种,记名式可挂失,不记名式不可挂失

3. 人民币集合理财源于储蓄,又不同与储蓄,其主要区别表现在( )。
   (A) 流动性低于储蓄　　　　　　　(B) 流动性高于储蓄
   (C) 风险性低于储蓄　　　　　　　(D) 风险性高于储蓄

4. 人民币集合理财产品按产品结构不同可以分为( )。
   (A) 普通人民币理财产品
   (B) 结构型人民币理财产品
   (C) 超短期人民币理财产品
   (D) 资产联结型人民币理财产品

5. 信用卡是指由商业银行或者其他金融机构发行的具有( )、转账结算、存取现金等全部功能或者部分功能的电子支付卡。
   (A) 消费支付　　　(B) 储蓄　　　(C) 信用贷款　　　(D) 跨境支付

6. 小徐在中国工商银行办了一张信用卡,则他持卡进行非现金交易可以享受以下( )优惠条件。
   (A) 低息还款期待遇　　　　　　　(B) 免息还款期待遇
   (C) 最低还款额待遇　　　　　　　(D) VIP 客户待遇

7. 就信用卡循环信用利息的计算,说法正确的有( )。
   (A) 循环信用利息计算是以日计息,利息起算日以记账日计算
   (B) 记账日为银行垫款给商家的基准日,通常与消费刷卡日只隔两三天
   (C) 如果是信用卡提取现金,提取日即为记账日
   (D) 通常,每一张信用卡设定每月 1 日为账单日

8. 外汇理财规划的基本内容包括（　　）。
   (A) 确定自身偏好　　　　　　　　　(B) 关注汇率变化方向
   (C) 确定个人外汇理财目标　　　　　(D) 选择外汇理财产品

9. 在理财生活中，人们选择货币市场基金，可能看重它的（　　）。
   (A) 安全性高　　　　　　　　　　　(B) 收益率高于储蓄
   (C) 费率低　　　　　　　　　　　　(D) 流动性好

10. 货币市场基金购买的渠道有（　　）。
    (A) 通过银行柜台　　　　　　　　　(B) 通过证券公司购买
    (C) 通过基金公司直销中心购买　　　(D) 网上银行购买

11. 下列属于股票投资中的系统性风险的是（　　）。
    (A) 经济周期风险　　　　　　　　　(B) 市场风险
    (C) 经营风险　　　　　　　　　　　(D) 行业风险

12. 债券的收益由（　　）部分构成。
    (A) 利息收入　　　　　　　　　　　(B) 买卖价差
    (C) 利息再投资收益　　　　　　　　(D) 红利收益

13. 以下关于股票的表述中正确的有（　　）。
    (A) 股票的理论价格和市场价格不一定相等
    (B) 股票投资收益由股息、资本损益和资本增值收益组成
    (C) 股票价格指数可以反映整个股票市场上各种股票的市场价格总体水平及其变动情况
    (D) 资本损益的存在是长期投资者选择优质公司股票后长期持有的主要投资目的

14. 债券利率影响因素有（　　）。
    (A) 借贷资金市场利率水平　　　　　(B) 债券期限长短
    (C) 发行者名称　　　　　　　　　　(D) 筹资者的资信

15. 下列哪些因素将会使债券的发行利率提高（　　）。
    (A) 债券的期限长
    (B) 债券有担保
    (C) 债券附有可转换成股票的条款
    (D) 债券发行机构面临的市场风险较大

16. 根据组织形式的不同，基金可以分为（　　）。
    （A）开放式基金　　　　　　（B）封闭式基金
    （C）契约型基金　　　　　　（D）公司型基金

17. 当其他条件不变，市场利率下降时，（　　）。
    （A）债券价格下降　　　　　（B）发行人行使赎回权的概率增加
    （C）会使投资者面临再投资风险　（D）债券再投资收益率下降

18. 下列关于个人理财的说法正确的有（　　）。
    （A）个人理财业务服务对象是个人和家庭
    （B）个人理财业务是一般性业务咨询服务
    （C）个人理财业务主要侧重于咨询顾问和代客理财服务
    （D）个人理财业务是建立在委托代理关系基础之上的银行业务
    （E）个人理财业务是一种个性化、综合化服务

19. 下列选项中，属于我国保证收益理财计划特点的是（　　）。
    （A）理财收益率为固定收益率，且年收益率高于同期存款利率
    （B）理财本金无风险，理财产品到期，银行向投资者归还全额本金
    （C）银行有权提前终止理财协议
    （D）通常投资者无权提前终止理财计划协议
    （E）投资者有权提前终止理财计划协议

20. 下列关于个人理财的说法正确的有（　　）。
    （A）个人理财业务服务对象是个人和家庭
    （B）个人理财业务是一般性业务咨询服务
    （C）个人理财业务主要侧重于咨询顾问和代客理财服务
    （D）个人理财业务是建立在委托代理关系基础之上的银行业务
    （E）个人理财业务是一种个性化、综合化服务

Chapter 5 • 第5章

居住规划：买房与理财

学习目标

本章要求了解居住规划的内涵，居住决策内容以及购房原则；熟悉购房流程，如购房原则、购房需求的确定，理解和掌握年成本法和净现值法两种购房决策方法；购房所需税费、相关贷款类型及偿还方式；换屋规划以及居住规划适宜的理财产品。其中年成本法和净现值法两种购房决策方法、购房所需税费、相关贷款类型及偿还方式为本章的重难点。

导读

近年来，随着住房商品化政策的推行，普通大众基本都会选择通过贷款的方式购买住宅。在巨大的还贷压力下，人们开始考虑如何减轻个人家庭财务在居住方面的负担，产生了居住规划。居住规划就是让人们在有限的资金下，合理安排现金流，使得在完成预期居住目标的同时，达到资金负担的最小化。

第一节 居住规划概述

居住规划作为个人理财中一个重要的组成部分，可以在资金压力最小的前提下，充分利用家庭财务资源，实现个人和家庭最合适的居住目标。

一、居住规划内涵

（一）含义

居住规划是为了保证个人或家庭在将来有一个方便、舒适、高品质的居住生活，而从现在开始积极实施的理财方案。包括租房或购房前的规划、购房贷款规划、换房规划以及住房区位的选择等。规划是否得宜会影响家庭整体财务状况和现金流量。租房购房需考虑包括自身现金流的状况、工作地点与居住区的距离、工作的稳定性等因素；申请住房贷款则需考虑今后现金流的状况；换房则是在有一定生活积蓄后，资金达到一定数量时才会考虑的问题。

（二）意义

1.迫使个人或家庭进行有目的储蓄

不论是购房还是租房，其资金的支出在日常生活支出中占有相当大的一部分，同时在时间的准备上，居住规划还有着其自身特点：与教育规划和退休规划相比，居住规划可供准备的时间较短。教育规划和退休规划是一个相当漫长的过程，基本占据了人生中大部分时间，而居住规划的时间长则七八年，短则三四年。所以如果在租房或购房之前没有进行储蓄，基本是无法实现居住规划的。

2.有利于科学选择合适住房

购房的决策、购房的价位和区位的选择，都是居住规划的主要内容，都需要细致谨慎地考虑。购房的价位和区位影响购房的决策，一个好的区位更有助于今后房产的增值。所以进行科学合理的居住规划，不仅仅能帮助个人及家庭更快更好地实现居住目标，还能降低成本，增加收益，有利于人生规划目标的科学实现。

3.有利于合理选择贷款计划

贷款是住房资金最重要的来源。还贷方式的选择直接影响到购房者在首付后资金支出的模式及生活压力。因此，只有事先进行居住规划，规划购房的现金流，才能做出合理的住房贷款数额、还款方式、还款年限决策，从而选择合理的贷款计划，以免人生规划陷入现金流困境或承担超负荷的还贷压力。

二、居住决策

在当今中国社会，一边是房价不停上涨，一边是银行不断加息，有人选择跟风买房，有人出于对生活压力的考虑，坚持长租不买，不少人陷入了究竟是买房还是租房更为划算的困惑中。租房还是买房，主要取决于生活方式，因此要谨慎地对待租房和购房的问题。

（一）租房的优缺点

1.优点

租房灵活方便，资金负担较轻，节约交通费用，有更多的剩余资金用于投资；可以在最小资金条件下获得高品质的居住环境;对于工作地点不稳定者来说,具有更大迁徙自由度;不必担心住房价格下跌,不必承担房屋方面的各种赋税,不必支付房屋维修费用;可根据自身收支情况,方便地调整居住条件;租房的房租基本是按月结算的,消费者比较容易控制好资金的流动性。

2. 缺点

租房由于房屋所有权不属于自己,因此房屋支配的自由度不够高,存在非自愿搬离风险;居住生活品质很大程度是取决于房东的个人因素;价格不稳定,无保障,房租容易随市价上涨;同时出租房也不太可能根据自身意愿进行装修(见表5-1)。

表 5-1 居住决策比较表

比较	租房	购房
优点	负担较轻、同样方式可获得较佳的居住品质、灵活方便、可节约交通费	增值潜力、居住归属、安全感
缺点	不稳定、无保障、房租上涨	负担重、房贷压力大
所得	购房自备款产生的收入	增值潜力、税收优惠
付出	每月的房租	购房自备款产生的收入、购房税款

(二) 购房的优缺点

1. 优点

购房具有资产保值和增值功能,能够抵御通货膨胀;住房这种商品的特殊性使得房产普遍具有增值潜力;购买房产后,就有了自主的支配居房的权力,可根据需要装修住房,提高居住质量,有安全感;拥有住房后,还可以利用住房进行抵押融资,实现自身特殊的资金需求。

2. 缺点

购房支出很大,资金的负担较重,购房前期财务压力大;房屋的流动性低,变现能力差;存在房价下跌的风险;工作地点基本趋于固定后,才会选择购房,因此,在购房之后,不利于变换工作地点,缺乏租房的灵活性;购房时除了支付大笔的用于购房的资金,还要上缴各种税款。

(三) 决策原则

1. 适合租房的人群

(1)刚踏入社会的年轻人。对于初入职场的年轻人,刚毕业的大学生占多数,工作地点和生活范围不固定,储蓄不多,不急需买房且辨不清房价走势。且对于这一群体来说,若是要求买房,基本都是父母提供购房首付,如果把父母养老的钱一下子花在买房上，无论从道义还是从风险角度来说，都不应该。因此对于刚毕业的大学生还是租房、尤其是合租会比较划算。

（2）工作流动性较大的人群。在工作尚未形成相对稳定的时候买房，一旦工作调动，就会有可能出现单位与住所距离较远的情况，这就会由此产生一笔不菲的交通成本支出。

（3）收入不稳定的人。从2004年年底开始，贷款利率不断上调，利率的上调使贷款人的经济负担增加。而工作稳定性差的人，如果不结合实际考虑经济条件，一味盲目贷款买房，不仅会出现难以还贷的情况，还有可能因无法还贷而使房产被银行没收。

2. 适合购房的人群

那些相对成熟的社会人，工作地点稳定，并且有多年工作经验，经济实力雄厚，有一定储蓄，这一群体是适合买房的。此外，准备结婚的新人也适合购买房产，如果资金不是特别充足，二手房则是不错的婚房选择。

三、决策方法

（一）年成本法

年成本法是指通过计算不同方案的年成本，并进行比较，从而做出选择。用年成本法进行方案比较时，需要将投资换算成等额年支出，然后再加上每年发生的费用（假定每年的费用相同），就得出年均支出。但如果每年的总年支出不相等，可先将每年发生的费用换算成现值，再折算成等额年费用。年成本比较法是以最少费用作为方案选优的标准。同现值成本法一样，应用年成本法时也是在假定各方案能满足相同需求的前提下，或各方案的经济效益相同时使用。项目方案中的费用不外乎一次或数次的投资以及每年都要发生的各种费用（有时还有残值）。

$$租房年成本 = 房屋押金 \times 投资收益率 + 年租金 \tag{5-1}$$

$$购房年成本 = 首付款 \times 投资收益率 + 贷款余额$$
$$\times 贷款利率 + 年维修、税收费用 \tag{5-2}$$

年成本法还应结合考虑：（1）未来房租的调整。如果预计未来房租将上调，则租房年成本将随之增加；（2）购房后总价固定，但随着还款额度的增加，本金的机会成本将下降，因此购房年成本将逐年下降；（3）房价趋势。如果未来房价看涨，那么未来出售房屋的资本利得能在一定程度上弥补居住时的成本；（4）利率高低。利率越低，购房的成本也越低，购房会相对划算；反之，则租房划算。

例 5-1 刘小姐最近看上一套位于北京海淀某小区的二手房,面积 80 平方米。该房可租可售。如果租房,房租每月 3 000 元,押金 1 万元。如果购房,购买的总价是 70 万元,可以支付 30 万元的首付款,另外 40 万元采用 5.51% 的商业贷款利率向某商业银行贷款。另外,购买二手房需要较多的税费支出和装修费用,这些税费如果按年平摊,大约每年 5 000 元。假如刘小姐的平均收益率是 4%。

分析:租房年成本 = 3 000×12+10 000×4% = 36 400 元,第一年的购房年成本 = 300 000×4% + 400 000×5.51%+5 000 = 39 040 元。显然,根据这种方法计算可知,刘小姐选择租房比较合算。

然而,年成本法也存在局限性,公式中没有考虑到未来房租的调整、房价的变动以及未来利率的变动。如果利率降低,购房占用资金的机会成本将降低,购房的年成本也将降低。

(二)净现值法

净现值法是利用净现金效益量的总现值与净现金投资量算出净现值,然后根据净现值的大小来评价投资方案。净现值法是一种比较科学也比较简便的投资方案评价方法。

$$NPV = \sum_{t=0}^{n} \frac{CF_t}{(1+i)^t} \tag{5-3}$$

式中 NPV 为净现值,t 为年份数,CF_t 为各年的净现金流,i 为折现率。

净现值为正值,投资方案是可以接受的;净现值是负值,投资方案就是不可接受的;净现值越大,投资方案越好。对于居住规划来说,将因租房和购房发生的现金流量折现为现值,然后比较两者的净现值,净现值高者合算。

使用净现值法时,居住年数的长短影响甚大。如果不打算在一个地方居住太久,租房往往比购房更划算些,纵使房租会上涨,但购房的利息负担、房屋的交易成本及装修费用都比较大,在短期内期待房价飙升也是不切合实际的。但预期在一个地方居住的时间较长,用净现值法计算,购房往往比租房划算些。

例 5-2 陈先生最近看上了一套位于上海某小区的房子,该房可租可售。如果租,房租每月 3 000 元,租期 4 年,押金 1 万元,预计房租每年调涨 100 元。如果购买,总价是 70 万元,陈先生可以支付 30 万元的首付款,另外 40 万元拟采用 6% 的商业贷款利率向某行贷款,贷款 15 年,本利等额摊还;购买该房的税费及装修费共需 100 000 元,陈先生估计居住 4 年后仍能按原价出售(见表 5-2)。陈先生应该租房还是买房?(假设陈先生年平均投资回报率是 4%)

表 5-2 租房净现值计算表 （单位：元）

第一年	净现金流	现值	第二年	净现金流	现值	第三年	净现金流	现值	第四年	净现金流	现值
CF0	−13 000	−13 000	CF12	−3 100	−2 979	CF24	−3 200	−2 954	CF36	−3 300	−2 927
CF1	−3 000	−2 990	CF13	−3 100	−2 969	CF25	−3 200	−2 945	CF37	−3 300	−2 918
CF2	−3 000	−2 980	CF14	−3 100	−2 959	CF26	−3 200	−2 935	CF38	−3 300	−2 908
CF3	−3 000	−2 970	CF15	−3 100	−2 949	CF27	−3 200	−2 925	CF39	−3 300	−2 898
CF4	−3 000	−2 960	CF16	−3 100	−2 939	CF28	−3 200	−2 915	CF40	−3 300	−2 889
CF5	−3 000	−2 950	CF17	−3 100	−2 929	CF29	−3 200	−2 906	CF41	−3 300	−2 879
CF6	−3 000	−2 941	CF18	−3 100	−2 920	CF30	−3 200	−2 896	CF42	−3 300	−2 870
CF7	−3 000	−2 931	CF19	−3 100	−2 910	CF31	−3 200	−2 886	CF43	−3 300	−2 860
CF8	−3 000	−2 921	CF20	−3 100	−2 900	CF32	−3 200	−2 877	CF44	−3 300	−2 851
CF9	−3 000	−2 911	CF21	−3 100	−2 891	CF33	−3 200	−2 867	CF45	−3 300	−2 841
CF10	−3 000	−2 902	CF22	−3 100	−2 881	CF34	−3 200	−2 858	CF46	−3 300	−2 832
CF11	−3 000	−2 892	CF23	−3 100	−2 872	CF35	−3 200	−2 848	CF47	−3 300	−2 822
									CF48	10 000	8 190

$$NPV_{租房} = \sum_{t=0}^{48} \frac{CF_t}{(1+0.33)^t} = -141\ 229（元）$$

租房净现值计算：由于租房的租金是不变的，第一年需要交押金 1 万元，因此，第一年的房租除第一次交 13 000 元外，其余月份，每月交 3 000 元。由于预期房租每年涨 100 元，因此其余三年每月房租分别是 3 100 元、3 200 元和 3 300 元。通过 0.33% 的折现率，可以计算出每月的净现金流的现值。最后通过加总，计算出 4 年房租的净现值（见表 5-3）。

表 5-3 购房净现值计算表 （单位：元）

第一年	净现金流	现值	第二年	净现金流	现值	第三年	净现金流	现值	第四年	净现金流	现值
CF0	−40 000	−40 000									
CF1	−3 375	−3 364	CF13	−3 375	−3 232	CF25	−3 375	−3 106	CF37	−3 375	−2 984
CF2	−3 375	−3 353	CF14	−3 375	−3 221	CF26	−3 375	−3 095	CF38	−3 375	−2 974
CF3	−3 375	−3 341	CF15	−3 375	−3 211	CF27	−3 375	−3 085	CF39	−3 375	−2 964
CF4	−3 375	−3 330	CF16	−3 375	−3 200	CF28	−3 375	−3 075	CF40	−3 375	−2 954
CF5	−3 375	−3 319	CF17	−3 375	−3 189	CF29	−3 375	−3 065	CF41	−3 375	−2 945
CF6	−3 375	−3 308	CF18	−3 375	−3 179	CF30	−3 375	−3 054	CF42	−3 375	−2 935
CF7	−3 375	−3 297	CF19	−3 375	−3 168	CF31	−3 375	−3 044	CF43	−3 375	−2 925
CF8	−3 375	−3 286	CF20	−3 375	−3 158	CF32	−3 375	−3 034	CF44	−3 375	−2 915
CF9	−3 375	−3 275	CF21	−3 375	−3 147	CF33	−3 375	−3 024	CF45	−3 375	−2 906
CF10	−3 375	−3 265	CF22	−3 375	−3 137	CF34	−3 375	−3 014	CF46	−3 375	−2 896
CF11	−3 375	−3 254	CF23	−3 375	−3 126	CF35	−3 375	−3 004	CF47	−3 375	−2 886
CF12	−3 375	−3 243	CF24	−3 375	−3 116	CF36	−3 375	−2 994	CF48	371 033	316 258

$$NPV_{租房} = \sum_{t=0}^{48} \frac{CF_t}{(1+0.33\%)^t} = -230\ 340\ (元)$$

买房净现值计算：陈先生的贷款年利率6%，15年房贷每月本利平均摊还。月还款额 = 400 000 元 ÷ 普通年金现值系数（N = 180 期，I = 6%/12 = 0.5%）= 3 375 元。陈先生 4 年后房贷余额 = 3 375 元 × 普通年金现值系数（N = 132 期，I = 0.5%）= 325 592 元。4 年后将卖房收入 700 000 元偿还房贷余额 325 592 元，还剩 374 408 元。由于陈先生选择的是本利等额摊还，每月归还的购房贷款是不变的，每月交 3 375 元。通过 0.33% 的折现率，可以计算出每月的净现金流的现值。最后通过加总，计算出 4 年房贷的净现值。显然租房的净现值高于购房的净现值，则租房比较合算。

第二节　购房流程及费用

一、购房流程

(一) 购房原则

每个年龄段的购房需求都不一样，首先是购房面积需求不同。目前市面上不同建筑面积的商品房种类繁多，购房时应把握几个原则：

1. 不必盲目求大

房屋的主要功能是满足人们居住的需要，如果房子买得太大，势必会有一部分面积闲置，由于现在房价普遍较高，因此为不经常使用的面积买单是不明智的。

2. 无须一次到位

一些客户尤其是年轻客户往往喜欢一步到位，认为买的房屋面积大，可以一劳永逸。实际上这是一种错觉，因为人们在一套房子里住一辈子的可能性越来越小，每一二十年更换一套住房比较普遍，且从户型设计角度看，即使现在最好的户型，10 年、20 年后也会跟不上时代前进的步伐。另外，一般来说，子女成家后会另择新居，一旦他们离开，则闲置的面积就会更多。

3. 要量力而行

一些客户为了面子会倾向于买大面积的房子，面积大的房子，势必总价就会高，首付多，贷款也多，贷款利息也多，月供负担沉重，用于日常生活的开支也就不得不紧缩，影响生活质量的提高。购房面积的大小取决于客户的资金及还款能力，以贷款比例 70% 为例，如果客户有 10 万元首付款，则可购买总价为 33 万的房子，计算公式是：10/（1-70%）= 33（万元）。另外由于总价低，需求人群多，小户型房屋比大面积套型更容易转手，对于买第一套住房的客户，应慎重考虑以上的几大原则。

（二）确定购房的需求

1. 单身族

对于工作趋于稳定的单身群体，选择 60 平方米以下的小户型或者 30 平方米以内的超小户型较为合适。小户型由于面积小，空间安排相对紧凑，厅面积在 20 平方米以内，卧室面积在 15 平方米以内，无论一居室、二居室还是三居室，一般都只有一个卫生间。其特点是每个空间面积都比较小，但能满足人们生活的基本需求。小户型对单身客户来说，起居比较宽敞实用，即使未来客户结婚后，将此房作为居住场所也未尝不可。等到客户经济条件允许，可以换房的时候，可将这套小户型房屋出售，作为换购新房的首付款。

2. 夫妇两人

夫妇两人同样也适用于上述小户型，但是选择建筑面积略大些的小户型房屋往往更为便利。由于大户型住房总价高，那些工龄尚短、经济实力相对不强的年轻人一般难以承受。虽然郊区一些较大户型房屋总价不高，环境优越，但交通不便，上下班要花费相当长的时间，因此，对于还没有小孩的年轻夫妇来说，购买市区小户型的住宅以作为过渡性住所，待日后经济实力增强了再考虑以小换大、以旧换新是一项非常明智的选择。

3. 独居老人

小户型住宅也是养老的较佳选择。目前我国已经进入老龄化社会，再加上年轻人纷纷自立，老人们迫切需要找一个适宜自己养老的居所。但受传统观念影响限制，相当多的老年人不愿意住进专门的养老机构，小户型恰好迎合了他们的需要，原因包括：地处市区，方便子女探访和旧街坊、亲友等往来和聚会，使老人不会有"与世隔绝"之感；周围配套完善、医疗机构齐全且设备先进，万一身体不适，需要医疗救护可以做到及时方便；由于面积不大，不易使老人因家里空旷而产生恐惧，且易于清洁卫生。因而对于不与儿孙们一起居住的老人，可以选择卖掉大房，换购小房，并以差价作为其他投资的资金来源之一，以便更好地颐养天年。

4. 三口之家

一对夫妇带着一个孩子组成的三口之家，适宜购买中户型房屋，即面积在

80～120平方米之间的套型，这样的家庭往往夫妻双方已到中年，有一定的经济实力，且一般因为生活水平的大幅度提高，对生活质量的要求也随之提高，因此希望从小房换成面积更大的住房。对于这种三口之家，往往偏爱中户型楼房。

5. 三代同堂

三代同堂是指一对夫妇加一个孩子加上夫妇一方的父母，总共5人左右，年轻人可以照顾老人，老年人可以照看孙辈，互补性强，可以选择中户型，如果经济条件允许，则可以选择大户型。如选择三室二厅二卫，可安排夫妇俩、老人、小孩各居住一个房间，面积在110～130平方米；如果希望宽敞一点，则可选择四室二厅二卫，夫妇俩、老人、小孩各居住一个房间，还有一个房间可做书房兼客房。由于中到大户型的楼盘往往配套设施较好，因此受到高收入者的青睐。另外160平方米左右的小高层也可作为此类家庭的备选计划之一。

(三) 区位选择

住宅区位，不仅仅是指住宅在城市区域或空间中所坐落的地理位置，而且包括由该位置出行的便捷程度即通达性，以及居住在该位置所获得的非经济方面的满足程度。具体来说，就是指住宅坐落的地理位置和以此为基点进行工作、上学、购物、就医、娱乐等出行活动所需的交通成本，包括货币成本和时间成本两个方面。受城市经济发展水平的制约，对于大多数的消费者而言，住宅的价格和居民的可支配收入之间还是不平衡的，目前人们普遍的看法是房价过高，甚至远远超出了普通市民的可承受能力。

1. 自然环境条件

在住房价格可承受的前提下，应该考虑居住的生活环境，一个好的生活环境其作用是巨大的，往往可以令居住者身心感到愉悦，房屋的增值空间也更大。

2. 交通运输条件

便利的交通能够反映出附近地区的繁华程度，交通便利的地方往往会出现大片的商业区、行政区。交通条件的改善，可以改变居民对住宅区位的经济价值和综合社会功能的评价水平，一般交通通达性较好的住宅区，消费者对其评价也较高，否则就较低。基于教育规划则要考量附近是否有学校以及学校质量，学区房往往与附近学校相距很近，便于子女今后的教育发展。

3. 基础性设施

距中心商业区的距离及就业、上学、就居、休闲等活动出行的便捷程度共同决定着住宅区位的通达性，即决定了居住在该区域人们出行的货币成本和时间成本。货币成本是指出行的直接费用,即付给运输公司的车费或者私人车辆所需的运转费用;时间成本是指出行所费时间的机会成本,这在城市中显得更为重要。因此,居住区附近是否有大型的超市、商场、医院以及公园等都影响到该地区房屋未来的增值空间。

4. 土地价格

是指取得土地使用权所需支付的费用。土地价格的高低取决于土地能提供收益的多少。在充分竞争条件下,城市土地总是被出价最高的使用者获得。在同一区位上,不同使用者的竞租水平不同,这是由于不同的土地用途提供的收益不同,只有出价最高者才能获得该区位的土地。在房地产开发过程中,土地的取得是整个房地产经营活动的开端和基础,开发商总是先获得土地的使用权,然后才能进行房屋开发和经营。居民在选择区位时受自身经济实力的影响,逐渐开始选择离城市中心有一定距离的区域购置住宅。

二、购房的费用及贷款

(一)购房税费

在购房规划中,除了房款本身外,相关税费、装修费、家具电器购置费等也是需要考虑的。

1. 契税

普通住宅按房屋成交价的1.5%缴纳契税,非普通住宅按房屋成交价的3%缴纳契税。普通住宅是指居住小区容积率在1.0以上;单套建筑面积在140平方米以下;实际成交价低于同级别土地上普通住房平均交易价格1.2倍以下。不符合上述任何一个条件的为非普通住宅。

2. 评估费

商业银行对不同类型的住房贷款抵押品是否需要评估有不同的规定。例如,建设银行在个人住房贷款中规定,新建商品楼的个人住房贷款不需要支付评估费;利用公积金政策性贷款购买商品房的申请人签订购房合同后,需要支付评估费。工商银行则规定普通商品房、经济适用房认可其销售价格,无须评估;二手房、高档公寓、别墅需要支付评估费。

3. 保险费

房贷保险的全称是个人住房抵押综合保险或个人抵押贷款房屋综合保险,是借款人向银行申请贷款时银行为防范房贷风险要求借款人必须购买的保险。目前房贷险也已经由强制险变成非强制险了，因此并不是每家银行都要求借款人提供保险证明的，不过对于那些以房产为最大资产且又没有足额人身保障安排的人群来说，购买房贷险不失为一种聪明的选择。按照贷款多少安排好房贷险就不会因为自身遭遇各种意外伤害失去还贷能力而导致所购房产因还不了贷款而被银行收回。这也是贷款费用中额度最大的一笔费用，贷款银行一般都要求进行抵押担保的买房贷款人到其认可的保险公司办理抵押物财产保险及贷款信用保险。

4. 抵押登记费

房屋抵押登记费是房屋贷款人到房管局办理住房抵押贷款手续时向房管局缴纳的服务费用。需办理抵押登记的贷款，抵押登记部门将收取按每平方米（建筑面积）0.3元计算的登记费。二手房贷需要公证的，公证费每间200元左右。办理按揭贷款时由产籍中心收取抵押登记费，80元每套。依照规定，假如购买的是期房，在整个购房流程里，产生抵押登记费用的环节有两处：一处是购房者签订商品房预售合同之后，在办理按揭时和贷款银行共同申请办理预购商品房抵押预告登记，此时会产生80元/件（非住宅是550元/件）的抵押预告登记费；另一处是商品房竣工交付后，购房者需要和贷款银行共同申请办理房屋抵押登记，此时又产生80元/件（非住宅为550元/件）的登记费用。登记费的收取对象是申请人。房屋所有权抵押应当向房屋权利人收取，而商品房预抵押登记其登记费应当由抵押权人支付。

5. 印花税

单位和个人在与房地产开发商签订《商品房买卖合同》时，按照购销金额的0.05%征收印花税；购房者与商业银行签订《个人购房贷款合同》时，按借款额的0.05%征收印花税。

购房的其他费用的种类有很多。与购房使用的主体资金来说，购房其他费用数量不算很多。但是，单独考虑这些费用，发现在居住规划中也是一笔不小的开支。根据不同的购房方式，以及所购房产的类型，其所交的税费的类别及金额也是天差地别的。因此，在设计住房规划时，不得不考虑这些费用（见图5-1）。通过了解这些费用的适用类型，在选择购房时，可以合理地规避相应的税费，避免不必要的支出。

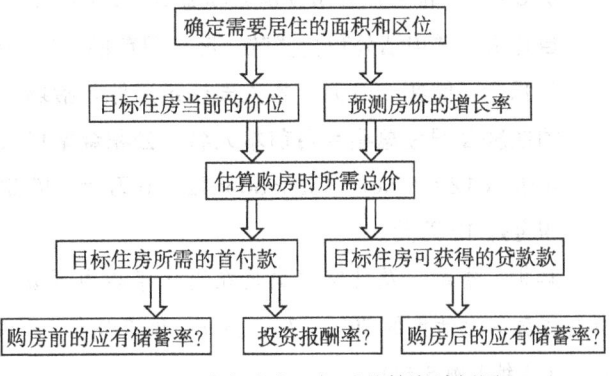

图5-1 确定购房目标后的筹资计划图

例 5-3 小王税前月收入 1.5 万元，收入稳定，家庭储蓄 20 万元，目前每月需要偿还 1 000 元的汽车贷款（期限 3 年）。小王拟购买一套 60 万元的房屋，购房其他相关费用为房款的 5%。小王应选择多少年住房按揭贷款？（银行贷利率 6%）

解析：小王购房其他费用支出是 3 万元（60 万 ×5%），因此，建议小王选择首付款 20%（12 万元），剩余 80% 房款（48 万元）选择住房按揭贷款。小王收入稳定，建议选择等额本息还款法。如果小王采用 15 年贷款期限，则每月还款额是：$A = 480\ 000 \times (A/P,\ 6\%/12,\ 15 \times 12) = 4\ 050.51$（元），房屋月供款占借款人税前月总收入的比率 = 4 050.51/150 000 = 27%。房屋月供款加上汽车月供款的总额占税前月总收入的比率 =（4 050.51+1 000）/ 150 000 = 33.7%；可见，选择 15 年的住房按揭期限不会给小王家庭带来财务困境。

（二）住房贷款

1. 住房贷款的种类

（1）公积金贷款。公积金贷款是指缴存住房公积金的职工享受的贷款，国家规定，凡是缴存公积金的职工均可按公积金贷款的相关规定申请公积金贷款。具有当地城镇常住户口、建立住房公积金制 2 年以上并按规定缴存住房公积金的职工，为购买住房或翻建、大修自有住房资金不足时，即可享受公积金贷款。贷款的条件是：借款人及其家庭成员缴存的公积金总额至少达到新购建（大修）住房支出的 30%；借款人有稳定的经济收入和偿还本息的能力；借款人同意办理住房抵押登记和保险；提供当地住房资金管理中心及所属分中心同意的担保方式；同时提交银行要求的相关文件，如购房合同或房屋预售合同、房屋产权证、土地使用证、公积金缴存的证明等。

例 5-4 一位参加 s 市住房公积金制度的客户，打算购买一套评估值为 50 万元的自住房，并申请公积金贷款。客户目前的住房公积金本息和共 6 000 元。上个月公积金汇储额 150 元。本人离法定退休年龄剩 30 年，客户在退休年龄内可缴存的住房公积金总额 = 目前本人名下公积金本息余额 + 上个月汇储额 × 剩余退休年限 ×12 = 6 000+150×30×12 = 6 万元，借款人的家庭成员在退休年龄内的公积金是 12 万元。

解析：借款人及其家庭成员在退休年龄内可缴存住房公积金的总额（18 万元）；所购住房的评估价的 70%（35 万元）；该市公积金管理中心规定的最高贷款额（10 万元）。（待续 [例 5-5]）

（2）商业贷款。商业贷款又称个人住房贷款，是中国人民银行批准设立的商业银行和住房储蓄银行为城镇居民购买自用普通住房提供的贷款，执行法定贷款利率。个人住房商业性贷款是银行用其信贷资金所发放的自营性贷款。具体指具有完全民事行为能力的自然人购买本市城镇自住住房时，以其所购买的产权住房（或银行认可的其他担保方式）为抵押，作为偿还贷款的保证而向银行申请的住房商业性贷款。个人住房商业贷款是我国公民因购买商品房而向银行申请的一种贷款，有关银行规定，凡符合下列两种情况之一的，即可申请贷款：一是参加住房储蓄的居民；二是住房出售商和贷款银行有约定，由房地产担保企业为居民购房贷款向银行提供担保。

个人住房商业贷款的贷款方式主要有以下四种：第一种是抵押贷款方式。贷款银行向贷款者提供部分购房贷款，用其购房契约向银行作抵押，若购房者不能按照购房期限还本付息，银行可将房屋出售以抵消贷款；第二种是质押贷款方式。借款人获第三人将符合条件的动产或权利质押给银行，贷款银行以动产或权利作为贷款担保向借款人发放贷款的方式。质押品主要是国债、信誉好的其他债券、银行存款等；第三种是保证贷款方式。贷款银行以借款人提供的具有代为清偿能力的法人、其他经济组织或自然人作为保证人而向其发放贷款的方式；第四种是抵押（质押）加保证贷款的方式。

（3）组合贷款。组合贷款是指符合个人住房商业性贷款条件又同时缴存住房公积金的借款人，在办理个人住房商业贷款的同时还可以申请个人住房公积金贷款，及借款人以所购本市城镇自住住房（或其他银行认可的担保方式）作为抵押，可同时向银行申请个人住房公积金贷款和个人住房商业性贷款。

例 5-5 接 [例 5-4]，客户贷款总金额以房价的 70% 为限，客户可申请的最高贷款额度 = 50 × 0.7 = 35 万元，个人住房公积金贷款金额 = 10 万元，个人商业贷款金额 = 35−10 = 25 万元，贷款期限 = 15 年，公积金贷款利率 4.41%，商业贷款利率 5.509%，则公积金贷款每月还款 = 760.4 元，商业贷款月还款 = 2 043.77 元，每月供款 = 2 804.17 元。

2. 偿还方式

贷款买房后不可避免的事就是还房贷，银行通常提供的有等额本息还款法、等额本金还款法、等额递增还款法和等额递减还款法。下文对四种还款方式进行了比较。

（1）等额本息还款法。每月偿还固定的金额，含本金与利息，缴款的负担每月相同。优点是每月付款金额相同，容易做资金规划。缺点是全期偿付利息总额较多。适用的对象一般为收入处于稳定状态的家庭,如公务员、教师等。

$$每月还款额 = \frac{贷款本金 \times 月利率 \times (1+月利率)^{还款期数}}{(1+月利率)^{还款期数} - 1} \quad (5\text{-}4)$$

例 5-6 李先生向银行申请了 20 年 30 万元贷款,利率 5.508%。等额本息还款下,每月还款额是:A = 300 000 × (A/P,5.508%/12,20) = 2 065 元

(2)等额本金还款法。每月偿还金额不固定,含本金与利息。初期利息所占比例较高,然后逐月递减。因此缴费的负担初期较重,逐月减轻。优点是全期偿付利息总额较少,越来越轻松。缺点是每月付款金额不同,不易做规划,前期负担重。一般适合经济能力充裕,初期能负担较多还款,想省息的购房者。或是适用于目前收入较高或压力较小,未来收入较小或压力较大的人群。

$$每月还款额 = \frac{贷款本金}{还款期数} + (贷款本金 - 累计已还本金) \times 月利率 \quad (5\text{-}5)$$

例 5-7 李先生向银行申请了 20 年 30 万元贷款,利率 5.508%。等额本金还款下,每月还款额是:每月偿还本金 = 300 000/240 = 1 250 元,第 t 月偿还利息 = [300 000 − (t−1) × 1 250] × 5.508%/12

第 1 月偿还利息 = [300 000 − (1−1) × 1 250] × 5.508%/12 = 1 377 元;

最后 1 月偿还利息 = [300 000 − (240−1) × 1 250] × 5.508%/12 = 5.73 元;

(3)等额递增还款法。每个时间段内月还款额相同,下一个时间段的还款额按一个固定金额递增,缴费负担逐月递增。初期负担轻,但是全期所付利息较多。一般适用于目前收入一般,还款能力较弱,但未来收入预期会逐渐增加的人群,如毕业不久的年轻人。

(4)等额递减还款法。在每个时间段内月还款额相同,下一个时间段的还款额按一个固定金额递减,缴费负担逐月递减。初期负担重,后期负担轻,全期所付利息较少。一般适用于目前还款能力较强,但预期收入将减少,或者目前经济很宽裕的人,如中年人或是未婚的白领人士。

3. 估算负担得起的房价

(1)可负担的购房首付款 = 可用于购房的资产额度 × 复利终值系数(n = 离购房的年数,r = 投资报酬率)+ 每年可供购房的储蓄 × 年金终值系数(n = 离购房的年数,

r = 投资报酬率）

（2）可负担的购房贷款 = 每年可供购房的储蓄 × 年金现值系数（n = 贷款年限，r = 房贷利率）

（3）可购买房屋总价 = 可负担的购房首付款 + 可负担的购房贷款

（4）可负担房屋单价 = 可负担房屋总价 ÷ 需求房屋面积

例 5-8 李先生一家拟在广州定居，计划 5 年后购房，贷款至多 15 年。李先生家庭目前有金融资产 30 万元，其中 50% 可用于购房准备。李先生一家目前每年可结余 10 万元，其中可用于购房的额度约为 4 万元。目前银行房贷利率是 6%，而李先生的投资报酬率约为 4%。李先生一家可买总价是多少的房屋？李先生是四口之家，李先生要求所购房屋大约 100 平方米，房屋单价是多少？

解析：李先生可负担的购房首付款 = 30 万 × 50% × 复利终值系数（n = 5, r = 4%）+ 4 万 × 年金终值系数（n = 5, r = 4%）= 39.92 万元；

李先生可负担的购房贷款 = 4 万 × 年金现值系数（n = 15, r = 6%）= 38.85 万元；

可负担房屋总价 = 39.92 万 + 38.85 万 = 78.76 万元；

李先生可负担购房单价 = 78.76 万 ÷ 100 = 7 876 元。

4. 按想购买的房屋价格估算每月负担费用

（1）欲购买房屋总价 = 房屋单价 × 需求面积

（2）需要支付的首期部分 = 欲购买房屋总价 ×（1 - 按揭成数）

（3）需要支付贷款比例 = 欲购买房屋总价 × 按揭成数

（4）每月摊还的贷款本息费用 = 需要支付的贷款部分的以月为单位的准年金值

例 5-9 张先生欲购买 100 平方米的房子，目前市场上一般价格是 3 000 ~ 6 000 元 / 平方米，则欲购买 100 平方米的房子费用是 30 ~ 60 万元。贷款至多 7 成，期限 20 年，贷款利率 6%，等额本息还款。

解析：（1）30 万元房屋总价：需要支付的首付款 = 30 万 ×（1-70%）= 9 万元，需要支付的贷款数额 = 30 万 × 70% = 21 万元，每月摊还的贷款本息费用 = 1 505 元；

（2）60 万元房屋总价：需要支付的首付款 = 60 万 ×（1-70%）= 18 万元，需要支付的贷款数额 = 60 万 × 70% = 42 万元，每月摊还的贷款本息费用 = 3 009 元。

(三) 案例分析

马先生 2008 年 1 月采用组合贷款法购买了住房一套，购买当月开始还款。其中 40 万元的公积金贷款采用等额本金贷款方式，贷款利率为 5.22%，其余 34 万元采用等额本息的商业贷款，贷款利率为 6.65%。贷款期限均为 20 年。根据案例回答：（2009 年 5 月国家理财规划师考试真题）

1. 马先生公积金贷款的第一个月的还款额为（　　）元。

A. 2 501.67　　　B. 3 406.67　　　C. 3 502.91　　　D. 4 506.67

答案：B。解析：等额本金，首月还款：本金：400 000/240 = 1 666.67 利息：40 万 ×5.22%/12 = 1 740 相加得到 3 406.67。

2. 马先生公积金贷款中第 12 个月的还款额为（　　）元。

A. 3 326.92　　　B. 3 501.28　　　C. 3 619.02　　　D. 3 694.25

答案：A。解析：本金：400 000/240 = 1 666.67 利息：（40 万 -1 666.67×11）× 5.22%/12 = 1 660.25 相加得到 3 326.92。

3. 马先生公积金贷款偿还的利息总额为（　　）元。

A. 251 492.15　　　B. 241 967.00　　　C. 229 872.25　　　D. 209 670.00

答案：D。解析：利息为等差数列。算法：（首月利息+最后一月利息）× 月数 /2 = (1 740 + 7.25)×240/2 = 209 670.00。最后一个月就只余本金了，利息为：1 666.67×5.22%/12 = 7.25。

4. 马先生公积金贷款中第三年偿还的利息总额为（　　）元。

A. 16 921.25　　　B. 17 241.28　　　C. 18 313.50　　　D. 20 149.00

答案：C。解析：第三年首月利息 1 566.00 第三年最后一个月月利息：(1 566.00 + 1 486.25)×12/2 = 18 313.50。

5. 马先生商业贷款的月还款额为（　　）元。

A. 2 565.06　　　B. 2 314.50　　　C. 2 261.20　　　D. 2 108.70

答案：A。解析：

PV	N	I/Y	FV	PMT
340 000	240	0.55%	0	¥-2 565.06

6. 马先生商业贷款偿还的利息总额为（　　）元。

A. 166 088.00　　　B. 202 688.00　　　C. 215 480.00　　　D. 275 614.40

答案：D。解析：利息 = 还款总额 - 本金 = 2 565.06×240-340 000 = 275 614.4

7. 如果马先生在还款 2 年后有一笔 10 万元的意外收入用于提前偿还商业贷款，在保持月供不变的情况下，剩余还款期为（　　）。

A. 105.21　　　　B. 110.28　　　　C. 118.63　　　　D. 120.12

答案：C。解析：还款 2 年后的剩余还款额为 322 573.11。

N	I/Y	FV	PMT	PV
216	0.55%	0	−2 565.06	¥322 573.11

提前还款后剩余还款额为 222 573.11。

PV	PMT	I/Y	FV	N
¥222 573.11	−2 565.06	0.55%	0	¥118.63

8. 接上题，如果提前偿还商业贷款时，保持还款期限不变，月供应降为（　　）元。

A. 1 650.25　　　B. 1 769.88　　　C. 1 826.36　　　D. 1 868.19

答案：B。解析：

PV	N	I/Y	FV	PMT
¥222 573.11	216	0.55%	0	¥−1 769.87

三、换房规划

随着人生阶段的转变和收入的增加，住房需求会逐渐升级。单身或新婚阶段，受制于经济实力，以小户型住房为主；当小孩出生，尤其是到了受教育阶段，这时除了考虑户型大小外，还要注重教育条件和周边环境等因素；人至中年，如果经济实力许可，可以结合居住环境、休闲娱乐等方面考虑再次换房；退休时，子女已经独立，这时可考虑医疗保健齐全、居住环境较好的小户型住宅颐养天年。

换房计划首先要考虑有无能力支付换屋所必须支付的首付款，计算公式为：换屋需要支付的首付款 = 新房净值 − 旧房净值 =（新房总价 − 新房贷款）−（旧房总价 − 旧房贷款），其次还要考虑客户未来有无能力偿还换屋后的贷款。

例 5-10　郭先生现年 40 岁，他看上了一套价值 100 万元的新房。郭先生的旧房当前市价 50 万元，尚有 20 万元未偿贷款。如果购买新房，郭先生打算 55 岁之前还清贷款。银行要求最高贷款成数是七成，贷款利率 6%，请分析：

解析：（1）郭先生换屋必须支付的首付款 =（100 万 − 100 万 ×0.7）−（50 万 −20 万）= 0 万元；

郭先生换屋后每年应偿还贷款 = 100 万 ×0.7 ÷ 年金现值系数（$n = 15, r = 6\%$）= 7.21 万元；

（2）然而郭先生不换屋，每年应偿还贷款 = 20 万 ÷ 年金现值系数（$n = 15$，$r = 6\%$）= 2.06 万元

可见，换屋后郭先生的房贷压力增加了不少（每年增加了 5.15 万元）。如果郭先生未来有充裕的储蓄缴纳贷款，则可以考虑换屋计划。

（一）注意事项

1. 对能力进行测算

对于收入在当地属于中上水平的，但收入来源单一的家庭来说，平时消费安排合理的，多年的财富积累为投资换房提供了坚实的基础。但也要注意，人到中年，日后的收入不会有太大的增长空间，赡养老人以及子女的教育花费也是未来数年的重大开支项目，应提前做好准备。

2. 要有相应步骤

在先买后卖的条件下，需要解决资金的周转问题。即使只隔几个月，也必须先借到一笔钱来交付首款，而且需要负担资金成本。比如旧房 50 万元，新房 100 万元，新房可贷款 70 万元，首付款 30 万元。先买后卖，中间隔三个月，这时，若旧房无房贷，可用旧房抵押贷款 30 万元，来当新房的首付款，等到卖旧房后，再还此笔贷款。若旧房还有房贷 20 万元，且很难再增加贷款，此时若无其他资金来源，要想办法另外借到 30 万元来支付新房首付款。若资金成本为 10%，按年计算，需额外支付利息 7 500 元。因此，若没有借贷渠道，除非在换房前已有另一笔积蓄足以支付首付款，换房时还是以先卖后买为宜。先卖后买时，要注意解决出售旧房后无房可住的问题。除非买卖合约都已谈妥，只差几天可住旅馆，否则通常要租房居住。因为租期不到一年，谈租时不太方便，每月的租金也可能较高。

（二）案例分析

李女士眼光独到，几年前就看到了房价的上涨趋势，并于 2003 年 1 月在某海滨城市购买家庭第二套普通住房用于投资。李女士在购得住房后又将其出租，每月还能获得一些租金。购房的房款共计 60 万元，李女士从银行贷款，首付两成，在贷款的过程中采取等额本息还款法，打算 20 年还清（假设贷款利率固定为 6%）。李女士在还款四年后将住房转售，由于海滨城市房价上升较快，售价 90 万元，李女士获利不菲。请根据案例回答（计算结果保留到整数位）。（2007 年 5 月国家理财规划师考试真题）

1. 李女士每月的还款额为（ ）。

   A. 3 439 元　　　　B. 2 345 元　　　　C. 3 193 元　　　　D. 2 531 元

答案：A。解析：房屋总价款 60 万，贷款 8 成，贷款额为 48 万。

计算过程，PV = 480 000　N = 20×12　I/Y = 6/12　FV = 0　CPT　PMT = -3 439

2. 李女士第一个月所还利息约为（　　）。

A. 2 700 元　　　　　B. 2 100 元　　　　　C. 1 200 元　　　　　D. 2 400 元

答案：D。解析：计算过程，PV = 480 000　N = 20×12　I/Y = 6/12　FV= 0　CPT　PMT = -3 438.87

【2ND】【AMORT】1【ENTER】↓ 1【ENTER】↓↓↓ INT = -2 400

3. 在 2007 年 1 月，也就是在购房的四年后，李女士想提前还款，则李女士在还款四年还有（　　）本金没有还。

A. 108 865 元　　　　B. 423 799 元　　　　C. 56 200 元　　　　D. 47 418 元

答案：B。解析：计算过程，PV = 480 000　N = 20×12　I/Y = 6/12　FV = 0　CPT　PMT = -3 438.87

【2ND】【AMORT】1【ENTER】↓ 48【ENTER】↓ BAL = 423 799

4. 李女士在这四年里还了（　　）利息。

A. 108 865 元　　　　B. 423 799 元　　　　C. 56 200 元　　　　D. 47 418 元

答案：A。解析：计算过程，PV = 480 000　N = 20×12　I/Y = 6/12　FV = 0　CPT　PMT = -3 438.87

【2ND】【AMORT】1【ENTER】↓ 48【ENTER】↓↓↓ INT = -108 865

5. 若李女士四年后将该房产以 90 万元的价格出售，则按照国家规定应当缴纳的营业税为（　　）。

A. 45 000 元　　　　B. 27 000 元　　　　C. 9 000 元　　　　D. 20 000 元

答案：A。解析：根据国家对个人转让房地产营业税政策，自 2006 年 6 月 1 日期，对个人购买住房不足 5 年转手交易的，销售时按其取得的售房收入全额征收营业税。由于李女士在购房四年后出售，那么，应缴纳营业税 = 90 万 ×5% = 45 000 元。

6. 李女士转让 90 万元的住房，与买方签订住房买卖合同，应缴纳的印花税为（　　）。

A. 270 元　　　　　B. 450 元　　　　　C. 900 元　　　　　D. 1 000 元

答案：B。解析：对商品房销售合同按照产权转让书据征收印花税适用税率为 0.5‰，那么，李女士应缴纳的印花税 = 90 万 ×0.5‰ = 450 元。

7. 按照国家规定，李女士转让住房取得所得，应当缴纳个人所得税。当地对李女士以核定征收办法按照住房转让收入的 1% 计算个人所得税，则李女士需要缴纳的个人所得税的数额为（ ）。

  A. 9 000 元   B. 3 000 元   C. 2 400 元   D. 1 000 元

  答案：A。解析：根据当地对李女士以核定征收办法按照住房转让收入的1%计算个人所得税，则李女士需要缴纳的个人所得税的数额为 90 万 ×1% = 9 000 元。

  8. 购买此90万元住房的个人应缴纳的契税为（ ）（个人购买自用普通住宅，减半征收契税；契税税率为3%）。

  A. 59 000 元   B. 30 000 元   C. 27 000 元   D. 13 500 元

  答案：D。解析：注意个人购买自用普通住宅，减半征收契税，契税税率为3%，则应缴纳的契税为 90 万 ×3%/2 = 13 500 元。

第三节 居住规划适宜理财产品

一、适宜产品类型

（一）再融资型贷款产品

  再融资型贷款产品通过各种形式的再融资，扩大客户的住房贷款额度。

1. 住房再按揭

  住房再按揭是指用已抵押给银行的物业到银行办理再次按揭，银行将根据市场现状对其已按揭的住房进行评估，从而为客户增加一定的贷款额度。以深圳发展银行为例，该行推出的住房再按揭业务最高融资额可达住房评估价的80%。住房再按揭贷款适合原按揭贷款时间不长、未来预期收入增加的客户。

2. 循环贷

  循环贷是一种个人住房循环授信业务，是指客户将商品住房抵押给银行，就可获得一定的贷款额度，在房产抵押期限内客户可分次提款、循环使用，不超过可用额度单笔用款时，只需客户填写提款申请表，不用专门再次审批，一般1小时便可提取现金。由于循环贷可以多次提取，手续简单，因此它适合那种资金需求额度小、要求急、周转快的客户。不过银行有规定，资金的使用一般限于消费项目，如装修、购车、买房。

3. 置换式房贷

  置换式住房贷款是指对全额付款购买商品住房、取得房屋所有权证书不超过2年的自然人客户，因需清偿购房所负债务而发放的贷款。对购房人来说，一次性付款购买住房后,感觉经济压力太大,将有机会重新获得住房贷款。置换式个人住房贷款最长年限为30年,贷款最高70%,是一种变相的抵押贷款,与一般的住房抵押消费贷款相比,置换式房贷更能解决客户的资金问题。该产品适用于那些对资金需求量大的,目前可用资金紧张的客户。

(二)减轻负担型贷款产品

减轻负担型贷款产品通过各种形式的还款方式,减小客户的还款压力。该产品基本是通过还款期限的延长、特定期限内免息和可随时调整还款方式等方法来吸引那些住房贷款还款压力大的客户。

1. 移动组合式房贷

移动组合房贷允许客户针对不同时期的家庭收入情况和个人投资理财习惯,订制个性化的还款方案,而且在还款期内,还款方式还可以随时调整。其最大的优点就是可以根据自身的财务状况进行还款,适合收入不高的年轻人。

2. 宽限期还款

宽限期还款主要分为两种:一种是前期先还利息,暂不归还本金的宽限期还款法;另一种是延长10天还款期,在宽限期内不对客户进行罚息的宽限期还款。在个人住房贷款发放后,在合同期约定的一定期限内,借款人只需每月支付利息,暂不归还贷款本金。这种贷款法可以减轻前期的还款压力,由于本金后移,后期压力相对较大,因此这适合前期资金比较紧张,还款能力较弱,后期有良好的预期收入的年轻客户。

(三)提前还款型贷款产品

提前还款型贷款产品可以作为在办理住房贷款时的理财产品。适合那些资金充足、有固定现金流的、有理财观念的客户。

1. 随借随还

随借随还是指客户只要设置好专门的还款账户,存入该账户的活期存款每天都会自动用于提前还款。并且通过设置扣款账户,就可以自动扣款。随借随还不受提前还款次数及金额的限制,是兼顾融资及理财的方式,适合收入稳定且有良好的理财计划的客户。

2. 存抵贷

存抵贷是指在不影响资金流动性的前提下,用活期存款来冲抵按揭贷款。不同的商业银行对此业务有不同的限制。比如深圳发展银行规定客户在办理此业务时,闲置资金放在还贷账户上超过 5 万元的部分，银行便按照一定比例将其视为提前还贷，节省的贷款利息将作为理财收益返还到客户账户上。存抵贷比较适合平常资金流动较大，而又不愿意经常去做提前还款的客户。

(四) 扩大贷款主体型贷款产品

扩大贷款主体型产品是通过增加贷款主体的方法从而扩大贷款额度。适合那些想要贷款，但是无法筹资到预期的贷款金额的客户。

如中国农行推出的产品——接力贷，通过增加共同借款人，贷款期限、贷款额度都随之增加，房贷的门槛变得更容易进入。因此接力贷是适合父母年纪较大、子女收入偏低的家庭。但同时未来的还款压力也会增大，这就需要子女未来预期的收入良好且稳定。

二、案例分析

(一) 中年家庭的换房规划

1. 情况介绍

王仁今年 40 岁，在义乌经营小商品批发，税后年收入 20 万元。目前未参加社保，因体重严重超标，投保寿险与医疗险都必须加费 30% 以上，也未投保任何商业保险。妻子张敏女士今年 35 岁，在一家民营企业担任中层管理者，税后年收入 10 万元，较为稳定，有三险一金，其中住房公积金缴存比率个人与企业各 5%，住房公积金贷款上限 20 万元，过去缴存的住房公积金都用来购房与还房贷，刚投保了一份保额为 20 万元的重疾险，交费期限 20 年，保至 60 岁，期满可领回所交保费。两人育有一子，今年 10 岁，就读小学。目前，王先生家庭有活期存款 10 万元；国债 20 万元，3 年后到期；信托产品 100 万元，2 年后到期；国内上市股票 50 万元，目前有浮亏。张女士个人养老金账户余额 10 万元，自用房产市值 100 万元（不含其母亲的房产），贷款余额还有 40 万元，自用汽车 20 万元。家庭税后理财收入 2 万元，主要是国债和信托利息收入。日常生活年支出 8 万元，房贷本息支出 5 万元，刚投保的保费支出 1 万元。

王先生的父亲刚过世，留给王先生的母亲价值 30 万元的房产。母亲现年 70 岁，患有糖尿病。王先生需要尽快把母亲接来同住，以后每年要承担母亲的生活与医疗费用 2 万元。王先生还希望尽快在一家医院附近购买一套总价 200 万元的住宅。按照当地政策，首套房贷款最高不超过六成，第二套房贷款最高不超过四成，房贷年利率为

7%，贷款期限最长 20 年。王先生的投资风险承受能力中等，最高可忍受 10% 的本金损失。

2. 财务分析

以上情况如表 5-4 所示。

表 5-4　王先生家庭资产负债表　　　　　　　　（单位：万元）

资产项目	市价	负债项目	市价
现金与活期存款	10	—	—
国债（3 年后到期）	20	消费性负债合计	0
信托（2 年后到期）	100	—	—
国内上市股票	50	—	—
养老金账户余额	10	自用房产贷款	40
投资性资产合计	180	自用性负债合计	40
自用房产	100	负债总计	40
自用汽车	20	净值	270
自用性资产合计	120	—	—
资产总计	310	负债和净值总计	310

根据王先生的家庭资产负债表可以看出，王先生一家目前的负债主要在住房贷款这一块，流动性资产较合理。但是紧急备用金倍数（流动资产/月总支出）较高，达到了 15 倍，超过 3~6 倍的合理范围，多余的资金放在活期存款上，收益较低。平均投资报酬率仅 1.05%，相对偏低，难以抵御通货膨胀的侵蚀和资产的保值增值所带来的风险。

王先生家庭收支状况如表 5-5 所示。

表 5-5　王先生家庭收支储蓄　　　　　　　　（单位：元）

项目	金额	项目	金额
工作收入	300 000	日常生活支出	80 000
王先生税后收入	200 000	—	—
张女士税后收入	100 000	—	—
工作储蓄	220 000	—	—
理财收入	20 000	理财支出	26 446
理财收入	20 000	贷款利息	26 446
总收入	320 000	总支出	106 446
理财储蓄	6 446	—	—
储蓄	213 554	—	—
储蓄运用	20 000	—	—
储蓄型保险	10 000	—	—
房贷本金还款	23 554	—	—
自由储蓄	193 554	—	—

从上述资料来看，王先生家庭财务状况相对较好，流动资产10万元，无流动负债，流动比率可以视为合理；资产负债率12.9%，低于20%的下限；财务自由度25%，在合理范围之内；财务负担率15.63%，低于合理范围的下限；生息资产比率61.29%，净值成长率7.91%，均在合理范围内；总储蓄率和自由储蓄率分别为66.74%和60.49%，均较高，可见其储蓄能力较强。

3. 理财建议

方案一：按规定第二套房首付最高4成，即80万元，可用现房出售净款60万元加出售股票20万元作为首付。其余资金120万元，先按当地最高公积金贷款额20万元贷款，剩下100万元用商业贷款。根据张女士税后收入推算，其税前工资约8 600元，月交公积金仅860元，虽然贷款最高上限为20万元，但仅能贷款13万元，期限20年，目前贷款利率4.7%；需要商业贷款107万元，利率7%，期限20年，年需要贷款本息10.1万元，按目前收入可以负担。

方案二：考虑到目前经济金融形势，暂不变现股票，将王先生的母亲现价30万元的房子出售，将其中20万元连同王先生的60万元房屋出售净款作为首付款，其余10万元售房款用于投资。首付款外120万元用贷款解决，贷款方案同方案一。

（二）80后小夫妻的购房规划

1. 情况分析

80后的董小姐月收入有6 000元，其男友月收入15 000元，正准备结婚。两人平均每月的消费需要5 000元左右。董小姐家在上海，因此没有房租开销，男友虽然有上海户口，可尚未在上海置业，每月的房租需要1 800元。两人的收入合计后，每月的结余在14 200元左右。董小姐今年的年终奖金有2万元，男友有5万元，他们觉得随着工作事业的发展，月收入和年终奖金会稳步上升。由于没有特别的年度花销，两人的年终奖金基本可以积攒下来。他们打算在婚前购买一套新房，但又不想让双方父母拿出他们的养老本钱，估算下来，至少需要60万元的首付款。由于考虑到婚后不久就想生个宝宝，他们希望把新房买在离董小姐父母家较近的地方，且至少需要90平方米。按目前那块区域的房价算，30%的首付至少需要50万元，即便装修简单、家电节省，也需要60万元。然而，他们目前的活期存款只有5万元，股票市值也只有35万元，还差20万元的资金缺口。董小姐的单位福利比较好，虽然净收入不高，但每月的公积金、补充公积金就要缴纳700多元，男友的公司也有类似情况，他每月的公积金、补充公积金差不多能达到1 000元，这样两人购房后还贷的压力会比较小。所以，只要想办法筹出首付，购房问题就基本解决了。

2. 财务分析

从董小姐和男友目前的资产状况看，两人收入稳定，没有负债。通过简单计算可以得出，两人流动性比率较高，说明资金的利用率不高，这与目前家庭暂时没有负债有关。其次是储蓄率偏高（见表5-6和表5-7）。

表5-6　董小姐及男友每月收支状况　　　　　　　　（单位：元）

收入		支出	
本人月收入	6 000	房屋月供	1 800
男友月收入	15 000	基本生活开销	5 000
其他收入	0	医疗费	0
合计	21 000	合计	6 800
每月结余	14 200		

表5-7　董小姐及男友年度收支状况　　　　　　　　（单位：元）

收入		支出	
年终奖金	70 000	保费支出	0
其他收入	0	其他支出	0
合计	70 000	合计	0
年度结余	70 000		

3. 理财建议

董小姐和其男友当务之急是为买房筹集首付及装修金额。由于两人购房属房贷政策下的"第一套房"，如果购房面积在90平方米以上，那么房贷首付需要达到三成。根据房价估计，两人所需要的首付款及装修金额至少需要60万元，现阶段缺口20万元。其中装修部分可以申请公积金装修贷款，每平方米1 000元的贷款金额应该能够解决装修问题，而首付款中的缺口则可以通过向父母借款的方式补齐。由于男女双方的工作较为稳定，前景比较看好，未来的预期收入比较乐观，因此在接下来的还贷方式中可以选择宽限期还款方式。把应还的本金后移，减轻前期的还贷压力。

本章小结

本章主要讲述了居住规划的概述、居住规划的主要内容、居住规划适宜的理财产品和居住规划案例设计分析四个方面，通过对居住规划的主要内容及目前市场上居住规划适宜的理财产品的分析，在掌握设计个人居住规划时的各种重要环节及方法的基础上，帮助读者根据个人或家庭的财务情况选择合适的居住方式和购房策略。

课后习题

一、单项选择题

1. 在给客户进行住房消费支出规划时，首先要确定客户的需求，理财规划师在帮助客户确定其购房需求时应遵循下列原则，下列对这些原则的描述错误的是（　）。（2008年5月国家理财规划师考试真题）
   (A) 够住就好　　　　　　　　　　　(B) 有多少钱买多大的房子
   (C) 无须进行过于长远的考虑　　　　(D) 需要长远考虑

2. 关于等额本息法的描述（　）是错误的。（2008年11月国家理财规划师考试真题）
   (A) 采用等额本息法进行还款，每月所还款项相等
   (B) 采用等额本息法进行还款，每月所还本金相等
   (C) 使用财务计算器进行等额本息法的计算，实际上是利用了年金的原理
   (D) 使用等额本息法，每月所还款款项中，利息是逐步减少的。

3. 关于等额本金法（　）正确。（2008年11月国家理财规划师考试真题）
   (A) 采用等额本金法进行还款每月所还款项相等
   (B) 采用等额本金法进行还款，每月所还本金相等
   (C) 采用等额本金法进行还款，每月所还利息相等
   (D) 使用等额本金法，每月所还款项中，本金所占比例是逐步减少的

4. 理财规划师通常会建议客户尽可能采用住房公积金贷款买房以降低购房成本，个人住房公积金贷款是指银行根据公积金管理部门的委托，以（　）为资金来源，按规定要求向购买普通住房的个人发放的贷款。（2008年11月国家理财规划师考试真题）
   (A) 储蓄存款　　　　　　　　　　　(B) 央行存款
   (C) 公积金存款　　　　　　　　　　(D) 派生存款

5. 2006年5月24日，建设部等九部门下发《关于调整住房供应结构稳定住房价格的意见》，其中提出：自2006年6月1日起，个人住房按揭贷款首付不得低于（　）。但对购买自住住房且套型建筑面积90平方米以下的仍执行首付比例20%。（2008年11月国家理财规划师考试真题）
   (A) 50%　　　　(B) 35%　　　　(C) 40%　　　　(D) 30%

6. 根据经验数据显示，贷款购房价最好控制在年收入的（　）倍以下。（2009年5

月国家理财规划师考试真题）
(A) 5 (B) 6 (C) 10 (D) 15

7. 关于住房公积金贷款的说法错误的是（　）。（2009年5月国家理财规划师考试真题）
   (A) 各地公积金管理中心制定的贷款期限不同，一般最长不超过30年
   (B) 公积金贷款对贷款人年龄的限制不如商业银行个人住房贷款那么严格
   (C) 公积金贷款还款灵活度相对较低
   (D) 公积金贷款对贷款对象有特殊要求

8. 若办理住房商业按揭贷款提前还款，借款人一般需提前（　）天持购房证明等资料向贷款机构提出书面申请提前还款。（2009年5月国家理财规划师考试真题）
   (A) 15 (B) 30 (C) 50 (D) 60

9. 小李参加工作不久，目前只有约15万元的存款做购房首付款，所以他选择购买价值约50万元的小户型房产，这体现购房规划中（　）的原则。（2009年11月国家理财规划师考试真题）
   (A) 不必盲目求大 (B) 无须一次到位
   (C) 量力而行 (D) 综合考虑

10. 张女士家庭三代同堂，所以购买了面积160平方米的小高层，价值200万元，张女士需要缴纳的契税为（　）万元。（2009年11月国家理财规划师考试真题）
    (A) 1 (B) 2 (C) 3 (D) 6

11. 理财规划师会使用一些支付比例指标来估算最佳的住房贷款额度，一般来说，所有贷款月供款与税前月总收入的比率应控制在（　）之间。（2009年11月国家理财规划师考试真题）
    (A) 25%～30% (B) 30%～33%
    (C) 33%～38% (D) 38%～40%

12. 对个人按市场价格出租的居民住房，暂按（　）的税率征收营业税。（2011年11月国家理财规划师考试真题）
    (A) 3% (B) 4% (C) 5% (D) 10%

13. 购房人与商业银行签订《个人购房贷款合同》时，要按"借款合同"税目缴纳印花税。该印花税的计税依据为借款金额，税率为（　）。（2011年11月国家理财

规划师考试真题)

(A) 0.03%　　(B) 0.04%　　(C) 0.05%　　(D) 0.01%

14. (　　)不属于免征契税的情形。(2011年5月国家理财规划师考试真题)
    (A) 学校兴建科研楼
    (B) 城镇职工按规定第一次购买公有住房
    (C) 个人购买商品住房
    (D) 承包荒山、用于农业生产

15. 个人出租住房，签订房屋租赁合同，要按照租赁金额的(　　)缴纳印花税，税额不足一元的，按一元贴花。(2011年5月国家理财规划师考试真题)
    (A) 3%　　(B) 5%　　(C) 4%　　(D) 1%

16. 国家规定对个人购买(　　)，暂减半征收契税。(2011年5月国家理财规划师考试真题)
    (A) 自用商用住宅
    (B) 自用普通住宅
    (C) 非自用普通住宅
    (D) 非自用商用住宅

17. 理财规划师会使用一些支付比例指标来估算最佳的住房贷款额度，一般来说，所有贷款月供款与税前月总收入的比率应控制在(　　)之间。(2011年5月国家理财规划师考试真题)
    (A) 25%～30%　　(B) 0%～33%　　(C) 3%～38%　　(D) 8%～40%

18. 购房者与商业银行签订《个人购房贷款合同》时，需要按借款额的(　　)缴纳印花税。(2011年5月国家理财规划师考试真题)
    (A) 0.05%　　(B) 0.01%　　(C) 0.005%　　(D) 0.001%

19. 提前还贷时，选择(　　)还款方式利息节省最少。(2011年5月国家理财规划师考试真题)
    (A) 全部提前还款
    (B) 部分提前还款，剩余的贷款保持每月还款额不变，将还款期限缩短
    (C) 部分提前还款，剩余的贷款将每月还款额减少，保持还款期限不变
    (D) 部分提前还款，剩余的贷款将每月还款额减少，同时将还款期限缩短

20. 个人商业住房贷款是指银行向借款人发放的购置新建自营性商业用房和自用办公

用房的贷款,贷款期限原则上最长不得超过（ ）年。（2011年5月国家理财规划师考试真题）

(A) 10 　　　　(B) 15 　　　　(C) 20 　　　　(D) 30

21. 某客户每月收入为6 000元,根据理财规划的原则,他能承担的最大房屋月供为（ ）元。

(A) 1 500 　　(B) 1 800 　　(C) 2 500 　　(D) 3 000

22. 小刘计划购买房屋为了防范在房屋面积上受欺诈,他可以（ ）。
(A) 要求卖房人严格按照书面通知方式将所需通知的内容送达买受人
(B) 对于涉及的所有设施、配套设备等的开通、正常使用的期限做明确规定
(C) 与出卖人明确预定由出卖人代买受人办妥产权证
(D) 签订合同时分别约定套内建筑面积的误差和公摊面积误差具体处理原则

二、多项选择题

1. 个人住房商业性贷款是银行以信贷资金向购房者发放的贷款,个人住房商业性贷款的贷款方式有（ ）。（2008年5月国家理财规划师考试真题）
(A) 抵押贷款　　　　(B) 质押贷款　　　　(C) 保证贷款
(D) 抵押（质押）加保证贷款　(E) 典押

2. 理财规划师在为客户制定住房消费支出规划时,先要确定购房目标,购房目标主要包括（ ）。（2008年5月国家理财规划师考试真题）
(A) 家庭计划购房的时间　(B) 房地产开发商　　　(C) 届时房价
(D) 希望的居住面积　　　(E) 政府变动

3. 目前我国各商业银行开办的个人住房消费信贷主要包括（ ）。（2008年11月国家理财规划师考试真题）
(A) 公积金贷款　　　　(B) 商业贷款　　　　(C) 国家贷款
(D) 组合贷款　　　　　(E) 交叉贷款

4. 李先生对外出租住房需要缴纳的税包括（ ）。（2009年5月国家理财规划师考试真题）
(A) 房产税　　　　　　(B) 营业税
(C) 城市维护建设税和教育费附加

(D) 印花税 (E) 个人所得税

5. 个人住房公积金贷款的借款人需提供一种担保方式作为贷款的担保，担保方式有（ ）。（2009年11月国家理财规划师考试真题）
   (A) 抵押加一般保证　　　(B) 抵押加购房综合险　　　(C) 质押担保
   (D) 连带责任保证　　　　(E) 抵押加特殊保证

6. 在购房贷款中，如果借款人出现财务紧张或由于其他原因不能按时如数偿还贷款，可以向银行提出延长贷款申请，理财规划师在帮客户申请延长贷款时应注意（ ）。（2011年5月国家理财规划师考试真题）
   (A) 借款人应提前30个工作日向贷款行提交《个人住房借款延长期限申请书》
   (B) 延长贷款必须在原贷款没有到期时进行申请
   (C) 延长期限前借款人必须先清偿其应付的贷款利息、本金及违约金
   (D) 借款人可在规定期限内无限次申请延长贷款
   (E) 原借款期限与延长期限之和最长不超过30年

三、案例分析题

（一）王先生现与父母同住，并计划能购买自己的房屋。王先生看中一套价款120万元的房屋，计划其中的84万元采用商业贷款方式购买，贷款利率6.66%，贷款期限20年。根据案例请回答：（2008年11月国家理财规划师考试真题）

1. 如果王先生想采用个人住房公积金贷款的方式贷款，相对于个人商业贷款，关于公积金贷款的特点，下列四项中说法不正确的是（ ）。
   (A) 期限一般最长不超过30年
   (B) 比商业银行住房贷款利率低
   (C) 对贷款对象有特性的要求
   (D) 对贷款人年龄限制相对较严

2. 在做购房的财务决策时，除了房款本身外，理财师还要考虑计算其他费用，下列四项中关于其他费用的说法错误的是（ ）。
   (A) 普通住宅按房屋成交价的2%缴纳契税
   (B) 办理公积金贷款时不需要支付律师费
   (C) 一般来说对应的房屋装修费也是购房规划中的组成部分
   (D) 需办理抵押登记的贷款时，按每平方米0.3元计算登记费

3. 如果王先生申请个人住房按揭贷款，贷款额不高于房地产评估机构评估的拟购买住房的价值或实际购房费用总额的（　　）。

(A) 70%　　　　(B) 75%　　　　(C) 80%　　　　(D) 85%

4. 如果王先生购买的不是住宅，而是商业用房，那么王先生可以向银行申请个人商用房贷。下列四项关于个人商用房贷的申请条件的说法，错误的是（　　）。

(A) 申请人具有按期偿还贷款本息的能力

(B) 要提供抵押或质押物，或有还贷保证人

(C) 申请人须有城镇常住户口或有效居留证件

(D) 自筹资金不低于总房款的 50%

5. 如果王先生收入较为平均、稳定，应该建议王先生采用的还贷方式为（　　）。

(A) 等额本息还款法　　　　(B) 等额本金还款法

(C) 等额递增清寒款法　　　　(D) 等额递减还款法

6. 如果采用等额本息还款法，王先生的每月还款额为（　　）元。

(A) 5 837.16　　　(B) 6 342.19　　　(C) 7 356.12　　　(D) 7 516.83

7. 如果采用等额本金还款法，王先生在第一个月的还款额为（　　）元。

(A) 3 720　　　(B) 6 918　　　(C) 7 402　　　(D) 8 204

8. 如果采用等额本金还款法，王先生在最后一个月的还款额为（　　）元。

(A) 3 401　　　(B) 3 425　　　(C) 498　　　(D) 3 520

9. 如果王先生已经还款 2 年后，由于有突出成果，得到了额外收入 10 万元。王先生准备提前还贷，关于提前还贷，下列说法不正确的是（　　）。

(A) 要考虑提前还贷的机会成本

(B) 提前还贷应该先归还拖欠及当前利息

(C) 贷款期限在 1 年以内的，可以采用部分提前还贷的方式

(D) 一般须提前 15 天向贷款机构提出书面提前还贷申请

10. 接上题，如果王先生将未还部分的本金按照还款期限不变的还贷方式还贷，采用等额本息还款方式，那么提前还款之后，王先生每月的还款额为（　　）。

(A) 5 218.91　　　　(B) 5 329.12

(C) 5 546.43　　　　(D) 5 618.97

11. 如果王先生面临退休，那么他适合采用的提前还款方式为（　）。
    (A) 减少月供，还款期不变的方式　　(B) 月供减少，还款期也缩短的方式
    (C) 月供不变，将还款期限缩短的方式　(D) 月供不变，同时变更还款方式

（二）某客户所在城市的公积金管理中心的最高额度为 40 万元，该客户名下的住房公积金本息余额为 8 万元，上个月公积金汇入额为 250 元，本人目前距离法定退休年龄还剩 25 年，该客户家庭其他成员退休期内可缴存的公积金总额为 10 万元。他看好了一处位于城区的住房，房屋总价是 100 万元。(2009 年 5 月国家理财规划师考试真题)

1. 该客户本人在退休年龄内可存缴的住房公积金总额为（　）万元。
    (A) 15.5　　(B) 16　　(C) 17.5　　(D) 18

2. 该客户可申请的个人住房公积金贷款最高为（　）万元。
    (A) 20　　(B) 25.5　　(C) 40　　(D) 70

3. 若该客户正处于事业上升期，则适合采用（　）贷款方式。
    (A) 等额本息　　(B) 等比递增　　(C) 等额本金　　(D) 等比递减

（三）小秦和妻子小徐刚结婚不久，打算三年后购买第一套住宅，之后再考虑生孩子的问题。考虑到目前二人的积蓄，他们认为靠近三环附近的一套两居比较合适。该房产建筑面积 88 平方米，每平方米售价 7 800 元。他们打算通过贷款来解决主要的购房款，在银行了解到，目前的房贷利率为 5.34%；小徐还了解到，利用公积金贷款可以享受更低的贷款利率，为 3.87%。目前他们有积蓄 5 万元；小秦每月收入为 5 000 元（含税），小徐为 3 500 元（含税），当地房产交易的契税税率为 3%。根据案例回答：(2009 年 11 月国家理财规划师考试真题)

1. 如果小秦和妻子购买该房产，则他们至少应支付（　）元的首付款。
    (A) 205 920　　(B) 68 640　　(C) 137 280　　(D) 274 450

2. 小秦和妻子因购买该房产所需支付的契税税款为（　）元。(注：适用契税的税率为 1.5%)
    (A) 20 592　　(B) 10 296　　(C) 6 864　　(D) 13 728

3. 如果他们目前的积蓄都用来投资基金，并可以获得每年 6% 的收益，并且他们每个月收入的 30%（以税前收入为基数）参与该基金定投，按月付息，则小秦和妻子

共可以积累的购房首付款为（　　）元。

(A) 160 141　　(B) 59 551　　(C) 100 307　　(D) 125 603

4. 如果他们买房时可以用自己的积蓄来支付最低额度首付款中的 10 万元，其余部分用公积金支付，并且公积金贷款 8 万元，其余部分办理银行贷款，均为等额本息，商业贷款期限为 25 年，则其商业贷款每月还款额应为（　　）元。

(A) 3 320　　(B) 2 836　　(C) 2 905　　(D) 2 421

5. 如果公积金贷款期限为 15 年，将公积金贷款一并考虑进来，则他们每月还款额应为（　　）元。

(A) 3 492　　(B) 3 008　　(C) 3 907　　(D) 3 423

6. 如果将公积金贷款和商业银行贷款一并考虑，并不考虑他们工资的增长情况下，他们每月还款额（　　）合理的月供收入比率。

(A) 超出　　(B) 小于　　(C) 等于　　(D) 无法判断

7. 如果要求他们的合计房贷月供正好占其税前月总收入的比例达到最高限额，则小秦和小徐需要在三年后月收入至少达到（　　）元才比较合理。

(A) 13 023　　(B) 11 410　　(C) 11 640　　(D) 10 027

8. 如果交房时，新房的装修由双方父母共同解决，他们计划将购房基金的结余部分用于购买一台价值 13 万元的轿车的五成首付款，其余进行贷款，如果分三年还清，采用等额本息还款方式，贷款利率为 6.85%，则他们为此每月需支付车贷月供（　　）元。

(A) 3 995　　(B) 3 216　　(C) 4 005　　(D) 2 003

（四）王先生为某单位员工。理财规划师通过分析王先生的财务状况，了解到王先生每月的收入大概为 6 000 元，虽然当前收入一般，还款能力较弱，但由于职业前景较好，预计未来收入会逐渐增加。王先生目前通过个人住房商业性贷款购买了一套住房，贷款总额为 40 万元，期限为 15 年，贷款利率为 6.08%。根据以上材料，请回答：（2008 年 5 月国家理财规划师考试真题）

1. 作为理财规划师，应该建议王先生采用的还贷方式为（　　）。

   (A) 等额本息还款法　　　　(B) 等额本金还款法
   (C) 等额递增还款法　　　　(D) 等额递减还款法

2. 如果王先生采用等额本息法,每月的还款额为( )元。
   (A) 3 214.82 (B) 3 392.74
   (C) 3 428.19 (D) 3 526.89

3. 如果王先生采用等额本金还款法,第二个月的还款额为( )元。
   (A) 4 250.89 (B) 4 306.89
   (C) 4 410.89 (D) 4 512.89

4. 如果王先生采用等额本息还款法已经还款 30 期后,由于对单位有突出贡献,得到了额外的奖金 10 万元。王先生准备提前还贷,此时王先生已经支付了利息( )元。
   (A) 50 184.81 (B) 57 641.81
   (C) 44 140.39 (D) 35 859.61

5. 接上题,此时王先生未还的本金为( )元。
   (A) 329 851.15 (B) 341 279.14
   (C) 341 561.82 (D) 355 859.61

6. 接上题,如果王先生将未还部分的本金按照月供不变的还贷方式,那么提前还款之后,王先生的剩余还款期为( )期。
   (A) 85.14 (B) 90.12 (C) 95.26 (D) 96.12

7. 如果王先生采用减少月供,还款期限不变的方式还款,那么王先生的每月还款额为( )。
   (A) 231 780 (B) 2 439.35 (C) 2 510.74 (D) 2 563.21

8. 如果王先生计划提前还款,对提前还款说法错误的是( )。
   (A) 原则上必须是签订借款合同 1 年(含 1 年)以后
   (B) 提前还款的前提是借款人以前还款不拖欠,且以前欠息、当期利息及违约金已还清
   (C) 借款人一般须提前持原借款合同等资料向贷款机构提出书面申请
   (D) 贷款期限在 1 年以内(含 1 年)的,实行到期本息一次性清偿的还款方式,不能提前还款

Chapter 6 • 第6章

教育规划：个人成长理财

学习目标

本章要求了解教育规划的概念及内涵，教育规划的特色、种类；理解和掌握自身教育与培训的影响因素、规划流程，自身教育与培训的成本与收益；子女教育规划的必要性、原则，子女规划的流程及其成本收益，并通过相关案例了解教育理财中金融理财产品的具体运用。其中自身教育与培训的影响因素、规划流程，自身教育与培训的成本与收益，子女教育规划的流程及其成本收益为本章的重难点。

导读

随着社会经济发展，社会就业市场的竞争日趋激烈，教育的成本呈现出加速增长的趋势，无论是为子女未来的就业竞争占据优势，还是为自身职业进行教育培训，都要进行教育规划。个体应按照自身家庭财务情况来进行教育规划，对子女教育金进行预估和理财方案设计，进而在不影响家庭财务支配的情况下完成对教育经费的准备，从而更好地实现教育目标。

第一节 教育规划概述

一、概念及内涵

（一）概念

教育规划一般指一个国家或一个地区在一定时期对教育事业的发展规模、规格要求和所采取的重要措施等拟订的计划或纲领，是国民经济和社会发展规划的重要组成部分。面对激烈的国际竞争，经济社会发展对教育工作特别是创新人才培养提出了更高的要求。教育规划受到党和政府的高度重视,在宏观方面指令计划被指导性计划所取代。而在微观方面,教育规划得到了更大的发展,建立在分权、协商、改进思想上的教育规划重新受到重视,更多被用于教育的改进与提高,教育规划的重要意义不在于去实现所谓的教育目标,而在于发现教育发展中的问题,不断制定措施去改进,发展被认为是主要的思想。在社会主义国家,制定教育规划,是有计划按比例地办教育事业的一个重要标志。⊖

目前,教育规划从国家、中央的规划转向重视分级分层的规划,教育规划的对象从学校教育扩展到校外教育,从义务教育扩展到非义务教育。从世界范围看,教育规划普遍重视校外教育和非义务教育,关注职业培训、成人教育等,这些特点在我国的教育规划中已经有了明显的体现。

(二) 内涵

教育规划是根据社会发展和教育进步的需要,在确立教育发展总目标的同时,还要对教育发展的子目标,相关因素进行必要的划分和分析,以此为基础提出实现规划目标的合理方法和途径。教育规划既为教育事业确定了行动的指南,又为教育提供了重要的理论依据。教育包括义务教育和非义务教育,因此,教育规划也就包括本人的教育规划和子女的教育规划两种,如图6-1所示。

以往所提到的教育规划主要是对子女的教育规划,较少涉及自身的职业发展和教育规划。自身的教育规划是出于进修自身素质和技能的考虑,

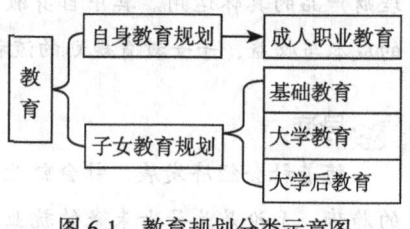

图6-1 教育规划分类示意图

其主要涉及的是成人的职业教育,这是个人职业生涯规划的重要内容。子女的教育规划主要是基础教育、大学教育以及大学后教育等,基本是以学历教育为主。

二、特色

(一) 规划具有主动性

随着我国知识经济的快速发展,不断汲取新的知识成为人生各个阶段不可或缺的部分,因此教育与培训规划越来越受到社会各阶层的重视。但是规划具体方案的形成及实施,具有很强的主动性,完全取决于个人的判断,其中包括对规划政策、规划活动的认识与判断等。一般来说,规划方案操作成功需要制定者全面掌握教育规划的方

⊖ 马文.个人教育规划师实务概论[M].武汉:华中科技大学出版社,2013(3):10.

针政策、自身家庭财务情况、教育目标费用计算方法等。

（二）规划注重教育协调发展

中国四次国家教育规划强调，教育规划不仅要注重区域和城乡协调，还应该从加快构建现代教育体系的高度，更加关注完整的现代国民教育体系和终身教育体系建设，强调各级各类教育的协调发展，更突出人才培养结构与经济社会需求的协调性。

（三）规划对国家与个人的意义都很重大

对于国家来说，教育与培训规划是政府对中长期教育事业进行宏观调控和战略管理的总体依据，对解决中国各时期的教育问题产生了显著的直接效果，并对中国教育改革与发展有着长远而深刻的影响。对于个人而言，接受更多、更高的教育有助于提高自身素质，改善生活状态。较高的教育收益加上日渐增加的教育支出，使得教育规划成为个人财务管理的一项重要内容。

三、种类

（一）自身教育规划

自身教育是指个人接受政治、经济、科学、技术等方面的继续教育、培养教育和社会文化生活教育，是个人自我完善和终身学习的重要形式，是提高个人素质、提高劳动生产率、提高个人生活质量的重要途径。[⊖]自身教育在大多数情况下主要体现的是投资的特性，投资最本质的特征是以投资回报为考虑的基本点，因此通常自身的教育称为教育投资。既然自身教育是投资，因此主要要考虑投资回报和现金流的管理问题，这是自身进修、培训时主要需要考虑的问题。

随着社会的不断进步，对在职人员的学历和工作能力、技能的要求越来越高，这使得越来越多的在职人员意识到自身教育的重要性。另一方面，《国家中长期教育改革和发展规划纲要（2010-2020）》（征求意见稿）的任务指出，要大力发展职业教育，形成适应发展方式转变和经济结构调整要求、体现终身教育理念、中等和高等职业教育协调发展的现代职业教育体系，加快发展继续教育，努力形成人人皆学、处处可学、时时能学的学习型社会，国家的政策导向也为教育投资创造了宽松的环境。由此可以看出，虽然我国居民注重学历教育而忽视自身教育，但是随着社会环境的不断变化，自身教育正在被越来越多的人重视，自身教育规划也显得尤为重要。

⊖ 马文. 个人教育规划师实务概论[M]. 武汉：华中科技大学出版社，2013（3）：58.

(二）子女的教育规划

子女教育规划是子女的基本需求，而且一般是不应该考虑回报的，因此，通常将子女的教育称为教育消费。子女的教育大多数情况主要体现出来的是消费的特性，既然是消费，考虑的要点当然是消费需要和消费能力。而且，这在现代社会属于基本消费，也就是和衣食住行同样重要的消费。它可以分为基础教育和大学教育，大学前的基础教育甚至可以说是强制性的消费。由于大学教育是属于非义务教育，相对于义务教育而言，其费用较高并且差别巨大，所以子女教育规划最重要的内容是考虑子女的高等教育费用的规划。

从表 6-1 中的数据看出家庭子女教育规划越早对家庭整个财务安排的影响越小。如果子女年龄越接近教育目标所设立的年龄，其教育经费的筹措难度越大，如果不合理安排家庭其他财务开支，将会影响到届时子女教育所需费用。因此，子女的教育规划要预先进行，才不会使父母留下因家庭财力不足而阻碍子女前进的遗憾。

表 6-1　子女教育费用示例表

序号	项目	内容				
1	目前子女年龄（岁）	15	12	8	4	1
2	距离上大学尚余年数（年）	5	8	12	16	19
3	入学费用（专业型）(元)	50 000	50 000	50 000	50 000	50 000
4	入学费用（综合性）(元)	60 000	60 000	60 000	60 000	60 000
5	按预计增长率计算，在入学年所需的教育费用总额（专业型）(元)	59 834	71 602	90 969	115 576	146 838
6	就读专业型大学每月月供（元）	1 521	828	555	440	379
7	按预计增长率计算，在入学年所需的教育费用总额（综合型）(元)	71 800	85 922	109 163	138 691	176 205
8	就读综合型大学每月月供（元）	1 825	994	666	528	454

思考：表 6-1 中预计增长率为多少？它会受到哪些因素的影响？

第二节　自身教育与培训

自身教育培训的主要内容包括教育培训选择的影响因素，其中主要有个人因素、经济形势、行业与技术四个方面；还包括教育培训的主要流程，其中主要是明确目标、分析成本与收益和管理教育经费。

一、影响因素

（一）个人因素

自身的经济能力、文化水平、兴趣爱好、性格等个人因素往往会影响一项教育培训的选择。如果一个人找到一份令自己满意的工作，就会对这份工作充满热情，全身心地投入，获取较好的工作成果回报，取得较快的升迁，当然也包括获得较高的薪资。相反，如果一个人从事不喜欢的工作，即使该工作有不错的薪水，他也很难长期地从事该工作，不高的工作热情也必然会影响到升迁和加薪。因此，发现并遵循自己的性格、兴趣、能力特长等特征发展自己的事业，应当成为职业生涯规划的基本原则，对自身的教育培训也应该考虑这方面因素。

(二) 经济形势

一般情况下，在经济衰退时，企业效益下降，就业机会较少，薪资不高，在这一经济周期，应该抓住培训成本低的机会对自身进行培训教育；相反，在经济繁荣时，企业效益增加，各行业的就业形势都很好，这时对自身教育培训的成本大大增加，这时不妨全身心投入工作中。

(三) 行业

在当前我国对外开放的经济形势下，引进大量资本的同时，也大力引进了人力资本。在我国工作的外国人才越来越多，海外人力资源的竞争主要在高级管理人才、金融人才和咨询培训人才等方面，在这些方面的本土人才面对来自海外人才的竞争，继续学习不断提升自身的竞争力是必然的选择。

(四) 技术

技术的变迁对劳动力市场的影响有两个方面：一方面是技术的不断进步要求从业者也能够跟上技术的进步；另一方面是自动化生产方式降低了对手工劳动工人和其他工厂初级水平劳动力的需求，如果自身还是只掌握了手工生产方式，可能也需要"充电"。

二、自身教育规划流程

自身教育培训流程的第一步是要明确目标，制定有针对性的自身教育培训计划；第二步要分析成本与收益，作为一种特殊的教育投资，这是自身教育培训所特有的；第三步为教育经费的管理，保证自身教育培训经费的筹集与合理分配，具体如图6-2所示。

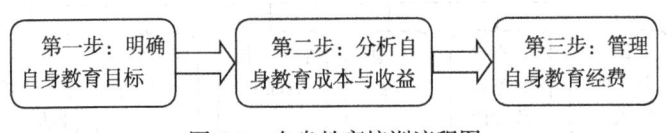

图 6-2 自身教育培训流程图

(一)明确目标

自身教育培训的目标并不是越高越好,盲目制定不符合社会发展趋势和自身职业要求的目标,不仅很难完成教育培训最终的目的,而且会造成时间和财力上的浪费。因此自身教育培训目标的确定,是要符合所处社会和职场的发展趋势,有针对性地进行自身的教育培训,而不是盲目地跟随大流。同时作为一种教育投资,目标的确定要符合收益与成本之间的关系。

(二)分析成本与收益

自身的教育培训作为一种教育投资,其成本与收益是决定从事一项事业或者决定接受一项职业培训时要重点考虑的内容,是选择接受教育培训的主要依据。如果成本大大超过了收益,这种教育投资是不可行的,只有在收益超过成本的前提下,教育投资才是合理的。例如,某人去海外接受3年的学历和技能教育,其成本情况如图6-3所示。

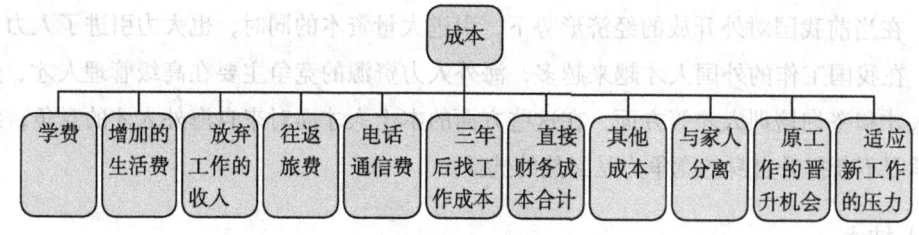

图6-3 接受海外学历和技能教育成本图

从图6-3中可以看出,培训的成本中除了包括直接的培训费用,还包括因接受培训而放弃的一些机会成本和生活成本,比如放弃工作脱产学习、牺牲大量的休息时间等,这些可能是培训的主要成本。

与教育培训的成本类似,教育培训的收益除了包括通过培训带来的收入的增加,还包括进行该培训获得的其他收益,如成就感、满足感、别人的尊重和对社会的贡献等,如图6-4所示。

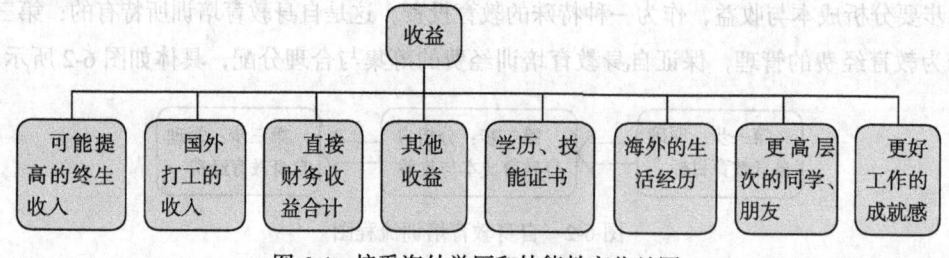

图6-4 接受海外学历和技能教育收益图

成本收益分析主要是通过分析不同教育的社会收益率和个人收益率，达到对不同教育的政策选择，教育资源投向低成本、高收益的方向。这种规划的理论假设是把教育作为社会投资，追求投资收益的最大化。但是值得注意的是，在考虑成本与收益时，不能仅仅考虑现金流方面的损益，同时也要考虑一些不易直接用薪资来反映的因素，如成就感、各种压力等，因此从全方位的角度衡量考察成本和收益是不容易的。

（三）管理经费

自身教育培训经费管理是个人财务管理的重要组成部分，包括筹资、导向和监管三个部分。通过教育培训经费管理，能够保证筹集到足够的经费，将筹集来的经费通过科学合理的规划进行分配，并对经费的使用去向、过程、效率进行监督，防止出现资金使用不当影响自身教育培训的情况。

第三节　子女教育规划

一、子女教育规划必要性

（一）教育程度愈高收入愈高

目前的社会是一个知识经济时代，受教育程度与收入水平有着密切的联系，它们是成正比的。一般所受教育程度越高，所得的收入水平越高，相反，一般所受教育程度越低，所得到的收入水平相对来说也就越低。所以为了子女将来能够有更好的发展前途，过上更好的生活，父母要为子女做更好的教育规划，使其能够好好学习，培养文化素养，提高受教育程度，为美好前程打下良好基础。

（二）高等教育期间的开销属于阶段性高支出

相对于义务教育而言，大学教育属于非义务教育，其费用一般较高，对于普通家庭来说是一笔不小的开支。但是它又具有阶段性，是子女到了某个阶段才会产生的支出费用，因此能够通过提前合理规划子女教育金，来承担或减轻阶段性的家庭压力，使家庭财务不会受到严重影响，还能达到财务自由。

（三）没有时间弹性与费用弹性的理财目标

一般情况下子女到了一定年龄（20岁左右）就要念大学，届时父母就应该准备好至少一年的高等教育金。这一点与住房规划和退休养老规划不同，对于这两项规划如果家庭财务状况不允许还可以推迟理财目标实现的时间，而子女的上学时间是确定的，不能因为没有教育金而推迟入学的时间。随着宏观经济进一步发展及大学的普遍设立，大学学位成为迈向社会工作的基本门槛，培养子女到达门槛也成为父母必需的义务。因此没有时间弹性，所以才需要提早准备，才不会陷入时间到了还筹不出钱的困境。

从费用弹性来看，子女高等教育费用相对固定，不管每个家庭收入与资产状况如何，教育负担基本相同，不会因为家庭有钱没钱而有所差异。不像住房及养老规划可以适当降低标准。从高等教育经费准备时间来看，子女就读大学时年龄为20岁左右，而家长的年龄届时通常为45岁左右，距离退休还有10～15年。子女高等教育金支付期与退休金准备期高度重叠，为平衡两者的需求，提早进行教育规划是十分必要的。

二、子女教育规划原则

(一) 目标合理

为子女进行教育规划时，要根据个人家庭的不同情况，子女的不同特点，制定目标合理的教育规划。现如今，高等教育已经逐渐成为一种消费，在消费过程中，要结合家庭的整体经济情况，做到合理消费。比如，私立的贵族学校就不是每一个家庭能消费得起的，对于普通工薪阶层的子女而言，上公立学校也是很好的选择。在教育上攀比不见得能将孩子培养得多么好，过度的攀比甚至会形成孩子过于奢侈的坏习惯。

(二) 提前规划

一方面由于子女的教育金没有时间弹性和费用弹性，时间一到一定要筹集到一定的教育金用来支付子女的教育支出，费用相对固定，不会因为家庭状况好坏而发生改变，而且子女高等教育金支付期与退休金准备期高度重叠，提前准备可以减轻家庭负担，同时也可以不牺牲退休的生活品质。

另一方面，随着人们对接受教育程度的要求越来越高，教育费用也在持续上升，这使得教育开支的比重占家庭总支出的比重越来越大。根据全国经济景气检测中心公布的居民储蓄消费意愿调查结果显示，这十年来，我国城市家庭消费支出中增长最快的是教育，其年均增长速度为20%左右。调查显示，城市家庭平均每年在子女教育方面的支出占家庭总收入的30.1%。通常我们用"教育负担比"来衡量教育开支对家庭生活的影响：

$$教育负担比 = (届时子女教育金费用 / 家庭届时税后收入) \times 100\% \quad (6-1)$$

由于学费的增长率可能高于收入增长率，所以届时的教育负担比可能会比现在估计的负担比还高。通常情况下，如果预计教育负担比高于30%，就应尽早准备。

（三）定期定额

子女教育规划要制定好确定的期限和相对应的确定的金额。对于一般家庭而言，子女教育每年支出的金额虽然不是最多，但持续时间长，从子女出生到上大学将近20年，因此一定要定时定额地缴纳教育金，不可半途而废或者是少缴纳，因为资金存在时间价值，这可能导致最终教育金的缺口。

（四）稳健投资

储备足够的教育经费是家庭教育规划的重要前提。教育支出最主要的资金来源是父母自身的税后收入和资产。子女教育规划方案的最终确立是在父母双方对自身家庭财产、收入能力、承受风险能力以及子女教育目标都已明确的前提下进行的。教育金对子女的教育水平起着至关重要的作用，因此在储备的过程中，选择合理、稳健的投资方案是十分重要的。选择正确的投资方案，能使教育金的储备得到充分的保障（见表6-2）。

表6-2 不同时期开展教育规划比较表

客户	甲（孩子刚出生时进行大学教育投资规划）	乙（孩子上小学时进行大学教育投资规划）	丙（孩子上中学时进行大学教育投资规划）
每月投资金额（元）	150	225	450
投资总年限	18年	12年	6年
投资收益率（年）	5%	5%	5%
投资总额（元）	32 400	32 400	32 400
孩子上大学时的投资总价值（元）	52 380	44 272	37 694

三、子女教育规划流程

子女教育培训的第一步是要明确子女未来将要接受的教育目标，并提前了解为了实现该目标所需要花费的金额；第二步是要考虑资金的时间价值，预测教育目标费用的增长率；第三步是要根据实际情况计算一次性投资与分期投资所需要的资金；第四步为根据目标所确定的资金，选择合适的投资工具进行投资。具体如图6-5所示。

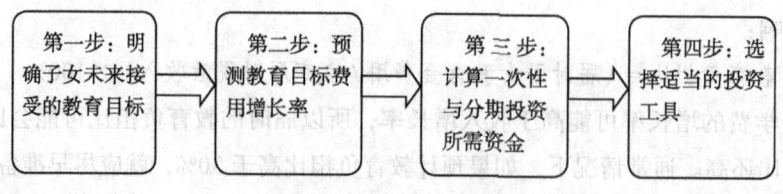

图 6-5 子女教育培训流程图

(一) 明确教育目标并了解该目标所需费用

作为家长应了解子女的教育需求，并对子女未来教育经费进行一个预算。然后才能挑选适合的理财工具进行规划。作为家长，应明确希望子女将来上什么类型的大学及规划子女的年龄是多少。我国不同类型的大学收费不同，同一所大学收费也可能因所学专业不同而导致学费各异。所以做子女教育目标规划还得综合考虑各类学校、各国学校特点。同时还要结合子女自身的兴趣特长，选择指定一个符合孩子身心健康的发展目标（见图 6-6）。

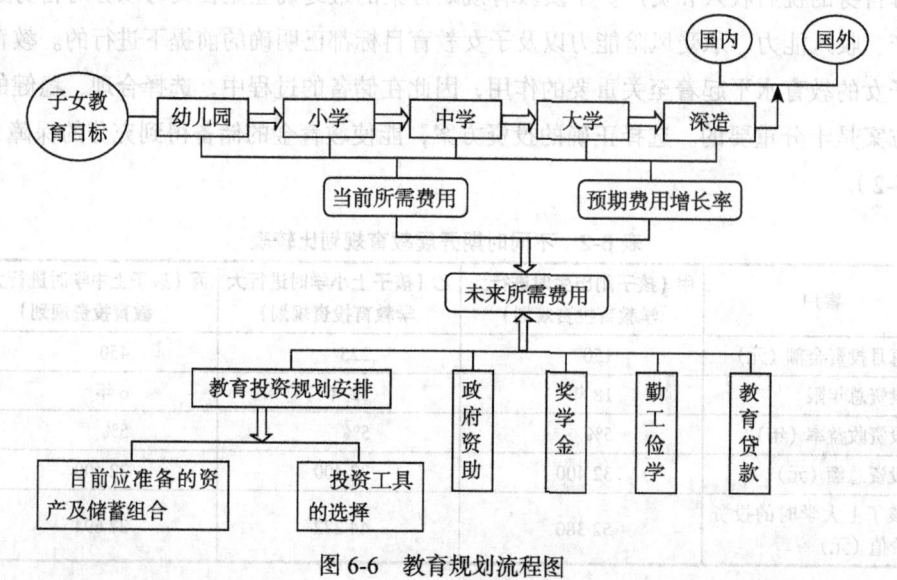

图 6-6 教育规划流程图

(二) 预测目标费用增长率并计算费用

近年来，伴随着经济的发展，人们对教育的重视程度不断提高，教育费用也不断上升，涨幅往往超过通货膨胀率，因此，有必要结合一国的实际情况，在通货膨胀率的基础上增加几个百分点，作为教育费用的预期增长率。根据这一预期增长率，结合未来的经济发展趋势，对未来教育投资规划期间所需费用进行计算。

例 6-1 客户王先生的儿子今年 6 岁。王先生估计儿子上大学之前的教育费用不多。他的子女教育投资规划目标是：在儿子 18 岁上大学时能积累足够的大学本科教育费用，并希望有能力继续让儿子深造硕士研究生。王先生目前已经有 3 万元教育准备金，不足部分打算以定期定额投资基金的方式来解决。王先生投资的平均回报率大约 4%。

项目	代号	数值	备注
子女年龄	A	6 岁	
距离上大学年数	B	12 年	=18 岁 −A
距离继续深造年数	C	16 年	=22 岁 −A
目前大学费用总计	D	60 000 元	4 年，48 000 元 −72 000 元，取中间值 60 000 元
目前深造费用总计	E	35 000 元	2 年，30 000 元 −40 000 元，取中间值 35 000 元
学费年成长率	F	5%	3%−7%，以 5% 假设
届时大学学费	G	107 751 元	=D× 复利终值系数（n=B, r=F）
届时研究生费用	H	76 401 元	=E× 复利终值系数（n=C, r=F）
教育资金投资回报率	I	4%	3% ～ 5%，取中间值 4%
目前的教育准备金	J	30 000 元	可供子女未来教育使用的资金
至上大学时累计额	K	48 031 元	=J× 复利终值系数（n=B, r=I）
尚需准备大学费用	L	59 720 元	=G−K
准备大学费用的月投资额	M	331 元	=L÷ 年金终值系数（n=B, r=I）÷12
准备深造费用的月投资额	N	292 元	=H÷ 年金终值系数（n=C, r=I）÷12
当前每月定期定额投资额	O	623 元	=M+N

（三）计算投资所需资金

根据设定好的预期增长率，计算采用一次性投资计划所需的金额现值和采用分期投资计划每月所需支付的金额。在计算中子女入学年龄是教育经费筹措的重要变量。如果子女现在只有 5 岁，则其教育消费计划时间为 15 年（假定 20 岁上大学）；如果子女现在为 15 岁，则只有 5 年的时间来实施教育消费计划。这两种情况所要采取的家庭教育经费管理方式是截然不同的。

（四）选择适当投资工具

中小学义务教育阶段的费用不是很高，在不过多考虑一些不必要的辅导班的情况下，子女的教育费用可作为家庭日常生活的支出进行安排。大学的教育费用需要做出专门的准备和安排。由于孩子上大学的时间是确定的，这给孩子教育费用的安排提供了方便。可以考虑建立相应的专项资金投资组合。

✎ 例6-2 张先生预计儿子上大学每年学费为1万元，生活费用5 000元，家庭每年税前收入为10万元，税后收入86 000元，则张先生家庭教育负担比是（ ）。（2009年5月国家理财规划师考试真题）

A. 10%　　　　　B. 17%　　　　　C. 15%　　　　　D. 8

答案：B。解析：教育负担比 = 届时教育费用 ÷ 家庭税后收入 = 1.5万元 ÷ 8.6万元 = 17.44%。

✎ 例6-3 某客户为儿子进行教育储蓄时了解到，教育储蓄在非义务教育的各阶段最高存额是（ ）万元。（2009年5月国家理财规划师考试真题）

A. 2　　　　　B. 3　　　　　C. 4　　　　　D. 5

答案：A。解析：教育储蓄50元起存，每户本金最高限额为2万元。

✎ 例6-4 在教育规划的各项工具中，虽然教育储蓄具有很强的优势，但教育储蓄要求十分严格，只有（ ）及以上学生才能办理教育储蓄。（2009年5月国家理财规划师考试真题）

A. 小学一年级　　　　　　　　B. 小学四年级
C. 小学六年级　　　　　　　　D. 初中一年级

答案：B。解析：只有在校小学四年级（含）以上的学生才可以参加教育储蓄。

✎ 例6-5 何先生的儿子今年10岁，虽然目前学费开支不是很多，但希望儿子读完大学后可以送他出国留学两年，儿子还有8年上大学，现在大学四年学费总计6万元，共需留学费用约30万元。假设学费与留学费用每年上涨5%，何先生希望通过稳健的投资来筹集这笔费用，估计年回报率可以达到6%。根据上述资料，请回答：（2009年5月国家理财规划师考试真题）

1. 何先生儿子上大学时，四年的学费约为（ ）元。

A. 67 647.33　　　B. 64 647.33　　　C. 65 647.33　　　D. 88 647.33

答案：D。解析：6万 × $(1+5\%)^8$ = 88 647.33元。

2. 如果何先生决定在该孩子在上大学当年就准备好所有教育费用，则共需为儿子准备（ ）元的学费。

A. 891 204.12　　　B. 419 287.16　　　C. 521 828.18　　　D. 531 883.96

答案：D。解析：大学费用与留学费：36万 × $(1+5\%)^8$ = 531 883.96（元）。

3. 如果何先生决定在该孩子上大学当年就准备好所有教育费用，如果采取定期定投的方式，则每月初应投入的资金为（　　）元。

A. 3 320.18　　　　B. 3 775.38　　　　C. 4 308.75　　　　D. 5 200.58

答案：C。解析：pv = 0，n = 8×12，r = 6%/12，Fv = 531 883.96，求得 pmt = 4 308.75。注意是月初投入资金，不是默认的方式，使用理财计算器时先设置。如果是月末，得到的是 4 330.30。

例 6-6 随着高等教育产业化的发展，近年来高等教育收费水平越来越高。韩女士见周围的同事都很早就开始给自己的子女准备高等教育金，也开始考虑尽早筹集儿子的高等教育费用。韩女士的儿子今年 8 岁，刚上小学二年级，学习成绩一直不错，预计 18 岁开始读大学。由于对高等教育不太了解，同时也不太清楚教育规划的工具及其运用，因此想就有关问题向理财规划师咨询。根据案例回答：（2007 年 5 月国家理财规划师考试真题）

1. 韩女士得知，除家庭自身收入来源外，读大学还可以申请个人贷款。在以下各种贷款中，（　　）最容易取得。

A. 学校经办的学生贷款　　　　B. 国家助学贷款

C. 一般商业性贷款　　　　　　D. 出国留学贷款

答案：C。解析：一般性商业贷款的申请条件是：必须有符合条件的信用担保，贷款人为当地居民。相比较其他种类的助学贷款也是最容易取得。

2. 目前大多数银行都开展了教育储蓄业务，理财规划师向韩女士介绍，教育储蓄也有缺点，如（　　）就不能通过教育储蓄实现。

A. 规避利息税　　　　　　　　B. 规避随时本金的风险

C. 规避家庭财务危机　　　　　D. 获得高于活期存款的收益

答案：C。解析：考察重点为教育储蓄的特点。规避家庭财务危机不能通过教育储蓄实现，但通过子女教育信托的方式可以达到规避家庭财务危机的目的。

3. 韩女士了解到，教育储蓄是国家特设的储蓄项目，对其取得的利息有一定的优惠政策，并以（　　）方式计息。

A. 零存整取　　　B. 定活两便　　　C. 整存零取　　　D. 整存整取

答案：D。解析：教育储蓄 50 元起存，每户本金最高限额为 2 万元。1 年期、3 年期教育储蓄按开户日同期同档次整存整取定期储蓄存款利率计息；6 年期按开户日 5 年期整存整取定期储蓄存款利率计息。

4.理财规划师告诉韩女士,由于教育储蓄的一些缺点,导致不能完全依赖教育储蓄解决子女高等教育费用。理财规划师建议韩女士可以考虑购买部分教育保险。与教育储蓄相比,教育保险最大的优点是( )。

A.客户范围广泛　　　　　　　　B.流动性强

C.投保人出意外保费可豁免　　　D.获得免税的好处

答案:C。解析:考查要点为教育保险的优点。与教育储蓄相比,教育保险具有范围广、可分红、强制储蓄以及特定情况下保费可豁免等优点。特别是投保人出意外保费可豁免这一条款对孩子来说非常重要,也正因如此,它与银行储蓄就有了本质的区别,可视为教育保险的特有优势。

5.以下关于教育保险的说法中,( )错误。

A.有些教育保险可分红,所以这类保险买得越多越好

B.教育保险具有强制储蓄的功能

C.一旦银行升息,参照银行存款利率设定的险种的现金回报率将低于现行银行存款利率

D.保险金额越高,每年需要缴付的保费也就越多

答案:A。解析:虽然有些教育保险可以分红,但也不宜多买,适合孩子的需求就够了。因为保险金额越高,每年需要缴付的保险费也就越多。有的保险产品的回报率是参照购买时银行存款利率设定的,一旦银行升息,这些险种的现金回报率将低于银行存款。因此,投保人在选择教育保险产品的同时,还要考察产品收益是不是受银行储蓄存款利率变动的影响。

6.能从小培养客户子女理财观念的教育规划工具是( )。

A.教育储蓄　　　　　　　　　　B.公司债券

C.大盘支出基金　　　　　　　　D.子女教育信托

答案:D。解析:设立子女教育信托具有多方面的积极意义,体现在:1.鼓励子女努力奋斗;2.防止子女养成不良嗜好;3.从小培养理财观念;4.规避家庭财务危机;5.专业理财管理。

7.理财规划师在为韩女士确定子女教育目标时,询问了韩女士的家庭财务及非财务状况,并详细分析了韩女士的儿子就读普通大学还是艺术院校,是在国内上学还是出国留学,出国留学是去公立大学还是私立大学等对韩女士家庭支出造成的不同影响,建议韩女士根据自己家庭的情况给儿子设定教育目标。这符合( )原则。

A.理财目标的设定要切合实际,角度宽松

B.教育规划缺乏时间弹性,应提前规划

C. 充分利用定期定额计划来实现子女教育基金的准备

D. 投资时注意以稳健投资为主，不宜太冒风险

答案：A。解析：理财规划师在帮助客户为其子女设定最终教育目标时，应充分考虑孩子自身的特点，并结合客户家庭的实际经济情况、风险承受能力设定理财目标。比如分析是上普通大学还是艺术院校，是在国内上学还是出国留学，出国留学是去公立大学还是私立大学等。

8. 目前大学学费平均每年为 5 000 元，假设学费平均上涨率为每年 5%，那么韩女士的儿子读大学是学费平均每年约为（　　）。

A. 7 500　　　　B. 8 100　　　　C. 30 000　　　　D. 32 400

答案：B。解析：韩女士的儿子现在 8 岁，距 18 岁上大学还有 10 年；计算过程，PV = 5 000 N = 10 I/Y = 5 PMT = 0 CPT FV = −8 144.47；

9. 考虑到大学四年学费加生活费对于韩女士家庭而言是不小的负担，因此理财规划师建议韩女士采用定期定投的方式为儿子准备大学学费。因为定期定投的好处在于（　　）。

A. 可以强制储蓄，并且每期负担不会太重

B. 可以最大限度地规避投资风险

C. 各期收益是确定的

D. 在所有投资方式中，定期定投获得的收益率最高

答案：A。解析：考查要点为定期定投积累教育金的优势，其在于强制储蓄，并且每期负担不会太高。

第四节　相关理财产品及案例

一、相关理财产品

（一）教育储蓄

为了鼓励城乡居民以储蓄存款方式为其子女接受非义务教育储蓄资金，促进教育事业的发展，中国人民银行制定了教育储蓄方法。教育储蓄的特点是储户特定、存期灵活、利率优惠、利息免税。教育储蓄采用实名制，办理开户时，必须凭储户本人的户口簿或居民身份证以储户本人的姓名开立账户，金融机构根据储户提供的相关证明办理。教育储蓄存款方式适合工资收入不高、有资金流动性要求的家庭，其收益有保证，零存整取，可积少成多比较适合为小额教育费用做准备。当前教育储蓄主要有三种期限的存款，分别为 1 年期、3 年期和 6 年期。

从表 6-3 中可以看出，不同期限的教育储蓄的利率和对应的特点不同，因此在选择期限时要根据自身家庭财务状况和子女的教育规划进行选择。教育储蓄的优点在于与普通储蓄相比，其执行整存整取的优惠利率，且免征利息税，收益率相对较高。但是教育储蓄也存在明显的缺点：第一，必须是在校小学四年级（含四年级）以上学生办理，账户到期领取时，必须持存折、户口簿或身份证到税务部门领取免税证明，并经教育部门盖章才可支取；第二，最低起存金额为 50 元，但所有本金合计最高限额为 2 万元，超过一律不得享受免税的优惠政策；第三，提前支取时必须全额支取；第四，就读全日制高中、大学本科（大专）、硕士和博士研究生时，每阶段可分别享受一次优惠，但合计不得超过 2 万元。

表 6-3 教育储蓄存款类型表

期限	利率（%）	不能提供正在接受非义务教育学生身份证明利率（%）	起存金额（元）	利息计算方法	特点
一年期	3.25	2.85	50 元，本金合计最高限额 2 万元	积数计息法	资金灵活度大，利率低，收益低
三年期	4.25	2.90			资金灵活度较大，收益比一年期高，六年期低
六年期	4.75	3.00			资金灵活度差，利率高，收益高

资料来源：《教育储蓄存款利息所得免征个人所得税实施办法》，国税发〔2005〕148 号。

（二）教育保险金

子女教育年金保险主要是以最确定的方式储备教育金，当前主要分为三种：一是纯粹的教育金保险，提供初中、高中和大学期间的教育费用；二是针对某个阶段教育金的保险，通常针对初中、高中或者大学中的某个阶段，主要以附加险的形式出现；三是不仅能提供初中、高中及大学的教育费用，还可以提供以后的生存保险。

教育金保险的优点是兼具储蓄、保障功能，通常不仅可在被保险人一定年龄后按期给付一定金额的教育金，还可以为被保险人提供意外伤害或疾病身故等方面的给付及身故或高残保险豁免。但同样也存在不足的地方，例如短期不能提前支取，资金流动性差，早期退保可能本金收到损失等。

（三）基金定投

基金定投业务是指在一定的投资期间内，投资人以固定时间、固定金额申购某只基金产品的业务。⊖ 基金定投具有平均成本、适合长期投资、手续简单的特点，适宜

⊖ 艾正家.金融理财学[M].上海：复旦大学出版社，2012（1）：186.

于教育规划。

1. 省时省力省心

办理基金定投后，代销机构会在每个固定的日期自动扣缴相应的资金用于申购基金，投资者只需确保银行卡内有足够的资金即可，省去了去银行或者其他代销机构办理的时间和精力。

2. 不用考虑投资时点

投资的要诀就是"低买高卖"，但很少有人在投资时掌握到最佳的买卖点获利，为避免这种人为的主观判断失误，投资者可通过"定投计划"来投资市场，不必在乎进场时点和市场价格，无须为其短期波动而改变长期投资决策。

3. 复利效果

"定投计划"收益为复利效应，本金所产生的利息加入本金继续衍生收益，通过利滚利的效果，随着时间的推移，复利效果越发明显。定投的复利效果需要较长时间才能充分展现，因此不宜因市场短线波动而随便终止。只要长线前景佳，市场短期下跌反而是累积更多便宜单位数的时机，一旦市场反弹，长期累积的单位数就可以一次性获利。

虽然基金定投的优势明显，但也要面临市场风险、流动性风险和操作风险。因此在操作过程中，购买子女教育基金的父母要对定投风险有充分的理解和把握，从而规避基金投资中的风险，以免造成不必要的损失。

（四）政府债券

政府债券的发行主体是政府。它是指政府财政部门或其他代理机构为筹集资金，以政府名义发行的债券，包括国库券和公债两大类。政府债券作为教育规划的理财工具有着以下好处：

1. 安全性高

政府债券是由政府承担还本付息的责任，是国家信用的体现，在各类债券中，政府债券的信用等级是最高的，通常被称为金边债券。投资者购买政府债券，是一种较安全的投资选择。

2. 流通性强

由于政府债券的信用好，竞争力强，市场属性好，所以大大增强了其在二级市场的流通性，一般不仅允许在证券交易所上市交易，还允许在场外市场买卖。

3. 收益稳定

政府债券的付息由政府保证，其信用度最高，风险最小，对于投资者来说，投资政府债券的收益是比较稳定的。此外，因政府债券的本息大多数固定且有保障，所以交易价格一般不会出现大的波动，二级市场的交易双方均能得到相对稳定的收益。

与之相对应的，正是由于政府债券安全性高、流通性强、收益稳定，因此政府债券相对于基金、股票等高风险的投资来说，收益率相对较低，也适合风险承受能力低的工薪阶层和退休在家的老人。

从上述可以看出，根据教育规划的特点，可以选择教育储蓄、教育保险金、基金定投和政府债券这四种理财产品来进行教育资金的筹集，同时，也要根据个人不同的情况，进行理财产品的选择。选择合适的理财产品，有助于提高资金筹集的效率与安全性，实现流动性和收益性的双赢。

二、案例分析

（一）个人提升规划

1. 情况介绍

刘先生今年30岁，就职于某大型国企，收入稳定，工资、奖金每月约为1.2万元，每年的福利加年终奖为3万元。刘太太今年28岁，就职于某私人单位，月薪5 000元，工作稳定。两人的单位都有五险一金，但除了这个没有其他保险。存款10万元，未来20年内有房贷30万元。目前，刘先生计划在1年后能到海外进修1年，提高自己的职业素质与技能。

2. 财务分析

从刘先生的金融资产全部为银行存款没有做过任何投资来看，刘先生的投资经验和投资知识匮乏，但是由于刘先生和刘太太年纪轻，两人又有稳定的、较高的收入，因此风险承受能力相对较高。刘先生进修的这1年没有收入，两人虽有10万元的存款，但还要负担房贷，因此仅仅靠存款和刘太太的工资来负担家庭开支和进修培训费用是不合理的（见表6-4）。

表6-4 刘先生家的财务分析表

项目	具体项目	金额
资产	银行存款	10万
	房地产	60万
	住房公积金账户余额	3万
负债	30年的住房贷款	30万
现金流量	工资（扣除个人所得税、五险一金）	1.27755万/月
	住房公积金（10%）	0.17万/月
	衣食住行预计支出	0.3万/月

3. 理财建议

从教育规划工具来看，投资于股票或期货，风险偏大，不适合没有投资经验的刘先生夫妇。所以，根据投资组合理论，结合刘先生家庭基本情况，应该采取组合产品方案来储备刘先生 1 年后进修的培训费用计划。组合方案为：

（1）**基金定投**。例如刘先生可以投资华夏基金旗下的华夏证券投资基金，投资年限为 1 年，期望年收益率为 10%，每月扣款 3 000 元，申购费率为 1.8%，收费方式为前端收费，将这些信息输入华夏基金公司提供的定期定额投资计算器，可以得出期间申购总费用为 648 元，到期本利和 38 010.84 元。这样一笔钱，可以用作刘先生出国进修的学费。

（2）**分红保险**。刘先生可以在出国进修的这一年购买分红型两全保险，投保的期限是 1 年，保险金可以从储蓄中拿出 3 万元来，按照分红的利率 3.21%，到期刘先生可以得到 30 963 元。刘先生要出国进修，疾病身故和意外身故保障十分重要，分红保险既能有助于资金的保值增值，又能实现资金流动，同时有一定的保障功能。

4. 总结

组合方案可由基金定投和分红保险组成。基金定投的年收益率基本能够抵抗通货膨胀率，而且这种"定期计划"避免了人为的主观判断，不必在乎进场时点，非常适合刘先生缺乏投资经验的情况。当然，基金定投毕竟也存在一定风险，为了规避风险，建议刘先生可以半年适当调整基金持有情况，也可以选择几家基金公司分散投资。而分红保险的投资报酬率不高，可能还会低于银行的定期储蓄的存款利率，不过这种分红保险有一定的保险功能，适合刘先生要出国进修的需要，也十分适合刘氏夫妇这种高储蓄能力的相对保守的投资者。

（二）子女教育规划

1. 情况介绍

舒海霞今年 12 岁，上小学六年级，其父舒先生今年 40 岁，是一个农民，在家务农，收入每年只有 2 万元。其母也是农民，只能在家接点零碎的手工活，每年收入是 8 000 元。舒先生夫妇有 4 万元的存款。两人希望女儿顺利读完大学就能马上参加工作，减轻家庭的负担。

2. 财务分析

舒海霞家财务分析表如表 6-5 所示。

表 6-5 舒海霞家财务分析表

项目	具体项目	金额
资产	银行存款	4 万
	房地产	8 万
负债	未来 12 年的读书费用	8 万
现金流量	父母收入	2.8 万 / 年
	衣食住行预计支出	0.1 万 / 月

从舒海霞一家的情况来看，属于低收入农村家庭，主要的收入来源靠其父亲维持，而且根本没有任何投资经验，风险承受能力很低。从教育规划工具来看，虽然基金、股票等的投资收益很高，但是同样存在高风险，对于低收入、风险承受能力低的舒先生来说是不合适的，而且舒先生是农民，对于基金、股票投资的相关知识缺乏，对市场把握不准确，如果盲目投资，结果只会是人财两空。

3. 理财建议

根据投资组合理论，结合舒海霞的家庭基本情况，可以做以下的教育规划：

（1）**教育储蓄**。例如舒先生可以从女儿六年级开始，每年为女儿的教育储蓄账户中投入 1 000 元，存期为 3 年，年利率为 5%，三年内共存入 3 000 元，可得利息 150 元，这样三年以后舒先生可以得到本利和 3 150 元，这笔存款可以用于女儿高中三年的学费支出。

（2）**购买政府债券**。例如舒先生可以购买 5 年期的中央政府债券，投入 2 564 元，假设收益率水平为 3.4% 左右，等到女儿 17 岁的时候，可以得到 3 000 元的收入，作为女儿第一年上大学费用的一部分。

（3）**一般性商业助学贷款**。商业性助学贷款是指贷款人向借款人发放的用于借款人本人或其法定被监护人就读国内中学、普通高等院校及攻读硕士、博士等学位或已获批准在境外就读大学及攻读硕士、博士等学位所需学杂费和生活费用的一种人民币担保贷款。舒先生为女儿制定的教育规划中教育储蓄和购买政府债券只能满足女儿初中、高中的学费，然而大学的费用要比初中、高中多得多，仅靠舒先生先前的储蓄是完全不能满足女儿大学的费用支出的，因此，舒海霞可以在上大学时申请一般性的商业助学贷款，来满足大学四年的学杂费及生活费，并于毕业后努力工作还清贷款。

4. 总结

这个组合方案由教育储蓄、政府债券和商业助学贷款组成。由于舒先生为女儿制定教育规划时间比较晚，因此规划的作用没有从小就开始实行规划来得明显，而且舒先生的家庭收入不高，不适合高风险的投资组合，因此只能选择一些风险较低，收益也较低的投资组合。舒海霞现在上六年级，正好满足教育储蓄必须四年级以上学生办理的条件，而且教育储蓄的最低起存金额为 50 元，起存金额低，并且由于账户到期领取时孩子必须处于非义务教育阶段，3 年的存期正好能使其在高中拿到这笔储蓄。政府债券的购买可以满足刘先生的流动性，如果在此期间急需使用资金，可以将政府债券流通转让，暂时缓解资金的缺口。如果保存到期，舒先生就可以在女儿上大学前得到这笔资金，供女儿大学费用的支出。最后商业助学贷款的期限一般为 1～6 年，足够满足其女儿大学四年毕业工作后再还款，而且其额度原则上为受教育人在校就读期间所需学杂费和生活费用总额的 80%，基本可以解决在校的绝大多数的费用支出。

本章小结

教育与培训规划是关系一个国家教育发展和国家战略实现的重大事项，也是推动教育改革与发展的重要措施，更是自身教育和子女教育的重要前提，只有了解规划的真正内容，并根据自身情况选择合适的理财产品，吸取成功经验与失败教训，遵循规律与原则，才能真正发挥出教育与培训规划的作用。

课后习题

一、单项选择题

1. 以下教育规划工具中，能够实现风险隔离的是（　　）。(2008 年 5 月理财规划师考试真题)
   (A) 教育储蓄　　　　　　　　(B) 定息债券
   (C) 共同基金　　　　　　　　(D) 子女教育信托基金

2. 学生贷款、国家助学贷款和一般商业性助学贷款利息相比较，下列说法正确的是（　　）。(2008 年 5 月理财规划师考试真题)
   (A) 学生贷款利息最低　　　　(B) 国家助学贷款的利息最低
   (C) 一般商业性贷款利息最低　(D) 利息水平完全相同

3. 助理理财规划师建议某客户可以通过适当配置股票与股票型基金的方式积累教育金，这说明该客户家庭（　　）。(2009 年 5 月国家理财规划师考试真题)
   (A) 所需教育金额度大　　　　(B) 教育金积累期限紧迫
   (C) 教育金积累期较长　　　　(D) 风险承受能力很大

4. 适合用来筹备子女教育金的投资工具是（ ）。（2008年11月理财规划师考试真题）
   (A) 权证   (B) 教育储蓄和教育保险
   (C) 期货   (D) 外汇

5. 教育储蓄是国家特设的储蓄项目，享有免征利息税、零存整取并以（ ）方式计息。
   (A) 零存整取   (B) 存本取息   (C) 整存零取   (D) 整存整取

6. 助理理财规划师建议客户在进行教育规划时应采取稳健投资策略，原因是（ ）。
（2009年5月国家理财规划师考试真题）
   (A) 规划时间较短   (B) 规划资金不确定
   (C) 资金用途特殊   (D) 投资方向不确定

7. 根据我国现行的奖学金制度，目前国家设立的奖学金中级别最高的是（ ）。
（2009年5月理财规划师考试真题）
   (A) 优秀学生奖学金   (B) 博士科研奖学金
   (C) 留学奖学金   (D) 国家奖学金

8. 关于教育保险说法错误的是（ ）。（2009年5月理财规划师考试真题）
   (A) 教育保险客户范围广泛   (B) 有些教育保险可以分红
   (C) 具有强制储蓄功能   (D) 计息比较灵活

9. 李先生家庭全年税后收入7万元，女儿今年刚考入大学，预计大学一年的学费7 000元，住宿费800元，生活费每年5 000元，则李先生家庭的教育负担比为（ ）。（2009年11月理财规划师考试真题）
   (A) 7%   (B) 10%   (C) 11%   (D) 18%

10. 当客户子女距离上大学时间较长，客户本身又有稳定收入时，教育规划方案应优先考虑以（ ）满足子女大学教育费用。（2009年11月理财规划师考试真题）
    (A) 政府教育资助   (B) 客户自有资源
    (C) 相关机构贷款   (D) 保险分红

11. 李先生是某合伙公司的合伙人，李太太作为全职太太一直没有工作，现在二人开始积累子女的教育金，（ ）能很好地规避李先生家庭的各项风险。（2009年5月国家理财规划师考试真题）
    (A) 投资基金   (B) 教育储蓄   (C) 政府债券   (D) 教育信托

12. 在给客户进行住房消费支出规划时，首先要确定客户的需求，理财规划师在帮助客户确定其购房需求时应遵循下列原则，下列对这些原则的描述错误的是（　　）。（2011年11月理财规划师考试真题）
    (A) 够住就好　　　　　　　　　　　(B) 有多少钱买多大的房子
    (C) 无须进行过于长远考虑　　　　　(D) 需要长远考虑

13. 理财规划师为了能更好地为客户制定汽车消费规划，应了解有关汽车消费贷款的知识，关于国内外汽车生产商均可提供消费信贷的好处，下列哪个说法不正确（　　）。（2011年11月理财规划师考试真题）
    (A) 有利于控制目前出现的信息不对称风险
    (B) 推动汽车消费的升级换代
    (C) 扩大汽车贷款规模
    (D) 提高银行的利润

14. 适合用来筹备子女教育金的投资工具是（　　）。（2011年5月理财规划师考试真题）
    (A) 权证　　　　　　　　　　　　　(B) 教育储蓄和教育保险
    (C) 期货　　　　　　　　　　　　　(D) 外汇

15. 目前高校中级别最高、奖励额度最大的奖学金是（　　）。（2011年5月理财规划师考试真题）
    (A) 优秀学生奖学金　　　　　　　　(B) 定向奖学金
    (C) 研究生优秀奖学金　　　　　　　(D) 国家奖学金

16. 国家助学贷款的贷款额度一般为（　　）。（2011年5月理财规划师考试真题）
    (A) 基本学习、生活费用　　　　　　(B) 基本学习、生活费用减去奖学金
    (C) 每人每学年最高不超过6 000元　 (D) 2 000～20 000元之间

17. 通常情况下，如果预计教育负担比低于20%，说明（　　）。
    (A) 客户应尽早准备学费　　　　　　(B) 客户应考虑学费增长率
    (C) 客户的学费负担压力不大　　　　(D) 客户的教育规划金额刚性较强

18. 购房规划和退休养老规划在客户财务状况不佳时，可以推迟理财目标的实现时间，而教育规划则完全没有这样的（　　）。
    (A) 时间刚性　　　(B) 时间弹性　　　(C) 费用刚性　　　(D) 费用弹性

19. 国家教育助学贷款包括（　　）和财政贴息的国家助学贷款两种。
    (A) 商业性银行助学贷款　　　　　　(B) 学生贷款
    (C) 商业性助学贷款　　　　　　　　(D) 教育贷款

20. 学生贷款是指学生所在学校为那些无力解决在校学习期间生活费的全日制本、专科学生提供的无息贷款。其贷款额度为（　　）。
    (A) 基本学习、生活费用减去奖学金
    (B) 每人每学年最高不超过 6 000 元
    (C) 一般在 2 000 ~ 20 000 元之间
    (D) 一般在 4 000 ~ 10 000 元之间

21. 张先生的女儿 5 年后上大学，届时的教育金为每年 3 万元，张先生夫妇现在的年收入为 4 万元，预计每年增长 3%，则张先生家庭的教育负担比为（　　）。
    (A) 58%　　　　(B) 65%　　　　(C) 70%　　　　(D) 75%

22. 教育储蓄是指为接受非义务教育积蓄资金，分次存入，到期一次支取本息的服务。教育储蓄的存期分为（　　）年。
    (A) 1、2、3　　(B) 1、2、5　　(C) 1、3、5　　(D) 1、3、6

23. 有些家长为孩子的教育奋斗了十几年，甚至大半生，一旦父母经营的企业发生意外，孩子的教育经费可能就会得不到保障，最好的教育规划工具是（　　）。
    (A) 教育保险　　　　　　　　　　　(B) 教育储蓄
    (C) 子女教育信托　　　　　　　　　(D) 投资国债

24. 张女士计划为孩子准备好大学和研究生期间的学费，如果大学四年每年的学费为 8 000 元，研究生两年的学费为每年 15 000 元，全部学费在上大学时即准备好，在张女士保障投资收益率达到 6% 的条件下，她需要在孩子大学入学之际准备好（　　）元的学费。
    (A) 29 150.94　　　　　　　　　　　(B) 23 090.27
    (C) 58 535.04　　　　　　　　　　　(D) 52 474.37

25. 接上题，张女士的孩子还有 10 年就要进入大学，为此她需要在每月月初发工资的时候存入（　　）元至该教育基金，才能积累上述所需要的学费。
    (A) 318.61　　　　　　　　　　　　(B) 355.41
    (C) 140.20　　　　　　　　　　　　(D) 177.00

26. 接第26题，若张女士的孩子还有6年就要进入大学，她目前已经为孩子准备了3万元的教育储备金，按月计息，为此她还需要在每月月底发工资的时候存入（　　）元至该教育基金，才能积累上述所需要的学费。

    (A) 184.93　　　　(B) 110.09　　　　(C) 155.13　　　　(D) 225.27

27. 助理理财规划师告诉客户在教育资金的各项来源中，属于无偿资助的是（　　）。（2009年5月国家理财规划师考试真题）

    (A) 国家教育助学贷款　　　　　　(B) 商业助学贷款
    (C) 特殊困难补助　　　　　　　　(D) 国家奖学金

二、多项选择题

1. 理财规划师在为客户制定教育规划时应减少对政府资助、奖学金的依赖，其主要原因在于（　　）。（2007年5月理财规划师考试真题）

    (A) 政府资助、奖学金金额有限
    (B) 政府资助取得较难
    (C) 子女能否取得奖学金不确定
    (D) 政府资助、奖学金不是教育资金的来源
    (E) 依赖政府资助、奖学金不符合教育规划的稳健性原则

2. 为解决贫困大学生接受高等教育问题，高校采取的方式有（　　）。（2011年5月理财规划师考试真题）

    (A) 奖学金　　　(B) 国家助学贷款　　　(C) 困难补助
    (D) 勤工助学　　(E) 减免学费

3. 除客户自身收入和资产外，教育资金的主要来源有（　　）。（2011年5月理财规划师考试真题）

    (A) 亲友借贷　　(B) 教育贷款　　　　(C) 工读收入
    (D) 奖学金　　　(E) 政府教育资助

4. 设立子女教育信托的积极意义有（　　）。（2011年5月理财规划师考试真题）

    (A) 可以使信托财产得到最好的规划和配置
    (B) 可以给子女一定的激励，鼓励子女努力奋斗
    (C) 可以从小培养孩子节俭、合理规划的理财意识
    (D) 可以避免因家庭财产危机给孩子的学习生活带来不良影响
    (E) 可以防止受益人对资金的滥用

5. 理财规划师在利用教育储蓄为客户积累教育金时应该注意（　　）。(2011年5月理财规划师考试真题)

(A) 教育储蓄50元起存，每户本金最高限额为2万元

(B) 教育储蓄在存期内遇利率调整，仍按开户日利率计息

(C) 只有小学三年级以上的学生才可以办理教育储蓄

(D) 教育储蓄相当于采取零存整取的方式获得整存整取的利率

(E) 教育储蓄不得部分提前支取

三、案例分析题

案例一：随着人们接受教育程度的要求越来越高，教育费用也在持续上涨，家长为了保障子女能够接受较好的教育，一般有教育规划方面的需求。何先生的儿子即将上小学，他向助理理财规划师就子女教育规划方面的问题进行了咨询。根据上面资料，请回答：(2008年11月理财规划师考试真题)

1. 理财规划师为何先生做子女教育规划，他所做的第一项工作为（　　）。

   (A) 要求何先生确定子女的教育规划目标

   (B) 估算教育费用

   (C) 了解何先生的家庭成员结构及财务状况

   (D) 对各种教育规划工具进行分析

2. 何先生要选择教育规划工具，下列四项中，不属于长期教育教育规划工具的为（　　）。

   (A) 教育储蓄　　　　　　　　　(B) 投资房地产

   (C) 教育保险　　　　　　　　　(D) 购买共同基金

3. 何先生的儿子今年7岁，预计18岁上大学，根据目前的教育消费大学四年学费为5万元，假设学费上涨率6%，何先生现打算用12 000元作为儿子的教育启动资金，这笔资金的年投资收益率为1%，则儿子上大学所需学费为（　　）元。

   (A) 78 415.98　　(B) 79 063.21　　(C) 81 572.65　　(D) 94 914.93

4. 如果何先生没有后期投入，则儿子的大学费用缺口为（　　）元。

   (A) 58 719.72　　(B) 60 677.53　　(C) 65 439.84　　(D) 68 412.96

5. 由于何先生最近需要大笔支出,因此决定把 12 000 元启动资金取出应急,变更计划为每月固定存款筹备费用,假定该存款年收益率为 5%,则何先生每月需储蓄( )元。
   (A) 487.62
   (B) 510.90
   (C) 523.16
   (D) 540.81

6. 下列四项中不属于政府教育资助项目的为( )。
   (A) 特殊困难补助
   (B) 减免学费政策
   (C) 奖学金
   (D) "绿色通道" 政策

7. 如果何先生儿子上大学时一时资金周转存在困难,何先生想通过教育贷款的方式解决,下列四项中不属于教育贷款的项目为( )。
   (A) 商业性银行贷款
   (B) 财政贴息的国家助学贷款
   (C) 学生贷款
   (D) 特殊困难贷款

8. 如果何先生儿子上完大学后想出国留学,要申请留学贷款,下列( )是何先生的儿子不需要具备的条件。
   (A) 具有完全民事行为能力
   (B) 愿意与国家签署协议承诺学成后回国
   (C) 身体健康,诚实守信
   (D) 在贷款到期日的实际年龄不超过 55 周岁

9. 何先生的儿子申请留学贷款时,不需要提供的资料为( )。
   (A) 拟留学学校出具的入学通知书、接收证明信
   (B) 本人的学历证明材料
   (C) 拟留学学校所在国入境签证手续的中国护照
   (D) 与国家留学基金签署的回国工作承诺

10. 如果何先生的儿子最后申请到了留学贷款,那么留学贷款不能用作的用途为( )。
    (A) 支付留学人员的学费
    (B) 支付留学人员的基本生活费
    (C) 支付何先生在国外留学儿媳的学费
    (D) 支付何先生自己的生活费

案例二：我国传统上家长对于子女的教育就比较重视。但随着教育费用越来越高，为了保证子女的上学费用，十分有必要做好子女教育规划。客户郑女士有一个在读初中三年级的女儿，她向理财规划师就子女教育规划方面的问题进行了咨询。根据案例请回答：(2008年11月理财规划师考试真题)

1. 教育规划方案的最终确立是在理财规划师对客户家庭财产状况、收入能力、承受风险能力以及子女教育目标都已明确的前提下制定的，下列（   ）不属于进行教育规划的必要步骤。
   (A) 了解客户家庭成员结构及财务状况
   (B) 确定客户子女教育目标
   (C) 估计教育费用
   (D) 确定工作地点

2. 在理财规划师的帮助下，郑女士于2006年3月1日参加了教育储蓄，当时约定的存期为6年。如果郑女士到2012年3月2日支取本金和利息，那么教育储蓄的计息方式为（   ）。
   (A) 三年期整存整取定期存款利率计息
   (B) 四年期整存整取定期存款利率计息
   (C) 五年期整存整取定期存款利率计息
   (D) 六年期整存整取定期存款利率计息

3. 接上题，郑女士支取本金和利息时，为了享受免税待遇，不需要带的资料为（   ）。
   (A) 身份证   (B) 户籍证明   (C) 学校证明   (D) 家庭情况证明

4. 如果理财规划师向郑女士推荐教育保险，关于教育保险，下列说法不正确的是（   ）。
   (A) 相对而言变现能力较低
   (B) 每户本金最高限额为2万元
   (C) 教育保险具有强制储蓄功能
   (D) 投保人出意外，保费可豁免

5. 大额存单也是长期教育规划中的重要工具，关于大额存单的特点，下列四项中不正确的是（   ）。
   (A) 固定面额   (B) 固定期限
   (C) 不可转让   (D) 收益高于一般定期存款

6. 如果郑女士的女儿还有四年上大学，目前大学及硕士费用 12 万元，以 5% 的学费上涨率计算，到郑女士的女儿上大学时，其大学及硕士期间共需（　　）元的学费。
   (A) 128 632.75　　　　　　　　　　(B) 128 794.15
   (C) 132 670.25　　　　　　　　　　(D) 145 860.75

7. 如果郑女士以 2 万元作为教育金的初始资金，以 6% 的投资报酬率计算，那么到女儿上大学时，这笔钱可以积累至（　　）元。
   (A) 24 694.45　　　　　　　　　　(B) 25 167.91
   (C) 25 249.54　　　　　　　　　　(D) 26 714.78

8. 如果郑女士每月月初固定拿出一笔资金进行定投，则郑女士每月需投（　　）元，方可弥补教育金缺口。
   (A) 1 925.31　　　　　　　　　　(B) 1 967.12
   (C) 2 179.54　　　　　　　　　　(D) 2 218

9. 如果郑女士因急需资金，将 2 万元启动资金挪为他用，改为每年年末定期定投的方式积累教育金，则郑女士每年需投入（　　）元。
   (A) 32 134.19　　　　　　　　　　(B) 33 342.53
   (C) 34 618.78　　　　　　　　　　(D) 35 102.97

案例三：石先生今年 48 岁，每月税后工资 4 500 元，他妻子高女士 43 岁，每月税后工资 3 000 元。他们有一个孩子小石，今年 16 岁，2 年后就要上大学。他们目前居住的三居室的房子市价为 56 万元，二人为孩子大学学习生活费用已经积累了 15 万元的储蓄，另外家里还有 20 万元的存款。目前大学四年的学费共计 5 万元，另外生活费共 8 万元，学费上涨率为每年 5%。如果石先生的基金投资收益率为 4%，二人的存款年收益率为 2.5%，目前不算孩子，二人每月生活费为 3 000 元，通货膨胀率为每年 3%。假设考虑退休，石先生夫妇预计寿命都为 85 岁，石先生 60 岁退休，高女士 55 岁退休，二人退休后无其他收入来源，届时的基金收益率调整为 3% 每年。根据案例请回答：

1. 如果小石从读大学开始，石先生将教育和生活的费用全部准备好，此后小石完全独立，则石先生需要为小石在今年准备（　　）元的教育金。
   (A) 55 125　　　　　　　　　　(B) 84 872
   (C) 139 997　　　　　　　　　　(D) 129 435

2. 如果石先生将小石教育基金中结余的资金取出，另外开立账户，并将其目前的存款一并转入该账户，配置基金及收益率保持不变，则相对其原来计划的 20 万元存款，在他退休时可以多得到（ ）元的退休金。
   (A) 84 154
   (B) 51 218
   (C) 353 132
   (D) 320 206

3. 石先生退休时，他和高女士每月的生活费应为（ ）元才能保证生活水平没有发生变化。
   (A) 3 000
   (B) 4 277
   (C) 4 803
   (D) 4 032

4. 石先生和高女士退休后共需要（ ）元的退休生活费（石先生去世后，高女士一人的生活费为二人时的一半）。
   (A) 990 000
   (B) 900 000
   (C) 1 411 410
   (D) 1 283 100

5. 石先生夫妇的退休金缺口为（ ）元。
   (A) 1 058 278
   (B) 1 091 204
   (C) 929 968
   (D) 962 894

Chapter 7 第7章

保险规划：风险理财

学习目标

本章要求了解保险规划的概念、保险的类别、保险的职能；理解和掌握不同生涯阶段的保险理财需求，保险规划的基本原则，保险理财规划的主要步骤；通过保险规划相关理财产品的比较，了解我国目前保险理财市场的现状，并通过保险规划案例分析，了解不同情况下的个人家庭保险理财的实际运用。其中不同生涯阶段的保险理财需求、保险规划的基本原则、保险理财规划的主要步骤为本章的重难点。

导读

随着保险行业的竞争愈演愈烈，越来越多的人关注保险产品的发展，更多的人开始考虑保险理财，因此保险理财规划就显得尤为重要。本章将以保险规划理财的基本原则为出发点，采用不同生涯阶段的人群对保险理财规划的需求为案例，阐述保险理财规划的主要步骤，分析保险理财规划的主要内容，还将通过案例来分析对保险理财规划产品的选择，让读者更好地了解保险规划方案流程与目标。

对很多家庭来说，保险都是必不可少的一项活动。在现代社会，人们除了通过保险来保障自己的生活之外，还有不少人希望在保险中赚取一定的收益，因此保险也成为现今比较流行的一种理财工具。随着保险理财越来越受到人们的追捧，为保险制定一份合理的规划就显得尤其重要。如何在多方面的比较中选定保险产品，如何规划保险方案都是值得好好深究的。另外男女在投保时也存在很大的差别，所以在方案规划时应该注意突出他们的特点。

第一节 保险规划概述

保险是帮助个人或机构承担不可预测的巨大经济损失的一种金融工具。从个人面临的不确定性来看,主要包括人身风险和财产风险两大类。在人身风险、财产风险可能带来重大影响的情况下,寻求风险的转移、规避等为保险规划提供了前提条件。通过保险规划,对可能出现的风险事件进行预先准备,在遇到意外事件时就可以从容应对。

一、保险规划内涵

(一) 概念

保险理财,其实就是从个人理财的角度进行保险规划,针对可能面临的风险,通过定量分析个人保险需求的额度,预先投资相应的保险理财产品,利用保险理财产品的收益来规避、转移风险,并适时获取一定的投资收益。保险理财的目的是让个人在人生的各个阶段,适时地得到财务支援,以达成人生的各种目标,包括生前财富积累和身后财产转移[一]。

(二) 保险类别

从保险的基本性质来看,有两类性质的保险,即社会保险和商业保险,这两类保险从社会和个人的角度为应对风险提供了基础。社会保险和商业保险都是保险理财选择的重要方式。

1. 社会保险

社会保险是国家以法律的形式规定的,在劳动者暂时或永久丧失劳动能力而没有生活来源时给予物质帮助、维持基本生活的各种制度的总称。社会保险计划由政府举办,强制某一社会群体将其收入的一部分作为社会保险税形成社会保险基金,在满足一定条件的情况下,被保险人可以从基金中获得一定的收入或损失的赔偿,它是一种再分配制度,它的目标是保证物质及劳动力的再生产和社会的稳定。社会保险的主要项目有养老社会保险、医疗社会保险、失业保险、工伤保险、生育保险等。

2. 商业保险

与社会保险相对应,商业保险通过订立保险合同,以盈利为目的,由专门的保险企业经营。商业保险关系是当事人自愿缔结的合同关系,投保人根据合同约定,向保

[一] 艾正家. 金融理财学 [M]. 上海:复旦大学出版社,2010:181-197.

险公司支付保险费,保险公司根据保险合同约定的可能发生的事故因其发生所造成的财产损失承担赔偿保险金的责任,或者当被保险人死亡、伤残、疾病或达到约定的年龄、期限时承担给付保险金的责任。

二、保险的职能

保险既具有保障功能,又具有投资理财的功能,是家庭理财的工具之一,其与银行存款、证券投资等理财工具存在一定的区别,其基本职能如图7-1所示。

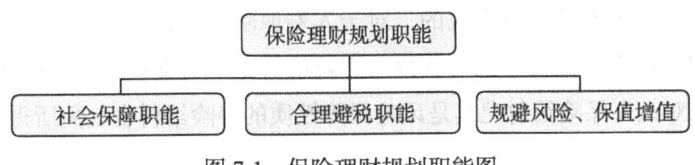

图7-1 保险理财规划职能图

(一)社会保障职能

1. 经济补偿

经济补偿职能是保险的基本职能。通过保险理财,投保人获得了保险保障,实现了对危险损失的风险转移,是一种影响生产要素所有者之间配置风险的制度。在这种制度安排下,保险从单纯的、个体的契约关系,发展成为商品经济条件下的一种客观存在的社会再分配关系。作为一种有效的制度安排,具有普适性特征和内在的协调功能,有利于减少社会的交易成本,激励和促进个人和组织从事生产性活动,增强生产要素在满足人类需求上的效能。

2. 增进社会福利

保险通过它的内在机制,不仅仅分散了风险、提供了经济补偿,而且可以在更广泛的层面上为增加社会福利做贡献。对现代家庭而言,在投资股票、基金和外汇的同时,也会购买国债、寿险等有长期投资价值的资产。自然灾害和意外事故是与人类社会密切相关的,只要有人类活动的地方,这些事故就存在,而且会给人们生活造成极大的困难。在保险活动中,保险人作为组织者和经营者,通过收取保险费的形式集合众多面临同类风险的被保险人按损失分摊的原则对其中遭受该类风险事故损失的被保险人提供经济补偿或给付保险金。

(二)合理避税职能

1. 个人薪酬避税

居民个人缴纳的"五险一金"等费用是税前扣除的,其中"五险"即养老保险、医疗保险、失业保险、工伤保险及生育保险，这些都是法定社会保险。而对于社会保险之外投保的商业人寿保险保费目前国家并没有规定可以在税前扣除，但在国外这种商业人寿保险费是可以在税前扣除的。

2. 企业所得避税

我国税法规定，企业或个体工商户投保的财产保险、运输保险等保险费是可以在税前扣除的，这对于那些拥有自己工厂、商店的人来说显然是优惠政策。我国税法明确规定企业或个体工商户投保财产保险、运输保险等险种，因保险事故遭受损失而得到的保险赔偿金，政府是免所得税的；对于人寿保险给付，虽然税法并未明确规定免所得税，但实际操作中居民个人所获得的寿险给付是不必交纳个人所得税的，世界上绝大多数国家对人寿保险给付尤其是风险保障性质的寿险给付也是免所得税的。

3. 规避遗产税

保险受益人得到的保险金，也不属于遗产税的纳税范畴，特别是拥有巨大家产的人如果不买保险，则他去世后继承人可能要按遗产为税基，交 50% ~ 70% 的遗产税，如果大量购买寿险产品，这样当他去世时尽管直接的财产基数可能缩小了，但无疑保险金是个巨大的数目，也许是他本来的遗产的数倍，而且不必纳税，这是受国家法律保护的，也是由保险的本质决定的。综上所述，购买保险可享受国家的税收减免优惠，是家庭财富积累的源泉之一。

（三）规避风险与保值增值职能

投资理财是现代家庭财富积累的重要手段，但投资往往不仅需要专业的知识、缜密的思考、充裕的时间、准确的眼光以及过人的智慧，还需要经验与运气，稍有不慎就可能血本无归。"不要把鸡蛋放在同一个篮子里"已是投资界的至理名言。

1. 规避风险

目前我国投资渠道极为广阔，人们可以选择银行存款、股票、房地产、债券和外汇等多种投资方式，这些投资方式显然会受到通货膨胀及利率波动的影响，相对而言保险产品则具有较强的稳定性，它本身就是一种分散风险的理财行为，其预定利率具有前瞻性且一般对国家的利率变化并不特别敏感，如变额寿险、万能寿险正是为应对通货膨胀及利率风险而产生的。

2. 保值增值

万能寿险又称为综合人寿保险，居民个人可以根据自己的缴费能力及保单的现金价值决定缴费甚至暂停缴费，而且缴费多少也可根据个人对保险金额的变更而变更，因此这是一种非常灵活的险种。投资联结保险及万能寿险是集保障、投资、收益保底三种功能于一体的创新型保险理财产品，能够帮助投资者在不断变化的资本市场中顺利实现其理财需求。

第二节 保险规划内容

一、不同生涯阶段的保险理财需求

人的一生不可避免会面临人身、财产、责任等风险，但在不同阶段，保险需求的侧重点不同，在进行规划时应考虑个人所处的生涯阶段，依据不同阶段的特点来规划保险。在本书中，将人生分为单身期、家庭形成期、家庭成长期、家庭成熟期、养老期五个阶段，并分别针对这五个阶段的不同特点来制定规划的主要内容（见表7-1）。

表7-1 不同生涯阶段的不同保险需求

人生阶段	单身期	家庭形成期	家庭成长期	家庭成熟期	养老期
特点	收入低 花销大	经济收入增加 消费逐渐增大	收入进一步提高费用支出增加	负担最轻 储蓄能力最强	收入、消费减少、医疗保健支出增加
风险承受能力	强	很强	强	较弱	弱
家庭主要支出	生活开销	购房	高等教育	准备退休金	生活费、医疗费
理财活动	积蓄资金加强职业培训	储蓄购房 增加定期存款基金等	偿还房贷 储备教育金	准备退休金	以固定收入的资产为主优先考虑
保险需求	意外伤害责任保险定期保险	意外伤害险 责任险 财产保险	意外伤害险 健康保险 财产保险 教育金保险	健康保险 投资性保险 年金保险	医疗保险

资料来源：艾正家.金融理财学[M].上海：复旦大学出版社，2010：181-197.

（一）单身期

单身期的时间一般为2～5年，是指从参加工作至结婚的时期，其特点是经济收入比较低且花销大。这个时期是未来家庭资金累积期，年纪轻，主要集中在20～28岁之间，健康状况良好，无家庭负担，收入低但稳定增长，保险意识较弱。这个阶段理财活动的要求是增强职业培训，提高自身的素质，为薪资增长提供基础。单身期的保险需求不高，主要可以考虑意外风险保障和必要的医疗保障，以减少因意外或疾病导致的直接或间接经济损失。若父母需要赡养，需要考虑购买定期险，以最低的保费获得最高的保障，确保一旦有不测时，用保险金支持父母的生活。

（二）家庭形成期

家庭形成期的时间大致在结婚到新生儿诞生时期，一般为 1～5 年，其特点是处于家庭和事业新起点，有强烈的事业心和赚钱的愿望，渴望迅速积累资产，投资倾向易偏于激进。这一时期是家庭的主要消费期，经济收入增加而且生活稳定，家庭已经有一定的财力和基本生活用品，但是费用支出较多，主要表现在结婚生子和购置房屋上。这个阶段的理财活动为增加定期存款、基金等方面的投资，储蓄购房首付款。其保险需求是为保障一家之主在遭受意外后房屋贷款不会中断，可以选择缴费少的定期险、意外保险、健康保险等，但保险金额最好大于购房金额和家庭成员 5～8 年所需生活开支的总和。可购买投资型保险产品，在规避风险的同时，可以使资金增值。

（三）家庭成长期

家庭成长期是从小孩出生到小孩参加工作以前的这段时间，大约 18 到 22 年。这个阶段的特点是个人事业成长、子女成长且处于受教育阶段，也是个人对家庭责任最重大的时期。虽然收入大幅增长，但家庭日常消费、子女教育金准备、住房贷款等重大开支同时存在。理财活动的重点是合理安排上述费用。同时，随着子女的自理能力大大增强，在投资方面可考虑以创业为目的，如进行风险投资等。这个阶段的保险需求是在未来几年里面临小孩接受高等教育的经济压力，通过保险可以为子女提供经济保证，使子女能在任何情况下都能接受良好的教育。

（四）家庭成熟期

家庭成熟期是指子女参加工作到家长退休为止的这段时间，一般为 5 年左右。这一阶段的特点是子女已经独立，收入稳定，费用支出最少。但同时，夫妇双方年纪增大，健康状况下降，保险意识和需求增强。该阶段的理财活动的特点主要是进入人生后期，万一风险投资失败，将会葬送一生累积的财富，所以不宜选择风险较大的理财产品。重点准备退休金，降低投资组合风险。这个时期的保险需求是人到中年，身体机能明显下降，对养老、健康、重大疾病的需求增加。另外，要存储一笔养老资金，且这笔资金不能轻易挪用。

（五）养老期

养老期是指退休以后的这段时间。这段时期的特点是以安度晚年为目的，理财原则是健康、精神第一，财富第二。理财活动的主要内容为合理安排晚年医疗、保健、娱乐、锻炼、旅游等开支，投资和花费有必要更为保守，可以带来固定收入的资产应优先考虑，保本在这时期比什么都重要，最好不要进行新的投资，尤其不能再进行高风险投资。在此阶段夫妇双方年纪较大，健康状况较差，家庭负担较轻，收入较低，家庭财产逐渐减少，保险意识强等，应在65周岁之前，通过合理的规划，检视自己已经拥有的人寿保险，并进行适当调整。

二、保险规划的基本原则

(一) 转移风险

购买保险的目的是为了转移风险，在发生保险事故时可以从保险公司获取经济补偿。从这个原则出发，在进行规划时必须全面、系统分析个人及家庭面临的各种风险，明确哪些风险可以采取自留、损失控制等非保险方法进行管理，哪些风险必须采用保险方法转嫁给保险公司。可根据自身的年龄、职业、收入等实际情况，力所能及地适当购买人身保险。

(二) 先保障后投资

从功能上分，保险分为两类：保障型和投资型。每个投保人可以根据自己的需要进行选择，但是在现今金融动荡的情况下，存在太多不确定的因素，因此投保人在投保时必须慎重，还是应该以遵循保障为第一原则。重投资轻保障的行为不是理财，而是冒险。

(三) 保费支出要量力而行

许多投保人都不清楚自己到底应该拿出多少钱来投保。而保险是一种经济行为，只有投保人先付一定保费，才能获得相应的保险保障。一般来说，保费的支出要综合家庭的收入情况和家庭对保险的需求程度来定。投保的险种越多，保障金额越高，保险期限越长，所需的保费就越多。因此，保险规划应该在个人或家庭财务规划的基础上进行，充分考虑个人或家庭的经济实力，量力而行。

(四) 分析个人需求

投保前要考虑三个因素：一是适应性，即根据需要保障的范围来考虑购买险种；二是要结合个人或家庭的经济支付能力；三是选择性，在有限的经济能力下，为成年人投保比为子女投保更实际，特别是家庭的"经济支柱"。如果客户购买多项保险，应尽量以综合方式投保。综合投保可避免各单独保单间可能出现的重复，要注意各保单之间的配套性，充分实现保险规划的最高经济利益。

（五）保险金额足额但不超额

关于一个人到底需要多少的保险金额这个问题其实与上述保费确定的方法一样，也是要依据家庭的收入来定。一般情况下，保险金额只要足额就够了，不需要超额投保，否则既造成了不必要的浪费，也加重了家庭的经济负担。保险金额的确定可以通过各种方法来确定。就普通家庭而言，家庭的寿保金额一般是每个家庭年收入的 10 倍。

三、保险理财规划的主要步骤

保险理财规划的主要步骤如图 7-2 所示。

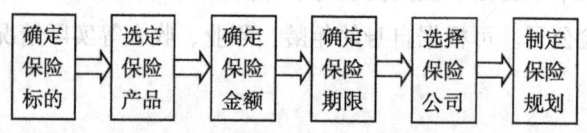

图 7-2　保险理财规划的步骤图

（一）确定保险标的

确定保险标的是保险规划的首要任务。保险标的可以是人的寿命和身体，也可以是财产及相关的利益。投保人可以以其本人或与本人有密切关系的人拥有的财产以及可能依法承担的民事责任作为保险标的。

对于财产保险，可保利益是比较容易事先确定的，财产所有人、经营管理人、抵押权人等都有可保利益。人寿保险较难确定，因为人的生命和健康的价值是难以用经济手段来衡量的。衡量投保人对被保险人是否具有可保利益，就要看投保人与被投保人之间是否存在合法的经济利益关系，比如投保人是否会因为被保险人的人身风险发生而遭受损失。

（二）选定保险产品

确定保险标的之后，就应该考虑选择具体的保险品种。投保客户在专业人员的帮助下，准确判断自己准备投保的保险标的的具体情况，进行综合的判断与分析，才可能选择对自己合适的保险产品，较好地回避各种风险。在确定购买保险产品时，还应注意合理搭配险种。投保人身保险可以在保险项目上进行组合，如购买一个或两个主险附带意外伤害、重大疾病保险，从而可以得到全面的保障。但是在全面考虑所有需要投保的项目时，还要进行综合安排，应避免重复投保，使用于投保的资金得到最有效的运用。

（三）确定保险金额

确定保险标的、保险产品的类别后，要进一步确定保险金额。保险金额，是指一个保险合同项下保险公司承担赔偿或给付保险金责任的最高限额，即投保人对保险标的的实际投保金额；同时又是保险公司收取保险费的计算基础。一般而言，保险金额的确定应该以财产的实际价值和人身的评估价值为依据。财产的投保金额一般比较容易确定。对于普通财产，投保人可根据财产的重置价值或市场价值来确定；对于特殊的财产，则须请专家进行鉴别确认。对于人的价值衡量，只能给予人的生命的经济价值，根据性别、年龄、家庭状况、收支水平等来计算生命的经济价值。

（四）确定保险期限

确定保险金额后，就要确定保险期限。保险期限的长短与投保人所需缴纳的保险费多少、个人未来预期收入的变化紧密联系。财产保险、意外伤害险等保险品种的保险期限较短，通常是中短期保险，保险期满后可以选择续保或停止保险。人寿保险的保险期限比较长，有的甚至长达一辈子。投保人应该根据实际情况，确定保险期限、缴纳期间和领取保险金的时间等。

（五）选择保险公司

在做好上述四个步骤后，就要选择保险公司。保险公司的选择主要是依据保险标的、保险产品来决定。不同的保险公司其所侧重的保险产品也有所不同，每一家保险公司都有其"金牛产品"，投保者可以根据实际需要来正确选择保险公司。同时，保险金额和保费的收取也是选择保险公司的一个重要依据。

（六）制定保险规划

经过了前面的五个步骤，其实就是制订了一个很好的保险规划方案。保险规划的第一步就是明确保险标的，在选择好保险标的之后，就可以根据标的的特性挑选合适的保险产品。完成以上两步之后，应该根据自身的财务状况来明确保险金额，在自己的能力范围之内为自己投入相应的保险金额。根据自身的需要和保险标的本身的特性，在制定规划时还要考虑投保的期限，做到最大保障和收益。下面用一些例题来巩固对保险规划知识的了解：

例 7-1 于某由江西老家进京打工，从事建筑工作，月收入 12 000 元，家中母亲年迈，没有收入来源。于某最需要的保险产品为（　　）。(2007 年 5 月国家理财规划师考试真题)

A. 长期重大的疾病保险　　　　　B. 人身意外伤害保险
C. 万能寿险　　　　　　　　　　D. 养老保险

答案：B。解析：由于于某从事建筑工作，人身意外发生概率较高，且于某为家庭主要经济来源者，所以当务之急最需要投保人身意外伤害保险，使意外风险得以转移。

例 7-2 刘某作为医生刚刚开始独立执业，由于从事的治疗是新技术，受到客户质疑的可能性较大。刘某最需要的保险产品为（　　）。(2007 年 5 月国家理财规划师考试真题)

A. 普通医疗保险　　　　　　　　B. 长期重大疾病保险
C. 产品责任保险　　　　　　　　D. 职业责任保险

答案：D。解析：医生为专业技术人员范畴，对承保各种专业、技术人员因工作疏忽或过失造成他人人身伤害或财产损失赔偿责任的保险是职业责任保险。

例 7-3 风险存在通常会对经济单位的财务状况产生影响，以下对这种影响描述不正确的是（　　）。(2007 年 5 月国家理财规划师考试真题)

A. 人们必须留存必要的资金应付损失发生对其财务所带来的巨大打击
B. 风险带来的物质损失会使人们消费水平降低
C. 损失导致相应支出的增加
D. 通过风险管理可以使财务状况较之前有所改善

答案：D。解析：风险对财务状况的影响主要表现在：①在风险客观存在的情况下，为保证人们的生产和生活延续与进行，人们必须有足够的资金应付损失发生对其财务所带来的巨大打击；②风险所带来的物质损失会使人们消费水平降低。例如：火灾烧毁了人们的住房，导致人们无法继续居住；③损失还导致相应支出的增加，例如发生医疗费用、丧葬费用等。但不可能通过风险管理使财务状况较之前有所改善。

例 7-4 理财规划师有义务提醒投保人在保险合同订立时将保险标的的重要事实

向保险人进行口头或书面陈述。目前我国采用（　　）的方式。（2007年5月国家理财规划师考试真题）

A. 询问回答告知　　　B. 无限告知　　　C. 义务告知　　　D. 权利告知

答案：A。解析：从各国保险立法来看，关于投保人或被保险人的告知方式一般分为以下两种，即无限告知和询问回答告知。我国目前采用的正是询问回答告知方式。

例7-5 客户对保险"禁止反言"的原则通常很难理解，理财规划师在解释这一概念时应注意强调这一原则在保险实践中主要用于约束（　　）。（2007年5月国家理财规划师考试真题）

A. 投保人　　　B. 被保险人　　　C. 保险人　　　D. 受益人

答案：C。解析：考查要点为"禁止反言"的原则。在保险实践中，禁止反言主要用于约束保险人，是指保险人对某种事实向投保人（被保险人）所作的错误陈述为其合理依赖，以至于如果允许保险人不受该陈述的约束将会损害投保人（被保险人）的权益时，保险人只能接受其所陈述事实的约束，失去反悔权利的情况。

例7-6 王某购买了一辆家用轿车，并投保了一年期的商业车保（含盗抢险），半年后王某将该车转卖给刘某，保险部分未变更，之后刘某的车辆发生丢失，此时王某当时投保的保单还在有效期内，但保险公司根据保险的（　　）原则仍不予赔付。（2007年5月国家理财规划师考试真题）

A. 最大诚信　　　B. 近因　　　C. 可保利益　　　D. 损失补偿

答案：C。解析：财产保险不仅要求投保人在投保时对保险标的具有可保利益，而且要求可保利益在保险有效期内始终存在，特别是在发生保险事故时，被保险人对保险标的必须具有可保利益。本题中，王某将该车转卖给刘某，保险部分未变更，发生保障范围内的事故时，虽然保单还在有效期内，但此时王某已不对该车辆具有可保利益，所以保险公司不予赔付。

例7-7 损失补偿原则集中体现了保险的宗旨。坚持这一原则对于维护保险双方的正当权益、防止被保险人通过保险补偿而得到额外利益、避免道德风险的发生具有重要意义。但也有一些保险产品不适用该原则，如（　　）。（2007年5月国家理财规划师考试真题）

A. 财产损失保险　　　　　　B. 人身意外伤害保险
C. 责任保险　　　　　　　　D. 信用保证保险

答案：B。解析：损失补偿原则适用于补偿性保险，财产损失保险、责任保险、信用保证保险和一部分健康保险都属于补偿性保险，但是人寿保险和意外伤害保险不适用该原则。

例 7-8 理财规划师经常需要向客户说明人身保险的特点，其中，某些人身保险产品可以进行保单质押贷款是源于人身保险的（ ）特点。（2007年5月国家理财规划师考试真题）

A．保险标的的不可估价性　　　　　　B．保险金额的定额给付性
C．保险期限的长期性　　　　　　　　D．保险的储蓄性

答案：D。解析：保单质押贷款要求质押保单在质押时须具有现金价值，也就是保险的储蓄性特点。

例 7-9 理财规划的各部分是相互联系的，其中某些产品的设计要同时考虑多个规划的需要。比如年金保险产品除了是风险管理和保险规划的重要工具，还是（ ）规划经常需要考虑的。（2007年5月国家理财规划师考试真题）

A．现金　　　　B．消费支出　　　　C．子女教育　　　　D．退休养老

答案：D。解析：年金保险是指在被保险人生存期间，保险人按照合同约定的金额、方式，在约定的时间内开始有规则地、定期地向被保险人给付保险金的保险。年金保险多用于养老，所以又称养老年金保险，所以还是退休养老规划需要考虑的保险产品。

例 7-10 某客户提出其现在还未婚，家庭责任不重，尚不需要高额的人身保险保障，10万左右的额度应该就可以满足其需求，但随着以后结婚和生育子女，人身保险保障的额度就需要不断调高，直到其子女独立再调减。根据该客户的需要，理财规划师向其介绍（ ）产品可能会引起客户的兴趣。（2007年5月国家理财规划师考试真题）

A．重大疾病保险　　　　　　　　　　B．万能寿险
C．人身意外伤害保险　　　　　　　　D．责任保险

答案：B。解析：万能寿险是一种缴费灵活、保额可调整的非约束性寿险。万能寿险是为了满足要求保费支出较低且方式灵活的寿险消费者的需求。

例 7-11 某客户投保了意外伤害保险，在投保期间内多次遭受意外伤害，保险公

司对每次意外伤害造成的残疾或死亡均应该按照保险合同中的规定给付保险金，（　　）属于多数保险公司的通行做法。（2007年5月国家理财规划师考试真题）

A. 给付的保险金累计以不超过保险金额为限

B. 不予累计，每次给付以不超过保险金额为限

C. 客户可再一次出险后以原保费比例增加保险金额

D. 保险公司通常仅进行一次赔付

答案：A。解析：保险公司所负给付意外医疗保险金的责任以意外医疗保险金额为限，1次或累计给付的保险金达到意外医疗保险金额时，该项保险责任终止，也就是说保险公司给付的保险金累计以不超过保险金额为限。

第三节　保险规划理财产品比较

现在保险市场上，理财产品主要分为分红险、投资连结险、万能险。近几年，随着分红险的走俏，过去曾经风光一时的投资连结险和万能险开始出现负增长，保费收入也大大缩水。而分红险备受人们关注的主要原因就是它的投资压力比较小，而且它的利润比较高，因此，在近几年，分红险在保险理财产品中就独占鳌头。同样作为保险理财产品，既然人们对它们的追捧程度不同必然意味着它们之间存在着一定的差别，才会使顾客对它们产生了差别待遇。首先通过表7-2为大家讲述这三大理财产品存在的区别。

表 7-2　三大保险理财产品比较

比较	投资连结险	万能保险	分红保险
投资风险	客户自己承担	客户与保险公司承担	客户与保险公司承担
投资收益	不固定	不固定但保底	分红不固定
资金运作	专门账户	专门账户	专门账户
保费	固定缴费或灵活缴费	固定缴费或灵活缴费	固定缴费
身故给付	以当时账户价值为基数计算	保额＋当时账户价值	保额＋红利
手续费	透明	透明	不透明
利益来源	投资运作	投资运作	利差、死差、费差
资产管理费	透明	不透明	不透明

资料来源：艾正家.金融理财学[M].上海：复旦大学出版社，2010：181-197.

从表7-2中可以看出三大保险理财产品各有各的优势和不足之处。例如从投资的风险来看，万能保险和分红保险更加适合投资者的选择，因为它们的风险由客户和保险公司共同承担，而投资连结险就要客户自己承担全部的风险。从投资收益方面来看，

投资连结险和分红险的收益都是不固定的，虽然万能险也是不固定的但是它还是有一定的保底收益，所以从收益方面考虑的话万能险更加合适。从费用来说，投资连结险和万能险在缴费时可以是固定也可以是灵活的，而分红险是固定缴费的，从缴费的灵活性来说，分红险不占据优势。根据以上分析所得，三大保险理财产品各有所长，投保人应该根据自己的需要来选择一份合适的产品。

一、比重

 理财小常识 7-1　　　　中国三大险种发展史

> 1991 年 10 月，投资连结险在中国的保险市场刚刚出现，刚出现时并没有很好的反响。到了 2000 年下半年和 2001 年上半年，这一期间的上证指数攀升，投资连结的投资账户表现良好，产品也随之热销起来。2000 年的下半年，投资连结险的比重占到了人险的 1.4%，而到了 2001 年的上半年，比重已经攀升到了 10%。随着投资连结险的发展，分红险和万能险也逐渐发展起来，2001 年的上半年，总比重也占到了 11.1%。虽然在起步阶段，投资连结险比分红险和万能险有明显的优势，但是在随后的发展道路上，分红险逐渐展示出后来者居上的态势。近十年来，虽然万能险和分红险在绝对份额上都大幅增长，但是分红险仍然占据着一面独大的局面。2012 年的保险理财产品占比情况是投资连结险和万能险的总比重是 30%，分红险占据了 70% 之多。

按照目前我国保险行业的调查显示，大部分人在选择保险投资时都会首先选择分红险，在三大保险理财产品中，分红险就占据了 70% 左右。因为这项保险的风险比较低，保险费率固定，操作起来比较简单，所以选择的人数也比较多。其次选择的是万能险，占据了 17%，投资连结险有 13%，因为两者的相似性比较大，所以大部分人在选择这两个时并不能有很大的区别（见图 7-3）。

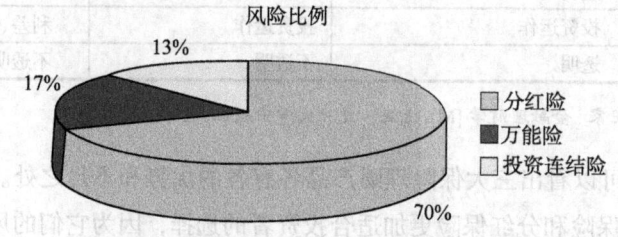

图 7-3　2012 年我国三大保险理财产品比重图

资料来源：投资连结险与万能险产品基础知识。

二、分设账户

分红险的保障和分红账户是混合的；而万能产品设有保障账户和一个单独的投资账户，其投资账户有保底的功能；投资连结险也是保障账户和投资账户分离，并设置有几个不同投资账户，在可能享有较高回报的同时也需承担一定的风险，其投资账户的形态有激进型、稳健型、保守型可供选择。值得注意的是投资连结险和万能险的投资账户资金并非是保单持有人所缴纳的全部保费，而是应扣除初始费、管理费、保障成本费后的资金余额。

三、投资渠道及投资比例

按照目前我国保监会的规定，分红险的投资渠道为：大额银行长期协议存款、国债、AA 级以上信誉企业债券、国家金融债券、同行业拆借、证券一级市场、证券二级市场、直接或间接投资国家基础设施建设等。投资连结险和万能险设立的投资账户，除了能做债券投资外，其投资股票二级市场的比例前者可以为 100%，后者不能超过 80%。

四、利润来源

分红险的红利主要来自三个方面：费差益、死差益和利差益。此外，还有退保差益等方面因素影响。虽然其保障部分的资金预定利率为 2%～2.5%，但允许保险公司每年向投资者派发可浮动的"红利"。

因此，从分红险的投资渠道看，保险公司的投资水平通常会水涨船高，一定程度上起到抵御通货膨胀的作用，并按照保监会的规定，保险公司至少应将分红险在每一个会计年度末可分配盈余部分的 70% 分配给分红保单持有人。而未分配盈余则用于平滑年度红利，使之每年分红水平保持相对稳定，避免出现大起大落。而投资连结险和万能险的利润来源则来自投资账户的投资收益。

五、投资风险性

从预期收益率来看，从分红险、万能险到投资连结险，三者的预期收益率是逐步升高的，所以风险相应地也越来越大。投资连结险的投资收益与风险由保单持有人承担，所以风险性较高；而万能险的投资收益与风险由保险公司与客户共同承担，风险性相对较小；分红险的投资渠道收益相对稳定，风险最小。因此，如果投资者是风险偏好性的，可以选择投资连结险和万能险，这两者虽然风险较高但是相比较而言收益也较高，对于追求高收益不畏惧风险的人群来说是不错的选择。如果投资者是惧怕风险的可以选择分红险，因为保险公司每年都有收益，所以投资者每年都有红利派发，有稳定的分红。

六、缴费灵活度

万能险与投资连结险具有缴费灵活，保额可调整的特点。像万能寿险，它在支付了初期最低保费之后，只要保单投资账户足够支付保单费用，客户甚至可以暂停保费支付。而分红险交费时间及金额固定，一旦承保，保障的保额不可调整。如果投资者拥有足够的流动资金的话可以选择分红险，但是必须保证在缴费期间能够按时上缴费用。如果在投资过程中并没有把握保证能每次都按时交保的话，可以选择万能险和连结险，当账户没有足够的钱交保时，客户可以选择暂停保费支付。

七、保障功能

分红险一般采用固定费率，保证自动连续续保，最长可以保障终身，在发生保险责任理赔后，保险合同既行终止，而投资连结险和万能险在保障方面采用自然费率，超过45岁以后其保障费率会很高，并且不能保证连续自动续保，当发生保险责任理赔后，对应该项的保险责任既行终止，同时投资账户金额将等额减少。从保险费率上看，投资连结险和万能险更加合理，随着年龄的增加，发生疾病等情况更加多，保险公司承担的赔偿概率也更大，所以应该适时地增加保费。

八、适宜人群

分红保险表现形式通常为"保障+分红"，适合于风险承受能力低、有稳健长期理财需求并且希望获得长期连续保障为主的投保人；万能寿险适合于需求弹性较大、风险承受能力较低、对保险希望以投资理财为主、保险为辅的投保人；投资连结险则适合于经济收入水平较高、希望以投资为主、保障为辅并追求资金高收益同时又具有较高风险承受能力的激进型投保人。

例7-12 理财规划师在为客户进行风险管理和保险规划时，人身保险险种的选择是至关重要的。某客户就人身保险合同条款向理财规划师咨询。

1.客户清楚"不可抗辩条款"是对自身利益的保护，但保险合同通常具有可抗辩

期，时间期限为（　）。（2007年5月国家理财规划师考试真题）

A. 合同订立的最初一年　　　　B. 合同订立的最初两年

C. 客户制定的任意一年　　　　D. 客户指定的任意两年

答案：B。解析：不可抗辩条款是指在被保险人生存期间，自保险合同生效之日起满两年后，除非投保人停止缴纳续期保险费，保险人将不得以投保人在投保时的误告、漏告和隐瞒事实等为由，主张合同无效或拒绝给付保险金。合同订立的头两年为可抗辩期。

2. 客户询问如在保单宽限期内未及时缴纳保险费，则（　）。（2007年5月国家理财规划师考试真题）

A. 合同完全有效　　　　B. 合同部分有效

C. 合同完全失效　　　　D. 同效力中止

答案：A。解析：在宽限期内，即使未缴纳保险费，合同仍然具有效力；超过宽限期，保险合同效力中止。

3. 客户询问"保单转让条款"相关规定，如果受益人为不可变更的受益人，则（　）。（2007年5月国家理财规划师考试真题）

A. 保单不能够转让

B. 需要取消"受益人条款"，再行转让

C. 需要先经受益人同意，再行转让

D. 保单可转让且不受影响

答案：C。解析：对于不可变更的受益人，未经受益人的同意保单不能转让。

4. 投保人可选择的保险金给付方式通常不包括（　）。（2007年5月国家理财规划师考试真题）

A. 定期收入方式　　　　B. 定额收入方式

C. 利息收入方式　　　　D. 本金收入方式

答案：D。解析：保单通常有可供投保人自由选择的给付方式，由投保人根据需要选择。通常有以下几种：一次性给付现金方式、利息收入方式、定期收入方式、定额收入方式、终身收入方式。

5. 客户询问享有保单现金价值，不因保单效力的变化而丧失的为（　）。（2007年5月国家理财规划师考试真题）

A. 保单所有人　　B. 投保人　　C. 被保险人　　D. 保单受益人

答案：A。解析：根据不丧失价值条款规定，保单所有人享有保单现金价值的权利，不因保单效力的变化而丧失。

6.客户询问如果第一受益人与被保险人同时意外死亡,不能证明死亡时间,投保人为不同被保险人和第一受益人的第三人,则( )。

  A.推定被保险人先死   B.推定第一受益人先死
  C.不进行推定,保险合同无法理赔   D.投保人重新指定受益人

答案:B。解析:根据规定如果第一受益人与被保险人同时意外死亡,不能证明死亡时间,投保人为不同被保险人和第一受益人的第三人,则推定第一受益人先死亡。

第四节 保险规划案例分析

保险理财已经成为了热门的理财方式之一,很多人都想要通过保险理财,但是却对于具体的理财方法一知半解。理财是一种很有深度的行为,如果不在之前进行详细的规划,那么这项理财活动必然不会成功。针对女性、男性对于保险产品的不同需求,我们可以制定两份不同的理财规划方案并且对其进行分析。

一、女性保险理财

(一)情况介绍

作为引领都市时尚风潮的新女性,拥有太多珍爱自己的方式,比如美食、旅游、服饰甚至是美容整形等。但是在这么多的方式中,有一种关爱常常被女性朋友们所忽视,那就是为自己买一份保险,为今后的生活保驾护航。以陈小姐为例,陈小姐是一名年轻的普通上班族,她今年26岁,处于单身阶段。公司为她交了最基本的五险一金,即养老保险、医疗保险、生育保险、失业保险、工伤保险和住房公积金。目前,陈小姐的事业正处于上升阶段,她所拥有的也只是最基础的社会保障而缺乏商业保险保障。针对这一情况,我们为陈小姐设计的保险规划方案可以包括意外伤害险、重大疾病险、寿险等。

(二)财务分析

陈小姐已经实现了经济上的独立,目前她的年薪是6万元,平时除了日常的开销并没有什么其他的支出,那么一年下来,陈小姐的储蓄至少有2万元左右。她已经工作了3年,账户储蓄有7万元。陈小姐还没有买车买房,因此也没有贷款需要偿还,不存在负债问题。而且陈小姐目前既不需要赡养父母,也还不用为孩子储蓄基金,在资金周转上面还是比较宽裕的。所以陈小姐的整体财务状况还是比较乐观的,对于买

几份保障自身利益的保险还是绰绰有余的。具体收支情况如表 7-3 所示。

表 7-3 个人财务状况分析表　　　　　　　　（单位：元）

收入	支出
工资收入：月薪 5 000	生活支出：每月 1 500
年终奖金：10 000	偿还车贷：每月 0
个人储蓄存款：70 000	支付房租：每月 800
股票与基金收入：每年 5 000	交通费：每月 300
其他收入：基本每月 1 000	其他支出：500

（三）保险规划建议

1. 寿险

寿险的保险金额一般为年收入的 10 倍以上，所以陈小姐的寿险保险总金额至少应该在 60 万元以上。陈小姐可以根据这个标准来为父母选择一份适合他们的寿险，为报答父母的养育之恩做好准备。例如某保险公司的寿险，需要交 30 年，保 30 年，保额 60 万元，保险费率为 8%，保障的范围包括疾病和身故，每年需要交保费 1 600 元。

2. 终身重大疾病险

假设某保险公司的终身重大疾病险，交 20 年，保终身，保额 30 万元，年缴保费 7 500 元。在陈小姐的一生中，如果发生了重大疾病，可获 30 万元保额，如果陈小姐不幸身故也可以由受益人领取 30 万元保额。

3. 意外综合险

这份保险包括了意外伤害、意外身故、意外医疗、意外住院、手术治疗和住院补贴，用较低的保费就可获得较高的身价保障。如以某保险公司的意外险为例，陈小姐可以投保一份 60 万元的意外保险，交 30 年，保 30 年，每年需要交保费 1 000 元。在投保期间如果身故或者残疾，可以获得 60 万元的保额，如果意外医疗可获得 5 万元保额和 100 元每天的住院津贴。

4. 分红险

保险的第一功能是保障，在满足了这一条件情况下，可以利用保险来投资，因此，陈小姐还可以购买一份分红保险。分红保险是指保单持有人在获取保险保障之外，可以获取保险公司的分红，即与保险公司共享经营成果。分红保险的红利主要来源于利差收益，而利差收益是保险公司实际投资收益率和预定投资收益率的差额导致的收益或损失。所以陈小姐在选择保险公司时，应该先调查下该保险公司的经济收益情况，以保证在投保后能获取收益。例如某保险公司的一份终身返还的分红险，保费 1 000

元每年。

综合以上四种保险，这份保险规划既包括了保障险又涵盖了投资险，是一份综合型保险规划。此次规划，陈小姐所需缴纳的年保费共计 4 350 元，对于目前还处于单身阶段，收入也不差的陈小姐来说，这笔费用也在其承受范围之内。在此方案中应该以意外综合险为先，其次是终身重大疾病险和寿险，最后才是分红险。这才遵循了先保障再投资的保险原则。

二、男性保险理财

（一）情况介绍

对于年轻的单身男女来说，他们在保险产品的选择上差不多，但是影响保险产品选择的一个重要因素就是个人收入。以张先生为例，张先生 27 岁，单身白领，从事 IT 行业，有社保，公司帮他买了五险一金，但是本人现在还没有商业保险。针对张先生的这一情况，我们可以为他设计以下的保险规划方案。

（二）财务分析

张先生月薪 1 万元，年底还有 1 万元的奖金，他一个月的开支在 3 000 元左右。张先生在之前已经购买了一辆车，每月需要还款 2 000 元，另外因为张先生还未买房，所以每月需要支付房租 800 元。除此之外张先生并没有其他的负债，他已经工作五年，个人储蓄存款 10 万元。具体收支情况如表 7-4 所示。

表 7-4　个人财务状况分析表　　　　　　　　　　（单位：元）

收入	支出
工资收入：月薪 10 000	生活支出：每月 3 000
年终奖金：10 000	偿还车贷：每月 2 000
个人储蓄存款：100 000	支付房租：每月 800
股票与基金收入：每年 10 000	交通费：每月 800（油费）
其他收入：基本每月 1 000	其他支出：500

（三）理财规划

1. 终身重大疾病险

根据张先生的收入情况，他可以购买一份 40 万元保额的终身重大疾病险，交 20 年，每年需交保费 1 万元。如果在投保期间发生重大疾病，可获取 40 万元的保额，若不幸身故，也可由受益人获取 40 万元的保额。

2. 意外综合险

张先生可以投保一份 100 万元的意外综合险，这其中包含了意外身故、意外残疾、意外医疗和住院津贴等。交 30 年，保 30 年，每年交保费 1 500 元。这是一份较划算的保险，可以用较低的保费获取较高的人身保障。

3. 分红保险

张先生作为一个未婚男性，压力较小，收入较高，所以除了以上两项保障保险外，他还可以进行投资保险。分红保险就是投资保险的一种较好选择。张先生可以选择一家收益较好，信誉较好的保险公司购买一份终身返还的分红保险。每年需交保费 1 000 元。

4. 投资连结险

除了分红保险外，投资连结险也是一项投资型保险。投资连结险保单持有人在获取保险保障之外，至少在一个投资账户拥有一定资产价值。投资连结险的保险费在保险公司扣除死亡风险保险费后，剩余部分直接划转客户的投资账户，保险公司根据客户事先选择的投资方式和投资渠道进行投资，投资收益直接影响客户的养老金数额。张先生可以购买一份投资连结险，每年交保费 3 000 元。这项保险既有保障又有保险公司代理投资，简单方便。

综上所述，张先生一年的保险费是 1.55 万元，这相对于张先生的收入来说还是在接受范围之内的。而且这份保险规划既包含了保障险又涵盖了投资险，是一份综合的保险规划。对于张先生来说，这份保险规划还是比较适合他现在的境况。

三、男女保险规划的不同

男女天生就存在一定的差别，所以他们在理财规划的道路上也有所区别，即使在保险规划时也存在一定的区别。

（一）养老保险同龄男性价格有优势

在购买保险时，保险公司收取的保费，除了受投保者的年龄、职业、身体状况等的影响外，投保者的性别也是一大影响因素。就养老保险而言，男性在价格上相比同龄女性拥有一定的优势。因为男女的预期寿命是有一定差别的，一般情况下，女性的预期寿命比男性的要长，所以保险公司要承担责任的时间也更长，负担也就更重，因此向女性收取的相应保费就更高。

(二)定期寿险女性购买更便宜

因为工作等各种原因,女性的死亡率相对于男性来说更低,死亡风险较小,保险公司对于女性的理赔率就相对低,所以也可以说理赔率决定了收费的高低。女性的理赔率低,因此保险公司向他们收取的保险费就更便宜,而男性的理赔率比女性的高,所以在购买定期寿险时,他们的保费就更高。

(三)专享险种的区别

目前很多保险公司都推出了女性的专享险种,例如女性健康险、女性结婚、生育险、女性意外整容险等,这些都是专门针对女性设定的险种。相比较而言,目前专门针对男性的险种还是比较少的。

根据以上所述的男女之间的差别,我们在对男女保险规划方案设计时就应该抓住这些重点,分别设计适合他们的保险方案。另外男性相对于女性而言更具风险偏好性,所以规划方案时可以为男性多设置一些投资险。

本章小结

本章从保险理财规划的概念出发,阐述了保险理财规划中体现的社会保障、合理避税、规避风险以及保值增值的功能,同时以单身期、家庭形成期、家庭成长期、家庭成熟期和养老期这5个阶段来说明了不同层次对保险理财规划的不同需求,最后通过案例来分析了男性和女性之间对不同保险理财规划产品的需求,得出如何分别来选择保险理财规划产品方案的结论。

课后习题

一、单项选择题

1. 告知、保证、弃权与禁止反言是保险( )原则的基本内容。(2007年5月国家理财规划师考试真题)
   - (A)最大诚信
   - (B)近因
   - (C)可保利益
   - (D)损失补偿

2. 保险合同是双务合同,投保人和保险人的权利和义务是对等的,以下( )不属于投保人应当履行的义务。(2007年5月国家理财规划师考试真题)
   - (A)及时缴纳保险费

(B) 依法支付施救费用、调查费用、诉讼或者仲裁费用

(C) 维护保险标的处于安全状态

(D) 发生保险时及时通知

3. 风险的构成要素中风险的直接承受体,即风险事故直接指向的对象为( )。(2007年5月国家理财规划师考试真题)

(A) 风险因素   (B) 风险事件   (C) 风险载体   (D) 风险损失

4. 在2005年12月国务院发布《关于完善企业职业基本养老保险制度的决定》之前,对于个体工商户的社会养老保险,国家的规定是( )。(2007年5月国家理财规划师考试真题)

(A) 必须要参加社会养老保险

(B) 不能参加社会养老保险

(C) 只被允许参加补充养老保险

(D) 可以参加,也可以不参加基本养老保险

5. 根据2005年12月国务院发布《关于完善企业职工基本养老保险制度的决定》,王太太的缴费比例为( )。(2007年5月国家理财规划师考试真题)

(A) 20%   (B) 28%   (C) 29%   (D) 19%

6. ( ) 时不属于不承担违约责任的情形。(2008年11月国家理财规划师考试真题)

(A) 因受到洪灾而使合同不能履行

(B) 因受到政府临检而使合同不能履行

(C) 当事人迟延履行后发生地震致使合同不能履行

(D) 因发生社会暴乱而使合同不能履行

7. 少数亚非国家实行一种社会保险制度,保险金额来自企业和劳动者两个方面,国家不进行投保投资,仅给予一定的政策性优惠,新加坡是这种社会保障制度取得成功的典型国家,这种养老保险的模式称为( )。(2008年11月国家理财规划师考试真题)

(A) 国家统筹养老保险模式

(B) 强制储蓄养老保险模式

(C) 投保资助养老保险模式

(D) 部分基金式养老保险模式

8. 某人驾车出游,未系好安全带,途中发生车祸,造成损失,其中风险因素是指

（　　）。（2009年5月国家理财规划师考试真题）
(A) 驾车出游 (B) 未系好安全带
(C) 发生车祸 (D) 造成损失

9. 保险成立的前提要素是（　　）。（2009年5月国家理财规划师考试真题）
(A) 众人协力 (B) 危险存在 (C) 损失赔偿 (D) 定期给付

10. 我国《保险法》规定：投保人因过失未履行如实告知的义务，对保险事故的发生造成严重影响的，保险人对于保险合同接触前发生的保险事故（　　）。（2009年5月国家理财规划师考试真题）
(A) 承担赔偿或者给付保险金的责任
(B) 承担赔偿或者给付保险金的责任，但需要追加保险费
(C) 不承担赔偿或者给付保险金的责任，也不退还保险费
(D) 不承担赔偿或者给付保险金的责任，但可以退还保险费

11. 风险损失是指偶然发生的、非预期的经济价值的减少或灭失，（　　）将直接导致风险损失的发生。（2009年11月国家理财规划师考试真题）
(A) 风险因素 (B) 风险事故 (C) 风险载体 (D) 以上都对

12. 关于我国《保险法》对投保人不履行如实告知义务法律后果的规定说法正确的是（　　）。（2009年11月国家理财规划师考试真题）
(A) 投保人故意不履行如实告知义务的，保险人对保险合同解除前发生的保险事故，不承担赔偿或者给付保险金的责任，但可以退还保险费
(B) 投保人因过失不履行如实告知义务的，保险人对保险合同解除前发生的保险事故不承担赔偿或者给付保险金的责任，并不退还保险费
(C) 被保险人在未发生保险事故的情况下，谎称发生了保险事故，向保险人提出赔偿或者给付保险金请求的，保险人有权解除合同，并不退还保险费
(D) 被保险人故意制造保险事故的，保险人有权解除合同，不承担赔偿或者给付保险金的责任，但退还保费

13. 我国《保险法》规定，人寿保险的索赔时效是（　　）年，其他保险的索赔时效为（　　）年。（2009年11月国家理财规划师考试真题）
(A) 2；2 (B) 5；5 (C) 2；5 (D) 5；2

14. 财产保险不仅要求投保人在投保时对保险标的具有可保利益，而且要求可保利益

在保险有效期内始终存在，但根据国际惯例．在（　　）中不要求投保人在合同订立时具有可保利益。(2011年5月国家理财规划师考试真题)

(A) 责任保险　　　　　　　　(B) 运输工具保险
(C) 工程保险　　　　　　　　(D) 海上保险

15. 在我国，为防止被保险人在重复保险下获得额外利益，会采取（　　）方法在不同的保险人之间进行分摊。(2011年5月国家理财规划师考试真题)

(A) 比例责任制　　　　　　　(B) 责任限额制
(C) 顺序责任制　　　　　　　(D) 责任分摊制

16. 生存者收入津贴是在参加养老金计划或团体寿险计划的被保险员工死亡时开始，按月给付的收入形式，下列（　　）不是它的特点。(2011年5月国家理财规划师考试真题)

(A) 保险只能按月给付
(B) 被保障员工不必指定受益人
(C) 只有在受益人生存时给付
(D) 受益人死亡前不可停止给付

17. 小何与朋友合伙购买了一辆卡车，小何负责驾驶与经营，他为车投保了第三者责任险和车损险，并指定自己为受益人。不久，小何在一次交通意外中死亡，车辆全损，则（　　）。(2007年5月国家理财规划师考试真题)

(A) 保险公司不赔，因为小何与朋友合伙购车
(B) 保险公司赔付，因为小何负责驾驶经营，有可保利益
(C) 保险公司不赔，因为小何已死亡
(D) 保险公司赔付保险金给小何的朋友

18. 小董与朋友到华山旅游，结果不幸跌下山崖，导致右腿骨折，在山下等待救援时因天气寒冷感染肺炎死亡，在其死亡后，小董的母亲发现了一份意外保单，则（　　）。(2007年5月国家理财规划师考试真题)

(A) 不赔，肺炎是意外险的除外责任
(B) 赔一部分，因为小董不全因为意外死亡
(C) 全赔，因为是意外导致其感染肺炎
(D) 不赔，因为是寒冷导致其感染肺炎

19. 客户提出想要购买既提供死亡保障，又提供生存保障的保险，理财规划师应该向其推荐（　）。（2007年5月国家理财规划师考试真题）

    (A) 生存保险　　　　　　　　(B) 死亡保险
    (C) 两全保险　　　　　　　　(D) 变额保险

20. 在协助客户准备投保单据的时候，理财规划师发现客户的年龄超过了预投保险品种的承保年龄上限，这时理财师应该（　）。（2007年5月国家理财规划师考试真题）

    (A) 忽略已知信息，继续准备单据
    (B) 如实告知，并建议客户选择其他产品
    (C) 如实告知，并建议客户虚报年龄投保此产品
    (D) 如实告知，并放弃此客户

21. 保险合同的解释原则中不包括（　）（2007年5月国家理财规划师考试真题）

    (A) 意图解释原则　　　　　　(B) 告知解释原则
    (C) 文义解释原则　　　　　　(D) 专业解释原则

22. 财产损失保险合同是财产保险合同中一个重要的组成部分，下列四项中不属于财产损失保险合同的是（　）。（2007年5月国家理财规划师考试真题）

    (A) 信用保证合同　　　　　　(B) 运输工具保险合同
    (C) 运输货物保险合同　　　　(D) 家庭保险合同

23. 理财规划师在整理与收集客户信息时可能会接触到客户大量的财务机密，对此理财规划师负有严格的（　）义务。（2007年5月国家理财规划师考试真题）

    (A) 调查　　　(B) 保密　　　(C) 报告　　　(D) 确认

24. 王先生与一家保险公司在2007年3月1日签署了足额的火灾保险合同，保险有效期为1年。不幸的是在2007年9月1日发生了火灾，烧毁了60%的厂房，保险公司在2007年9月20日支付了赔偿金，因此王先生想与保险公司终止保险合同，请问王先生必须在领取赔偿的（　）日内提出终止合同。（2007年5月国家理财规划师考试真题）

    (A) 15　　　(B) 30　　　(C) 45　　　(D) 60

25. 某公司向保险公司投保了财产险，并在投保时承诺公司每日会保证至少一人值守，2007年"十一"长假期间，留守人员因为急事离开公司，当晚公司发生火灾造成

直接经济损失20万元,则( )。(2007年5月国家理财规划师考试真题)

(A) 保险公司不赔,但可退还保费

(B) 保险公司不赔,也不退还保费

(C) 保险公司赔付,因为其非故意无人值守

(D) 保险公司赔付,属于保险责任

26. 某保险公司业务员秦某到小张家推销保险,小张夫妇决定投保一份以死亡为给付条件的投资连结险,小张作为被保险人因急事外出没有在保单上签字,小张的妻子在秦某的鼓动下代其签字,并交了保费。如果小张因意外去世,保险公司( )。(2008年5月国家理财规划师考试真题)

(A) 不赔,小张没有签字

(B) 不赔,小张的妻子没有尽到熟知义务

(C) 赔付,保险公司默认了小张妻子的代签行为

(D) 赔付,小张妻子不知不可代签

27. 赵先生投保了一份终身寿险,因其工作原因未缴纳保险费,在停缴保险费一年后,赵先生因疾病去世,则( )。(2008年5月国家理财规划师考试真题)

(A) 保险公司赔付,停缴保险费未过两年

(B) 保险公司赔付,未过宽限期

(C) 保险公司不赔,保险合同已经中止

(D) 保险公司不赔,保险合同已经终止

28. 我国《保险法》限定,人寿保险的索赔时效为( )。(2008年5月国家理财规划师考试真题)

(A) 2年　　(B) 3年　　(C) 4年　　(D) 5年

29. 王先生想购买满足如下条件的保险:一是如果在保险有效期内被保险人死亡,保险人向其受益人支付保单规定数额的死亡保险金;二是如果被保险人生存至保险期满,保险人也向其支付保单规定数额的生存保险金。作为理财规划师,你向他推荐的险种为( )。(2008年5月国家理财规划师考试真题)

(A) 定期寿险　　　　　　(B) 万能寿险

(C) 生死两全险　　　　　(D) 终身寿险

30. 某公司投保了企业财产险,因保费数额较大,公司请求分次交清,则( )。

(2008年5月国家理财规划师考试真题)

(A) 一年不能超过2次　　　　　　(B) 一年不能超过4次

(C) 一年不能超过12次　　　　　　(D) 一年缴费次数不限

31. 某公司投保了火灾险,下列关于火灾保险的特点,不正确的是(　　)。(2008年5月国家理财规划师考试真题)

(A) 保险标的是陆上处于相对静止状态下的财产物资

(B) 承保财产的存放地址是固定的

(C) 保险风险非常广泛

(D) 保险期限相对较短

32. 王某为女朋友购买了一份人身保险,但保险合同一直未生效,找到理财规划师咨询,得知保险合同生效的依据是(　　)。(2009年5月国家理财规划师考试真题)

(A) 保险主体　　　　　　　　　　(B) 保险合同的利益

(C) 可保利益　　　　　　　　　　(D) 保险合同内容合法

33. 王先生与太太刚刚离婚,两年前,王先生为太太购买了一份人身保险,但不知道其适用时效的规定,找到理财规划师咨询,理财规划师解释正确的是(　　)。(2009年5月国家理财规划师考试真题)

(A) 人寿保险的可保利益必须在保险有效期内始终存在

(B) 人寿保险的可保利益必须在合同订立时存在,在保险事故发生时可以不存在

(C) 人寿保险的可保利益必须在保险事故发生时存在,在合同订立时可以不存在

(D) 人寿保险的可保利益只要在合同订立时或保险事故发生时存在即可

34. 王先生为价值20万元的爱车投保了10万元的车辆损失保险,发生保险事故导致全损,但保险公司只赔偿了10万元,其认为不符合损失补偿原则,于是找到理财规划师咨询,得知存在某些保险不适用该原则。主要包括(　　)。(2009年5月国家理财规划师考试真题)

(A) 财产损失保险、人寿保险　　　　(B) 意外伤害保险、责任保险

(C) 重置成本保险、人寿保险　　　　(D) 信用保证保险、定值保险

35. 接上题,王先生维修汽车的过程中,花费5 000元的维修费用。则这笔费用应由(　　)承担。(2009年5月国家理财规划师考试真题)

(A) 保险公司　　(B) 理财规划师　　(C) 王先生　　(D) 保险代理人

36. 宋先生2007年1月购买了一份人寿保险，2008年1月由于投资亏损严重，无力支付续期保费，但其合同仍然有效，是因为保险合同具有（　）。（2009年5月国家理财规划师考试真题）

　　(A) 复效条款　　(B) 宽限期条款　　(C) 自杀条款　　(D) 犹豫期条款

37. 赵小姐购买了一款分红保险，其理财规划师介绍说，分红保险的红利来源于（　）所产生的可分配盈余。（2009年5月国家理财规划师考试真题）

　　(A) 生差益、死差益和费差益　　(B) 死差益、利差益和费差益
　　(C) 生差益、死差益和利差益　　(D) 死差益、利差益和费用率

38. 小王向好友小张借了10万元购房，并向某保险公司购买保险以保证准时归还小张的借款，此保险属于（　）（2009年11月国家理财规划师考试真题）

　　(A) 人身保险　　(B) 保证保险　　(C) 责任保险　　(D) 信用保险

39. 作为个体工商户的唐先生，家庭资产过千万，终日奔波，没有购买任何的商业保险，研究发现，（　）不属于人身保险给付保险金的条件。（2009年11月国家理财规划师考试真题）

　　(A) 被保险人死亡、伤残、疾病　　(B) 个体经营破产风险
　　(C) 达到合同约定的年龄　　　　 (D) 达到合同约定的期限

40. 韩小姐不知道购买保险的用途，于是咨询理财规划师，得知投保人通过缴纳保险费，购买保险产品，将自身所面临的（　）转嫁给保险人，保险人收取保费，形成保险基金用于未来的（　）赔付。（2009年11月国家理财规划师考试真题）

　　(A) 风险；确定性　　　　(B) 风险损失；确定性
　　(C) 风险；不确定性　　　(D) 风险损失；不确定性

41. 随着社会主义制度的不断深入，我国的社会保险覆盖程度不断加大，关于社会保险说法不正确的是（　）。（2009年11月国家理财规划师考试真题）

　　(A) 社会保险是国家通过立法建立的一种社会保障制度
　　(B) 社会保险具有灵活性、低水平、覆盖广的特点
　　(C) 社会保险包括社会养老保险、失业保险和医疗保险
　　(D) 社会保险是社会保障制度的重要组成部分

42. 小赵每月收入5 000元，为自己向两家保险公司购买了两份人身保险，A保险合同的保险金额为10万元，B保险合同的保险金额为50万元，则小赵的行为属于

（　　）。（2009年11月国家理财规划师考试真题）
　　（A）原保险　　　　（B）再保险　　　　（C）重复保险　　　　（D）共同保险

43. 保险作为人们进行风险保障的重要组成部分，其职能日益显现，（　　）不属于保险的派生职能。（2009年11月国家理财规划师考试真题）
　　（A）融通资金职能　　　　　　　　　　（B）防灾防损职能
　　（C）补偿损失职能　　　　　　　　　　（D）社会管理职能

44. 对于很多情侣来说，2009年9月9日是一个千载难逢的日子，寓意着长长久久，小凯打算为自己交往不久的女朋友购买一份保险，于是找到理财规划师咨询，理财规划师的解释正确的是（　　）。（2009年11月国家理财规划师考试真题）
　　（A）小凯可以为其女朋友购买保险，因为他对女朋友具有保险利益
　　（B）小凯可以为其女朋友购买保险，因为他们符合近因原则
　　（C）小凯不可以为其女朋友购买保险，因为他对女朋友不具有保险利益
　　（D）小凯不可以为其女朋友购买保险，因为他们不属于近亲

45. 伴随着今年二季度房价莫名其妙的上涨，出现了很多不理性的购房者，小周就是其中一员。小周在北京五环附近购买一套近百平方米的房屋后，又为房屋购买了一份1年期的房屋保险，4个月后将房屋转让给小吴，随后房屋发生合同规定的保险事故，虽然保单依然还在有效期内，但保险公司根据（　　），可以不予赔付。（2009年11月国家理财规划师考试真题）
　　（A）损失补偿原则　　　　　　　　　　（B）近因原则
　　（C）可保利益原则　　　　　　　　　　（D）最大诚信原则

46. 企业主在为固定资产进行短期投保时，应该考虑通货膨胀或通货紧缩的因素，例如，预期通货膨胀即将发生时，最好投保（　　）以实现事故后"收益最大化"。（2009年11月国家理财规划师考试真题）
　　（A）定值保险　　　　　　　　　　　　（B）重置成本保险
　　（C）足额保险　　　　　　　　　　　　（D）超额保险

47. 唐先生在学习《保险法》的时候，了解到保险合同的履行是建立在事件可能发生也可能不发生的基础上的，这体现的是保险合同的（　　）。（2009年11月国家理财规划师考试真题）
　　（A）射幸性　　　　（B）双务性　　　　（C）附和性　　　　（D）单务性

二、多项选择题

1. 保险合同订立时应当遵循平等互利、协商一致、自愿订立、合法的原则。保险合同的订立过程通常包括（　　）。（2007年5月国家理财规划师考试真题）
   (A) 填写投保单
   (B) 投保人诚信保证
   (C) 交付投保单，即要约
   (D) 保险人资质证明
   (E) 保险人承诺后合同成立

2. （　　）属于责任保险。（2007年5月国家理财规划师考试真题）
   (A) 公众责任保险
   (B) 产品责任保险
   (C) 雇主责任保险
   (D) 职业责任保险
   (E) 工程责任保险

3. 最大诚信原则的基本内容包括（　　）。（2009年5月国家理财规划师考试真题）
   (A) 告知
   (B) 弃权
   (C) 保证
   (D) 禁止弃权
   (E) 禁止反言

4. 保险合同的主体包括（　　）。（2009年5月国家理财规划师考试真题）
   (A) 投保人
   (B) 被保险人
   (C) 受益人
   (D) 保险人
   (E) 代理人

5. （　　）的保单可以用来质押取得贷款，获取短期资金。（2009年11月国家理财规划师考试真题）
   (A) 医疗保险合同
   (B) 财产保险合同
   (C) 意外伤害保险合同
   (D) 养老保险
   (E) 年金保险

6. 现实生活中，并不是所有风险都可以通过保险予以处理，保险研究的对象是满足特定条件的可保风险，理想的可保风险应具备的条件包括（　　）。（2009年11月国家理财规划师考试真题）
   (A) 损失的发生必须具有偶然性
   (B) 风险单位在种类、品质、性能、价值等方面大体相近
   (C) 损失的程度不要偏大或偏小
   (D) 特定风险的损失必须是可度量、可预测的
   (E) 只有纯粹风险才是可保风险

7. 信用保险属于广义的财产保险范畴，信用保险的主要险别包括（　　）。（2009年11月国家理财规划师考试真题）
   (A) 商业信用保险
   (B) 合同保证保险
   (C) 投资保险

(D)政治风险保险　　　　　(E)出口信用保险

8. 理财生活中,并不是所有风险都可以通过保险予以处理,保险研究的对象是满足特定条件的可保险,理想的可保险应具备的条件包括(　　)。(2011年5月国家理财规划师考试真题)

(A)损失的发生必须具有偶然性

(B)风险单位在种类、品质、性能、价值等方面大体相近

(C)损失的程度不要偏大或偏小

(D)特定风险的损失必须是可度量、可预测的

(E)只有纯粹风险才是可保风险

9. 信用保险属于广义的财产保险范畴,信用保险的主要险别包括(　　)。(2011年5月国家理财规划师考试真题)

(A)商业信用保险　　　(B)合同保证保险　　　(C)投资保险
(D)政治风险保险　　　(E)出口信用保险

10. 损失补偿原则是保险基本原则之一,但在保险实务中有一些例外的情况,这些例外会出现在(　　)中。(2011年5月国家理财规划师考试真题)

(A)定值保险　　　　(B)重置成本保险　　　(C)施救费用的赔偿
(D)重复保险　　　　(E)再保险

11. 责任保险是指经保险人与投保人约定,被保险人因承保范围内的致害行为而依法应当向第三人承担民事赔偿责任的保险。责任保险具有(　　)特征。(2011年5月国家理财规划师考试真题)

(A)责任保险在性质上是第三人保险

(B)责任保险法定宽限期为90日

(C)开展责任保险业务的保险公司注册资本最低限额为五亿元

(D)责任保险在偿付上具有替代性

(E)在订立责任保险合同时,投保人和保险人所约定的保险金额是保险人承担赔偿责任的最高限额

三、案例分析题

2008年,借着中国举办奥运会的契机,很多对情侣选择在这一年走进婚姻的殿堂,孙先生和赵女士就是其中的一对。新婚不久,孙先生在朋友的建议下,决定为家庭补充必要的商业保险。孙先生为赵女士购买A保险产品,并指定自己为受益人;又

为自己和赵女士购买B联合保险产品,该产品规定联合投保人中只要有一个人生存,年金就照常给付,直到全部被保险人死亡之后才停止。根据案例回答:(2009年5月国家理财规划师考试真题)

1. 孙先生为赵女士购买的A保险产品,其中保险合同的关系人是( )。
   (A)孙先生和保险公司   (B)赵女士和保险公司
   (C)孙先生和保险代理人   (D)孙先生和赵女士

2. 联合保险产品又被称为( )。
   (A)共同生存年金保险   (B)最后生存者年金保险
   (C)共同死亡年金保险   (D)最后死亡者年金保险

3. 如果后来,孙先生与赵女士离婚,则此保险合同( )。
   (A)失效   (B)中止   (C)终止   (D)仍然有效

4. 谈谈你对我国目前保险市场及保险理财产品的看法。

第8章 • Chapter 8

税收规划：税务理财

📖 学习目标

本章要求了解税收规划的含义及特征，税收规划的原则，以及个人税收规划的特色；理解和掌握税收规划具体内容，包括个人所得税内涵、相关税率以及税收减免条款，能熟练运用税收规划基本方法；通过税收规划适宜理财产品及案例的学习，了解现实中税收规划的理财应用。其中个人所得税内涵、相关税率以及税收减免条款、税收规划基本方法为本章的重难点。

📖 导读

随着社会经济的不断发展，人们的收入也在不断增加，税收成为了人们日常生活的重要部分。应该缴纳什么税、应该缴纳多少税、什么时间去缴纳、如何去缴纳、如何通过税收规划减少纳税额，针对这些问题产生了税收规划。个人税收规划使得人们在法律允许的情况下进行理财，从而达到减轻税收负担和实现税收零风险的目的。通过税收规划，可以找到最有利于纳税人的政策规定，可以找到最有利于纳税人的纳税方法。

第一节 税收规划概述

一、含义及特征

（一）税收规划的含义

税收规划是指纳税人为达到减轻税收负担和实现零风险的目的，在税法所允许的范围内，对经营、投资、理财、组织、交易等各项活动进行事先安排的过程。㊀纳税人在法律允许的范围内，通过经济活动的事先筹划和安排，充分利用优惠和差别待遇，以减轻税负，达到整体税后利润最大化。

税收规划是为了同时达到两个目的：减轻税收负担和实现税收零风险。如果纳税人开展税收活动后，没有减轻税收负担，那么其税收规划是失败的；但是，如果在减轻税收负担的同时，税收风险却大幅度提升，其税收规划活动同样不能成功。显然，税收规划需要纳税人在税法所允许的范围内，对经营、投资、理财、组织、交易等各项活动进行事先的合理安排。

(二) 税收规划的基本特征

税收规划的基本特征如图 8-1 所示。

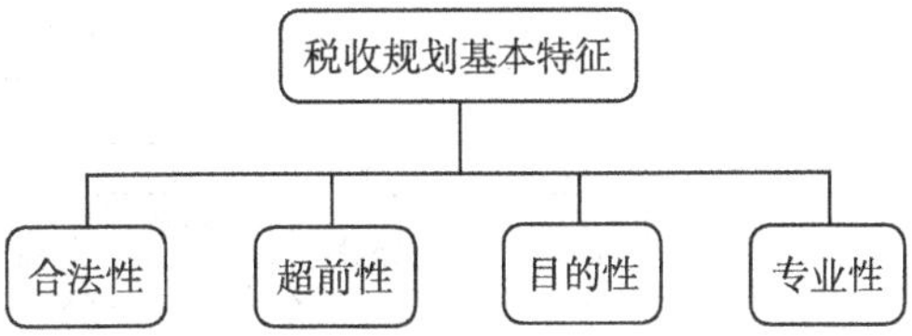

图 8-1 税收规划的基本特征图

1. 合法性

合法性是指税收规划不仅应符合税法的规定，还应符合政府的政策导向。合法性是税收规划区别于其他税务行为的一个最典型的特点。这具体表现在企业采用的各种税收规划方法以及税收规划实施的效果和采用的手段都应当符合税法的规定，应当符合税收政策调控的目标。

2. 超前性

超前性是指经营者或投资者在从事经营活动或投资活动之前就把税收作为影响最终成果的一个重要因素来设计和安排。也就是说，纳税人对各项经营和投资等活动安排实现有一个符合税法的准确计划，而不是等到各项经营活动已经完成，税务稽查部门进行稽查后补交税款时，再想办法进行筹划。

3. 目的性

税收规划的目的就是要减轻税收负担，同时也要使各项税收风险降为零，追求税收利益最大化。减轻税收负担一般有两种形式：一是选择低税负，在多种纳税方案中选择税负最低的方案；二是滞延纳税时间，即在纳税总额大致相同的各方案中，选择纳税时间滞后的方案，这就意味着企业得到一笔无息贷款，通过减轻税负而达到收益最大化的目的。

4. 专业性

税收规划的开展是一门集会计、税法、财务管理、企业管理等各方面知识于一体

㊀ 艾正家. 金融理财学 [M]. 上海：复旦大学出版社，2010：197.

的综合性学科,专业性很强。一般来讲,在国外,税收规划都是由会计师、律师或税务师来完成的。在我国,随着中介机构的建立和完善,它们也将承担大量纳税筹划的业务。

二、税收规划的原则

税收规划的原则如图 8-2 所示。

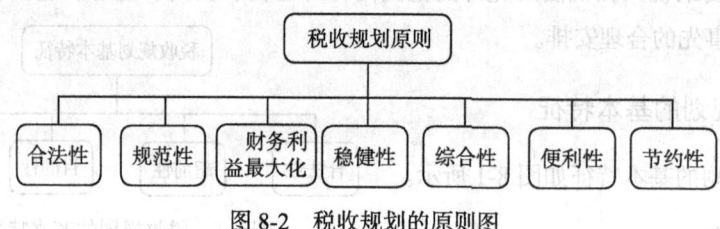

图 8-2　税收规划的原则图

(一) 合法性

合法性不仅是税收规划的原则之一,也是税收规划的基本特点,即要在税法允许的前提下进行税收规划。也就是说企业采用的各种税收规划方法和税收规划实施的效果以及采用的手段都应当符合税法的规定,应当符合税收政策调控的目标。

(二) 规范性

税收规划不单单是税务方面的问题,还涉及许多其他方面的问题,包括财务、会计等各领域,金融、制造业等各行业,东南西北各地区等各方面的问题。税收规划要遵循各领域、各行业、各地区约定俗成或明文规定的各种制度和标准。

(三) 财务利益最大化

税收规划最主要的目的归根结底是要使纳税人的可支配财务利益最大化,即税后财务利益最大化。对于个人,要使个人税后财务利益最大化;对于企业,要使企业税后财务利益最大化。纳税人财务利益最大化除了要考虑节减税收外,还要考虑纳税人的综合经济利益最大化;不仅要考虑纳税人现在的财务利益,还要考虑纳税人未来的财务利益;不仅要考虑纳税人的短期利益,还要考虑纳税人的长期利益;不仅要考虑纳税人的所得增加,还要考虑纳税人的资本增值。

(四) 稳健性

税收规划在追求纳税人财务利益最大化时,必须注意筹划的稳健性原则。一般来说,纳税人的节税收益越大,风险也就越大。各种节减税收的方式和方法均有一定的风险,节税收益与税制变化风险、市场风险、利率风险、债务风险、通货膨胀风险等紧密相连。税收规划要尽量使风险最小化,要在节税收益与节税风险之间进行必要的权衡,以保证能够真正取得财务利益。

(五) 综合性

税收规划的综合性原则是指纳税人在进行税收规划时,必须站在实现纳税人整体财务管理目标的高度,综合考虑规划纳税人整体税负水平的降低。纳税人进行税收规划时不能只以税负轻重作为选择纳税方案的唯一标准,还应该着眼于实现纳税人的综合财务管理目标。

(六) 便利性

纳税人可选择的节减税收的方式和方法有很多,税收规划中在选择各种节税方案时,应是越容易操作的越好,越简单的越好,这就是税收规划的便利性原则。比如,凡是能够用简单方法的,不要用复杂方法;能够就近解决的,不要舍近求远等。技术派税收规划更应遵循此项原则。

(七) 节约性

税收规划可以使纳税人获得利益,但无论由自己内部筹划,还是由外部筹划,都要耗费一定的人力、物力和财力。比如,企业税收规划,不论是在企业内设立专门部门,还是聘请外部专业税收规划顾问,都要发生额外费用。税收规划要尽量使筹划成本费用降低到最低程度,使筹划效益达到最大程度。

三、个人税收规划的特色

(一) 减负性

个人税收规划的最大特色就是在合法的基础之上,使用不同的筹划方案,对不同的对象进行筹划,从而减轻税收负担,实现税收零风险。我们可以在税法允许的范围之内,设计各种各样的税收规划,或者是几个规划之间的相互组合,通过不同的方法,实现同样的目的,减轻税收负担。

(二) 主观性

个人税收规划具有主观性。税收规划方案的形式及实施,完全取决于纳税人的主观判断，包括对税收政策的理解与判断、对纳税活动的认识与判断等。通常，税收规划方案操作成功的概率与纳税人的业务素质成正比例关系。全面掌握税收、财务、会计、法律等方面的政策与技能，有相当的难度，因而税收规划的主观风险较大。个人税收规划都是纳税人根据自身的情况而定的，每个人的税收规划都不一样，都具有自己的个性化。

(三) 条件性

个人税收规划具有条件性。个人税收规划方案设计需要具备一定的条件，除了自身的条件，纳税人的经济活动外，还有纳税人适用的财政政策。税收规划都是在一定的条件下设计与确定的，并且也只能在一定条件下才可以实施。个人税收规划的设计过程实际上就是纳税人根据自身生产经营的状况，对财政政策的灵活应用，有的时候是利用政策的优惠条款，有的时候是利用政策的弹性空间。而纳税人的经济活动与财政政策等条件都是不断变化的，税收规划也要进行相应的调整。

第二节　个人税收规划具体内容

一、个人所得税

(一) 含义

个人所得税是调整征税机关与自然人（居民、非居民人）之间在个人所得税的征纳与管理过程中所发生的社会关系的法律规范的总称。⊖

纳税义务人主要包括两部分：一是居民纳税义务人。即在中国境内有住所，或者无住所而在境内居住满一年的个人，应当承担无限纳税义务，即就其在中国境内和境外取得的所得，依法缴纳个人所得税；二是非居民纳税义务人。即在中国境内无住所又不居住，或者无住所而在境内居住不满一年的个人，承担有限的纳税义务，仅就其从中国境内取得的所得，依法缴纳个人所得税。

(二) 应税所得

个人所得税法规定，个人所得税的征税对象是个人取得的应税所得（包括现金、实物和证券所得），主要包括如下 11 项内容：

⊖ 艾正家.金融理财学 [M].上海：复旦大学出版社，2010：198.

1. 工资、薪金所得

工资、薪金所得，是指个人因任职或受雇取得的工资、薪金、奖金、年终加薪、劳动分红、津贴、补贴以及与任职或受雇有关的其他所得。这就是说，个人取得的所得，只要是与任职、受雇有关，不管其单位的资金开支渠道或以现金、实物、有价证券等形式支付的，都是工资、薪金所得项目的课税对象。

2. 个体工商户的生产、经营所得

（1）**个体工商户所得**。这是指经工商行政管理部门批准开业并领取营业执照的城乡个体工商户，从事工业、手工业、建筑业、交通运输业、商业、饮食业、服务业、修理业及其他行业的生产、经营取得的所得。有经营能力的公民，依照条例规定经工商行政管理部门登记，从事工商业经营的，为城乡个体工商户。

（2）**个人活动所得**。这是指个人经政府有关部门批准，取得营业执照，从事办学、医疗、咨询以及其他有偿服务活动取得的所得。例如，个人开办私人诊所取得的所得。

（3）**其他个人活动所得**。这是指其他个人从事个体工商业生产、经营取得的所得，即指个人临时从事生产、经营活动所取得的所得。它是一种独立劳动所得。

（4）**上述个体工商户和个人的各项应税所得**。这是指上述个体工商户和个人取得的生产、经营有关的各项应税所得。它是一种纯生产、经营所得。

3. 对企事业单位的承包经营、承租经营的所得

对企事业单位的承包经营、承租经营所得，是指个人承包经营或承租经营以及转包、转租取得的所得。承包项目可分多种，如生产经营、采购、销售、建筑安装等各种承包。转包包括全部转包和部分转包。

4. 劳务报酬所得

劳务报酬所得，指个人从事设计、装潢、安装、制图、化验、测试、医疗、法律、会计、咨询、讲学、新闻、广播、翻译、审稿、书画、雕刻、影视、录音、录像、演出、表演、广告、展览、技术服务、介绍服务、经济服务、代办服务以及其他劳务取得的所得。在实际操作过程中，还可能出现难以判定一项所得是属于工资、薪金所得，还是属于劳务报酬所得的情况。这两者的区别在于：工资、薪金所得是属于非独立个人劳务活动，即在机关、团体、学校、部队、企业、事业单位及其他组织中任职、受雇而得到的报酬；而劳务报酬所得，则是个人独立从事各种技艺、提供各项劳务取得的报酬。

5. 稿酬所得

稿酬所得是指个人因其作品以图书、报纸形式出版、发表而取得的所得。这里所说的"作品"是指包括中外文字、图片、乐谱等能以图书、报刊方式出版、发表的作品。"个人作品"包括本人的著作、翻译的作品等。个人取得遗作稿酬,应按稿酬所得项目计税。

6. 特许权使用费所得

特许权使用费所得是指个人提供专利权、著作权、商标权、非专利技术以及其他特许权的使用权取得的所得。提供著作权的使用权取得的所得,不包括稿酬所得。作者将自己文字作品手稿原件或复印件公开拍卖(竞价)取得的所得,应按特许权使用费所得项目计税。

7. 利息、股息、红利所得

利息、股息、红利所得,是指个人拥有债权、股权而取得的利息、股息、红利所得。利息是指个人的存款利息和购买各种债券的利息。股息,也称股利,是指股票持有人根据股份制公司章程规定,凭股票定期从股份公司取得的投资利益。红利,也称公司(企业)分红,是指股份公司或企业根据应分配的利润按股份分配超过股息部分的利润。股份制企业以股票形式向股东个人支付股息、红利即派发红股,应以派发的股票面额为收入额计税。

8. 财产租赁所得

财产租赁所得,是指个人出租建筑物、土地使用权、机器设备、车船以及其他财产取得的所得。财产包括动产和不动产。动产是指能够移动而不损害其经济用途和经济价值的财产,一般指金钱、器物等。不动产是指不可移动或者如果移动就会改变性质、损害其价值的有形财产,包括土地及其定着物,包括物质实体及其相关权益。

9. 财产转让所得

财产转让所得,是指个人转让有价证券、股权、建筑物、土地使用权、机器设备、车船以及其他自有财产给他人或单位而取得的所得,包括转让不动产和动产而取得的所得。对个人股票买卖取得的所得暂不征税。

10. 偶然所得

偶然所得,是指个人取得的所得是非经常性的,属于各种机遇性所得,包括得奖、中奖、中彩以及其他偶然性质的所得(含奖金、实物和有价证券)。个人购买社会福利有奖募捐奖券、中国体育彩票,一次中奖收入不超过一万元的,免征个人所得税,超过一万元的，应以全额按偶然所得项目计税。

11. 其他所得

除上述十项应税项目以外，其他所得应确定征税的，由国务院财政部门确定。国务院财政部门，是指财政部和国家税务总局。财政部是中华人民共和国国务院的组成部门，是国家主管财政收支、财税政策、国有资本金基础工作的宏观调控部门。国家税务总局是中华人民共和国国务院主管税收工作的正部级直属机构，国家税务总局属下还有省、市、县、市辖区等国家税务局，并指导省、市、县、市辖区地方税务局的工作。

二、适用的税率

税率是税额与征税对象之间的比例，它体现税收的深度，是税收制度的核心要素。在税基一定的前提下，税收的负担程度和国家课税的程度主要体现在税率上。在税基一定的条件下，税率越高，纳税人的税收负担越重，因此税率的确定非常重要。自2011年9月1日起，我国采用的个人所得税的税率是修正后的税率，具体如表8-1至表8-4所示。

（一）适用于工资、薪金所得

表 8-1 税率表（工资、薪金所得）

级数	含税级距	不含税级距	税率（%）	速算扣除数（元）
1	不超过 1 500 元的部分	不超过 1 455 元的部分	3	0
2	超过 1 500～4 000 元的部分	超过 1 455～4 155 元的部分	10	105
3	超过 4 500～9 000 元的部分	超过 4 155～7 755 元的部分	20	555
4	超过 9 000～35 000 元的部分	超过 7 755～27 255 元的部分	25	1 005
5	超过 35 000～55 000 元的部分	超过 27 255～41 255 元的部分	30	2 755
6	超过 55 000～80 000 元的部分	超过 41 255～57 505 元的部分	35	5 505
7	超过 80 000 元的部分	超过 57 505 元的部分	45	13 505

资料来源：中华人民共和国个人所得税法 [M]. 北京：中国法制出版社，2011：10.

表 8-1 中所列含税级距与不含税级距，均为按照税法规定减除有关费用后的所得额，起征额为 3 500 元。表中的含税级距适用于由纳税人负担税款的工资、薪金所得；不含税级距适用于由他人（单位）代付税款的工资、薪金所得。应纳税所得额乘以适用税率减去速算扣除数就是应交个人所得税。从上表中可以知道个人的工资、薪金所得越高，需缴纳的税额就越大。

（二）适用于个体工商户的生产、经营所得和对企事业单位的承包经营、承租经营所得

表 8-2　税率表（个体工商户的生产、经营所得和对企事业单位的承包经营、承租经营所得）

级数	含税级距	不含税级距	税率（%）	速算扣除数（元）
1	不超过 15 000 元的部分	不超过 14 250 元的部分	5	0
2	超过 15 000～30 000 元的部分	超过 14 250～27 750 元的部分	10	750
3	超过 30 000～60 000 元的部分	超过 27 750～51 750 元的部分	20	3 750
4	超过 60 000～100 000 元的部分	超过 51 750～79 750 元的部分	30	9 750
5	超过 100 000 元的部分	超过 79 750 元的部分	35	14 750

资料来源：中华人民共和国个人所得税法 [M]. 北京：中国法制出版社，2011：10.

表 8-2 中所列含税级距与不含税级距，均为按照税法规定减除有关费用（成本、损失）后的所得额。含税级距适用于个体工商户的生产、经营所得和由纳税人负担税款的承包经营、承租经营所得；不含税级距适用于由他人（单位）代付税款的承包经营、承租经营所得。从上表中可以看出，含税级距和不含税级距越大，适用的税率就越高，缴纳的税额就越大。

（三）适用于劳务报酬所得

表 8-3　税率表（劳务报酬所得）

劳务费	税率（%）	速算扣除数（元）
20 000 元以下的	20	0
超过 20 000～50 000 元的部分	30	2 000
超过 50 000 元的部分	40	7 000

资料来源：中华人民共和国个人所得税法 [M]. 北京：中国法制出版社，2011：11.

表 8-3 中所称的应纳税所得额是指依照税法规定，每一次的收入额不超过 4 000 元的，减除费用 800 元，4 000 元以上的减除 20% 的费用后的余额。当劳务报酬所得一次收入畸高，加成征收，超过 20 000 元至 50 000 元部分加成比例为 50%，大于 50 000 元部分加成比例为 100%。

（四）适用于其他所得

表 8-4　税率表（其他所得）

所得项目	税率（%）	备注
稿酬所得	20	按纳税额减征 30%
特许使用权费所得	20	

(续)

所得项目	税率（%）	备注
财产租赁所得	20	—
财产转让所得	20	—
偶然所得	20	—
其他所得	20	—

资料来源：中华人民共和国个人所得税法 [M]．北京：中国法制出版社，2011：11．

从表 8-4 中我们可以看到稿酬所得、特许使用权费用所得、财产租赁所得、财产转让所得、偶然所得和其他所得适用的税率都是 20%。但是稿酬所得可以按纳税额减征 30%，其余的都没有减征规定。

例 8-1 甲写了一本书，取得稿费收入 8 000 元，那么甲的稿费收入 8 000 元大于 4 000 元，首先，应该按 20% 减除费用，得到 8 000 × (1−20%) = 6 400 元。其次，按 20% 的税率纳税，应纳税额为 6 400 × 20% = 1 280 元。最后，得到的稿酬所得按纳税额减征 30%，最终的应纳税额就是 1 280 × (1−30%) = 896 元。

三、个人财产、所得及行为可以享受减免税优惠的基本条款

(一) 个人所得税的减免税规定

《个人所得税法》规定，免征个人所得税的个人所得项目有：省级人民政府、国务院部委和中国人民解放军军以上单位，以及外国组织、国际组织颁发的科学、教育、技术、文化、卫生、体育、环境保护等方面的奖金；国债和国家发行的金融债券利息；按照国家统一规定发给的补贴、津贴，等等。

(二) 房产税的减免税规定

房产税的减免税范围是个人所有、非营业用的房产免征房产税；经有关主管部门批准由个人自办的各类学校、图书馆、幼儿园、托儿所、哺乳室、医院、医务室、诊所等占用的房产，免征房产税；对于私有房产主将房屋出租给个人居住，凡经房管部门备案并执行房管部门规定的租金标准的，可暂缓缴纳房产税；个人按市场价格出租的居民住房，暂按 4% 的税率征收房产税。

（三）土地增值税的减免税规定

1. 个人因工作调动或改善居住条件而转让原有自用住房

个人因工作调动或改善居住条件而转让原有自用住房，经向税务机关申报审核，凡居住满五年或五年以上的，免予征收土地增值税。居住满三年未满五年的减半征收土地增值税。居住未满三年的，按规定的计征土地增值税。

2. 个人之间互换自有居住用房地产

个人之间互换自有居住用房地产，经当地税务机关核实，可以免征土地增值税，但是需要强调的是交换房地产行为既发生了房产产权、土地使用权的转移，交换双方又取得了实物形态的收入，按照规定属于征收土地增值税的范围。

3. 个人转让继承或接受赠与的居住用房

个人转让继承或接受赠与的居住用房，在出示原所有人的房产证及继承人或受赠人的房产证后，可享受免税政策。例如，甲在其父母死后，继承其父母的遗产，其中有一套他们的居住用房，这套房子就可以免土地增值税。

（四）契税的减免税规定

1. 不可抗力原因灭失住房

因不可抗力灭失住房而重新购买住房的，免征契税。不可抗力是一种人们不能预见、不可避免、不能克服的自然、社会客观情况。自然现象如地震、台风、洪水和海啸等；社会现象如战争、市政工程建设等。

2. 土地、房屋被县级以上人民政府征用、占用

土地、房屋被县级以上人民政府征用、占用后，重新承受土地、房屋权属的，其成交价格没有超出土地和房屋补偿费、安置补偿费的部分，免征契税。当然，只有在被征用、占用后首次才享受此免税优惠政策。

3. 城镇职工第一次购买公有住房

城镇职工第一次购买公有住房的，在规定标准面积以内的部分免征契税，超过的部分，仍应按照规定缴纳契税。因原住房未达到规定标准面积而重新购买公有住房的，视为第一次购房。

（五）教育费附加税的减免税规定

对在集市上从事临时经营的个人，暂不征收教育费附加税。例如老苏傍晚的时候在集市上卖菜，就不需要征收教育费附加税。

（六）屠宰税的减免税规定

对个人自宰自食的生猪、菜羊、菜牛免征屠宰税。少数民族在宗教节日宰杀自食或分食的牛羊也免征屠宰税。屠宰牲畜，须向税务机关或代征机构报验纳税，经检验发给完税证并于肉上加盖验戳后，始准出售；如认为有碍卫生者，应禁止出售，不予征税。

（七）印花税的减免税规定

印花税的减免税的范围包括对财产所有人将财产赠给政府、社会福利单位、学校所书立的书据，免纳印花税。企事业单位或个人出租自有房屋与承租方订立的租房合同，凡用于生活居住的，暂免计税贴花。

（八）车船使用税的减免税规定

按照税法规定，企业的下列车船免征车船使用税：专供上下客货及存货用的趸船、浮桥用船，各种消防车辆、洒水车、救护车船、垃圾车船，还有对企业办的各类学校、医院、托儿所、幼儿园自用的车船。新购置的车船暂不使用，可暂不申报登记纳税，开始使用时，应于使用前依照规定申报办理纳税手续。企业内部行驶的车辆，不领取行车执照，也不上公路行驶的，可免纳车船使用税。企业缴纳车船使用税确有困难的，可由省、自治区、直辖市人民政府确定，定期减征或者免征车船使用税。

第三节　税收规划基本方法及应用

一、税收规划的基本方法

（一）利用税收优惠政策

我国的税收优惠政策涉及范围非常的广泛，包括对产品、地区、行业及人员的优惠等。目前，可以享受的税收优惠主要有三个：一是免税期的优惠，如新办商贸性的私营有限责任公司可享受一年的企业所得税免税优惠；二是地区优惠，如在经济特区和高新技术开发区注册的私营有限责任公司可享受优惠税率，企业所得税按15%的税率征收；三是个人所得税法规定的免税项目、减税项目与暂免征税项目。利用税收优惠政策进行筹划主要是利用税法规定的减税、免税优惠达到减少应纳税额的目的，一般来说具有绝对节税、技术简单的特点。

（二）递延纳税时间

1. 收入实现时机的选择

在累进税率下，尽量把收入安排在税率较低的时期确认。在减免税期间，尽量把收入安排在减免税或低税率的年度，以使正常纳税年度应税收入减少，从而实现少纳税款的税收利益。

2. 尽量推迟收入的实现时间

在正常的纳税年度，应当尽量推迟收入的实现时间，以实现递延纳税的纳税利益。可以通过对生产经营活动的合理安排或者通过合理的财务安排来实现。

3. 加速累计费用的扣除

在正常的纳税年度，对于固定资产折旧、无形资产摊销等，在不违背税法规定的前提下，应尽量采用加速摊销的方式，加大前期费用扣除金额，减少前期应纳税额，以实现递延纳税的税收收益。加速摊销的方式可以通过缩短摊销（折旧）年限、采用加速摊销（折旧）方法来进行。

4. 选择合理的预缴方式

对于采用分期预缴、年终汇算清缴方式的，应尽量避免形成多预缴的情况。当预计当年的应纳税所得额比上一纳税年度低时，可以选择按纳税期限的实际数预缴；预计当年的应纳税所得额比上一纳税年度高时，可以选择按上一年度应税所得额的 1/12 或 1/4 的方法分期预缴所得税。

（三）缩小计税依据

1. 不可抵扣的费用和支出最小化

一般而言，税法明确规定了不得在税前列支的项目，如个人所得税有关法律规定中，明确指出个体工商户缴纳的个人所得税、税收滞纳金、罚金、被没收财物、支付的罚款，各种赞助支出、用于个人和家庭的支出、个体工商户业主的工资支出等不得在税前扣除。因此，在进行税收规划之前，应充分了解税法的相关规定，尽量缩小所得税税前扣除的项目范围和金额。

2. 扩大税前可扣除范围

扩大税前可扣除范围，可直接缩小计税依据，减少应纳税款。在税前扣除项目之中，应严格区分全额扣除、按标准扣除以及不能扣除的项目界限。对于有标准、有限额的扣除项目应尽量控制在限额以内，尽量把有标准、有限额的扣除项目或不能扣除的项目转化为无扣除标准及扣除限额的项目。

（四）选择合适的扣除时机

1. 提前确认扣除项目

在正常的纳税年度，提前确认扣除项目，能够使前期的所得减少，进而使得应纳税款相应减少。这样，就合理利用了资金的时间价值，从而达到递延纳税的税收利益的目的。

2. 选择合适的扣除时机

在累进税率下，尽量把费用安排在税率较高的时期进行扣除，以达到费用抵税的最大化。在减免税期间，尽量把费用安排在正常纳税年度进行扣除，以使正常纳税年度的应税所得减少，从而实现少纳税款的税收利益。

二、个人税收规划的实际应用

（一）纳税人身份设计筹划

纳税人的身份设计筹划针对居民纳税人与非居民纳税人，主要有以下三个方式。

1. 转移住所

纳税人把自己的居所迁出某一国，但又不在任何地方取得住所，从而躲过所在国对其纳税身份的确认，进而免除个人所得税的纳税义务。将个人住所真正迁出高税国，或者利用有关国家居民身份界限的不同规定或模糊不清实现虚假迁出，即仅在法律上不再成为高税国的居民，或者通过短暂迁出和成为别国临时居民的办法，以求得对方国家的特殊税收优惠。通常采用住所迁移的人多是已离退休的纳税人和在一国居住而在另一国工作的纳税人。

2. 税收流亡

纳税人可以不停地从这个国家向那个国家流动，确定自己不成为任何一个国家的居民，既能从这些国家取得收入，又可以避免承担其中任何一个国家的居民纳税义务。纳税人可能不购置住所，而是通过旅游的方式，有时住在旅馆里，有时住在船舶上，甚至常年住在游艇上。

3. 合理安排居住时间

在实行收入来源地管辖权的国家，对临时入境者和非居民大多提供税收优惠。中国规定，外国人在中国境内居住时间连续或累计居住不超过 90 日，或者在税收协定规定的期间内连续或累计居住不超过 183 日的个人，其来源于中国境内的所得，由中国境外雇主支付并且不是由该雇主设在中国境内机构负担的工资、薪金所得免于缴纳所得税。

例 8-2 美国公民 A 从 2002 年 1 月在中国境内合资企业甲任工程师。2002 年他在中国境内停留 310 天；2002 年 4 月和 12 月在美国休假共 25 天；于 3 月 1 日至 3 月 21 日和 10 月 1 日至 10 月 11 日分别到合资企业甲的香港公司和日本公司提供技术支持。在以下两种情况，分析 A 的纳税义务：①由美国总部支付 A 工薪，中国合资企业甲不负担任何费用；②由美国总部支付 A 工薪，其报酬成本最终由中国合资企业甲负担。

解析：①他在中国境内的实际工作期间（即 335 天）内所获工薪所得向中国缴纳个人所得税。其临时离境期间在中国境外提供劳务而获得的收入无须向中国缴纳个人所得税；②他应就所有工薪所得（即来自中国境内实际工作期间及临时离境期间所获得的收入）向中国缴纳个人所得税。

（二）从征税范围角度筹划

从征税范围角度筹划主要有收入项目福利化和收入项目费用化两个方法，即通过报销费用支出的方法降低个人收入总额，以达到减轻税负的目的。如纳税人可以通过报销职工医药费、旅游费用及资料费、交通费等形式使收入支付形式费用化，以减少应纳税所得额。

例 8-3 2008 年某公司张先生每月从公司领取工薪所得 5 000 元，租住一套房，每月支付房租 2 000 元。请问：如何规划才能降低税负？

解析：张先生应纳个人所得税税额为（5 000-2 000）×15%-125 = 325 元；

若公司为张先生提供免费住房，工资下调到每月 3 000 元，个人收入减少，应纳税款则会降低，而雇主的费用负担则不变。

张先生收入为 3 000 元时的应纳税额为：（3 000-2 000）×5%-5 = 50 元；

经过筹划，张先生可节税 275 元。注意，请考虑不同年份税收的规定，如现在起征点为 3 500 元，则另行计算。

（三）从计税依据角度的筹划

1. 工资、薪金所得税的筹划

可以进行奖金分摊发放，按照税法有关规定，个人一次性取得的奖金，单独作为一个月的工资、薪金所得计算纳税。但是特定行业的工资薪金所得应纳税款可以实行按年计算、分月缴付的方法，这些行业的纳税人可以利用这项政策使其税负合理化。

2. 个体工商户生产、经营所得的税务筹划

个体工商户生产、经营所得的税务筹划既可以选择增加费用支出的方法，也可以合理选择费用的摊销的方法。企业在生产、经营中发生的主要费用包括财务费用、管理费用和产品销售费用。企业的筹资渠道主要有：财政资金、金融机构信贷资金、企业自有资金、企业之间相互拆借、企业内部集资、发行债券或股票筹资、商业信用筹资、租赁筹资等。这两种方法的运用都可以使得个体工商户合理进行税收规划。

3. 对企事业单位承包、租赁所得的税务筹划

对企事业单位承包、租赁所得的税务筹划应合理安排收入的实现时间及每次获得收入的金额，这样才能使收入尽可能在各个纳税期限内保持均衡。

4. 劳务报酬所得的税务筹划

可以进行分项计算，即劳务报酬所得以每次收入额减除一定费用后的余额作为应纳税所得额。也可以合理安排支付次数，通过合理安排，增加支付次数，并且使每次支付金额比较平均，从而适用较低税率。此外还可以进行费用转移，为他人提供劳务以取得报酬的个人可以考虑由对方提供一定的福利，将本应由自己承担的费用改由对方承担，以达到规避个人所得税的目的。

5. 稿酬所得的税务筹划

稿酬所得的税务筹划主要有三种方法：一是系列丛书筹划法。如果一本书可以分成几个部分，以系列丛书的形式出现，该作品可以被认定为几个单位独立的作品，单独计算纳税，从而扩大免征金额，降低应纳税额；二是合理分摊稿酬。分摊稿酬时应最大限度利用费用扣除政策，扩大免征额；三是增加前期写作费用。稿酬所得应纳税款的计算是用应纳税所得额乘以税率而得，税率固定不变，应纳税所得额越大，应纳税额越大。

（四）税率筹划

合理安排应税所得，将高税率项目转换为低税率项目。也可以将股息转化为工资，股息所得适用税率为20%的比例税率，而工资、薪金所得适用3%～45%的七级超额累进税率，在某些情况下，当股息转化为工资、薪金所得时会减轻税负。

还可以合理安排公益性捐赠支出，我国税法规定捐赠扣除限额等于申报的应纳税所得额乘以30%。当实际捐赠额小于或等于捐赠限额时，允许扣除的捐赠额就

是实际捐赠额；实际捐赠额大于捐赠限额时，只能按捐赠限额扣除。最终应纳税额等于应纳税所得额减去允许扣除的捐赠额之后的余额再乘以适用税率并减去速算扣除数。所以适当地运用公益捐赠既可以帮助别人奉献自己，还可以起到税收规划的作用。

（五）税收优惠利用

1. 充分利用国家优惠政策

根据个人所得税减免税的有关规定，个人取得国债、国家发行的金融债券的利息、教育储蓄存款利息所得免税。住房公积金、医疗保险金、基本养老保险金、失业保险基金免征个人所得税。

2. 免征额的安排

中国个人所得税规定的2011年9月起免征额是月收入3 500元。通过合理安排收入渠道及支付次数，充分利用免征额的规定，使免征额达到最大化，以减少应纳税款，从而降低税负。

3. 两个或两人以上共同取得同一项目收入的计税方法

两个或两个以上的个人共同取得同一项目收入的，如编著一本书、参加同一场演出等，应当对每一个人取得的收入分别按照税法规定的减除费用后计算纳税。即实行"先分、后扣、再税"的办法。

（六）合理安排预缴税款

合理安排预缴税款主要是费用提前列支和收入滞后确认两个方面。费用提前列支就是要把费用安排在税率较高或者正常纳税年度进行扣除；收入滞后确认就是要把收入安排在税率较低或者减免税或低税率的年度进行扣除。

第四节 税收规划相关理财产品

一、免税型理财产品

（一）国债

根据《个人所得税法》规定，在债券中，只有个人投资国债和特种金融债所得利息免征个人所得税。国债风险几乎为零,利率略高于同期的银行存款,从长期来看,个人投资国债还是较为合算的。由于免税,即使企业债券(包括可转换债券)的票面利率略高于国债,但扣除税款后的实际收益反而低于后者。

(二)开放式基金

根据相关规定,目前投资开放式基金暂不征收个人所得税。具体规定有:一是从基金分配中取得的收入,暂不征收个人所得税;二是申购和赎回基金的差价收入不征收营业税;三是对个人买卖基金暂不征收印花税;四是对个人投资者买卖基金获得的差价收入,在对个人买卖股票的差价收入未恢复征收个人所得税以前,暂不征收个人所得税。

(三)教育储蓄

在所有的储蓄存款中,只有教育储蓄存款的利息一直是免征个人所得税的。虽然利息税目前处于免征时期,但是利息所得税的税率曾经高达20%。因此,投资教育储蓄能比同期限的定期存款增加20%的投资收益。此外,教育储蓄作为零存整取储蓄,享受整存整取的利率,它的存款最高限额为2万元。

(四)人民币理财和外汇理财

目前,许多家银行推出各种人民币理财产品和外币理财产品。对于人民币理财产品和外汇理财产品,暂时免征收益所得税。2005年11月1日开始实施的《商业银行个人理财业务管理暂行办法》⊖,提高了人民币理财产品和外币理财产品的门槛,将购买人民币理财产品或外币理财产品的起点定为5万元(外币为等值5 000美元以上),部分银行推出的理财产品甚至要50万元起购。

(五)信托产品

信托是信托公司发行的一种金融产品。它是指委托人基于对受托人的信任,将其财产权委托给受托人,由受托人按委托人的意愿以自己的名义,为受益人的利益或者特定目的进行管理或者处分的行为。⊜目前国家对信托收益暂不收取个人所得税。

(六)保险

按照我国现行法律的规定,任何保险金都是免税的,即领取保险给付和理赔金是

⊖ 中国银行业监督管理委员会令,2005年第2号。
⊜ 叶伟春.信托与租赁[M].上海:上海财经大学出版社,2008:1.

不用缴纳个人所得税的。为此，可将不需急用且没有更好投资去处的资金购买投资类保险，让保险公司的专业理财团队打理财产，获得稳定收益。另外，投保人寿保险，除可以获得保障外，同时亦是一种投资和储蓄，投保人可以从保险公司得到投资收益——红利和储蓄收益（利息），是一种一举两得的理财方式。

二、税收优惠型理财产品

（一）买卖股票

财政部规定从 1994 年起，对股票转让所得暂免征收个人所得税。前几年，国家税务总局发布的《关于明确年所得 12 万元以上自行纳税申报口径的通知》明确了股票转让所得的自行申报标准，有人因此开始担心国家将对股票转让所得恢复征收个人所得税。其实，股票转让所得自行申报和是否征税是两回事。对年所得 12 万元以上的纳税人而言，虽然其取得股票转让所得也要自行申报，但仍不征收个人所得税。

（二）投资房产

个人所有、非营业用的房产免征房产税。经有关部主管部门批准由个人自办的各类学校、图书馆等占用的房产也免征房产税。个人按市场价格出租的居民住房，只按 4% 的税率征收房产税。

三、其他理财产品

（一）银行存款

银行存款所得的利息，是属于"利息、股息、红利所得"项目，按 20% 的税率计征个人所得税。但是个人所得税是由银行代扣代缴，而不是存款人自己直接支付的。而目前我国对于个人储蓄存款施行暂免征收利息税，居民个人可根据资金状况，适度进行储蓄存款理财。

（二）企业债券

企业债券的利息所得，属于"利息、股息、红利所得"项目，适用 20% 的税率来计征个人所得税。它应由兑付机构在兑付利息时代扣代缴个人所得税；转让价差收入，应按财产转让所得应税项目缴纳 20% 的个人所得税。

(三) 上市公司股票分红所得

上市公司的股票分红所得也是属于"利息、股息、红利所得"项目。它是由公司在发放时，按照应纳税所得额的 50% 适用 20% 的税率代扣代缴个人所得税。

> **理财小常识 8-1　　　　银行存款利息要交税吗？**
>
> 所谓"利息税"实际是指个人所得税的"利息、股息、红利所得"税目，主要指对个人在中国境内储蓄人民币、外币而取得的利息所得征收的个人所得税。对储蓄存款利息所得征收、停征或减免个人所得税（利息税）对经济具有一定的调节功能。世界上许多国家普遍征收利息税。根据国家规定，个人储蓄存款利息需要缴纳一定的利息税，单位存款利息不需要缴纳利息税，而是并入企业所得税进行核算。
>
> 新中国成立以来，利息税曾三度被免征，而每一次的变革都与经济形势密切相关。1950 年，我国颁布《利息所得税条例》，规定对存款利息征收所得税。但当时国家实施低工资制度，人们的收入差距也很小，因而在 1959 年停征了存款利息所得税。1980 年通过的《个人所得税法》和 1993 年修订的《个人所得税法》，再次把利息所得列为征税项目。但是，针对当时个人储蓄存款数额较小、物资供应比较紧张的情况，随后对储蓄利息所得又作出免税规定。根据 1999 年 11 月 1 日起开始实施的《对储蓄存款利息所得征收个人所得税的实施办法》，不论什么时间存入的储蓄存款，在 1999 年 11 月 1 日以后支取的，1999 年 11 月 1 日起开始滋生的利息要按 20% 征收所得税。根据第十届全国人民代表大会常务委员会第二十八次会议修改后的个人所得税法第十二条的规定，国务院决定自 2007 年 8 月 15 日起，将储蓄存款利息所得个人所得税的适用税率由现行的 20% 调减为 5%。2008 年 10 月 8 日国家宣布次日开始取消利息税。
>
> 居民个人储蓄存款的利息税计算的具体办法为：储蓄存款在 1999 年 10 月 31 日前的利息所得，不征收个人所得税；在 1999 年 11 月 1 日至 2007 年 8 月 14 日的利息所得，按照 20% 的比例征收个人所得税；在 2007 年 8 月 15 日至 2008 年 10 月 8 日的利息所得，按照 5% 的比例征收个人所得税；储蓄存款在 2008 年 10 月 9 日后（含 10 月 9 日）的利息所得，暂免征收个人所得税。所以现在投资存款是不用缴纳个人利息所得税的。

第五节 税收规划案例分析

由于男性与女性的风险偏好不同，导致其投资观念不同。下面就其投资观念作出相应的税收规划及分析。

一、男性顾客税收规划

（一）情况介绍

王先生今年40岁，是某公司的业务部经理，年收入在40万元左右，年终奖有5万元，单位有五险一金，但除了这个没有其他保险。他有定期存款20万元，但是在股票市场上投入将近100万元。有一套价值100万元的住房，去年底已经还清贷款。另外，公司还配有一辆代步汽车。在生活开支方面，每月在饮食、交通、社交、服饰等方面的支出合计10 000元。由于大多数的男性是风险偏好型，因此，他每年除了生活必要支出和预留应急款5万元之外，剩下的都用于投资。

（二）财务状况分析

王先生的财务状况如表8-5和表8-6所示。

表8-5　王先生的个人资产负债表（截至上年年底）　　（单位：万元）

资产		负债	
定期存款	20	住房贷款	0
股票投资	100	车辆贷款	0
固定资产（住房）	100		
总资产		220	

表8-6　王先生的收支状况表（今年）　　（单位：万元）

收入		支出	
年收入	40	交通	
年终奖	5	饮食	
定期存款利息	0.65	社交	12
股息收入	3	服饰	
结余		36.5	

由表8-5和表8-6我们可以知道王先生的财务状况十分好，在去年年底还清房贷之后，已经没有任何的负债状况，多年的工资积累使得他有20万元的定期存款积蓄，虽然每个月的支出比较多，但是年终收入也是相当可观的。

(三) 税收规划理财建议

王先生今年的定期存款利息继续按照定期存款存入,股息也继续投入股票市场。王先生除了支出生活必须费用12万元和应急预备款5万元之外,剩下还有28万元,分别可以投资不同的理财产品。

1. 股票

王先生可将18万元继续投资于股票。股票是一种风险相对较高同时报酬也比较高的投资理财方式。对于股票投资而言,其收益来源主要有两个方面:一是股票投资人取得的股息和红利。股票投资人取得的股息、红利由上市公司在派发时直接代扣代缴个人所得税。对投资股票者而言,股票的股息、红利的取得除了要由上市公司代扣代缴20%的个人所得税以外,还要再加上印花税;二是个人投资者买卖股票获得的差价收入,这个按照现行的税收规定暂不征收个人所得税,征收企业所得税。

2. 企业债券

王先生还可以将7万元投资于企业债券。王先生投资企业债券(包括可转换债券),无论是在一级市场还是在二级市场购买企业债券,持有到期后取得的利息收入,作为"利息、股息、红利所得"的应税项目,和股票一样,都要缴纳20%的个人所得税,税款由兑付利息的机构负责代扣代缴。

3. 其他短期投资

王先生可将剩下的3万元投资一些短期的理财产品。对于短期理财产品,税法要求除特殊情况外,均应确认为投资收益,并入应纳税所得额。(特殊情况是指,短期投资取得时实际支付的价款中包括已宣告但尚未领取的现金股利,或已到付息期但尚未领取的债券利息)。

二、女性顾客税收规划

(一) 情况介绍

刘太太,今年38岁,是某公司的职员,年收入在10万元左右,年终奖有1万元。她除了自己保的人寿保险外,无其他保险,单位也没有五险一金。她和老公有一套价值80万元的住房,也没有房贷问题。刘太太个人有定期存款40万元,有一个儿子,刚上小学4年级。刘太太在饮食、服装、交通等生活必须消费上一年要支出2万元,并且每年留有1万元现金作为应急款备用。由于大多数的女性都是风险厌恶者,她们大多数会选择一些低风险甚至零风险的金融产品进行投资。因此，刘太太除了继续做储蓄投资外，没有做其他的投资理财。

（二）财务状况分析

刘太太的财务状况如表8-7和表8-8所示。

表8-7 刘太太的个人资产负债表 （单位：万元）

资产		负债	
定期存款	40	住房贷款	—
固定资产	80	车辆贷款	—
总资产		120	

表8-8 刘太太的个人收支状况表 （单位：万元）

收入		支出	
年收入	10	饮食	1
年终奖	1	服装	0.5
定期存款利息	1.3	交通	0.5
总计	12.3		2
结余		10.3	

由表8-7和表8-8可以得知刘太太的财务状况很好，她没有任何的负债状况，而且自己有40万元的定期储蓄，一年的日常生活支出2万元，平均下来每个月1 660元左右，属于一般水平。

（三）理财建议

刘太太今年的定期存款利息继续按照定期存款存入，那么除了支出生活必须费用2万元和应急预备款1万元之外，剩下还有8万元。刘太太利用这8万元可以分别投资不同的理财产品。

1. 投资国债

根据税法规定，国债和特种的金融债可以免征个人所得税的债券品种。虽然一般企业债券的票面利率略高于国债的票面利率，但是在扣除税款后的实际收益不一定会高于国债，可能甚至会低于国债。例如：一只企业债券的到期收益率为6.98%，而一只国债的到期收益率为6.12%，那么在企业债券扣除20%的利息税后实际收益率仅为5.58%，比国债的到期收益率降低了0.54%，在风险程度上而言，企业债券又比国债要高。更重要的是记账式国债还可以根据市场利率的变化，在二级市场出卖以赚取差价。对于刘太太这样稳健的投资者而言，把2万元投资到国债，是一个很好的选择。

2. 教育储蓄

刘太太育有一子，上小学四年级，为了给儿子有一个良好的未来，现在就要开始筹备，对于传统的理财方式来说，储蓄是一个选择。但是尽管储蓄的风险小，但是它的收益也不高，更何况现在的利率相比于以前而言，更是下降了不少。

教育储蓄是指个人按照国家有关规定在指定银行开户、存入规定数额资金、用于教育目的的专项储蓄。对象是在校中小学生，其存期分3年期和6年期两种，为零存整取定期储蓄，每户最低起存金额50元。教育储蓄有两个特色：一是税务优惠，按照国家相关政策规定，教育储蓄的利息收入可凭有关证明享受免税待遇；二是积少成多，适合为子女积累学费，培养理财习惯。

教育储蓄采用实名制，开户时，储户要持本人（学生）户口簿或身份证，到银行以储户本人（学生）的姓名开立存款账户。到期支取时，储户需凭存折及有关证明一次支取本息。其开户对象为在校小学四年级（含四年级）以上学生。而刘太太的儿子刚刚符合这一规定。

3. 购买保险

刘太太除了自己保的人寿保险外，无其他保险，单位也没有五险一金，那么，她可以把2万元用来买保险。目前，我国实行的是低利率的政策，存款的利息收入很少，资本的增值机会不大，特别是在通货膨胀的时候，银行存款会缩水，而且它不具备股票的投资功能和保险的规避风险的功能。

购买保险是一种很好的理财方式，不仅能够得到保障，还可以降低税收成本。根据我国法律的规定，居民在购买保险时可以享受三大税收优惠：一是按有关规定提取的住房公积金、医疗保险金不计当期工资收入，免缴个人所得税。按照实得的工资缴纳"五金"，在考虑到免税的情况下是十分必要的；二是由于保险赔款是赔偿个人遭受意外不幸的损失，不属于个人收入，免缴个人所得税；三是按规定缴纳的住房公积金、医疗保险金、基本养老保险金、失业保险基金和生育保险金，存入银行个人账户所得利息收入免征个人所得税。因此，保险＝保障＋避税，选择合理的保险计划，对于大多数人来说，它既可以得到所需的保障，又可以合理避税，就是一举两得，达到双赢。

4. 投资基金

基金和股票一样，都是一种高风险高收益的投资理财方式，但是它们又有不同之处。基金的收益来源主要也是来自两个方面：一是基金的现金分红，基金向个人投资者分配股息、红利、利息时，不再代扣代缴个人所得税，这是基金与股票之间在税收方面的明显区别。二是个人投资者在买卖基金单位时获得的差价收入，按照现行的税收规定暂不征收个人所得税，而是征收企业所得税，这样对于个人投资者而言是有利的。

刘太太把最后的 2 万元用来买基金，这样就有较高的收益。相对于买股票而言，基金的收益率不需要扣除 20% 的税收成本，那么假设刘太太买一只股票，它的收益率为 12%，那么在 2 万元投入之后，可以得到的利息为 2 400 元，扣除 20% 的税收成本 480 元后，她可以得到本金加股息红利 1 920 元，那么她用这一笔钱购买基金，基金的收益率为 10%，那么在 2 万元投入之后，不需要扣除税收成本，直接可以得到分红 2 000 元，这比股票投资还可以多 80 元的收入。虽然股票和基金都是高风险的，但是从高收益的角度来看，肯定更倾向于把资金投入到基金当中。

本章小结

本章主要介绍了个人税收规划的概念、个人税收规划的基本内容及方法、个人税收规划的特色及适宜的理财产品等。通过对个人税收规划所适宜的理财产品的介绍以及举例，可以进一步了解个人税收规划，为现实中的个人税收规划提供依据。

课后习题

一、单项选择题

1. 关于住房投资的税收政策，下列说法错误的是（　　）。(2008 年 11 月国家理财规划师考试真题)
   (A) 签订《商品房买卖合同》时，买卖双方需要按照 0.3‰ 的税率缴纳印花税
   (B) 签订《个人购房贷款合同》时，需要按 0.05‰ 的税率缴纳印花税
   (C) 对个人购买自用普通住宅，暂时减半征收契税
   (D) 居民之间交换住房，不需缴纳契税

2. 个人出租住房，签订房屋租赁合同，要按照租赁金额的（　　）缴纳印花税，税额不足一元的，按一元贴花。(2008 年 11 月国家理财规划师考试真题)
   (A) 3%　　　　(B) 5%　　　　(C) 4%　　　　(D) 1%

3. 国家规定对个人购买（　　），暂减半征收契税。(2008 年 11 月国家理财规划师考试真题)
   (A) 自用商用住宅　　　　　　　　(B) 自用普通住宅
   (C) 非自用普通住宅　　　　　　　(D) 非自用商用住宅

4. 在计算劳务报酬所得时，如果属于同一事项连续取得收入的，以（　　）内取得的收入为一次。(2008年5月国家理财规划师考试真题)
   (A) 一个月　　　(B) 二个月　　　(C) 三个月　　　(D) 每个月

5. 稿酬所得，以每次出版、发表取得的收入为一次。同一作品再版取得的所得，应视为（　　）稿酬所得计征个人所得税。(2008年5月国家理财规划师考试真题)
   (A) 同次　　　(B) 另一次　　　(C) 一个月内　　　(D) 其他

6. 某公司职员王小姐于2008年4月领取工资8000元，依据新的个税起征点2 000元的标准，则她当月应缴纳的个人所得税为（　　）。(2008年5月国家理财规划师考试真题)
   (A) 825元　　　(B) 905元　　　(C) 800元　　　(D) 1 005元

7. 2008年1月1日实施的新《企业所得税法》规定国家需要重点扶持的高新技术企业，企业所得税按（　　）的税率征税。(2008年5月国家理财规划师考试真题)
   (A) 15%　　　(B) 25%　　　(C) 33%　　　(D) 20%

8. 营业税是对在我国境内提供应税劳务、（　　）和销售不动产的行为为课税对象所征收的一种税。它属于单一环节的流转税。(2008年5月、2011年11月国家理财规划师考试真题)
   (A) 转让无形资产　　(B) 转让财产　　(C) 转让动产　　(D) 转让资产

9. 下面关于教育费附加税说法正确的是（　　）
   (A) 对在集市上从事临时经营的个人，征收教育费附加。
   (B) 王大妈在市集上做调料买卖，过年期间生意非常好，她不需要缴教育费附加税。
   (C) 老苏傍晚的时候在集市上卖菜，不需要缴纳教育费附加税。
   (D) 教育费附加税是指在教育费的基础上再加征一定额度的税收。

10. 对于个人的金融投资所得，国家一般要按（　　）。(2008年5月国家理财规划师考试真题) 的比例税率对其征收个人所得税。
    (A) 10%　　　(B) 20%　　　(C) 5%　　　(D) 15%

11. 购房人与商业银行签订《个人购房贷款合同》时，要按"借款合同"税目缴纳印花税。该印花税的计税依据为借款金额，税率为（　　）。(2008年5月国家理财规划师考试真题)
    (A) 0.03‰　　　(B) 0.04‰　　　(C) 0.05‰　　　(D) 0.01‰

12. 纳税人销售自己使用过的属于应征消费税的机动车、摩托车、游艇,售价超过原值的,按照( )征收率减半征收增值税。(2008年5月国家理财规划师考试真题)
    (A) 5%　　　　　(B) 6%　　　　　(C) 4%　　　　　(D) 3%

13. 2008年1月1日实施的新《企业所得税法》规定企业所得税的税率为( )。(2008年5月国家理财规划师考试真题)
    (A) 15%　　　　(B) 25%　　　　(C) 33%　　　　(D) 20%

14. 自2006年1月1日起,在计算个人所得税时,纳税人每月工资、薪金所得的免征额为( )。(2007年5月国家理财规划师考试真题)
    (A) 1 600元　　(B) 2 000元　　(C) 3 200元　　(D) 4 000元

15. 在计算劳务报酬所得时,如果属于同一事项连续取得收入,则( )。(2007年5月国家理财规划师考试真题)
    (A) 以一个月内取得的收入为一次纳税
    (B) 以连续取得的收入加总为一次纳税
    (C) 以每次取得劳务报酬收入为一次纳税
    (D) 如超过20 000元,适用税率要加成

16. 我国个人所得税的工资、薪金所得税目,劳务报酬所得税目,个体工商业户的生产经营所得税目和对企事业单位的承包经营、承租经营所得税目均实行超额累进税率。其中,劳务报酬所得税目和个体工商业户的生产经营所得税目分别实行( )的累进税率。(2007年5月国家理财规划师考试真题)
    (A) 3级和5级　　(B) 5级和3级　　(C) 9级和5级　　(D) 5级和9级

17. 张某2006年某月的工资总额为5 000元(不包含免税所得),则其就当月工资需要缴纳的个人所得税( )。(2007年5月国家理财规划师考试真题)
    (A) 385元　　　(B) 525元　　　(C) 485元　　　(D) 675元

18. 个人兼职取得的收入应按照个人所得税的( )税目缴纳所得税。(2007年5月国家理财规划师考试真题)。(2007年5月国家理财规划师考试真题)
    (A) 稿酬所得　　　　　　　　　(B) 劳务报酬所得
    (C) 其他收入所得　　　　　　　(D) 偶然所得

19. 对个人按市场价格出租的居民住房,暂按( )的税率征收营业税。(2007年5

月国家理财规划师考试真题)。(2007年5月国家理财规划师考试真题)

(A) 3%　　　(B) 4%　　　(C) 5%　　　(D) 10%

20. 居民甲和居民乙交换住房。经评估,两套住房的价值都为40万元,则甲乙共需要缴纳的契税为(　)。(2007年5月国家理财规划师考试真题)

(A) 0　　　(B) 12 000元　　　(C) 24 000元　　　(D) 6 000元

21. 国内某作家的一篇小说在某晚报上连载3个月,每月取得稿酬3 600元。该作家就稿酬收入需要缴纳个人所得税(　)。(2007年5月国家理财规划师考试真题)

(A) 1 209.6元　　(B) 576元　　(C) 1 728元　　(D) 796元

22. 王某的一篇论文被收入某论文集出版,取得稿酬5 000元,当年因添加印数而又取得追加稿酬2 000元。上述王某所获稿酬应缴纳个人所得税(　)。(2007年5月国家理财规划师考试真题)

(A) 537元　　(B) 436元　　(C) 628元　　(D) 784元

23. 国家征税与纳税人纳税形式上表现为(　),但经法律明确其双方的权利和义务后,这种关系实际上已上升为一种特定的法律关系。(2008年11月国家理财规划师考试真题)

(A) 利益共享的关系　　　　(B) 利益分配的关系
(C) 财产共享的关系　　　　(D) 财产分配的关系

24. 2008年3月1日修订的《个人所得税法》规定,纳税人每个月的工资、薪金所得的免征税额为(　)元,另外,在中国境内无住所而在中国境内取得工资、薪金所得的纳税人以及在中国境内有住所而在中国境外取得工资、薪金所得的纳税人,还可以享受每月(　)元的附加减除费用。(2008年11月国家理财规划师考试真题)

(A) 1 600、3 000　　　　(B) 2 000、3 200
(C) 1 600、2 800　　　　(D) 2 000、2 800

25. 财产转让所得以转让财产的收入额减去财产原值和(　)后的余额为应纳税所得额。(2008年11月国家理财规划师考试真题)

(A) 全部费用　　(B) 所有费用　　(C) 合理费用　　(D) 其他费用

26. 目前,我国财政收入的(　)左右是通过税收取得的。(2008年11月国家理财

(A) 95%　　　(B) 85%　　　(C) 75%　　　(D) 80%

27. 某公司职员王小姐于2008年4月取得工资12 000，根据新的个税起征点2 000元的标准，则她当月应缴的个人所得税为（　　）元。（2008年11月国家理财规划师考试真题）

　　(A) 1 705　　(B) 1 225　　(C) 1 405　　(D) 1 625

28. 对在中国境内无住所，但在一个纳税年度中在中国境内居住不超过（　　）的纳税人，其来源于中国境内的所得，由境外雇主支付并且不由该雇主在中国境内的机构场所负担的部分，免于缴纳个人所得税。（2008年11月国家理财规划师考试真题）

　　(A) 15日　　　(B) 30日　　　(C) 60日　　　(D) 90日

29. 王某将其住房按市场价格2 000元对外出租，按照规定王某需缴纳（　　）元的房产税。（2008年11月国家理财规划师考试真题）

　　(A) 240　　　(B) 200　　　(C) 160　　　(D) 80

30. （　　）不属于免征契税的情形。（2008年11月国家理财规划师考试真题）
　　(A) 学校兴建科研楼　　　　(B) 城镇职工按规定第一次购买公有住房
　　(C) 个人购买商品住房　　　　(D) 承包荒山、用于农业生产

31. 在印花税的税目中，专利和许可证照适用（　　）。（2008年11月国家理财规划师考试真题）
　　(A) 定额税率　　(B) 比例税率　　(C) 累进税率　　(D) 差别税率

32. 契税的税率为（　　）的浮动税率，由各省、自治区、直辖市政府在这个税率幅度范围内自行决定。（2008年11月国家理财规划师考试真题）

　　(A) 3%～5%　　(B) 3%～4%　　(C) 4%～5%　　(D) 5%～6%

33. 我国于2008年1月1日实施新的《企业所得税法》，其中在中国境内未设定机构场所的，或者虽设立机构、场所但取得的所得与其所设定的机构、场所没有实际联系的，应当就其来源于中国境内的所得缴纳企业所得税，其适用税率为（　　）。（2008年11月国家理财规划师考试真题）

　　(A) 17%　　　(B) 20%　　　(C) 25%　　　(D) 33%

34. 累进税率可以有效地调节纳税人的收入、财产等，下列关于超额累进税率和全额累进税率的说法中正确的是（　　）。（2009年5月国家理财规划师考试真题）

   (A) 超额累进税率累进幅度大，而全额累进税率累进幅度比较缓和

   (B) 超额累进税率计算方法比较简单，而全额累进税率计算方法比较复杂

   (C) 超额累进税率税负较为合理，而全额累进税负比较重

   (D) 超额累进税率边际税率和平均税率一致，而全额累进税率的不一致

35. 2009年1月，王先生领取当月工资1 800元，全年一次性奖金10 000元，请问，当月王先生需要缴纳（　　）元的个人所得税。（2009年5月国家理财规划师考试真题）

   (A) 955　　　(B) 965　　　(C) 975　　　(D) 985

36. 2009年2月，某演员出席某社会活动，分三次获得报酬，每次取得2 000元，请问，该演员需要缴纳（　　）元的个人所得税。（2009年5月国家理财规划师考试真题）

   (A) 9 600　　　(B) 12 200　　　(C) 12 400　　　(D) 14 400

37. 2009年3月，赵先生出版个人自传，获得收入2 000元。由于市场销售火爆，遂追加印数，赵先生又获得收入20 000元，请问，赵先生一共需要缴纳（　　）元的个人所得税。（2009年5月国家理财规划师考试真题）

   (A) 2 240　　　(B) 2 296　　　(C) 2 464　　　(D) 3 520

38. 2009年4月，李先生按照市场价格对外出租住房，取得租金收入5 000元，已经缴纳各种税，合计为370元，请问，李先生需要缴纳（　　）元的个人所得税。（不考虑修缮费用，且其年所得未超过12万元）。（2009年5月国家理财规划师考试真题）

   (A) 383　　　(B) 766　　　(C) 370.4　　　(D) 740.8

39. 2009年5月，张小姐购买福利彩票，获得奖金200 000元，通过国家扶贫基金会向贫困地区捐赠20 000元。请问，张小姐最后获得的收入为（　　）元。（2009年5月国家理财规划师考试真题）

   (A) 36 000　　　(B) 46 000　　　(C) 112 000　　　(D) 14 440

40. （　　）是指将纳税人的全部应税所得分成若干部分，每一部分可以包括一类或几类所得，各部分分别按不同的费用扣除标准和税率进行计税。（2009年11月国

家理财规划师考试真题)

(A) 混合所得税制　　　　　　　　　(B) 分类所得税制
(C) 综合所得税制　　　　　　　　　(D) 单一所得税制

41. 某人创作的小说出版后取得收入 20 万元，由于销售良好，追加刊印 10 万册，取得追加收入 50 万元，则他需要缴纳（　　）元的个人所得税。(2009 年 11 月国家理财规划师考试真题)

(A) 62 400　　(B) 68 400　　(C) 78 400　　(D) 112 000

42. 某技术人员向公司转让某专利技术的特许权使用权，获得转让费 2 000 元，则他需缴纳（　　）元的个人所得税。(2009 年 11 月国家理财规划师考试真题)

(A) 240　　(B) 320　　(C) 360　　(D) 480

43. 某作家转让著作权获得转让费 3 万元，则他应该缴纳的营业税是（　　）元。(2009 年 11 月国家理财规划师考试真题)

(A) 0　　(B) 900　　(C) 1 500　　(D) 6 000

44. 超额累进税率是指按照计税依据的（　　）分别累进征税的累进税率。即将计税依据(如所得税的应纳税所得额)分为若干个不同的征税级距，相应规定若干个由低到高的不同的适用税率，当计税依据数额由一个征税级距上升到另一个较高的征税级距时，仅就达到上一级距的部分按照上升以后的征税级距的适用税率计算征税。(2011 年 11 月国家理财规划师考试真题)

(A) 全部　　(B) 不同部分　　(C) 同一部分　　(D) 相同部分

二、多项选择题

1. 我国采用定额税率的税种主要包括（　　）。(2008 年 11 月国家理财规划师考试真题)

(A) 资源税　　　　　　(B) 城镇土地使用税　　　　　　(C) 车船使用税
(D) 个人所得税　　　　(E) 消费税

2. 对税收制度的分类可以按照不同的标志和根据进行，其中课税对象的性质为标志对税制进行分类是世界各国普遍采取的分类方式。就实体法而言，根据这一分类标志，我国现行的税制大致可以分为（　　）等几个类别。(2008 年 11 月国家理财规划师考试真题)

(A) 流转税类　　　　　(B) 所得税类　　　　　　　(C) 资源财产税类
(D) 目的行为税类　　　(E) 进口关税类

3. 在计算增值税的过程中，属于征税范围的特殊性行为有（　　）。（2008年11月国家理财规划师考试真题）
   (A) 将货物交与他人代销
   (B) 销售代销货物
   (C) 从事货物生产、批发或零售为主，并兼营非应税劳务的增值税缴纳人，发生的混合销售行为
   (D) 除从事货物生产、批发或零售为主，并兼营应税劳务的增值税缴纳人以外的其他单位和个人的混合销售行为
   (E) 兼营非应税劳务行为

4. 下列纳税人中（　　）不属于一般纳税人。（2008年11月国家理财规划师考试真题）
   (A) 年应税销售额未超过小规模纳税人标准的企业
   (B) 个人（除个体经营者以外的其他人）
   (C) 非企业型单位
   (D) 不经常发生增值税应税行为的企业
   (E) 年应税销售额超过小规模纳税人标准的企业

5. 下列各项优惠政策中，属于免纳个人所得税项目的是（　　）。（2009年5月国家理财规划师考试真题）
   (A) 国债利息　　　(B) 抚恤金　　　　　(C) 保险赔款
   (D) 个人举报奖金　(E) 以职工的退休工资

6. 凡符合下列条件之一的外籍专家取得的工资、薪金可免征个人所得税（　　）。（2008年5月国家理财规划师考试真题）
   (A) 根据世界银行专项贷款协议有世界银行直接派往我国工作的外国专家
   (B) 联合国组织直接派往我国工作的专家
   (C) 为联合国援助项目来华工作的专家
   (D) 援助国派往我国专为该国无偿援助项目工作的专家
   (E) 根据两国政府签订文化交流项目来华工作2年以内的文教专家，其工资、薪金所得由该国负担的

7. 企业所得税的征税对象是企业取得的生产经营所得和其他所得，但并不是说企业取得的任何一项所得，都是企业所得税的征税对象。确定企业的一项所得是否属于征税对象，要遵循以下原则（　　）。（2008年5月国家理财规划师考试真题）

(A) 必须是合法来源的所得
(B) 应纳税所得是扣除成本费用后的纯收益
(C) 企业所得税的应纳税所得必须是实物或货币所得
(D) 企业所得税的应纳税所得包括来源于中国境内、境外的所得
(E) 按照会计原则计算处理的所得

8. 关于个人所得税某些特殊项目的征税规定，（　　）说法正确。(2007年5月国家理财规划师考试真题)
(A) 企业因为员工购买保险公司的保险产品支付保费应缴纳个人所得税
(B) 企业购买车辆并将车辆所有权办到股东个人名下，应视为对股东的分红缴纳个人所得税
(C) 个人取得国家发行的金融债券利息应缴纳所得税
(D) 个人取得保险赔款不需缴纳个人所得税
(E) 纳税义务人从中国境外取得的所得，准予在其应纳税额中全额扣除已在境外缴纳的个人所得税税额

9. 对（　　）应当征收营业税。(2007年5月国家理财规划师考试真题)
(A) 交通运输业　　　　(B) 建筑业　　　　(C) 转让无形资产
(D) 销售不动产　　　　(E) 提供加工、修理和修配劳务

10. （　　）应当征收增值税。(2007年5月国家理财规划师考试真题)
(A) 销售电力　　　　(B) 销售热力　　　　(C) 销售气体
(D) 银行销售金银　　　　(E) 邮政部门销售集邮产品

Chapter 9 • 第9章

退休规划：夕阳理财

学习目标

本章要求了解退休规划的相关概念，退休规划的重要性，以及退休规划的影响因素。理解和掌握退休规划的风险、原则。退休规划的主要内容，包括退休规划特色，退休收入的来源分析、退休规划的流程。并通过对退休规划以及适和退休规划的理财产品和相关案例的学习，了解现实中退休理财的实际操作；其中退休规划的风险、原则。退休规划的主要内容，了解退休规划的特色，分析退休收入的来源、退休规划的流程为本章的重难点。

导读

面对世界各国步入老龄化社会的步伐，人们的老年生活时间开始延长，家庭赡养老人的经济负担逐渐加重，政府和个人对养老金和退休后生活水平的关注程度不断提高，并一直希望寻找到一个最经济、最有效的解决办法和途径。人们开始逐渐意识到为其退休后的生活进行准备的重要性，个人退休规划悄然兴起。

第一节　退休规划概述

随着社会经济的快速发展，人口老龄化问题日趋严重。据相关研究显示，2040年我国将有3.8亿的老年人口⊖，超过欧洲总人口数。目前，老年人家庭占全国家庭总数的21%，其中老两口形态的空巢家庭达23%。随着中国的人均寿命不断延长和独生子女一代的成长，两口养四口和老年空巢家庭等现象将更为普遍。

⊖ 新华网报道，2013-10-30。

一、概念及内涵

(一) 退休的概念

退休是指员工在达到一定年龄或为企业服务一定年限的基础上,按照国家的有关法规和员工与企业的劳动合同而离开企业的行为。[⊖] 这主要是由人们生命和劳作过程的自然规律决定的,因而国家规定和实行了退休制度。关于退休年龄,我国作了如下规定:国家法定的企业职工退休年龄是男工年满60周岁,女工人年满50周岁,女干部年满55周岁;从事井下、高温、高空、特别繁重体力劳动或其他有害身体健康工作的,男的退休年龄是55周岁,女的是45周岁;因病或非因工致残,由医院证明并经劳动鉴定委员会确认完全丧失劳动能力的,男的年满50周岁,女的退休年龄则是45周岁。

(二) 退休规划的概念

退休规划就是基于个人退休生活需求,统筹安排个人收入和资产管理,从而保证实现退休生活目标的财务安排。是为了保证个人在将来有一个自立、尊严、高品质的退休生活,而从现在开始积极实施的理财方案。

根据相关研究表明,2050年,我国15～59岁劳动年龄人口将下降到7.1亿人,我国老龄化问题的解决已是迫在眉睫。预计到2030年以后,我国的劳动力供给将出现严重不足;年轻人努力赚取养老金为自己以后的生活做好打算,也是一种退休计划理财,是一种以筹集养老金为目标的综合性金融理财。养老金是一种债务,但一定是理智的债务,人们在退休以前处于养老金的分摊期,退休后即进入养老金的消费期直至死亡。因此,科学、合理的退休规划十分必要。

二、退休规划的重要性

(一) 退休后收入的减少

退休后收入大大减少,无法维持退休前的消费水平,且随着人均寿命的提高,社会平均退休后生活时间延长,如果用于退休养老的资金不变,就会出现养老金不足,退休后生活质量随之下降的现象。因此,退休理财的主要目标就是要为个人退休后的日常花销和医疗保健以及护理费用开支准备充足的资金。

⊖ 艾正家,殷林森.金融理财学[M].上海:复旦大学出版社,2010:201-206.

（二）传统养老方式的弊端

传统养老方式存在弊端，"养儿防老"不堪重负。随着"4：2：1"家庭结构在中国逐渐普及，传统养老观受到强烈冲击，20 世纪 80 年代四世同堂的金字塔迅速演变成现在的倒金字塔形的家庭结构。面对就业、医疗、住房、子女教育，人们已经举步维艰，无法周到地顾及赡养老人。而随着社会的发展，将来还要出现"8：4：2：1"的家庭，"养儿防老"已越来越不现实了。

（三）社保基金的不足

社保基金已不能足够维持退休所需，由于我国目前实行的是"广覆盖，低保障"的社会养老保险制度，国家统一的养老政策只能给老年人提供最基本的生活保障，很难满足人们高品质生活的要求，而企业年金在很大程度上是一种针对未来预期的承诺。事实上，企业的发展状况处在不断变化中，一个企业很可能在个人退休时倒闭或者入不敷出，那么之前的养老承诺也就成为一句空话。

（四）退休后的养老期望

人们都希望老有所养，老有所终。现代人退休理财针对的是自己生命最后的 20 年、30 年甚至 40 年。钱财无忧，身体健康的退休者，才可能真正享受丰富的退休生活。据统计，只有 10% 的老人能过上自己期望的退休生活，20% 的老人能够独立支撑退休生活，而 70% 的老人却依赖别人生活。因此，只有及早规划养老，留有余地，才能真正做到老有所养、老有所终。

三、退休规划的影响因素

退休规划的影响因素如图 9-1 所示。

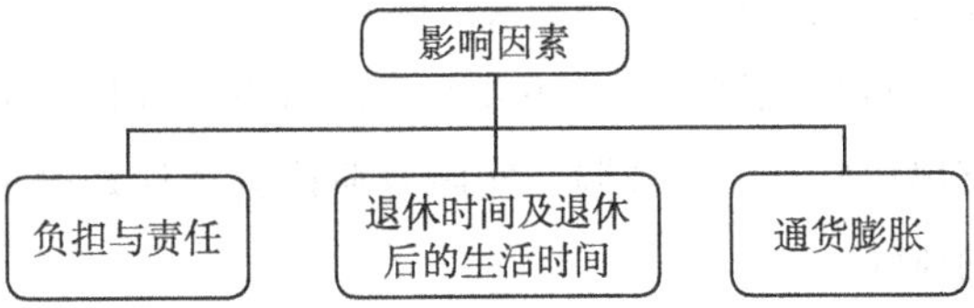

图 9-1 退休规划的影响因素

（一）负担与责任

许多个人和家庭对退休没有财务上的准备，他们不为退休制订计划，或者拙劣地制订计划。有些人低估了对未来资源的需求；有些人在中年或以后才开始关注退休，以至于不能积累充足的资产来达到其理想的退休收入水准。年轻人具有积累资金的时间优势，但他们通常收入低、开销大。不仅如此，许多年轻人还认为退休尚很遥远，以至于不把退休储蓄当作优先考虑的事情。

(二) 退休时间及退休后的生活时间

退休期较长的可能性也是影响退休规划的因素之一。当期望寿命增加时，人们在退休后会活得更久些；而部分人的提早退休，进一步缩短了人们的工作年数跨度。低龄退休一方面意味着较短的工作年限；另一方面又意味着较长的退休期。人们用较少的年数来为较长的退休时间做准备，就会在积累充足资金的问题上面临巨大的挑战。

(三) 通货膨胀

通货膨胀也是制定个人退休规划时需要考虑的一个重要因素。价格的上涨会大大降低那些仅靠固定收入生活的人们的生活水准。大幅度上升的医疗成本会导致严重的财务问题和健康问题。虽然一些雇主也提供医疗保险计划，但许多退休者发现，这些给付并不足以弥补其退休后生活的日常保健费用。面对成本上升的压力，更多的雇主选择减少或取消退休者的医疗保险，这就要求退休者承担更多的医疗费用，这使得情形更加恶化。

第二节 退休规划风险与原则

一、退休规划风险

退休是人一生中的必经过程，但是退休时的状况因人而异，有的人积累了丰富的资产退休，而有的人到了要退休时才发现自己没有为以后做好打算，这种差距，除了能力的原因外，也与个人风险意识、理财知识及退休规划的风险有关。

退休规划的风险主要来自经济发展周期方面的风险、职业生涯规划的风险、额外支出风险、投资风险、实际寿命比退休计划设定的期限长的风险以及其他不确定因素的风险。

(一) 经济发展周期方面的风险

根据联合国的统计标准，如果一个国家60岁以上的老年人口达到总人数的10%，或者65岁老年人口占人口总数的7%以上，那么这个国家就已经属于人口老龄化国家。按照这个标准，我国早已经进入老龄化社会。在阻碍了我国经济增长的同时，也增加了筹集养老基金的难度。我国老年抚养比与经济增长速度的比较表如表9-1所示。

表 9-1　老年抚养比与经济增长速度的比较表　　　　　（%）

年份	1980	1985	1990	1995	2000	2020	2030
老年抚养比	12.6	13.2	13.5	15.5	15.7	24.2	36.8
养老金与工资比	6.5	10.8	16	18.3	22.4	34.9	41.8
经济增长速度	8	12	8.9	13	8	6.5	5

资料来源：孙春辉.养老保障模式的国际比较及对我国的启示[J].金融与经济，2007(8):60-68.

（二）职业生涯规划的风险

职业的不确定性和不可控性使得每个人的职业生涯变得不确定，并且这种不确定来自社会自身的风险，它不由我们自身控制和把握。随着信息科技、数字和网络的高度发展，已在某种程度上转换了劳动的概念并改变了劳动的形式，使其变得更具有灵活性。诸如工作场所的不限定、工作时间的不固定和工作合同的不稳定等。工作变得不稳定而没有长期的财政保障，使得退休规划的正常实施遭到打击，这就是职业生涯规划所带来的风险。

（三）额外支出风险

额外支出风险包括子女婚嫁、协助抚养孙子孙女费用、自助子女购房、解决子女债务纠纷、为子女提供创业资金等，这类风险充满了不可预测性，因为人不可能知道自己将遇到什么会使得支出增加。当然，额外支出也与个人的消费观有关，非理性的消费将导致更多的额外支出，假设一个月薪 5 000 元的女性，经常非理性的购物，每月支出 2 000 元，那么每年额外支出 24 000 元，此项支出就占了她年收入的 40%。因此，她的退休规划将由于额外支出风险而夭折。

（四）投资风险

投资风险是指对未来投资收益的不确定性，在投资中可能会遭受收益损失甚至本金损失的风险。为获得不确定的预期效益，而承担的风险。具体来说，投资风险就是从作出投资决策开始到投资期结束这段时间内，由于不可控因素或随机因素的影响，实际投资收益与预期收益的相偏离。实际投资收益与预期收益的偏离，既有前者高于后者的可能，也有前者低于后者的可能；或者说既有蒙受经济损失的可能，也有获得额外收益的可能。在退休规划中，要确保未来有一笔确定的资金保证生活水平不会下降，应该选择一种比较理想的投资工具来应对投资风险以实现规划的最低保障。

(五) 实际寿命比退休计划设定的期限长的风险

退休后的死亡时间不可预测，一个人的自然生命长度不是人为可决定的。假设一个人预测自己退休后可再活 20 年，并为这 20 年筹集了一笔养老金，那么，当实际寿命比其预期的寿命更长时，提前筹集的养老金将无法满足其社会所需。当一个人在为自己的未来做打算时，应尽可能地延长其设定的生命长度，以防止出现此类风险。

因此退休计划应根据实际情况的变化，适时做出相应的调整，从而最大限度地保证该退休计划按照原来的规划进行。总的来说，在我国现行的社会养老保障制度下，"退休计划"就是为了将来有一个舒适而有保障的退休生活，为了避免退休后陷入困境，退休计划越早开始越好。

二、退休规划原则

(一) 越早越好

退休其实是一件必须要及早准备的事，不少年轻人总觉得现在提养老为时尚早，对于他们而言，退休养老似乎是一件相当遥远的事情。然而在年轻的时候没有趁早规划，等到临近退休时再去准备就会相当吃力。这就像爬山，爬陡坡的路少，但也格外消耗体力；爬缓坡，尽管走的路多，用的时间也久，但是人相对轻松。准备养老金也是如此，越早准备越省力。此外，退休后人生进入更精彩的下半场，但人的很多习惯都不可能从退休的那一刻就马上改变或养成，更何况是财富的积累，因此及早建立退休规划可以用较长的在职期分摊其退休生活成本，且不降低在职生活水平；另外，伴随中国利率市场化的改革，长期退休规划的储蓄回报将会更好。退休本金积累额度表如表 9-2 所示。

表 9-2　退休本金积累额度表　　　　　　　　　　　　　(单位：元)

积累期	退休本金积累额度					
	每年积累 20 000			每年积累 50 000		
	年收益率			年收益率		
	4%	6%	8%	4%	6%	8%
10 年 (55 岁)	240 122	263 616	289 731	600 305	659 040	724 328
20 年 (45 岁)	595 562	735 712	915 239	1 488 904	1 839 280	2 288 098
30 年 (35 岁)	1 121 699	1 581 164	2 265 664	2 804 247	3 952 909	5 664 161
40 年 (25 岁)	1 900 510	3 095 239	5 181 130	4 751 276	7 738 098	12 952 826

(二) 敢于投资

敢于投资，但不可盲目，根据自己的需求和风险承受能力考虑收益率。高收益的理财方案不一定是好方案，适合自己的方案才是好方案，因为收益率越高，其风险就越大。适合自己的方案是既能达到预期目的，风险最小的方案，不要盲目选择收益率最高的方案。我们应精心准备退休理财规划，进行多样化投资、渐进式投资。依据年龄调整投资策略，在不同时期和不同情况下实现稳健策略和激进策略的有效运用，争取以最小的投入实现最大的产出，创造高品质的生活。

（三）拥有住房⊖

在有收入时完成购房计划，既是投资也是分摊养老成本。以房养老的基本设想是利用个人生命周期与住宅生命周期的差异，依据个人拥有资源在人一生中予以最优化配置的理论，将住房这种不动产通过一定的金融或非金融的形式和机制，实现价值的流动，以对个人养老保障事宜发展相应的功用。以房养老的宗旨是"60岁前人养房，60岁后房养人"，也就是说，人们在60岁以前，即整个中青年时代里，通过贷款买房，还贷付息等持续的现金流出，逐步形成自己对房产权的拥有，积累起家庭财富的重要部分。到60岁后的老年时代，将住房资产所凝聚的价值逐步释放为持续稳定的现金流入，用来养老，实现住房权逐步由个人向机构的重新转移。

第三节 退休规划主要内容

一、退休规划的特色

退休规划流程图如图9-2所示。

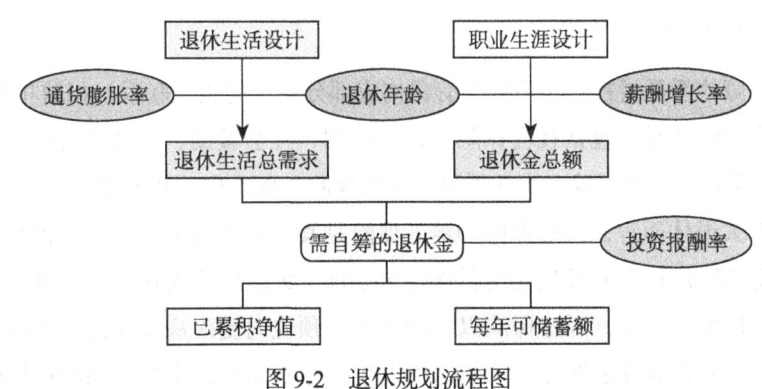

图9-2 退休规划流程图

⊖ 浦舍予. 以房养老对个人理财规划的完善与提升 [D]. 浙江大学，2007：310-339.

(一) 专业性

退休规划具有专业性，并不是每个人都能为自己制定一份全面、合理的退休规划，科学、合理的退休规划方案需要制定者具备全面的知识及专业的素质。制定者为客户设计方案不仅需要充分了解市场上各类理财产品的特性及收益，而且要具备捕捉市场信息的敏锐眼光。

(二) 安全性

退休规划要遵循安全性原则，即组合投资，分散风险，不把全部资金放在同一个篮子中。退休规划的设计不是为了暴利，而是为了长久的、稳定的收益，所以退休规划必须要考虑安全性问题，不要盲目跟风，确定好自己对投资回报的预期及对风险的承受能力，选择有助于分散投资、优化资产配置的理财产品，才能设计出安全合理的退休规划。

(三) 主观性

退休规划具有主观性，退休规划的方案与实施，完全取决于个人的主观判断。通常，退休规划实施的成果与个人执行的意愿与素质成正比，不同的人有不同的退休规划，根据自身的具体情况而制定相应的规划设计。

二、退休收入的来源分析

个人退休收入的来源主要有三方面：社会保障体系、年金保险、个人为退休准备的资金。

(一) 社会保障体系

社会保障体系是指社会保障各个有机构成部分系统的相互联系、相辅相成的总体。我国的社会保障体系，包括社会保险、社会福利、社会救助、社会优抚四个方面。其中，社会保险包括生育保险、失业保险、工伤保险、医疗保险和养老保险。

对于个人退休而言，医疗保险和养老保险是其主要收入来源。医疗保险是指以保险合同约定的医疗行为的发生为给付保险金条件，为被保险人接受诊疗期间的医疗费用支出提供保障的保险，医疗保险以合同的方式预先向受疾病威胁的人收取医疗保险费，当被保险人患病并去医疗机构就诊而发生医疗费用后，由医疗保险机构给予一定的经济补偿。医疗保险是把个体身上的由疾病风险所致的经济损失分摊给所有受同样风险威胁的成员，用集中起来的医疗保险基金来补偿由疾病所带来的经济损失。养老保险是国家和社会根据一定的法律和法规，为解决劳动者在达到国家规定的解除劳动义务的劳动年龄界限，或因年老丧失劳动能力退出劳动岗位后的基本生活而建立的一种社会保险制度。我国基本养老保险待遇结构图如图 9-3 所示。

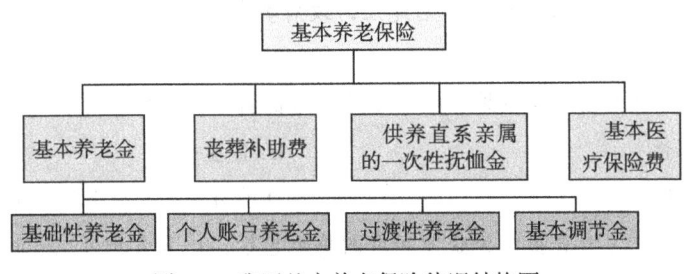

图 9-3　我国基本养老保险待遇结构图

（二）年金保险

年金保险，是在被保险人生存期间或一约定期间内，保险人按照合同约定的金额、方式，在约定的期限内，有规则地、定期地向被保险人给付保险金的保险。年金保险，同样是由被保险人的生存为给付条件的人寿保险，但生存保险金的给付，通常采取的是按年度周期给付一定金额的方式，因此称为年金保险。为了区别两全保险，通常规定连续两年年金给付的间隔时间不超过 1 年（含 1 年）。

（三）个人为退休准备的资金

个人为退休准备的资金主要依靠自身，一部分是过去的积累投资，另一部分是从现在到退休前的工作生涯中的储蓄累积，主要包括保险、基金、房产等金融资产方面的投资所得，这个部分的比例大约占退休收入的 40%。不同的时期，选择不同的产品投资，为舒适养老打下坚实的基础，根据不同的收益率，选择适合自己的理财产品，为将来高品质的退休生活保驾护航。

例 9-1　联科集团是北京市一家发展迅速的高科技企业，为了使职工更大程度地参与企业管理和企业分配，增强职工的凝聚力和向心力，鼓励职工爱岗敬业，在企业长期工作，公司老板张总计划制订年金计划，但是对于年金不是很了解，理财规划就相关问题进行了解释。根据案例回答。（2007 年 5 月国家理财规划师考试真题）

1. 企业年金是由企业雇主为本企业职工举办的一种补充养老保险计划。张总向理财规划师解释了一下自己希望举办企业年金的原因，其中不可能包括（　）。

A. 吸引和保留有用的人才　　　　　　B. 增强企业凝聚力

C. 政府相关文件的强制性规定　　　　D. 享受政府的税收优惠

答案：C，解析：考查要点为企业年金的性质及特点。企业年金往往由雇主根据法律法规、集体谈判结果或自愿原则建立，政府参与较少，但会给予一定的税收优惠政策。

2. 理财规划师给张总详细地介绍了企业年金的特征，其中不包括（　）。

A. 非营利性　　　　　　　　　　　　B. 企业行为

C. 政府鼓励　　　　　　　　　　　　D. 企业缴费部分全额税前列支

答案：C，解析：考查要点为企业年金的特征包括，1. 非营利性；2. 企业行为；3. 政府鼓励；4. 市场化运营。

3. 理财规划师向张总介绍时，在我国企业年金交费由（　）来负担。

A. 企业　　　B. 政府和企业　　　C. 政府和个人　　　D. 企业和个人

答案：D，解析：考查要点为在我国企业年金的供款缴费主体。

4. 根据国家规定，企业年金的具体负担情况是（　）。

A. 企业完全负担

B. 政府和企业各负一半

C. 企业负担员工工资的 20%，个人负担工资的 8%

D. 企业交费不超过本企业上年度职工工资总额的 1/12，企业和职工个人缴费合计一般不超过企业上年度职工工资总额的 1/6

答案：D，解析：企业交费不超过本企业上年度职工工资总额的 1/12，企业和职工个人缴费合计一般不超过企业上年度职工工资总额的 1/6。我国企业年金的管理办法主要是控制企业和个人总的缴费规模，但并不要求企业比员工多缴纳费用。

5. 根据国家规定，我国企业年金的领取时间为（　）。

A. 65 岁　　　　　　　　　　　　　　B. 45 岁

C. 国家统一规定的法定退休年龄　　　D. 企业自主决定

答案：C，解析：考查要点为我国企业年金的领取时间。职工在达到国家规定的退休年龄时，可以从本人企业年金个人账户中一次或定期领取企业年金。职工未达到国家规定的退休年龄的，不得从个人账户中提前提取资金。

6. 根据国家规定，企业年金采取（　）方式进行。

A. 完全基金式　　B. 部分基金式　　C. 现收现付制　　D. 统筹账户制

答案：A，解析：考查要点为我国企业年金的积累方式。

三、退休规划流程

退休规划是一个系统的规划过程，一个完全的退休规划需考虑几个方面的问题：个人职业生涯设计和收入情况分析、退休后生活设计与养老需求分析，以及自筹养老金部分的投资设计。退休规划制定图和退休规划的步骤分别如图 9-4 和图 9-5 所示。

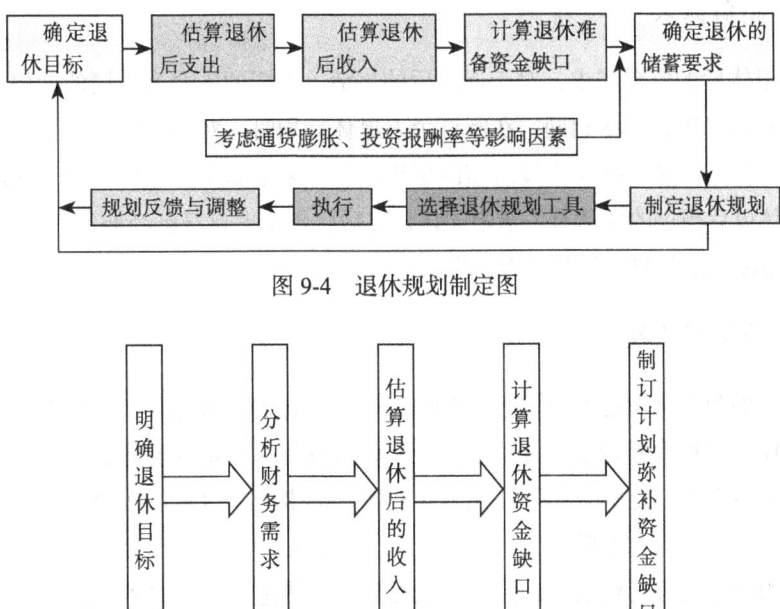

图 9-4　退休规划制定图

图 9-5　退休规划的步骤

(一) 明确退休目标

退休目标是个人退休规划所要实现的目标，它包括人们期望的退休年龄和退休后的生活状态。首先设定准备退休年龄，计算准备累计期的时间；其次是合理安排退休生活。

1. 设定准备退休年龄

通常情况下，上班族会在 60 岁退休，女性可能会更早一些。在快节奏的现代生活中，退休对人们的心理、收入、生活状态都会产生一定程度的影响。尤其是退休后日常收入的大幅度削减更加降低了人们的生活水平和质量。因此为了平衡退休前、后两段时期的不同生活，人们需要结合自身的财务、身体等状况，为自己确定一个理想的退休年龄。

2. 合理安排退休生活

依据自身经济状况，在综合考虑家庭收入与支出的情况下，人们应该对自己退休后的生活方式和生活质量进行恰当的评估和合理的安排。一方面要尽量维持较好的生活水平，不能降低生活质量；另一方面还要考虑到自己的实际情况，不能盲目追求超标准生活。

（二）分析财务需求

预测退休后的资金需求，对于退休后的生活，不同的人会有不同的期望，不同期望下所需要的费用也不尽相同。在制订个人退休计划时，对退休生活的期望应尽可能详细，并根据各个条目列出大概所需的费用，据此来估算个人退休后的生活成本，在对自己退休以后想过的生活有了清晰的认识之后，再考虑自身已经准备了多少养老金，这些退休金能否满足自己设想的退休生活。

（三）估算退休后的收入

退休后的收入来源有6项（见图9-6）：一是社保养老金保险，每月由企业和个人缴纳一定比例的社保养老金，等到退休后，就可以领取一定的退休金；二是企业年金保险，个人与企业固定提拔一笔钱用来投资累积养老金，退休后按规定方式支付；三是商业保险，养老商业保险在设计上比较人性化，在领取时间上完全因人而变，可以挑选有实力的保险公司购买；四是投资收益，即自筹退休金，自筹退休金主要是积蓄投资，使有限资金发挥更大效用，可以选择市场上合适的投资工具；五是子女赡养费；六是遗产继承。

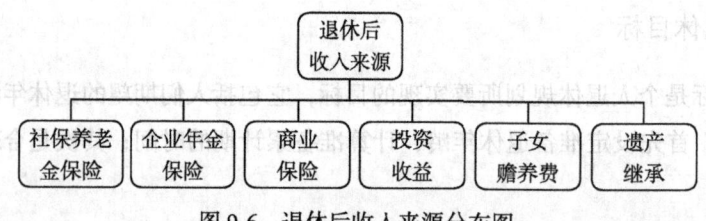

图9-6 退休后收入来源分布图

（四）计算退休资金缺口

对退休后的收支差额进行预测，并通过对退休前后收支差额的比较，计算得出退休资金的缺口，即个人需要通过其他方式弥补的部分，如何弥补这一缺口是促使人们建立个人退休规划的主要动机（见图9-7）。

```
┌─────────────┐     ┌─────────────────┐     ┌─────────────┐
│ 退休资金缺口 │  =  │ 退休收入（折现）已有│  -  │ 资金需求（折现）│
│             │     │ 资金的积累（终值）│     │             │
└─────────────┘     └─────────────────┘     └─────────────┘
```

图 9-7 退休资金缺口的计算公式

如果收支差额为正，意味着收入足以满足实现退休目标，那么注意资金的安全是首要的；如果收支差额为负，则要制订出相应的计划来赚取收入以弥补不足。

（五）制订计划弥补资金缺口

考虑到未来的经济环境，须善选退休规划工具，寻找资金来源弥补估算的退休资金缺口。制订一个科学、合理的计划来实现退休资金缺口的弥补。每个人根据资金使用情况和风险承受能力的不同会有多种资产配置组合。可以按照一定的比例进行合理的搭配，并获得一定的收益。对于性格保守、安全感需求高的投资者来说，可以选择低风险的投资工具；对于有一定风险承受能力的投资者可以在理财师的指导下进行高风险的投资工具的配置，来满足高品质的退休生活目标。

例 9-2 王女士夫妇今年均为 35 岁；两人打算 55 岁退休，预计生活至 85 岁，王女士夫妇预计在 55 岁时的年支出为 10 万元，现在家庭储蓄为 10 万元。假设通货膨胀率保持 3% 不变，退休前，王女士家庭的投资收益率为 8%，退休后，王女士家庭的投资收益率为 3%。（2009 年 5 月国家理财规划师考试真题）

1. 综合考虑通货膨胀率与投资收益率，王女士夫妇 56 岁的年支出在 55 岁时的现值为（　　）元。

A. 110 000　　　B. 100 000　　　C. 135 291　　　D. 139 271

答案：B，解析：通货膨胀率和投资收益率都是 3% 相互抵消了。

2. 王女士夫妇一共需要（　　）元养老金。

A. 3 398 754　　B. 3 598 754　　C. 3 000 000　　D. 3 977 854

3. 在王女士 55 岁时，其家庭储蓄恰好为（　　）元。

A. 466 095.71　　B. 524 743．26　　C. 386 968.45　　D. 396 968.45

答案：C、A，解析：求终值：

PV	N	I/Y	PMT	FV
-100 000	20	8.00%	0	466 095.71 元

4. 王女士夫妇的退休金缺口为（　　）元。

A. 2 654 011.24　　B. 2 564 011.42　　C. 2 533 904.29　　D. 2 546 011.24

答案：C，解析：300万元上一题的结果，得到：2 533 904.29 元。
5. 如果王女士夫妇采取定期定额投资方式积累退休金，则每年还需要投资（　　）元。
A. 54 626.41　　　　B. 54 662.41　　　　C. 54 666.41　　　　D. 55 371.41
答案：D，解析：

PV	N	I/Y	FV	PMT
0	20	8.00%	2 533 904.286	−55 371.41 元

例 9-3　黄先生，35 岁，月收入 8 000 元，月均支出 4 000 元，希望 60 岁退休，退休后维持现有生活水准，并享受 20 年退休生活。假设：退休后大致需要目前开支的 70%，通货膨胀率为 3%，退休后资产的投资回报率是 5%，请分析：

解析：退休时（60 岁）的年支出 = 4 000 × 12 × 0.7 ×（F/P，3%，25）= 70 351 元；退休 20 年所有支出折现至 60 岁的现值

$$= \sum_{t=0}^{19} 70\,351 \times (F/P,\ 3\%,\ t) \times (P/F,\ 5\%,\ t)$$

$$= \sum_{t=0}^{19} 70\,351 \times \frac{(1+3\%)^t}{(1+5\%)^t} = \sum_{t=0}^{19} 70\,351 \div 1 + 1.94\%^t$$

$$= 115.68$$

假设当年当地职工平均月工资为 1 092 元，黄先生每月缴纳养老保险费（按最高标准额度）= 1 092×300%×8% = 262.08 元，退休时社保个人账户养老金本息合计约 15 万元。假设到黄先生退休时的当地社会平均工资为 5 000 元/月，黄先生 60 岁退休时每月可领取的养老金为：基础养老金 + 个人账户养老金 + 过渡性养老金 = 退休前一年本地区职工月平均工资 × 20%（缴费年限不满 15 年的按 15%）+ 个人账户本息和 ÷ 120 + 指数化月平均缴费工资 × 1997 年年底前缴费年限 × 1.4% = 150 000 ÷ 120 + 5 000 × 20% = 2 250 元（每年为 2.7 万元）（指数化部分忽略不计）。黄先生每年 2.7 万元的社保金与期望的 7 万元相比，缺口达 4.3 万元。可见，社会养老保险金无法满足养老生活需求，黄先生必须增加个人养老储蓄和投资。

第四节　退休规划适宜理财产品及案例

一、适宜的理财产品

退休规划的投资理论和技巧是进行资产配置以分散风险，即通常所说的"不要将

所有鸡蛋放在同一个篮子里"。通过分散投资降低风险，却不降低预期收益，即不可过于分散，适合退休规划的投资产品主要有货币类投资产品、固定收益类投资产品和权益类投资产品。[一]

（一）货币类理财产品

货币类理财产品主要种类包括银行活期存款、剩余期限小于 1 年的国债和金融债、中央银行票据、短期债券回购等品种。我国的货币市场是从 1984 年建立同业拆借市场开始的，经过不断发展和规范，各类市场工具迅速发展和完善起来，已经积累到了比较可观的规模。2012 年全国银行间市场债券回购交易成交金额达 151.7 万亿元。

1. 活期存款和国库券

活期存款是指客户可以随时存取的存款，投资者进行活期存款一般得不到收益，而是为了享受支付的便利；国库券为政府发行的期限在 1 年以内的短期债券，一般按低于面值的价格折价发行，到期时按面值对付。国库券的发行采取拍卖的方式。国库券是货币市场上流动性最强的工具，对于要求较高流动性的投资者来说，这很有吸引力。

2. 短期国债、金融债和中央银行票据

短期国债、金融债和中央银行票据，其发行主体一般为政府、中央银行和政策性银行，基本没有信用风险，其短期特征是其具有较强的流动性和收益稳定性，因此常被看作短期无风险资产，其收益率基本上就是发行利率，非常接近市场短期基准利率，也就是通常投资组合理论所说的无风险利率，相对于其他固定收益类和权益类品种来说较低。

（二）固定收益类理财产品

1. 银行存款

银行存款是银行资金的主要来源，银行存款可以分为 3 类：活期存款、定期存款和储蓄存款。定期存款是客户与银行事先约定存款的期限并到期取出本金和事先约定的利息的存款。定期存款的收益比活期存款高且安全，但是流动性不足，适合长期投资的投资者。储蓄存款是客户可以用存折随时自由存取的存款，银行支付一定的利息，但是储蓄存款账户不能签发支票。储蓄存款既有流动性，也有一定的收益性。

[一] 傅馨瑶. 金融理财视角下退休规划研究 [D]. 金融经济，2008（12）：21-30.

2. 政府债券

政府债券，包括国债、财政债券等。国家为了鼓励人们购买国债，规定国债的利息收入免征个人所得税。政府债券是中央政府、地方政府或者政府担保的公用事业单位发行的债券。政府债券有短期、中期和长期三种。中期国债的期限最长可达10年，而长期国债一般都在10年到30年之间。国债由于有国家信用做担保，违约风险很低，是最安全的投资产品之一，是退休规划所适用的理财产品。

3. 金融债券

金融债券，即银行和非银行金融机构发行的债券。发行金融债券可以使金融机构筹措到稳定且期限灵活的资金，从而有利于优化资产结构，扩大长期投资业务。由于银行等金融机构在一国经济中占有较特殊的地位，政府对它们的运营又有严格的监管，因此，金融债券的资信通常高于其他非金融机构债券，违约风险相对较小，具有较高的安全性。所以，金融债券的利率通常低于一般的企业债券，但高于风险更小的国债和银行储蓄存款利率。目前，个人投资者只能投资于国债和企业债，不能投资金融债。

4. 企业债券

企业债券按不同的债券发行形式可以分为实物债券、凭证式债券和记账式债券。按不同的期限可以分为1年以下的短期债券、1～10年的中期债券和10年以上的长期债券。公司债与国债相比风险较高，具有违约风险，因此为了吸引投资者，一些公司发行以明确抵押品作为担保的担保债券。

从风险来看，次级无担保债券的风险最大，其次是无担保债券，最后是担保债券。所以投资者对次级无担保债券要求的收益率也是最高的。公司债券通常附带一个期权。可赎回债券给予公司以赎回价格从债券持有人手中购回债券的选择权。可转换债券给予债券持有者将债券转换为一定的股票份额的选择权。

（三）权益类理财产品

1. 普通股

普通股也称股权，表示股东在公司的所有权份额。普通股股东有对公司盈余剩余索取权，这一权利受到法律保护。为了保障这一权利，股东参加股东大会，就公司的重大经营决策以及董事会和高管选举有表决权。表决权的大小取决于所持有的股份数量。

公司对普通股的红利分配要视公司业绩和股利分配情况而定。如果公司亏损，一般来说，普通股没有红利；如果有盈利，但是要扩大生产规模，增加投资，则普通股也可能没有红利。企业破产时，普通股对剩余财产的索取权在债券和优先股之后，因此投资普通股的风险一般高于债券和优先股。普通股可以在一个或者几个市场上同时上市交易,因此具有较好的流动性。普通股的流动性使得公司的兼并收购成为可能,从而提高了市场资源的配置效率。

2. 优先股

优先股是指股东享有某些优先权的股票。公司对优先股没有还本付息的压力,只要在条件允许的时候支付一定的红利,所以优先股具有永续债券的特征。与债券不同,优先股的股利支付不能作为利息费用,所以不能在应税收入中扣除。优先股在股利的支付上在普通股之前,在企业破产时的资产索取权在债券之后而在普通股之前。由于优先股具有普通股和债券的特征,因此公司在一定条件下,可以将优先股像债券一样提前赎回,也可以在一定条件下转化为普通股。

股票投资的收益来自上市公司的分红和买卖的价差。但我国股票市场由于制度性的缺陷,上市公司分红很少,带有明显的投机性,因此要求参与股票投资的机构和个人具有较强的资金实力、财务分析及信息搜集能力,良好的判断力和心理承受力,其技术性较高。

专题:老龄化对我国金融发展的影响

摘　要

随着时代的发展,人口老龄化已经成为不可逆转的趋势,对中国的社会、经济等各方面都将造成巨大的影响。作为现代经济体系支柱的金融业在老龄化背景下也呈现出许多新的问题,人口老龄化对我国金融发展各方面都造成了一定的影响。

关键词:人口老龄化　金融　发展分析

一、老龄化分析

"人口老龄化"是 21 世纪的一个重大问题。老龄化社会是指在一个社会中老年人人口数量达到或者超过一定比例的人口结构模型。按照联合国的最新标准是 65 岁及以上的老年人口数量占总人口的 7%,则该地区就视为进入了老龄化社会。

(一)世界人口老龄化现状

由于人类整体的结构从以前的高出生率和高死亡率逐渐向低出生率和低死亡率转化,使老龄人口的所占比例逐年提高。目前世界上大多数发达国家都已经进入了老龄化社会,全球人口老龄化的趋势已经越来越明显。

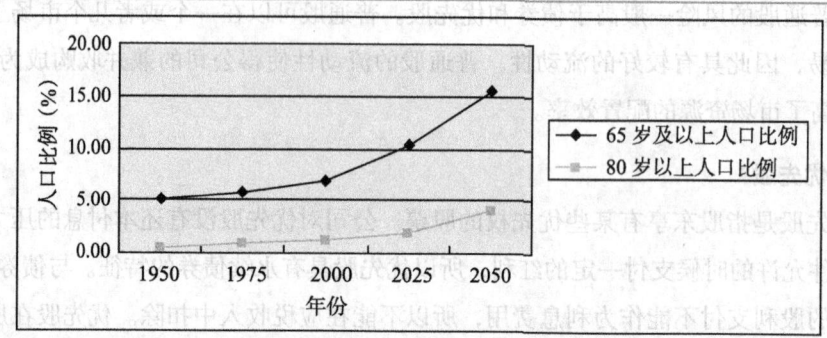

图9-8　世界人口老龄化发展趋势图

同时，老龄化正在从"量变"向"质变"转变，老龄人口群体本身的平均年龄在逐渐增长，即老龄人口中高龄人口比例上升。从世界人口老龄化的发展趋势（见图9-8）可知在未来几十年里65岁以上的人口比例将快速增加，而与此同时80岁以上的人口比例也在增长，人口呈现出了高龄化。

（二）我国人口老龄化现状

据全国老龄工作委员会办公室在2006年发表的《中国人口老龄化的发展趋势预测研究报道》，我国早在20世纪90年代开始就已逐步入老龄化社会，现在的中国正处在快速老龄化的阶段。

从表9-3中可看出我国65岁及以上的人口数量正在高速增长，占总人口的比例也在逐年上升。同时数据还显示出0～14岁的低龄段人口占总人口的比例正在不断下降，其年增长率也在下降。老年人口比例的上升和低龄人口比例的下降加剧了我国老幼比例的增长，我国人口老龄化现象进一步凸显（见图9-9）。

表9-3　我国人口年龄结构变化表　　　　　　　　　　　　　　（%）

年份	65岁及以上的老龄人口比例	0～14岁幼儿人口比例	老幼比例
1953	4.41	36.28	12.16
1964	3.56	40.69	8.75
1982	4.91	33.59	14.62
1990	5.57	27.69	20.12
2000	7.09	22.89	30.97
2001	7.10	22.50	31.56
2002	7.30	22.40	32.59
2003	7.50	22.10	33.94
2004	7.60	21.50	35.35
2005	7.70	20.27	37.99

(续)

年份	65岁及以上的老龄人口比例	0～14岁幼儿人口比例	老幼比例
2006	7.9	18.47	42.77
2007	8.1	17.87	45.33
2008	8.3	17.32	47.92
2010	8.67	16.60	52.23
2011	9.10	16.50	55.15

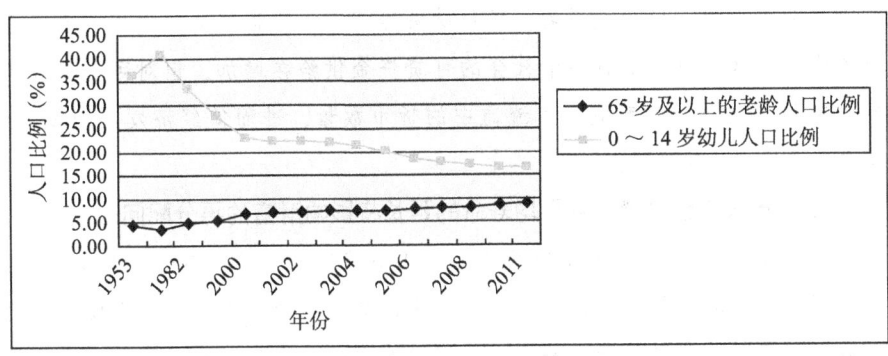

图9-9 中国老幼人口比例变化图

二、老龄化对我国金融发展的影响

（一）影响金融产品创新方向

老年人的低风险偏好使其更偏向于收入稳定的金融理财产品，如国债、经营较好的公司债券等。针对老年人的需求，金融产品的创新方向会做出相应的调整。近年来，人寿保险、老年医疗保险、个人住院医疗保险等适合老年人的保险产品不断增多。如在2012年的"两会"中中国人寿保险公司原总裁杨超就提出了老年护理保险的提案。可见人口老龄化对金融产品的创新方向具有一定影响。

（二）影响金融机构服务方向

在老龄化社会中，老年人投资受到其自身的专业知识限制、可投资金额的限制，使得其对投资咨询和信托的需求增加，因此金融机构的投资咨询、储蓄业务和信托业务会有所增加。中信银行在2010年就推出了老年人专属的银行卡"七彩华龄卡"，为老年人提供更专业、更周到的金融业务服务。

（三）影响社会企业筹资方式

目前，我国大多企业的筹资方式倾向于发行股票。但高风险高收益的股票市场将随着老龄化的加剧而失去一部分的资金来源。一方面股票市场的资金总供给减少，使股价下跌，对公司造成不利影响。另一方面企业为了增强竞争力可能会调整股利政策，增加现金股利的分红，使筹资成本增加。而与此同时债券市场的资金供给增加，相对而言企业的筹资成本较低，因此这些企业主要的筹资方式可能会从股票筹资转向传统的债务融资。

三、其他

（一）老人偏向保守型投资

大部分老人属于风险规避者，银行储蓄等保守型投资将成为老年人最普遍的理财方式。从这个角度来看整个社会的可贷资金供给在增加，但对可贷资金的需求却没有同步上升。这就减少了流通中的货币数量，进而使经济发展速度减缓，内需自然会出现疲软现象。

（二）老年人口数量增加且平均寿命的延长将影响财富的再分配问题

目前我国的社会福利和社会保障体系还不够完善，而人口老龄化却在加速。为了保障老年人的晚年生活，维持社会稳定，减轻年轻一代因为赡养而造成的经济压力，国家财政在保障老人基本生活方面的财政支出势必有所增加，增大了社会养老保险体系的压力。同时企业年金作为养老保障体系的一部分，其总体的数额也在不断扩大。这都充分说明了老龄化背景下老龄人口增加给社会养老保障体系带来了巨大的资金压力。

（三）对于保险机构而言机遇与挑战并存

随着人口老龄化，养老保险成为越来越热门的一个险种。为了使晚年生活更有保障，也为了减轻子女的经济负担，越来越多的人主动购买了商业性养老保险，这对保险机构来说是一个利好消息。但与此同时，由于人们的平均寿命延长，参保人数增多，保险机构需要支付的保险金总额和需要提取的准备金也会增加。随之而来的资金运营、业务设置等如何与老龄化社会相匹配将是保险机构面临的一大挑战。

（四）提升机构投资者地位

在老龄化社会中代理性业务将会逐渐增加。因为相对于那些只拥有闲散的资金和较少的投资经验的老年人而言，机构投资者有着技术优势、资金支持和规模效应等使其能以较低成本获得较高收益，因此老年人更愿意把资金交由专业机构投资者来进行投资。故而相对于其他社会形态而言，养老基金、保险公司和共同基金等机构投资者在老龄化社会中的投资地位将会提高。

四、老龄化下金融发展建议

(一) 加强老龄金融产品创新

当前适合老年人投资的金融产品并不是很多。主要停留在国债、养老基金养老保险等传统产品上,导致部分老年人有闲置资金但找不到合适的金融产品。因此金融机构应进一步加强相关方面的金融创新,结合老年人的投资特色、性格特点、资金数额等方面推出适合老年人口投资的金融产品,进一步挖掘老年人市场。

(二) 鼓励老年人适度投资理财

虽然老年人的收入来源有限,但由于其消费支出水平也较低,因此很多老年人仍持有一定的闲散资金。基于老年人的资金实力、风险承受能力和投资目标,鼓励老人进行个人理财活动,选择适当的,风险较低的,收益稳定的理财产品,既能加速资金流通,促进经济发展,又能拉动相关行业的发展,还能使老人的财富得到保值甚至增值,进而丰富老人的晚年生活,提高生活品质。

(三) 健全社会养老保障体系

目前我国养老保障体系还不够完善,而中国的老龄化问题已经显现出来,因此应尽快健全社会养老保障体系,包括加快老年人的医疗保障制度、养老金保险制度等的建设。使老年人能老有所"养",老有所"医"、老有所"用",保障老年人最基本的生活需求的同时,不断提高老年人生活质量。同时还应该根据实际国情做出调整,完善社会福利的再分配制度,兼顾公平与效率,保障老年人的正常晚年生活,同时尽可能合理分摊由老龄化给年轻一代和整个社会带来的压力。

(四) 加强对机构投资者的监管

老龄化社会中机构投资者的地位提高,为了避免出现垄断、操纵市场、黑市交易等不良现象,相关部门应加强对机构投资者的监督管理,尽量减少因为信息不对称和道德风险带来的危害。首先要建立完善的法律监管体系,加强执法力度,做到违法必究。加强人们的法制意识,做到人人知法,自觉守法,严格执法。其次要提高从业人员的职业道德素质,从根本上减少风险。同时机构要完善内部监管体系,加强内部监管力度。要充分发挥社会监管的力量,建立嘉奖机制,对于如实举报揭发者可以给予一定的奖励,调动人们监管的热情。通过切实落实以上几点,最终实现内部监管、政府监管和社会监管的全方位监管体系,从而使得老年人的投资权益得到有效保障。

(五) 加大银色产业金融支持

随着老龄化的加剧,银色产业将成为朝阳产业。金融作为整个国民经济的重要支柱之一,在银色产业中的作用不容忽视。但是目前看来银色产业中的金融支持作用并没有得到足够的重视和很好的发挥。因此对于银色产业,政府和金融机构应当加以扶持,在财政拨款、税收和利率等方面提供优惠政策,从而使银色产业健康快速地发展。

二、案例分析

全面规划退休理财方案,需要对全部资料进行分析,统筹考虑收入、支出、储蓄和投资等问题。

(一)男性退休规划

1. 情况介绍

张先生当前年龄30岁,在某国有企业供职,计划在60岁时退休。每月税前净收入在10 000元左右,且具有社会福利和企业年金。暂设定30年后的年国家基本养老金为45 000元,企业年金年支付21 000元,共计66 000元(假定已按照通货膨胀率自动进行了指数化调整)。目前月经常性支出每月5 000元。假定张先生的收入年成长率为2%,现在起实际生活水平每年提高率为4%,退休后的投资报酬率为4%,退休前的投资报酬率为7%。

张先生的退休理财目标是:希望在30年后退休,且在退休后30年终老。退休后希望保持在目前生活费的80%,每年旅游支出10 000元的生活水平。理财规划参数设定如表9-4所示。

表9-4 张先生退休规划参数设定

项目	参数值	项目	参数值
张先生目前月收入	10 000元	退休前的投资报酬率	7%
目前月生活支出	5 000元	退休后的投资报酬率	4%
退休后年旅游消费支出	10 000元	退休前剩余年数	30年
实际生活水平年提高率	4%	退休后预计年数	30年
张先生年收入增长率	2%		

2. 财务分析

(1)估算张先生资金需求。根据张先生的退休生活目标,生活费保持在目前的80%,每年旅游支出现值10 000元。暂不考虑通货膨胀的因素,其退休当年生活这项支出水平分别为:

年生活费支出 = 5 000 × 12 = 60 000 元

总支出 = 60 000 × 80% + 10 000 = 58 000 元

退休第一年支出 = 58 000 × (1 + 4%)^{30} = 188 117 元

退休生活费用总需求 = 188 117 × 30 = 5 643 512 元

（2）既得养老金估算。张先生在退休时的年加总基本养老金是 45 000 元，企业补充养老金 21 000 元，共计 66 000 元。

（3）估算退休资金缺口。年养老金赤字 = 1 881 117 − 66 000 = 122 117 元

养老金赤字总额 = 122 117 × 30 = 3 663 510 元

可见，张先生退休后的生活每年出现养老金赤字约 122 117 元，不考虑其他因素，张先生 30 年退休生活的总养老金赤字将是 3 663 510 元。

3. 理财建议

根据张先生的资料和预期目标，经过具体分析和综合考虑，为其制定个人退休理财规划方案。主要有两步，第一步是调整退休生活支出结构；第二步是选择投资策略的建议及考虑的问题。

（1）调整退休生活支出结构。在不降低退休生活水平的前提下，年总费用支出尽量减少，比如生活费支出中的医疗费用可以通过购买相应的医疗保险，由保险公司分摊费用，减低张先生本人的支出。又如旅游费用的问题，可通过购买短期旅游订单，费用由旅游公司分摊，减少个人开支。一系列扣减下来，大致可从 188 117 元降至 151 000 元。因此，重新估算张先生的养老金赤字为 2 550 000 元。

（2）选择投资策略的建议。鉴于张先生现年 30 岁，还有 30 年的供款期，张先生可以在第一个十年选择进取账户（激进的投资风格），在第二个十年选择平衡账户（较激进的投资风格），在第三个十年选择保本账户（较保守的投资方式）。通过不同风格的投资方式，以其收益抵消剩余养老金赤字。

4. 总结

通过以上案例分析，得出两点结论：一是退休规划具有目标明确、时间跨度长等特点，因此可以通过长期投资累积。资金的方式弥补养老金缺口。根据案例分析中显示张先生在退休时，养老金缺口 3 663 510 元，通过投资得到回报，以实现退休金积累目标，因此从长期来看，退休规划"聚沙成塔，集腋成裘"的效果十分明显。二是退休规划同样面临一定风险，参与退休规划的客户应具有一定风险意识，根据实际情况变化适时调整投资策略。

（1）安全性与投资范围。从安全性来看，国债的安全性最高，但投资期限相对

较长，目前大多为 3 年和 5 年。以今年 3 年期国债为例，如果在 2 年内支取，只按照 0.72% 计息，且还要收取 1‰ 的兑付手续费。因此，除非是打算长期不用的资金才可用于 3 年期以上的国债投资。人民币理财产品和货币市场基金比较相似，从投资范围上看都是央行票据、国债、金融债、协议存款、债券回购和拆借等，风险接近于零，适合于不愿承担投资风险，又渴望获得比储蓄更高收益的投资者，属于储蓄替代类产品。

（2）收益率与流动性。从收益率来看，货币基金是月月分红，有复利因素，实际收益还要略高于公布的年收益率。而人民币理财产品的收益率主要与存续年限有关。在已发行的一些产品中，1 年期税后收益率在 2.8% ~ 3.2% 之间；部分银行发行的 3 年期品种预期税后综合收益率可达到 3.5% 以上。从 1 年期的收益率看，两者比较接近。不过面对加息，货币基金受影响较小，调整较快，收益率会水涨船高，而人民币理财产品却类似债券，以预期收益为准。从流动性角度来看，货币基金与人民币理财相比，其流动性的优势相当明显。在交易日可任意申购和赎回，申购后第二个交易日即计算收益，两个交易日后得到确认即可办理赎回；赎回后两个交易日资金就可到账。

（3）购买的方便性。从购买的方便性来看，货币基金仍具备优势。货币基金仅需 1 000 元起点，且不受资金量的限制，随时可以购买。而人民币理财产品一般有较高的起点金额，还受到发行总额度的限制，并不一定能完全满足客户的需求。货币市场基金受基金法的约束，需要定期公开信息。而目前并无针对人民币理财产品的强制信息公开要求。当然从目前银行的信誉情况看，还不至于有风险。客户可以选择不同的投资方式，其目标实现概率也将随之不同。其风险主要来源于各投资工具收益率的不确定性，随着退休规划的不断完善，可通过套期保值交易进一步降低风险。

（二）女性退休规划

女性 30 岁是人生至关重要的分水岭，也是承上启下的基石，随着职位越来越高，压力也越来越大，在意外险的基础上，可以适当增加医疗保障，有一定的经济能力的女性，还应尽早做养老的长期规划，养老保险属于生存领取，价格较贵。养老保险缴得越早越好，假如 40 岁才开始缴纳养老保险，那么每月需要缴纳 650 元，每年交款的总额为 7 800；但如果从 20 岁开始缴，在相同的保额下，每月只需缴纳 220 元即可。

1. 情况介绍

陈女士今年 30 岁，是一名新时代白领，年薪 10 万元，平时爱逛街，购买奢侈品的几率也较高，平均每月总支出 6 000 元，其中 3 000 元为日常支出，其余为额外支出。假设陈女士在 50 岁退休，退休后仍然保持每月支出 6 000 元的生活水平，按照最低的通货膨胀率来计算,20年后退休时,陈女士一个人每月必须拿到10 836元才能当现在的6 000元用。按照10 836元的基数计算,如果陈女士活到80岁,必须9 440 323.2元才够养老。陈女士有养老保险。据业内人士估算一个人所缴纳的社会养老保险,最多能负担退休时生活支出45%。也就是说,陈女士一个人有资金缺口9 440 323.2×(1-45%)=5 192 177.76元,陈女士需要5 192 177.76元的养老金。要是再想提前退休,这个可怕的数字会大幅度增加。这还是在不考虑以后孩子的教育经费之类的费用,暂时为这520万元来制订计划。

2. 财务分析

对陈女士的资料进行归纳整理,陈女士的现金流量如表9-5所示。

表9-5 陈女士个人现金流量表　　　　　　（单位：元/年）

现金流入	年收入	100 000
现金流出	一般性生活支出	36 000
	额外支出	36 000

陈女士每年的现金流入是10万元,同时每年的现金流出是72 000元,陈女士尚处于单身期,个人花销较大,且未进行合理的安排。主要问题是未进行合理的理财规划,暂无投资资产。

3. 理财建议

从现在开始,改掉经常购买奢侈品的习惯,减轻资金压力,可将每月6 000元生活费改为4 000元。另外,也要养成良好的生活习惯,健康也是一种理财。如果现在就患上了这个高那个高,养老金也会水涨船高。购买健康险,附加重疾、住院医疗和意外伤害险。保险额度可以达到年收入的5~8倍,保险支出为总收入的10%。从案例中的一堆计算中可以看出来,每年一个小小的3%,经过30年就折腾出一大笔钱,这就是时间的复利效应。只有早早投资,才能多多获益。可以选择比较保守的基金定投,长期的基金定投可以有效抵御通货膨胀。假设每月定投3 000元,投资回报率按照年平均收益8%来计算,20年后本益合计为1 778 841.66元,养老金资金缺口堵上了1/3。

陈女士每月收入10 000元,扣除4 000元生活费,3 000元基金定投,还剩3 000元,加上奖金,年结余56 000元,扣除保险支出10%,还有50 000元左右。存为定期,这样20年下来,又有一笔可观的定期储蓄了。既然50岁就退休,除了旅游玩乐,陈女士还可以根据自己的兴趣和特长,打理一些轻松的小生意,不但能增加财富,还能避免无所事事,有益于身心健康。

4. 总结

总的来说，养老有三大利器：储蓄（包括国债和货币市场基金）、定投和房产。女性在很多方面都比较弱势，为了将来美好的退休生活，应该从现在开始规划，30 岁开始，养成三个理财习惯。

（1）关注财经时政。每天坚持看一份财经报纸，即使女性天生不爱看财经类的新闻，也要试着忍受，要知道相当多的经济政策和风云都来自财经报纸。房产市场的"国八条"在出台之前，众多财经报纸已经就该政策的各种可能性规定和带来的影响讨论数个来回，无数手脚敏捷的房产投资人在第一时间将房产出手，省下大笔税金都开始实行了才发现，比那些早出手的人要多付十几万的代价。

（2）习惯记账。养成记账的习惯，很多女性相当爱计较，这是可以在财务领域发挥的优点，财务自由能使女性感觉到自由，了解自身及其所拥有的。其实，当一个人养成每天记账的习惯后，就会发现记账的好处，最起码可以知道每天每月挣的钱都花在了哪些领域。可以据此制订合理的消费计划。

（3）合理投资。30 岁单身女性拥有一定的经济基础，生活独立，相对于已经组成家庭的同龄人她们过得更潇洒，当前较轻的生活压力容易使她们缺乏忧患意识，其实如果没有找到合适的伴侣，未来的经济压力会更大，如果不进行合理和及时的理财规划，会为以后的养老埋下隐忧。通过购买基金定投，进行合理资产配置，也可利用闲暇时间充电，进行自我投资，帮助自己获取更为良好的收入，并在事业上取得更好的发展。

本章小结

本章将从个人退休规划的理论基础出发，对退休规划进行了整体的阐述，了解退休规划的基本原理，退休规划的重要性、退休规划的影响因素。理解和掌握退休规划的风险、原则。丰富对退休规划的认识，包括退休规划特色，退休收入的来源分析、退休规划的流程。提高人们的退休风险意识，并通过案例分析，演示如何科学、合理地制定个人退休规划。

课后习题

一、单项选择题

1. 现实生活中，有大量会对个人的退休生活带来影响的因素，这些因素构成了对退休养老规划的需求。这些因素不包括（　　）。（2008 年 5 月国家理财规划师考试真题）
   (A) 预期寿命的延长　　　　　　　(B) 提前退休
   (C) 市场利率波动　　　　　　　　(D) 婚姻出现问题

2. 从养老保险资金的征集渠道角度来讲，有的国家规定工薪劳动者在年老丧失劳动能力之后均可享受国家法定的社会保险待遇，但国家不向劳动者本人征收任何养老保险费，养老保险所需的全部资金都来自国家的财政拨款，或者说都纳入国家的财政预算，这种养老保险的模式就是常说的（　　）。（2008年5月国家理财规划师考试真题）

   (A) 国家统筹养老保险模式　　　　(B) 强制储蓄养老保险模式
   (C) 投保资助养老保险模式　　　　(D) 部分基金式

3. 我国的社会养老保险实行社会统筹与个人账户相结合的运行方式。其中个人账户的存储额每年参考（　　）计算利息，这部分存储额只能用于职工养老，不得提前支取。（2009年11月国家理财规划师考试真题）

   (A) 活期存款利率　　　　　　　　(B) 一年期国债利率
   (C) 一年期定期存款利率　　　　　(D) 银行同期存款利率

4. 当前大多数国家的养老保险体系有三个支柱，即基本养老保险、企业年金和（　　）组成。（2008年11月国家理财规划师考试真题）

   (A) 商业养老保险　　　　　　　　(B) 年金养老保险
   (C) 基金养老保险　　　　　　　　(D) 个人储蓄性养老保险

5. 关于统一城镇个体工商户和灵活就业人员参保缴费政策规定：城镇个体工商户和灵活就业人员都要参加基本养老保险，缴费基数统一为当地上年度在岗职工平均工资的（　　）。（2009年5月国家理财规划师考试真题）

   (A) 8%　　　　(B) 11%　　　　(C) 20%　　　　(D) 24%

6. 目前，我国社会养老保险基金采用的筹资模式为（　　）。（2009年11月国家理财规划师考试真题）

   (A) 现收现付式　　　　　　　　　(B) 完全基金式
   (C) 部分基金式　　　　　　　　　(D) 强制储蓄式

7. 个人养老保险的积累方式包括（　　）和购买商业养老保险。（2009年11月国家理财规划师考试真题）

   (A) 银行储蓄　　(B) 基金投资　　(C) 债券投资　　(D) 以上都对

8. 根据劳动和社会保障部颁发的《企业年金试行办法》，建立企业年金的企业，应确定企业年金受托人。确定受托人应当签订书面合同，合同一方为（　　），另一方为

受托人。(2009年11月国家理财规划师考试真题)
(A) 企业 　　　　　　　　　　(B) 企业年金理事会
(C) 企业年金管理人 　　　　　　(D) 企业工会主席

9. 某客户61岁，今年刚退休，手中有工作期间积攒的存款10万元，下列(　　)理财产品适合这位顾客进行退休规划。(2011年5月国家理财规划师考试真题)
(A) 成长型基金　　(B) 保险　　　　(C) 国债　　　　(D) 平衡型基金

10. 少数亚非国家实行一种社会保险制度，保险金额来自企业和劳动者两个方面，国家不进行投保投资，仅给予一定的政策性优惠，新加坡是这种社会保障制度取得成功的典型国家，这种养老保险的模式成为(　　)。(2011年5月国家理财规划师考试真题)
(A) 国家统筹养老保险模式
(B) 强制储蓄养老保险模式
(C) 投保资助养老保险模式
(D) 部分基金式养老保险模式

11. 我国的企业年金运营采用(　　)的基本框架，由企业年金基金受托人、账户管理人、投资管理人和托管人的多元化主体共同管理。(2009年11月国家理财规划师考试真题)
(A) 托管式　　　　　　　　　　(B) 信托式
(C) 委托代理　　　　　　　　　(D) 个人账户与社会统筹相结合

12. 企业年金理事会由企业和职工代表组成，也可以聘请企业以外的专业人员参加其中职工代表应不少于(　　)。(2011年5月国家理财规划师考试真题)
(A) 1/5　　　　(B) 1/4　　　　(C) 1/3　　　　(D) 1/2

13. 我国社会养老保险基金采用筹资模式为(　　)。(2011年5月国家理财规划师考试真题)
(A) 现收现付式　(B) 完全基金式　(C) 部分基金式　(D) 以上都对

14. 我国企业年金实行(　　)，为确定缴费型。(2011年5月国家理财规划师考试真题)
(A) 完全积累　　　　　　　　　(B) 部分积累
(C) 现收现付式　　　　　　　　(D) 统筹与个人账户相结合的方式

15. 根据国务院 2005 年 12 月发布《关于完善企业职工基本养老保险制度的决定》，个体工商户和灵活就业人员的缴费比例比企业职工低（　　）。（2011 年 5 月国家理财规划师考试真题）

    (A) 5%　　　　(B) 8%　　　　(C) 10%　　　　(D) 20%

16. 以下关于退休养老规划的说法错误的是（　　）。（2008 年 5 月国家理财规划师考试真题）

    (A) 预期寿命是退休养老规划首要考虑的问题
    (B) 社会保障与养老金资金紧张的现状使得个人更加需要做退休养老规划
    (C) 制定退休养老规划与投资规划一样具有很强的前瞻性
    (D) 退休养老规划是个人理财规划中的重要组成部分

17. 老张 2000 年 4 月 1 日退休，那么根据我国养老政策的规定，老张属于（　　）。（2008 年 5 月国家理财规划师考试真题）

    (A) 老人　　　(B) 中人　　　(C) 新人　　　(D) 不确定

18. 客户了解到按照养老保险资金的征集渠道划分，可将社会养老保险模式划分为国家统筹养老模式、（　　）和投保资助养老保险模式。（2008 年 5 月国家理财规划师考试真题）

    (A) 现收现付养老模式　　　　(B) 强制储蓄养老模式
    (C) 完全基金制养老模式　　　(D) 部分基金制养老模式

19. 按照我国现行的养老保险制度规定，如果个人缴费年限满 15 年，退休后基础养老金的月标准为省、自治区、直辖市或地（市）上年度月平均工资的（　　）。（2008 年 5 月国家理财规划师考试真题）

    (A) 10%　　　(B) 20%　　　(C) 30%　　　(D) 50%

20. 根据国务院 2005 年颁布的《关于完善企业职工基本养老保险制度的决定》，从 2006 年 1 月 1 日起，个人账户的规模统一为本人缴费工资的（　　）。（2008 年 5 月国家理财规划师考试真题）

    (A) 4%　　　　(B) 8%　　　　(C) 11%　　　(D) 15%

21. 接上题，按照现行计发办法，缴费满 15 年以上的，个人账户按账户储存额的（　　）计发。（2008 年 5 月国家理财规划师考试真题）

    (A) 1/120　　(B) 1/130　　(C) 1/150　　(D) 1/200

22. 老陈计划在 60 岁退休的时候储备一笔资金,以确保自己一直到 85 岁时每个月初都能拿到 3 000 元的生活费,如果他的收益率能够达到 4%,则他需要在退休的时候储备(   )元的退休基金。(2009 年 11 月国家理财规划师考试真题)
    (A) 495 065.57   (B) 496 715.79   (C) 570 251.97   (D) 568 357.45

23. 当前我国市场上的养老保险产品较多,客户选择养老保险产品不需要关注的非价格因素为(   )。(2008 年 5 月国家理财规划师考试真题)
    (A) 保险公司的偿付能力   (B) 保险公司的服务质量
    (C) 保险公司的盈利能力   (D) 保险公司的机构网络

24. 关于发展商业养老保险的意义,下列说法不正确的是(   )。(2008 年 5 月国家理财规划师考试真题)
    (A) 有利于完善社会保障体系   (B) 有利于促进社会公平和效率
    (C) 有利于促进经济增长方式的转变   (D) 有利于优化金融市场结构

25. 陈先生与太太今年均为 49 岁,不知道国家对于企业职工退休年龄的规定。找到理财规划师咨询。得知国家法定企业职工退休年龄是男年满(   )周岁,女工人年满(   )周岁,女干部年满(   )周岁。(2009 年 5 月国家理财规划师考试真题)
    (A) 60 55 50   (B) 60 50 55
    (C) 50 55 60   (D) 60 55 55

26. 王先生已经退休,定期取社会养老保险金,但其不知道社会养老保险的基本原则,理财规划师的介绍不正确的是(   )。(2009 年 5 月国家理财规划师考试真题)
    (A) 社会养老保险更多地强调社会公平,有利于低收入阶层。
    (B) 社会养老保险制度率实行权利与义务相对应的原则
    (C) 社会养老保险体现管理服务的社会化
    (D) 社会养老保险仅体现公平原则

27. 接上题,王先生儿子的单位正准备为其投保社会养老保险,获悉按照养老保险资金的征集渠道划分。社会养老保险可以分为(   )。(2009 年 5 月国家理财规划师考试真题)
    (A) 现收期付式和部分基金式
    (B) 现收现付式和完全基金式
    (C) 现收现付式和基金式
    (D) 国家统筹养老保险模式、强制储蓄养老保险模式和投保资助养老保险模式

28. 田先生经营理发店多年。按照国家规定，城镇个体工商户和灵活就业人员都要参加基本养老保险。缴费统一为（　　）。（2009年5月国家理财规划师考试真题）

    (A) 当地上年度在岗职工平均工资的20%

    (B) 当地上年度在岗职工总工资的20%

    (C) 当地上年度在岗职工平均工资的12%

    (D) 当地上年度在岗职工总工资的12%

29. 从2006年1月1日起。曹小姐发现自己基本养老保险中个人账户的缴费比例发生了变化。其规模统一由本人缴费工资的11%调整为（　　）。（2009年5月国家理财规划师考试真题）

    (A) 10%　　　(B) 9%　　　(C) 8%　　　(D) 7%

30. 政闲鼓励企业设立企业年金制度。企业年金制度特征不包括（　　）。（2009年5月国家理财规划师考试真题）

    (A) 非营利性　　(B) 企业行为　　(C) 政府行为　　(D) 市场化运营

31. 孙小姐的企业设立了企业年金制度，我国企业年金的类型是（　　）。（2009年5月国家理财规划师考试真题）。

    (A) 灵活缴费型　(B) 确定缴费型　(C) 投保资助型　(D) 部分积累型

32. A公司作为B公司的企业年金账户管理人，其职责不包括（　　）。（2009年5月国家理财规划师考试真题）

    (A) 记录企业年金基金的投资收益

    (B) 向委托人提供账户的信息查询服务

    (C) 建立企业年金基金的企业账户和个人账户

    (D) 按照国家规定保存企业年金基金账户管理档案至少20年

33. 理财规划师为C企业介绍企业年金制度，企业年金中企业也需要缴费，单企业缴费每年不超过本企业上年度职工工资总额的（　　）。（2009年5月国家理财规划师考试真题）

    (A) 1/3　　　(B) 1/4　　　(C) 1/6　　　(D) 1/12

34. 西方发达国家出现一种新型养老方式，由委托人与受托人签订信托契约，约定将信托资金一次交付于受托人，由受托人依照委托人只是，挑选适当的金融产品为投资组合，于约定的信托期间内，由委托人指定的受益人，领取本金或利息，信

托期满再由受托人将剩余的信托财产交付受益人的一种信托行为,被称为( )。(2009年5月国家理财规划师考试真题)

(A) 基本养老基金　　　　　　　(B) 商业养老保险
(C) 养老信托　　　　　　　　　(D) 养老储蓄

35. 退休养老规划除了考虑预期寿命、退休年龄之外,还需要考虑的其他因素包括退休养老规划的使用工具、( )、客户现有退休养老资产等。(2009年11月国家理财规划师考试真题)

(A) 工资上涨率;通货膨胀率　　　(B) 工资上涨率;投资收益率
(C) 投资收益率;通货膨胀率　　　(D) 投资收益率;工资上涨率

36. 社会养老保险的目的是对劳动者退出劳动领域后的基本生活予以保障,这一原则更多地强调社会公平性。一般而言,低收入人群基本养老金替代率(指养老金相当于在职时工资收入的比例)( )。(2009年11月国家理财规划师考试真题)

(A) 较低　　(B) 较高　　(C) 较为平均　　(D) 无规律

二、多项选择题

1. 退休前期的理财规划主要包括( )。(2009年11月国家理财规划师考试真题)
   (A) 现金规划　　　　　　　　　(B) 投资规划
   (C) 税收规划　　　　　　　　　(D) 退休养老规划
   (E) 财产分配与传承规划

2. 退休后的收入来源渠道包括( )。(2009年5月国家理财规划师考试真题)
   (A) 基本养老保险金　　　　　　(B) 企业年金
   (C) 商业养老保险　　　　　　　(D) 投资收益
   (E) 家庭储蓄

3. 养老保险是世界各国较普遍实行的一种社会保障制度,各国养老保险所遵循的原则大体是一致的,主要原则有( )。(2008年11月国家理财规划师考试真题)
   (A) 保障基本生活
   (B) 公平与效率相结合
   (C) 权利与义务相对应
   (D) 管理服务社会化
   (E) 分享社会经济发展成果

4. 退休后的收入来源渠道包括（　　）。（2011年5月国家理财规划师考试真题）
   (A) 基本养老保险金　　　　(B) 企业年金　　　　(C) 商业养老保险
   (D) 投资收益　　　　　　　(E) 家庭储蓄

5. 我国企业年金基金管理中投资管理人的具体职责为（　　）。（2011年5月国家理财规划师考试真题）
   (A) 制定企业年金基金的投资策略
   (B) 对企业年金基金进行投资
   (C) 及时与托管人核对企业年金基金的会计核算和估值结果
   (D) 建立企业年金基金的投资风险准备金
   (E) 定期向受托人和监管部门提交投资管理报告

6. 社会养老保险的基本原则包括（　　）。（2011年5月国家理财规划师考试真题）
   (A) 社会养老保险的目的是对劳动者退出劳动领域后的基本生活予以保障
   (B) 社会养老保险采取公平和效率相结合的原则
   (C) 在社会养老保险中权利与义务相对应
   (D) 社会养老保险金实行收益最大化原则
   (E) 社会养老保险的管理服务社会化

7. 退休前期的理财规划主要包括（　　）。（2011年5月国家理财规划师考试真题）
   (A) 现金规划　　　　　　(B) 投资规划　　　　　　(C) 税收规划
   (D) 退休养老规划　　　　(E) 财产分配与传承规划

8. 某客户50岁，计划60岁退休，则他需要进行（　　）。（2011年5月国家理财规划师考试真题）
   (A) 退休养老规划　　　　(B) 投资规划　　　　　　(C) 现金规划
   (D) 风险管理与保险规划　(E) 财产传承规划

三、案例分析题

（一）王太太从事个体服装销售近20年。前一段时间，她刚参加了国家的社会养老保险，但是，她对国家举办的国家社会养老保险不是很明白，于是，向理财规划咨询相关情况。理财规划师解释道：（2007年5月国家理财规划师考试真题）

1. 王太太的缴纳基本养老费的去向是（　　）。
   (A) 11%进入统筹账户，8%进入个人账户

(B) 全部进入个人账户

(C) 12%进入统筹账户，8%进入个人账户

(D) 8%进入统筹账户，20%进入个人账户

2. 王太太退休后从社会养老保险中领取的基本养老保险金由两部分构成，它们是基础养老金和个人账户养老金。其中，基础养老金的发放参考多项因素，但不包括（ ）

(A) 当地上年度在岗职工月平均工资

(B) 本人指数化月平均缴费工资

(C) 交费年限

(D) 本人预期寿命

3. 王太太退休后每月领取的个人账户养老金部分也需要参考多项因素，但不包括（ ）。

(A) 个人账户储蓄余额

(B) 职工退休时城镇人口平均预期寿命

(C) 本人退休年龄

(D) 国家社保基金富余程度

（二）随着预期寿命的增加和人口出生率的减少，全球所有国家逐渐进入老龄化社会。为了保证退休的生活，处于工作阶段的客户有必要提早进行退休养老规划。案例三：为了增加企业的竞争力，较好地把员工个人利益与其个人对企业贡献所获得的经济效益相联系，有很多企业建立了企业年金。某钢铁公司是一家大型的钢铁上市公司，公司张总打算制订年金计划，但是对于年金不是很了解，因此向理财规划师就相关问题进行了咨询。根据上述材料，请回答：(2008年5月国家理财规划师考试真题）

1. 下列四项中关于举办企业年金的意义，说法错误的是（ ）。

　(A) 减轻国家养老负担压力　　　　(B) 增强企业与员工的凝聚力

　(C) 留住人才，限制劳动力流动　　(D) 推动资本市场发育

2. 国外企业年金计划有多种举办方式，下列四项中（ ）不属于企业年金的举办方式。(2008年5月国家理财规划师考试真题)

　(A) 直接承付　　　　　　　　　　(B) 建立养老基金

　(C) 对外投保　　　　　　　　　　(D) 投保资助方式

3. 按照劳动和社会保障部颁发的《企业年金试行办法》，下列不属于企业举办年金计

划的基本要求的是（　　）。
(A) 企业年金由个人和企业共同缴纳
(B) 企业年金缴纳方式为确定缴费型
(C) 企业年金管理模式为直接承付方式
(D) 企业年金领取年龄为国家法定退休年龄

4. 企业举办企业年金时，通常需要寻找企业年金受托人来管理企业年金基金，下列四项中（　　）不属于受托人的职责。
(A) 制定企业年金基金的投资策略
(B) 对企业年金基金的管理进行监督
(C) 建立企业年金基金的企业账户
(D) 定期向委托人提供基金管理报告

5. 企业年金的投资管理人是指受托人委托管理企业年金基金资产的专业机构，下列四项中（　　）不属于其职责。
(A) 对企业年金进行投资
(B) 制定企业年金基金的投资策略
(C) 建立企业年金基金的投资风险准备金
(D) 定期向受托人提交投资管理报告

第10章 • Chapter 10

遗产规划：身后理财

学习目标

本章要求了解遗产规划的内涵，包括遗产规划的概念、步骤，遗产规划的目的以及策略。理解和掌握遗产规划的工具，包括遗嘱信托的概念及分类、人寿保险的作用及优势以及赠与、遗嘱、遗产委托书的具体内容及规定。掌握遗产规划的具体制定流程。并通过遗产规划适宜理财产品及案例的学习，了解现实中遗产规划的理财应用。其中遗产规划的工具的具体内容及规定，以及遗产规划的具体制定流程。为本章的重难点。

导读

遗产规划是指当事人在其健在时提前做出合法、有效、全面的计划，将拥有的资产和负债精心安排，从而实现身故后按照遗愿进行分配，以确保资产能够以简单、迅速的方式以及在税务上最有利的方式转移给继承人的一种合理财产安排。其主要目标是帮助投资者高效率地管理遗产，并将遗产顺利地转移到继承人手中。遗产规划主要是有关财产的安排，也包括医疗护理意愿、葬礼计划和对未成年孩子指定监护人等。

第一节 遗产规划概述

一、遗产规划的内涵

（一）遗产规划概念

遗产规划是指当事人在其健在时提前做出合法、有效、全面的计划，将拥有的资产和负债精心安排，从而实现身故后按照遗愿进行分配，以确保资产能够以简单、迅速的方式以及在税务上最有利的方式转移给继承人的一种合理财产安排。其主要目标是帮助投资者高效率地管理遗产，并将遗产顺利地转移到继承人手中。遗产规划主要是有关财产的安排，也包括医疗护理意愿、葬礼计划和对未成年孩子指定监护人等。遗产规划不仅可以实现自己的愿望，通常还会减少可能的税务、费用和时间耽搁，以及为资产提供保护。遗产规划是个人理财规划中不可缺少的部分，是家庭财产得以世代相传的切实保障。谈到遗产规划这类话题，有些人会表现出天然的抗拒，或许认为谈论遗产这一话题不吉利，或许觉得考虑遗产规划为时尚早，或许太复杂而退缩，或许认为遗产规划不重要，但事实上，不论处于人生任何阶段，遗产规划对于处理个人财务及保障家人幸福是必不可少的。

（二）遗产规划的步骤

遗产规划步骤图如图 10-1 所示。

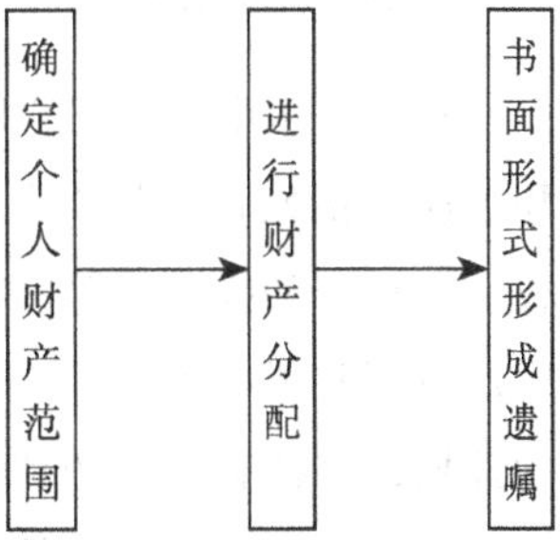

1. 确定个人财产范围

个人自己或聘请律师或理财师、或专门机构确定个人所有的财产，这里说的财产包括：公民的收入；公民的房屋、储蓄和生活用品；公民的林木、牲畜和家禽；公民的文物、图书资料；法律允许公民所有的生产资料；公民的著作权、专利权和商标权中的财产权利；公民的其他合法财产，以及以前是否曾以遗嘱或者遗赠扶养协议等方式进行过处分，有无已设立担保、已被查封、扣押等限制所有权的情况。

图 10-1 遗产规划步骤图

2. 进行财产分配

根据个人意愿确立继承人或受赠人并进行财产分配，根据情况还可能附加抚养要求、葬礼安排等。其次，选任执行人，传统的做法是家庭成员中年长或地位较高者，这种做法就计划内容而言，一般在家庭成员内部是公开的。若聘请律师或公证处做执行人，则遗产计划内容在计划人死亡前是保密的。

3. 书面形式形成遗嘱

以书面的形式自书或聘请律师见证或公证处公证将前述内容形成遗嘱。由于我国目前还没有征收遗产税，所以普通人遗产规划的主要形式是设立遗嘱，遗嘱要考虑的主要是遗产的范围与继承人或受赠人的确定。当然，立遗嘱虽然完全是个人的事，看起来也比较简单，但由于我国《继承法》对遗嘱的内容和形式都有严格的要求，并非随便立一个遗嘱便万事大吉。我国的遗嘱有五种法定形式，分别是公证遗嘱、自书遗嘱、代书遗嘱、录音遗嘱和口头遗嘱，每一类遗嘱形式都有法定的要件、格式要求，大家可以特别注意一下，因为不合法定格式或形式要求的遗嘱很可能是无效的。不管遗嘱以什么形式成立，都应具备下列5项内容：遗产的名称和数量；遗嘱人或受遗赠人的称谓；遗产的分配方法和具体份额；明确某项遗产的用途和使用目的；明确遗嘱执行人。同时，上述五种形式的遗嘱，以公证遗嘱的效力最高。立有数份遗嘱，内容相抵触的，以最后时间所立的公证遗嘱为准。

二、遗产规划的目的和策略

（一）遗产规划的目的

遗产是被继承人死亡时遗留的个人所有财产和法律规定可以继承的其他财产权益。积极遗产指死者生前个人享有的财物和可以继承的其他合法权益现金、证券、公司股权、不动产和收藏品等。消极遗产指死者生前所欠的个人债务及未偿还的贷款、应付医疗费用和税收支出等。遗产规划是指当事人在其健在时提前做出合法、有效、全面的计划，将拥有的资产和负债精心安排，从而实现身故后按照遗愿进行分配，以确保资产能够以简单、迅速的方式以及在税务上最有利的方式转移给继承人的一种合理财产安排。其主要目标是帮助投资者高效率地管理遗产，并将遗产顺利地转移到继承人手中。遗产规划主要是有关财产的安排，也包括医疗护理意愿、葬礼计划和对未成年孩子指定监护人等。

遗产规划不仅可以实现自己的愿望，而且还会减少可能的税务、费用和时间耽搁，以及为资产提供保护。遗产规划是个人理财规划中不可缺少的部分，是家庭财产得以世代相传的切实保障。谈到遗产规划这类话题，有些人会表现出天然的抗拒，或许认为谈论遗产这一话题不吉利，或许觉得考虑遗产规划为时尚早，或许太复杂而退缩，或许认为遗产规划不重要，但事实上，不论处于人生任何阶段，遗产规划对于处理个人财务及保障家人幸福是必不可少的。

（二）遗产规划的策略

尽早做出安排，及时调整更新遗产计划，尽可能减少遗产额，从而少缴遗产税，生前多赠与继承人，利用政策分散资产充分利用遗产优惠政策。

1. 合理利用免税条款

审查遗嘱和财产规划，以确定需要采取哪些调整，从而可以受益于遗产税、赠与税方面的变化，并避免代价高昂潜在的陷阱。尤其要考虑是否需要改变或取消现有的免税信托的安排。利用可以最大限度节省遗产税的资产所有权形式，如有限责任公司或有限合伙公司的股权、审查对合资企业所有权的利用情况、确保配偶中每一方的名下都有足够的资产放在免税信托或其他遗产避税工具中等。

2. 资产的转移

将预期能够增值的资产赠与子孙辈，因为他们的收入税率较低，这样资产的长期增值部分他们只需按百分之五缴纳收入税；为受赠者直接向教育机构支付学费或直接向保健提供商支付保健费。如果合适的话，可以考虑多年学费赠与方式。

3. 转换遗产规划形式

将现有的寿险保单转换成寿险信托。购买任何寿险保单都透过寿险信托来进行。将迅速增值的资产放入让渡人持有的年金信托，或将这类资产出售给一个有意缺陷信托重新考虑信托资产的组合情况，以利用较低的股利和资本收入税率。最后我们可以利用资产所有权的估值折价，通过这些措施，我们可以很好地进行遗产规划，达到遗产规划的最优化。

第二节　遗产规划工具及流程

一、遗产规划工具

（一）遗嘱信托

1. 概念

遗嘱信托是指通过遗嘱这种法律行为而设立的信托，也叫死后信托，当委托人以立遗嘱的方式，把财产交付信托时，就是所谓的遗嘱信托，也就是委托人预先以立遗嘱方式，将财产的规划内容，包括交付信托后遗产的管理、分配、运用及给付等，详订于遗嘱中。等到遗嘱生效时，再将信托财产转移给受托人，由受托人依据信托的内容，也就是委托人遗嘱所交办的事项，管理处分信托财产。与金钱、不动产或有价证券等个人信托业务比较，遗嘱信托最大的不同点在于，遗嘱信托是在委托人死亡后契约才生效（见图10-2）。

2. 分类

（1）执行遗嘱信托是信托机构在受托之后，根据遗嘱或有关的法院裁决，在遗嘱人死亡之后，代遗嘱人办理债权债务的收取和清偿。遗嘱物品的交付以及遗产的处理和分割等有关遗嘱的执行事宜。执行遗嘱信托大多是因为遗嘱人财产较多，遗产的分割处理关系比较复杂，且缺少可靠执行人等原因而设立的。遗嘱执行信托是为了实现遗嘱人的意志而进行的信托业务，其主要内容有清理遗产、收取债权、清偿债务、税款及其他支付、遗赠物的分配、遗产分割等。遗嘱执行信托是短期性的，一般遗嘱执行的成立有死亡者立的遗嘱为依据，继承人均已存在，因而不易发生制约。除了巨大和复杂的产业之外，清理工作在两三年即可完成。

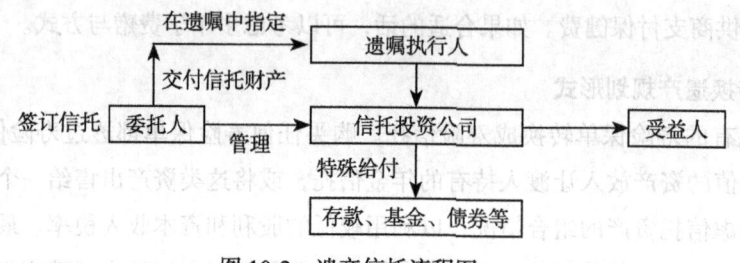

图 10-2　遗产信托流程图

（2）管理遗产信托是信托机构受遗嘱人或法院委托，在某一时刻内代为管理遗产的一种信托业务。这种业务又分为"继承未定"和"继承已定"两种情况。遗产管理信托是主要以遗产管理为目的而进行的信托业务。遗产管理信托的内容与遗嘱执行信托的内容虽有交叉，但侧重在管理遗产方面。遗产管理人可由法院指派，也可由遗嘱人和其亲属会议指派。通常，设立遗产管理信托的原因有：因无遗嘱，对财产的管理、清理、处理就困难，所花时间也长，故在此前尚需信托机构代为管理；虽有遗嘱，但继承人存在与否尚不清楚，也需在明确继承人之前代理遗产；虽有遗嘱和明确的继承人，但继承人尚不能自理遗产时，也可委托信托机构代管遗产。

（二）人寿保险

人寿保险在遗产规划中也有很大作用，在遗产规划中的作用主要体现在以下两方面：一是可以用身故保险金支付个人企业和其他不动产的遗产税，防止因无钱支付遗产税而被迫廉价出售企业或不动产；二是在许多国家（包括我国），身故保险金属于免税资产，终身寿险具有规避遗产税的功能，能减少遗产转移的成本。一直以来，保险就是一种非常有效的合法避税手段，特别是额度较高的人寿保险。其实，保险公司按照保险条款支付给受益人的死亡保险金是用来保障受益人基本生活需要的。它是一种原始取得而非继承所得，无须用来偿还死者生前债务，也无须缴纳个人所得税和遗产税。在国际上，保险金免税是通行的惯例，而且许多国家的税法也都将受益所得的保险金列为免税范围。在遗产税避税方面，人寿保险主要有三方面的优势。

1. 具有很强的变现能力

遗产税的缴纳必须以现金的形式，继承人在得到遗产之前，首先必须缴纳大笔遗产税。如果继承人本身没钱，则只能通过拍卖固定资产的方式来获取大量现金，这会造成财富的缩水。但如果之前购买了足额的人寿保险，当被保险人死亡后，其指定受益人（一般为法定继承人）则可以马上获得保险公司支付的大笔现金，用以缴纳遗产税，能够避免因变现财产而致使财富流失情况的出现。

2. 可降低资产总额

由于终身寿险的保险责任较重，其费率也较高。对于一名 50 岁的男性而言，终身寿险纯费率约为 50%。也就是说，如果这位男士想要购买保额为 2 000 万元的人寿保险，则需一次性缴纳 1 000 万元的保费。高额的保费可以有效降低资产总额，从而降低应纳税遗产净额，少缴遗产税。

3. 提供充足的风险保障

保险的初衷便是为人们提供风险保障，将人们未来可能面临的风险及时分散和转移出去。如果事先能够购买足额的人寿保险，则能够在被保险人死亡后留给儿女一笔可观的财富，保障其生活需要。

例 10-1 刘先生现年 50 岁，总资产 1 500 万元，其中包含一栋价值 50 万元的共有房产，假设去世后妻儿皆在。如果按照曾经公布的遗产税草案来测算，我国遗产税采用累进税率，起征点为 500 万元，遗产税计算公式为：

$$遗产税 = 应税遗产净额 \times 税率 - 速算扣除数 \qquad (10\text{-}1)$$

若刘先生死亡，则应税扣除额为 124 万元，具体包括：免征额 2 万元；丧葬费 50 万元；共有房产 50 万元；两位第一顺序继承人每人 2 万元，共 4 万元。按此计算，则应税遗产净额为：1 500 - 124 = 1 376 万元。根据遗产税五级超额累进税率表，征税税率为 50%，速算扣除数为 175 万元，故实际应缴纳遗产税 = 1 376 × 50% - 175 = 513 万元。这样，刘先生的妻儿能够实际继承的财富为：1 500 - 50 - 513 = 937 万元。

假设为了规避遗产税，刘先生购买了一份保额为 1 000 万元的终身寿险，需交保费为 500 万元。若当前死亡，则应税遗产净额为：1 500 - 500 - 20 - 50 - 50 - 4 = 876 万元，税率为 40%，速算扣除数为 75 万元，则实际应缴纳遗产税 = 876 × 40% - 75 = 275.4 万元，而保险赔付金为 1 000 万元。因此，刘先生的家人通过继承和受益所实际得到的财富为：1 500 - 500 - 50 - 275.4 + 1 000 = 1 674.6 万元。两种情形的巨大反差，如表 10-1 所示。

表 10-1 刘先生遗产规划后财产对比　　　　　　　　　（金额单位：万元）

比较	税率（%）	实际缴纳遗产税	实际所得财富
购买保险前	50	513	937
购买保险后	40	275.4	1 674.6
差额	10	237.6	737.6

从表 10-1 中我们可以知道在购买了保险之后，我们可以比购买保险之前多取得 737.6 万元的资产。因此，我们可以合理运用人寿保险这一策略来进行遗产规划。

（三）赠与

赠与是指当事人为了实现某种目标将某项财产作为礼物赠送给他人，而使该项财产不再出现在遗嘱条款中。采取这种方式一般是为了减少税收支出，因为很多国家对于赠与财产的征税都要远低于对遗产的征税。这种方法的缺点在于，一旦财产赠与他人，则当事人就失去了对该财产的控制，可能无法将其收回。赠与虽然不可能成为社会中财产所有权移转的主要形式，也起不到直接促进社会经济发展的作用，但在现代社会，赠与仍具有相当的社会意义。赠与一方面可以在一定程度上对社会财富平衡分配；另一方面，赠与可以沟通赠与双方当事人的感情，进而融洽社会气氛，减少社会矛盾。赠与合同是典型的无偿合同和单务合同，即赠与人无对价而支付利益，受赠人不负担任何对待给付义务即可获得利益，这一合同关系导致合同双方的权利义务严重违反公平和等价有偿的交易原则。因此，为均衡赠与人与受赠人之间的权利义务关系，在赠与合同的立法中，立法者都尽可能采取措施优遇赠与人。

（四）遗嘱

遗嘱是遗产规划中最重要的工具，但也常常被我们所忽视。许多人由于没有制定或及时更新遗嘱而无法实现其目标。我们需要依照一定的程序订立遗嘱文件，明确如何分配自己的遗产，然后签字认可，遗嘱即可生效。一般来说，需要在遗嘱中指明各项遗产的受益人。根据我国《继承法》第十七条的规定，遗嘱有五种法定形式，如表 10-2 所示。

表 10-2 遗嘱分类表

遗嘱名称	遗嘱的特点
公证遗嘱	公证遗嘱是指由遗嘱人亲自申请经过国家公证机关办理的遗嘱
自书遗嘱	自书遗嘱是指遗嘱人亲笔书写的遗嘱
代书遗嘱	代书遗嘱是指遗嘱人口述遗嘱内容，由他人代书或制作的遗嘱
录音遗嘱	录音遗嘱是指以录音方式录制下来的遗嘱人的口述遗嘱
口头遗嘱	口头遗嘱是指遗嘱人用口头表达的方式设立的遗嘱

(五) 遗产委任书

遗产委任书是遗产规划的另一种工具，它授权当事人指定的一方在一定条件下代表当事人指定其遗嘱的订立人，或直接对当事人遗产进行分配。通过遗产委任书，可以授权他人代表自己安排和分配其财产，从而不必亲自办理有关的遗产手续。被授予权力代表当事人处理其遗产的一方称为代理人。在遗产委任书中，当事人一般要明确代理人的权力范围，后者只能在此范围内行使其权力。

遗产规划涉及的遗产委任书有两种：普通遗产委任书和永久遗产委任书。如果当事人本身去世或丧失了行为能力，普通遗产委任书就不再有效。所以必要时，当事人可以拟订永久遗产委任书，以防范突发意外事件对遗产委任书有效性的影响。永久遗产委任书的代理人，在当事人去世或丧失行为能力后，仍有权处理当事人的有关遗产事宜。所以，永久遗产委任书的法律效力要高于普通遗产委任书。在许多国家，对永久遗产委任书有着严格的法律规定。

例 10-2 书立（　　）不需要见证人。（2007年5月国家理财规划师考试真题）

A. 自书遗嘱　　B. 代书遗嘱　　C. 录音遗嘱　　D. 公证遗嘱

答案：A。解析：只有书立自书遗嘱不需要见证人，代书遗嘱、录音遗嘱、公证遗嘱均需要见证人在场。且代书遗嘱、录音遗嘱、口头遗嘱都必须有两个以上的见证人在场。

例 10-3 继承人的（　　）可以作为遗嘱见证人。（2007年5月国家理财规划师考试真题）

A. 儿子　　　　　　　　　　B. 有精神病史但见证时已治愈的朋友
C. 债务人　　　　　　　　　D. 年满15周岁的邻居

答案：B。解析：考查要点为遗嘱见证人的判断。遗嘱见证人应当具备以下条件：1.具有完全民事行为能力人；2.与继承人、遗嘱人没有利害关系。见证人的限制主要有：(1) 无行为能力人、限制行为能力人不能作为见证人。无行为能力人、限制行为能力人包括未成年人和精神病人。见证人是否具有民事行为能力，应当以遗嘱见证时为准；(2) 继承人、受遗赠人不能作为见证人；(3) 与继承人、受遗赠人有利害关系的人不能作为见证人，继承人、受遗赠人的债权人、债务人、共同经营的合伙人，也应当视为与继承人、受遗赠人有利害关系，不能作为见证人。遗嘱见证人的身份的取得，应当由遗嘱人指定。

例 10-4 刘明强今年 65 岁，立下遗嘱："大女儿读完大学，已经找到工作，有固定工资收入。小儿子大专刚刚毕业，目前待业没有生活来源，我百年之后，所有两居房屋，在×××路××号，由小儿子继承。"刘明强亲自签名，记明年月日。不久其去世。关于本例，（　　）说法正确。

A．刘明强的遗嘱违反男女继承权平等原则，无效

B．刘明强的遗嘱无见证人，无效

C．刘明强的遗嘱未经公正，无效

D．刘明强的遗嘱符合法律规定，有效

答案：D。解析：自书遗嘱无须有见证人在场。

二、遗产规划制定流程

遗产规划流程图如图 10-3 所示。

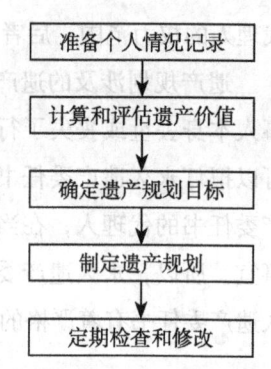

图 10-3　遗产规划流程图

（一）准备个人情况记录

了解原始遗嘱的放置位置、信托文件的放置位置，罗列顾问名单、孩子监护人名单，计划的葬礼安排信息，出生和结婚证明，姓名改变证明，银行存款证明，保险箱证明及记录，社会保障证明，保险单据，房产证明，投资组合纪录，有价证券证明，汽车发票证明，分期付款贷款证明，养老金文件，信用卡，遗嘱及遗产信托文件等。

（二）计算和评估遗产价值

通过计算客户的遗产价值，可以帮助其对资产的种类和价值有一个总体了解，让客户了解与遗产有关的税收支出。遗产的种类和价值是理财师在选择遗产工具和策略时需要考虑的重要因素之一，可以在收集客户财务数据时获得，并进行归纳和计算。

（三）确定遗产规划目标

确定遗产的继承人及其份额，确定遗产转移的方式，降低遗产转移的成本，遗产要具有足够的流动性，以偿还其债务，保持遗产规划的可变性，确定由谁来清算遗产，即选择遗嘱执行人，计划慈善赠与，理财师在为客户制订遗产计划时应该留有一定的变化余地，并且要和客户一起定期或不定期地审阅和修改遗产计划。

（四）制定遗产规划

制定遗产规划的原则，保证遗产规划的可变性，确保遗产规划现金流动性，减少

遗产纳税金额，不同客户采用不同的遗产规划，如客户已婚且子女已成年，不一定会将遗产留给其配偶、还会考虑子女或其他受益人。遗产规划需要重点考虑财产数额大小，以及客户是否愿意将遗产交给其配偶。若客户很富，建议采用不可撤销性信托或捐赠以避免争端。

（五）定期检查和修改

对于子女的出生或死亡，配偶或其他继承者的死亡，还有其他例如结婚或离异，本人或亲友身患重病等情况，这些都是需要来及时修改遗嘱内容的。同时家庭成员成年，遗产继承，房地产的出售，财富的变化，有关税制和遗产法的变化，这一切相关方面的变化，也需要定期检查和修改遗嘱方面的内容。

例 10-5 薛轻的叔叔 1998 年 1 月过世，在遗嘱中将自己的一处房产留给薛轻将来结婚居住。1998 年 5 月，薛轻与林铃登记结婚。1998 年 11 月，房屋过户手续正式办理完毕。后夫妻二人对房子进行了翻修，共花费 4 万元。2005 年 3 月，薛先生在某刊物上发表了一部长篇小说，出版社答应支付一笔稿费。2005 年 5 月薛妻所在单位机构改革，离开单位，并获得一笔再就业补贴金。2006 年 3 月，二人协议离婚。2006 年 5 月，出版社寄给薛轻稿费 5 万元。根据资料回答：

1. 如果没有财产协议，夫妇对婚后所获得的财产是一种（　　）关系。（2007 年 5 月国家理财规划师考试真题）

　　A. 按份共有　　　B. 共同共有　　　C. 分别所有　　　D. 部分共有

答案：D。解析：按份共有也就是各共有人按照确定的份额，对共有财产分享权力和分担义务的共有。

2. 理财规划师为薛夫妇制定财产分配规划，（　　）错误。（2007 年 5 月国家理财规划师考试真题）

　　A. 了解夫妻二人的家庭成员构成情况

　　B. 夫妇二人签字确认相关表格

　　C. 界定夫妻家庭财产的权属

　　D. 了解夫妻二人的经济状况

答案 A。解析：了解夫妻二人的家庭成员构成情况不构成理财师给客户进行财产分配规划时所要了解的必要内容，也不会直接对财产分配起到影响作用。

3. 薛的叔叔留给薛的房屋（　　）。（2007 年 5 月国家理财规划师考试真题）

　　A. 属于薛的夫妻共同财产，因为办理房屋过户登记时，二人已经登记结婚

B. 属于薛个人所有，因为薛已经在叔叔去世时继承该房屋

C. 属于薛的夫妻共同财产，因为叔叔在遗嘱中指明将房屋留给薛结婚用

D. 属于薛的夫妻共同财产，因为二人以共同财产对房屋进行了翻修

答案：B。解析：房屋作为遗产继承人薛明叔叔留给薛轻的遗产，属于薛轻的个人财产。

4. 以下描述中，（ ）的说法正确。（2007年5月国家理财规划师考试真题）

A. 薛的稿费属于夫妻共同财产　　　B. 房屋翻修的费用应当用薛个人承担

C. 薛妻的再就业补贴属于夫妻共同财产　D. 薛的长篇小说书稿属于夫妻共同财产

答案：A。解析：如果一方在婚前获得某项财产如稿酬，但并未实际取得，而是在婚后出版社才支付稿酬，此时这笔稿费不属于夫妻共同财产。同理，如果在婚后出版社答应支付一笔稿费，即使直到婚姻关系终止前也没有得到这笔稿费，那么这笔稿费也属于夫妻共有财产。

5. 如果要对案例中的房屋进行分割，（ ）方式通常不可取。（2007年5月国家理财规划师考试真题）

A. 变价分割　　　B. 作价补偿　　　C. 实物分割　　　D. 由夫妻二人协商解决

答案：C。解析：共同共有财产的分割方法主要有三种，包括：实物分割、变价分割、作价分割。但需要注意，实物分割的前提是财产分割后无损于它的用途和价值时，可在各共有人之间进行实物分割，使各共有人取得应得的份额。针对房屋分割可由夫妻二人协商解决。

6. 关于夫妻财产约定的表述，（ ）正确。（2007年5月国家理财规划师考试真题）

A. 夫妻财产约定只能对婚后双方或者一方所的财产进行约定

B. 夫妻财产约定只能采取书面形式

C. 夫妻财产约定应当进行公证，否则无效

D. 夫妻进行财产约定的时间只能在婚后

答案：B。解析：夫妻对财产产权的约定，可以是针对婚前财产所作的约定，也可以是针对婚后在婚姻关系存续期间取得的财产而做出的约定。夫妻财产约定应当以书面的形式，如果没有采用书面形式，一旦发生纠纷就会被认定为没有约定。所谓书面形式包括协议书、信件和数据电文（包括电报、电传、传真、电子数据交换和电子邮件）等可以明确地表现所载内容的形式。

例 10-6 郑先生因心脏病突发进医院，郑先生感到无法获救，于是留下了一份口头遗嘱，指定朋友作为见证人，将全部财产留给儿子郑峰，郑先生不治身亡，护

士小芬口头证明口头遗嘱的内容，郑先生家中还有妻子与父母，则遗产归（　　）。

A. 郑峰　　　　　　　　　　B. 郑先生的妻子

C. 郑先生的父母、妻子　　　　D. 郑峰、郑先生的父母、妻子

答案：A。解析：（1）遗嘱人必须是处在情况危急时刻；（2）遗嘱人立遗嘱时必须具有民事行为能力；（3）应当有两个以上的见证人在场见证；（4）遗嘱人要以口述形式表示其处理遗产的真实意思。

例 10-7 接上题，如果郑先生经抢救后生还，一年后因心脏病发再次入院后去世，则（　　）可以继承郑先生的遗产。

A. 郑峰　　　　　　　　　　B. 郑先生的妻子

C. 郑先生的父母、妻子　　　　D. 郑峰、郑先生的父母、妻子

答案：D。解析：由于口头遗嘱是因危急情形不能采用其他遗嘱形式的情形下不得已采用的遗嘱形式，并且口头遗嘱与其他遗嘱形式相比，是最欠缺真实性（或错误的可能性最大）的一种遗嘱形式，所以，一旦该危急情形解除，遗嘱人能以其他形式（如书面、录音）立遗嘱的，口头遗嘱自然失效。即使遗嘱人未以其他形式立遗嘱，该口头遗嘱仍然无效。

例 10-8 刘老太太丈夫早亡，生有一子谢欢，两女谢琴、谢雨。老太太身体一直不好，三位子女在外地工作，身边仅得一位亲戚刘玉照顾。刘老太太为了感激刘玉的照顾，订立了一份公证遗嘱，将房产一套给予刘玉。2008 年春节，三位子女在回家探亲之际，听说了遗嘱，纷纷劝说刘老太太更改主意，于是老太太又设立了一份自书遗嘱，将全部财产 15 万元存款平均分给三个孩子，房子给了谢欢。2009 年 1 月老太太身体恶化，去世前感觉对不起刘玉，于是又设立了一份自书遗嘱将 15 万元给予了刘玉。根据案例回答：（2009 年 5 月国家理财规划师考试真题）

1. 刘老太太的遗嘱继承人是（　　）。

A. 刘玉　　　　　　　　　　B. 谢欢

C. 谢欢、谢琴、谢雨　　　　　D. 刘玉、谢欢、谢琴、谢雨

2. 关于刘老太太的遗产，刘玉（　　）。

A. 可以获得一套房屋　　　　　B. 可以获 15 万元存款

C. 可以获得一套房屋与 15 万元存款　　D. 什么也无法获得

3. 关于刘太太的遗嘱,下列说法中正确的是( )。
A. 应按第二份自书遗嘱执行 B. 第一份自书遗嘱无效
C. 第二份自书遗嘱无效 D. 三份遗嘱都有效

4. 关于刘老太太的遗产,儿子谢欢( )。
A. 可以获得一套房屋 B. 可以获得 15 万元存款
C. 可以获得一套房屋与 15 万元存款 D. 什么也无法获得

答案:C、C、B、D。解析:继承法规定,我国《继承法》第五条规定:"继承开始后,按照法定继承办理;有遗嘱的,按照遗嘱继承或者遗赠办理。"第二十条规定:"遗嘱人可以撤销、变更自己所立的遗嘱。立有数份遗嘱内容相抵触的,以最后的遗嘱为准。自书、代书、录音、口头遗嘱,不得撤销、变更公证遗嘱。"

第三节 遗产规划适宜理财产品及案例

一、遗产规划特色及适宜产品

(一)遗产规划的特色

遗产规划是金融理财规划的一种方式,随着时代的不断发展,人们对于遗产规划的认可度越来越高,同时人们对于遗产规划的重视度和需要程度也在逐渐提高。一个好的遗产规划,可以保障一个家庭的完整传承,可以为子女留下一笔丰富的死后财产,从而保证发生意外后自己的下一代依然可以拥有一个比较好的生活环境。

(二)遗产规划的适宜产品——遗嘱信托

"遗嘱信托"是指通过遗嘱这种法律行为而设立的信托,委托人预先以立遗嘱方式,将财产的规划内容,包括遗产的管理、分配、运用及给付等详订于遗嘱中。等到遗嘱生效时,再将信托财产转移给受托人,由受托人依据信托的内容,也就是委托人遗嘱所交办的事项,管理处分信托财产。许多明星使用"遗嘱信托"而避免了遗产纠纷。

与金钱、不动产或有价证券等个人信托业务比较,遗嘱信托最大的不同点在于,遗嘱信托是在委托人死亡后契约才生效。这种做法,相当于把财产交给优秀的基金经理,让他们的资产不断保值、增值,最终按照立遗嘱人的意愿,在适当时候,按照适当的比例进行分配。透过遗嘱信托,由受托人确实依照遗嘱人的意愿分配遗产,并得为照顾特定人而做财产规划,不但有立遗嘱防止纷争的优点,并因结合了信托的规划方式，而使该遗产及继承人更有保障。遗产税开征后，一旦发生继承，就会产生巨额的遗产税，但是如果设定遗嘱信托，因信托财产的独立性，就可以合法规避该税款。遗嘱信托有以下四个特点。

1. 可防争端

有些人生前未立遗嘱，去世后因为亲属关系复杂产生遗产纠纷，采用遗嘱信托方式，可在保证财产不"缩水"的情况下，合理进行分配，同时也可以很好地解决财产传承，使家族永葆富有和荣耀。通过遗嘱信托，可以使财产顺利地传给后代，同时，也可以通过遗嘱执行人的理财能力弥补继承人无力理财的缺陷。还有遗产信托可以减少因遗产产生的纷争，因为遗嘱信托具有法律约束力，特别是中立的遗嘱继承人介入，使遗产的清算和分配更公平。

2. 可防挥霍

香港影星梅艳芳生前知道母亲不善理财且喜挥霍，如果把财产一下子全给母亲，担忧母亲会一次性把遗产花尽，或被别有居心的人骗走。因此，梅艳芳选择了遗嘱信托，将资产委托给专业机构打理，信托基金每月支付 7 万港元生活费给母亲，一直持续到她去世。

3. 可防侵占

香港明星沈殿霞也采用了遗嘱信托的方法。其财产净值达 1 亿港元。鉴于当时女儿才年满 20 岁，没有经验处理多种不同类型的资产项目，为了避免涉世未深的女儿被骗，她在去世前已订立信托。另外，她的遗产信托指定了资金用途的大方向，例如，结婚时可以领走一定比例的资金，或是一笔固定金额，如 1 000 万港元等，这样就可以防止女儿一下子把遗产花光。而且，将钱与不动产信托在受托者名下，动用时必须经过所有监察人同意，这样一来可以避免别有用心人士继承庞大财产。

4. 可防风险

英国王妃戴安娜 1997 年猝然离世后，留下了 2 100 多万英镑遗产，在缴纳 850 万英镑的遗产税后，还有 1 296.6 万英镑的剩余。而这笔财产经过遗产受托人多年运作，信托基金收益估计达到 1 000 万英镑，能发挥这种保障收益的防风险作用，也是信托基金的好处之一。

 金融小常识 10-1　　　　**我国的遗产税**

中国早在 1940 年 7 月 1 日正式开征过遗产税。新中国成立后，1950 年通过的

《全国税政实施要则》将遗产税作为拟开征的税种之一，但限于当时的条件未予开征。1994年的新税制改革将遗产税列为国家可能开征的税种之一。1996年全国人大批准了《国民经济和社会发展"九五"（第9个五年计划）和2010年远景目标纲要》，纲要中提出"逐步开征遗产税和赠与税"。总体来看，遗产税制度大体可以分为三种类型。

1. 总遗产税制

总遗产税是对财产所有人死亡后遗留的财产总额综合进行课征。其纳税人是遗嘱的执行人或遗产管理人，规定有起征点，一般采用超额累进税率，不考虑继承人与被继承人的亲疏关系和继承的个人情况。其在表现形式上是"先税后分"。美国、英国、新西兰、新加坡、中国台湾地区等国家和地区都实行该遗产税制，中国香港地区也曾使用过该税制。

2. 分遗产税制

分遗产税制又称继承税制，是对各个继承人分得的遗产份额分别进行课征的税制，其纳税人为遗产继承人，形式上表现为"先分后税"，多采用超额累进税率，日本、法国、德国、韩国、波兰等国家实行分遗产税制。

3. 总分遗产税

总分遗产税，也称混合遗产税，是将前面两种税制相结合的一种遗产税制，是对被继承人的遗产先征收总遗产税，在对继承人所得的继承份额征收分遗产税，表现形式是"先总税后分再税"，两税合征，互补长短。

兼具了总遗产税和分遗产税两种遗产税的优点，先对遗产总额征税，使国家税收收入有了基本的保证。再视不同情况，有区别地对各继承人征税，使税收公平得到落实。但总分遗产税也存在缺点，即对同一遗产征收两次税收，有重复征税之嫌，使遗产税制复杂化。

二、案例分析

（一）女性的遗产规划

小张虽然继承了父母遗留的24万元财产，但作为姐姐的小张，为了挑起抚养妹妹、赡养爷爷奶奶的重担，仍对未来财务状况感到迷茫。

1. 情况介绍

父母因故去世，小张姐妹二人继承遗产 24 万元。小张今年 23 岁，未婚，在某企业担任普通职员，月工资稳定在 2 500 元左右，单位有社保和意外险，除此之外，小张还有一份保额为 10 万元的重大疾病险，年缴保费 2 000 元，缴费期限为 20 年。小张有个 20 岁的妹妹，今年刚刚读大学，每年花销在 12 000 元左右，学制三年。姐妹二人现有 24 万元的家庭遗产，定期存在银行有三年的时间，当时的年利率为 3.4%。小张现在住在父母遗留的老房子里，家中尚有高龄的爷爷奶奶需要赡养，目前爷爷奶奶的赡养费每月每人 300 元。

2. 财务分析

照顾老小规划遗产。小张现在的问题是，因为要赡养老人及供妹妹读书，平均每月的开销至少在 1 600 元以上，已占收入的 64% 以上，收入来源过于单一，欠缺合理的投资渠道，资金结余较少。小张希望能够合理规划 24 万元的遗产，使其得到很好的保值增值，另外，对现有收入状况做个较合理的规划，一方面可以供妹妹顺利读完大学三年；另一方面又可以为自己将来结婚生子未雨绸缪（见表 10-3）。

表 10-3　小张资产信息列表

遗产	月工资	年利率	平均每月开销	占收入比例
24 万元	2 500 元	3.4%	1 600 元	64% 以上

从表 10-3 中我们可以发现，小张除了在遗产方面有多余的资金之外，其他方面的财务状况不是很好。每个月的开销比较大，超过了收入的 64%。

3. 理财建议

（1）盘活遗产，投资应降风险。目前 24 万元的遗产都在银行定存三年，虽然小张处于单身期，风险承受能力应较高，但考虑到小张还要照顾老小，目前不建议投资于过高风险的品种。首先，建议把定期存款取出，留存 1 万元在银行存款作为紧急备用金已足够。其余资金分别投资到银行理财产品、基金、股市中。如果小张有时间并具备一些专业能力可以投资少量的股票，建议比例不超过 10%，即 2.3 万，投资回报率大概在 10% 以上；其余 30% 的资金投资到基金市场，可购买一些债券型基金和股票型的平衡型基金，投资金额为 6.9 万元，投资回报率在 7% 以上；剩余 13.8 万元投资到银行的理财产品，可购买一些投资于新股的产品或股权质押类理财产品和信托类理财产品，投资风险较小，且目前收益一般在 5%～9%。另外，小张需要计算好自己的结婚花销，假设小张 28 岁结婚，按照此前的投资计划，投资回报率大概为 8.5%，可用于筹办婚礼，还可支出一部分用作爷爷奶奶的赡养费（见表 10-4）。

表 10-4　小张资产投资表

遗产总额	紧急备用金	投资股票	投资基金	银行理财产品
24 万元	1 万元	比例不超过 10%	比例 30%～40%	比例 50%～60%
		2.3 万元	6.9 万元	13.8 万元
投资回报率		10% 以上	7% 以上	收益 5%～9%

从表 10-4 中，我们在给小张做出了相应的理财建议之后，小张在经济上的财务状况呈现出比较合理的趋势，抵抗风险的能力有所增强。

（2）基金投资，供妹妹读书。建议做好短期规划供妹妹读完大学，目前上大学的年花销在 12 000 元左右，假设未来两年的开销都维持在此费用，通货膨胀率为 3%，则两年共需 24 360 元。由于国内的信托理财尚不完善，建议采用基金定投，投资于股票型基金，投资回报率维持在 10% 左右，则每月需要投资资金为 939 元。但是，如果目前每月净储蓄额少于 939 元，可量力而行，也可把投资于银行理财产品的部分资金用于妹妹的教育资金。

（二）男性遗产规划案例

1. 情况介绍

"苹果之父"乔布斯已经去世，但他的遗产却仍在改变世界。如今乔布斯 70 亿美元遗产最大可能成信托。70 亿美元，这是《福布斯》对苹果前创始人乔布斯身价的估计。然而随着这位科技巨星的溘然离世，带来的除了"果粉"或非"果粉"的扼腕叹息之外，还有外界对这 70 亿美元将会如何分配和处置的疑问。

2. 财务分析

美国遗产税最高税率从 2001 年的 55% 逐步下降到 2009 年的 45%，而到 2010 年则停止征收 1 年。可是 2008 年金融危机爆发后，美国政府债台高筑，奥巴马政府"很差钱"，因此进入 2011 年后，奥巴马政府迅速将遗产税最高税率恢复到 10 年前的 55%。有人笑谈说乔布斯死得"不是时候"，白白便宜了美国政府，因为如果乔布斯提早一年去世的话，他的遗产继承人将可以免缴 40 多亿美元的遗产税。然而事实上，许多美国富豪为了避免死后遗产大部分都被"充公"，都会通过设立信托、捐赠、转让等方式来降低遗产税税负。不少人还会将大部分甚至全部遗产捐赠给公益团体或设立公益性的信托基金。因此有人猜测一向做事低调且"视钱财如浮云"的乔布斯，可能也会将巨额财产捐赠出去（见表 10-5）。

表 10-5 乔布斯遗产相关数据

遗产总额	2001 年美国遗产税税率	2009 年美国遗产税税率
70 亿美元	55%	45%
税后资产	38.5 亿美元	31.5 亿美元

从表 10-5 中我们可以发现，美国税率对遗产征收的影响非常大。一个合理的避税方式，可以极大地减少遗产的流失。因此，我们必须适当运用合理的财务规划来进行避税。

3. 理财建议

无论外界如何猜测，乔布斯的遗产数额及分配方式可能永远也无法进入外人的视线。根据国外媒体报道，这份遗产大部分很可能已经归于信托机构的名下，倘若其家人无意将之公之于众，其数目与去向可能永远都是个谜。而国内一些分析人士也普遍推测，这部分遗产很可能已经通过遗嘱信托的方式交由信托机构处置。最新报道称，乔布斯和妻子早在两年前便将至少三处房产置于信托机构名下，这也使信托公司中的一种名为"个人信托"的业务受到关注。将遗产通过遗产信托这样的方式，既可以保证死后遗产的稳定升值，还可以避免遗产被国家所吞占，可以给子女留下更多的遗产，不失为一个很好的遗产规划方法。

本章小结

本章对遗产规划进行了阐述，包括遗产规划工具，遗产规划的制定流程，遗产规划的策略到遗产规划的目的，详细地阐述了遗产规划的特点。并以遗产信托这一遗产规划的特色产品向大家展示了遗产规划的特色之处，最后以女性和男性不同的遗产规划的案例向人们表达了遗产规划的意义，告诉人们应该如何在生活中合理地运用好遗产规划这一理财计划，从而做到真正的理财。随着时代的不断发展，人们对于遗产规划的认可度越来越高，同时人们对于遗产规划的重视度和需要程度也在逐渐提高。一个好的遗产规划，可以保障一个家庭的完整传承，可以为子女留下一笔丰富的死后财产，从而保证假如发生意外后自己的下一代依然可以拥有一个比较好的生活环境。

课后习题

一、单项选择题

1. 当几种继承方式间发生冲突时，按其效力（由高到低）的排列顺序应是（　　）。（2007 年 5 月国家理财规划师考试真题）

(A) 法定继承,遗嘱继承和遗赠,遗赠扶养协议
(B) 遗嘱继承和遗赠,法定继承,遗赠扶养协议
(C) 遗赠扶养协议,遗嘱继承和遗赠,法定继承
(D) 遗嘱继承和遗赠,遗赠扶养协议,法定继承

2. 涛涛今年12岁,在亲戚家做客时接受了邻居叔叔赠送的价值2 000元的PSP游戏机一部,则涛涛的这种民事行为( )。(2009年5月国家理财规划师考试真题)
   (A) 无效,涛涛未满18岁
   (B) 无效,游戏机的价值巨大
   (C) 有效,涛涛已满10周岁,有一定的判断能力
   (D) 有效,属于统获利行为

3. 无配偶的男性收养女性须有( )周岁以上年龄差。(2009年5月国家理财规划师考试真题)
   (A) 20   (B) 30   (C) 40   (D) 50

4. 劳动关系的补偿金属于( )。(2009年5月国家理财规划师考试真题)
   (A) 婚姻共有财产   (B) 婚前个人财产
   (C) 婚姻特有财产   (D) 结婚8年后为夫妻共同财产

5. 理财规划师为客户提供理财规划服务属于( )行为。(2009年11月国家理财规划师考试真题)
   (A) 委托代理   (B) 法定代理
   (C) 指定代理   (D) 无因代理

6. 不受著作权保护的作品包括( )。(2009年11月国家理财规划师考试真题)
   (A) 口述作品   (B) 建筑作品
   (C) 模型作品   (D) 科学定律

7. 著作权许可使用合同的有效期限不得超过( )年,期满可以续订。(2009年11月国家理财规划师考试真题)
   (A) 5   (B) 10   (C) 15   (D) 20

8. 我国现行法律实行的夫妻财产制度为( )。(2009年11月国家理财规划师考试真题)
   (A) 夫妻法定财产制度
   (B) 夫妻约定财产制度

(C)夫妻法定财产制度和夫妻约定财产制度相结合

(D)AA制

9. 根据相关法律可以被收养的情况是（　）。(2009年11月国家理财规划师考试真题)

(A)小明今年16岁，生父母有特殊困难无力抚养小明

(B)玲玲今年12岁，从小在孤儿院长大，但希望继续留在孤儿院，不愿意被收养

(C)小军患小儿麻痹，父母不想继续抚养

(D)英英今年6岁，从小查找不到亲生父母

10. 公民对自家家电的支配和控制属于财产所有权四项权能中的（　）。(2011年5月国家理财规划师考试真题)

(A)占有权　　　(B)使用权　　　(C)收益权　　　(D)处分权

11. （　）是婚姻成立的形式要件。(2011年5月国家理财规划师考试真题)

(A)结婚登记

(B)结婚双方当事人自愿

(C)男不得早于22周岁、女不得早于20周岁

(D)禁止患有一定疾病的人结婚

12. 当共有财产是不可分割物，又没有共有人愿意取得该物，则需采取（　）方法对共同共有财产进行分割。(2011年5月国家理财规划师考试真题)

(A)实物分割　　　　　　　(B)变价分割

(C)作价补偿　　　　　　　(D)保留共有的分割

13. （　）是夫妻法定特有财产，婚姻一方对这部分财产可以自由地进行管理。(2011年5月国家理财规划师考试真题)

(A)工资、奖金

(B)知识产权的收益

(C)复员、转业军人所得的复员费、转业费

(D)生产、经营的收益

14. 我国法律规定的夫妻财产约定制的三种类型不包括（　）。(2011年5月国家理财规划师考试真题)

(A)部分共同制　　　　　　　(B)完全共同制

(C) 分别财产制　　　　　　　　(D) 一般共同制

15. 王先生与赵女士相识，并确定了恋爱关系，2008年12月二人到当地婚姻登记机关申请结婚登记，婚姻机关经过审查，准予登记，但因客观原因没有领到结婚证。王先生外出旅游时因意外身故，则赵女士（　　）。（2009年5月国家理财规划师考试真题）

(A) 不可以继承王先生的遗产，因为二人没有领结婚证
(B) 不可以继承王先生的遗产，因为没有完成正式结婚登记手续
(C) 可以继承王先生的遗产，因为婚姻登记机关批准了二人的登记申请
(D) 可以继承王先生的遗产，因为王先生是意外身亡

16. 接上题，如果王先生的叔叔为了庆贺二人结婚，给予二人结婚贺礼20万元，则这20万元属于（　　）。

(A) 夫妻法定特有财产　　　　(B) 王先生婚前个人财产
(C) 夫妻共同财产　　　　　　(D) 赵女士个人财产

17. 接上题，如果王先生的父母在儿子结婚登记后旅行前，赠给王先生一套房子用于结婚，则有权分配该房产的是（　　）。

(A) 赵女士　　　　　　　　　(B) 王先生的父母
(C) 王先生的兄弟姐妹　　　　(D) 赵女士、王先生的父母

18. 李先生是一位孤寡老人，他十分担心自己以后的生活，于是与朋友封先生签署看遗赠抚养协议，约定封先生负责李先生的生活与死后安葬，李先生去世后将全部遗产留给封先生。两年后李先生感到后悔，于是订立了一份自书遗嘱，将遗产赠给远房亲戚小赵，则遗产归（　　）。

(A) 小赵　　　　　　　　　　(B) 李先生所在单位
(C) 封先生　　　　　　　　　(D) 国家

19. 李先生是一位作家，手中有已完成的小说书稿两份，正与出版社协商出版。2002年与出版社达成第一份小说的出版协议。同年9月李先生与李女士结婚。2003年1月获得小说出版费20万元。另一部小说也签约出版，获得版税30万元。如果李先生与李女士离婚。李女士可以分得（　　）万元的财产。（2009年11月国家理财规划师考试真题）

(A) 0　　　　(B) 10　　　　(C) 15　　　　(D) 25

20. 王先生夫妇生有一子王峰，2002年又将朋友的孩子小云落户在自己家。2003年王先生夫妇离婚，王先生带着小云与郑女士再婚，郑女士带来了一位15岁的男孩小明。则王先生的法定继承人是（　　）。（2009年11月国家理财规划师考试真题）

(A) 王峰 　　　　　　　　　(B) 王峰、小云
(C) 王峰、郑女士 　　　　　(D) 王峰、郑女士、小明

二、多项选择题

1. 在家庭财产继承关系中，配偶可继承遗产的情况包括（　　）。（2009年11月国家理财规划师考试真题）

   (A) 双方当事人依法办理了结婚登记手续，领取了结婚证，但尚未举行结婚仪式，一方死亡，另一方可以配偶身份继承遗产
   (B) 双方当事人已经同居，但尚未依法办理结婚登记手续，某一方死亡，另一方可以配偶身份继承遗产
   (C) 夫妻双方因感情不和已经分居2年，分居期间一方死亡，另一方仍可以配偶的身份继承遗产
   (D) 夫妻双方协议离婚，正在依法办理离婚手续，一方死亡，另一方可以配偶身份继承遗产
   (E) 夫妻双方已经向法院起诉离婚，在离婚诉讼过程中一方死亡，另一方可以配偶身份继承遗产

2. 我国夫妻财产约定制度的主要内容有（　　）。（2009年5月国家理财规划师考试真题）

   (A) 约定的主体 　　　　　　(B) 约定的内容
   (C) 约定的形式 　　　　　　(D) 约定的时间
   (E) 约定的效力

3. 张某欲立遗嘱，想要找个遗嘱见证人，下列可以充当遗嘱见证人的是（　　）。（2008年5月国家理财规划师考试真题）

   (A) 邻居家15岁的儿子
   (B) 居民委员会的张大妈
   (C) 做律师的儿子
   (D) 和儿子一起开办律师事务所的合伙人
   (E) 张某门前的修车师傅

4. 继承权可以通过（ ）方式取得。(2007年5月国家理财规划师考试真题)
   (A) 法律规定   (B) 转让
   (C) 遗嘱   (D) 赠与
   (E) 判决

5. 遗赠与遗嘱继承的区别在于（ ）。(2007年5月国家理财规划师考试真题)
   (A) 接受权利的主体范围不同   (B) 主体所承担的义务不同
   (C) 取得遗产的方式不同   (D) 指定候补继承人的范围不同
   (E) 做出接受遗产表示的要求不同

6. 遗产不包括被继承人（ ）。(2007年5月国家理财规划师考试真题)
   (A) 依法享有的土地使用权   (B) 因公死亡的抚恤金
   (C) 著作权中的财产权利   (D) 肖像权
   (E) 租住的房屋

7. 遗嘱可以以下列形式设立（ ）。(2008年11月国家理财规划师考试真题)
   (A) 自书遗嘱   (B) 代书遗嘱
   (C) 公证遗嘱   (D) 口头遗嘱
   (E) 录音遗嘱

8. 在一份遗嘱中，下列（ ）说法是正确的。(2008年11月国家理财规划师考试真题)
   (A) 遗嘱人可以指定法定继承人以外的人为继承人
   (B) 应当列明遗嘱人的财产清单
   (C) 必须指定遗嘱执行人
   (D) 再指定继承人可以和继承人一起参加继承
   (E) 遗嘱人可以对遗嘱继承人附加一定义务

9. （ ）视为放弃继承或者放弃接受遗赠。
   (A) 在遗产处理前没有明确表示放弃继承的
   (B) 在遗产处理前明确表示接受遗赠的
   (C) 在知道受遗赠的两个月内没有表示接受遗赠的
   (D) 在遗产处理前明确表示放弃继承的
   (E) 在知道受遗赠的两个月内明确表示放弃接受遗赠的

10. 关于民事行为的说法中，错误的是（　　）。（2011年5月国家理财规划师考试真题）

    (A) 无民事行为能力人实施的一切行为无效

    (B) 限制民事行为能力人不能接受报酬

    (C) 法人超出章程规定的经营范围所进行的法律行为无效

    (D) 民事行为必须完全符合法律法规的规定

    (E) 意思是表示真实的民事行为有效的要件之一

11. 诉讼时效中止的原因，可以是（　　）。（2011年5月国家理财规划师考试真题）

    (A) 权利人身患重病卧床不起

    (B) 权利人所在地在里诉讼时效期满前5个月发生了地震

    (C) 权利人在离诉讼时效期满前5个月向法律

    (D) 权利人向义务人发出的律师函，要求义务人履行义务

    (E) 义务人向权利人表示愿意履行义务

12. 夫妻财产协议的有效要件包括（　　）。（2011年5月国家理财规划师考试真题）

    (A) 夫妻双方具有合法的身份

    (B) 夫妻双方必须具有完全行为能力

    (C) 夫妻对财产的约定是基于其真实的意思表示

    (D) 夫妻约定的内容必须合法

    (E) 约定一定要采取书面形式

三、案例分析题

（一）周先生以前是一名军旅作家，创作的一部小说（甲）在1997年4月已被某出版社答应出版，其中版费为10万元，但直到1998年7月才将出版费10万元汇入周先生的账户中。周先生的另外一部小说（乙）于1999年8月在某刊物上发表，出版社于1999年10月支付稿费6万元。另外周先生的小说（丙）于2004年10月在被另一出版社录用，答应支付一笔稿费7万元，直到2006年7月才支付。周先生于2000年从部队转业，部队一次性支付回乡补助费2万元。苏小姐（女）是一家企业的员工，与周先生在1998年1月开始恋爱，并与1998年5月幸福走入婚姻殿堂。苏小姐父亲以1998年4月不幸逝世，留有遗产：100平方米的商品房一套（A），存款10万元，但是商品房（A）直到1998年6月才办理过户手续。婚后，两人生活美满，于2000年对商品房（A）进行了翻修。并购买商品房一套（B），登记房产所有人为双方姓名。由

于种种原因，两人感情破裂，在无法再挽回的情况下，苏小姐于2005年3月一纸诉状将丈夫告上上海市某区人民法院，请求与丈夫离婚。（2008年5月国家理财规划师考试真题）根据上述材料，请回答：

1. 在本案中，如果没有财产协议，周先生和苏小姐夫妇对婚后所获得的财产是一种（　　）关系。

   (A) 按份共有　　(B) 共同共有　　(C) 分别所有　　(D) 部分共有

2. 在①发表小说甲所获稿费，②发表小说乙所获稿费，③发表小说丙所获稿费中，（　　）为夫妻共有财产。

   (A) ①　　(B) ②　　(C) ②③　　(D) ①②③

3. 周先生和苏小姐夫妇为了避免日后由于财产分配发生纠纷，他们可以对夫妻双方的财产进行约定，一份有效的夫妻财产协议要包含很多有效要件，下列关于有效要件说法不正确的是（　　）。

   (A) 夫妻双方具有合法身份　　　　(B) 夫妻双方必须具有完全民事行为能力
   (C) 约定可以采用口头方式　　　　(D) 约定内容合法

4. 苏小姐父亲留下的房屋应当（　　）。

   (A) 属于夫妻共同财产，因为办理房屋过户登记时，二人已经登记结婚
   (B) 属于苏小姐个人所有，因为苏小姐已经在苏父去世时取得了房屋的所有权
   (C) 属于夫妻共同财产，因为苏父逝世时两人已经恋爱
   (D) 属于夫妻共同财产，因为二人以共同财产对房屋进行了翻修

5. 根据我国《婚姻法》规定，除夫妻共有的一些财产外，有些也属于夫妻个人财产。在①发表小说乙所获稿费，②周先生获得的回乡补助费，③苏女士从父亲处继承的商品房（　　）中，属于夫妻个人财产的为（　　）。

   (A) ①　　(B) ②　　(C) ①②　　(D) ①③

（二）刘军（男）与何红（女）在1975年结婚，婚后没有生育，收养了刘军弟弟的儿子，取名刘鹏。2004年1月刘鹏娶妻王媛，王媛在国有公司工作，婚后与刘军与何红分家，并于2005生一女刘霞。2006年刘鹏不幸因公牺牲，得到政府抚恤金20万元，王媛未再嫁而尽心尽力照顾刘军与何红。2007年刘军逝世，留下遗产房屋6间，存款10万元，另有承包的山地100亩。刘军留有录音遗嘱，遗嘱规定将房屋给何红，存款留给刘霞。（2008年5月国家理财规划师考试真题）根据上述资料，请回答：

1. 关于收养,下列说法不正确的是( )。
   (A) 被收养人为不满 14 周岁的未成年人
   (B) 收养人可以收养多名子女
   (C) 有配偶者收养子女,须夫妻共同收养
   (D) 收养人必须年满 30 周岁

2. 本案中,刘军的遗产为( )。
   (A) 房屋 6 间,存款 10 万元
   (B) 房屋 6 间,存款 10 万元,承包山地 100 亩
   (C) 房屋 3 间,存款 5 万元
   (D) 房屋 3 间,存款 5 万元,承包山地 50 亩

3. 关于刘鹏牺牲后政府所送抚恤金的归属问题,下列说法正确的是( )。
   (A) 抚恤金应该归妻子王媛所有
   (B) 抚恤金应该归未成年人刘霞所有
   (C) 抚恤金应该归刘军和何红夫妻所有
   (D) 王媛与刘军夫妇平分

4. 关于遗嘱,下列说法不正确的是( )。
   (A) 公开遗嘱必须遗嘱人亲自到公证机关办理
   (B) 自书遗嘱可以打印,本人签名
   (C) 代书遗嘱必须由代书人、其他见证人和遗嘱人在遗嘱上签名
   (D) 录音遗嘱须有两个及两个以上的见证人见证

5. 如果刘军没有立遗嘱,其遗产应当法定继承,则继承人为( )。
   (A) 何红 (B) 王媛 (C) 何红、王媛 (D) 何红、王媛、刘霞

（三）苏某（男）的父亲于 1975 年逝世,留有遗产为房屋 A 一处,由苏某继承,但是直到 1977 年才取得房产证。1976 年苏某与秦某（女）结婚,两人结婚时苏某的姑父送给贺礼 2 000 元,婚后育有一子苏鹏（化名）和一女苏琳（化名）。两人于 1985 年 1 月购买房产一处 B 并对房屋 A 进行了修缮。1986 年 1 月,苏某因从部队专业,获得转业费 10 万元。秦某是一名业余作家,创作了多部小说,1989 年 3 月,她与一家出版社签订出版合同,其中在 1989 年 4 月支付小说（甲）的出版费 5 万元,而小说（乙）的出版费 6 万元直到 1990 年 2 月才支付。两人因感情不和于 1990 年 1 月离婚,

于是苏鹏跟随父亲生活，而苏琳跟随秦某生活，离婚后秦某获得房屋B，但给予了苏某相应的补偿。

刘某（女）由于丧偶，其夫留有房屋C一处。1992年1月苏某与刘某再婚，刘某再婚时刘某的女儿王华（女，化名）已经结婚，并与刘某分开居住。而苏鹏跟随苏某和刘某居住，刘某于1993年1月收养了苏鹏。苏鹏的生母秦某于2006年1月遭遇不幸，不幸逝世，留有遗产：房屋B，存款10万元。2007年1月刘某遭遇车祸，不幸逝世，留有遗产为房屋C，存款10万元。根据案例，请回答：（2008年11月国家理财规划师考试真题）

1. 在本案中，如果没有财产协议，苏某（男）和秦某（女）夫妇对婚后所获得的财产是一种（　　）关系。
   (A) 按份共有　　　(B) 共同共有　　　(C) 分别共有　　　(D) 部分共有

2. 在①发表小说甲所获稿费，②发表小说乙所获稿费，③苏某的姑父送给贺礼2 000元中，只有（　　）为夫妻共有财产。
   (A) ①　　　(B) ②　　　(C) ①②　　　(D) ①②③

3. 在①发表小说甲所获稿费，②发表小说乙所获稿费，③小说甲的署名权，④苏某继承的房屋A，属于个人财产的是（　　）。
   (A) ①②　　　(B) ④　　　(C) ①②③　　　(D) ①②③④

4. 苏某（男）和秦某（女）夫妇为了避免日后发生纠纷，他们可以对夫妻双方的财产进行约定。一份有效的夫妻财产协议要包含很多有效要件，下列关于有效要件说法不正确的是（　　）。
   (A) 夫妻双方具有合法身份　　　(B) 约定可以采用口头方式
   (C) 约定内容必须合法　　　(D) 约定是双方真实意思表示

5. 苏某父亲留下的房屋应当（　　）。
   (A) 属于夫妻共同财产，因为办理房屋过户登记时，二人已经登记结婚
   (B) 属于苏某个人所有，因为苏某在婚前已经取得房屋的所有权
   (C) 属于夫妻共同财产，因为婚后所有财产属于夫妻共同财产
   (D) 属于夫妻共同财产，因为二人以共同财产对房屋进行了翻修

6. 通常离婚可以分为协议离婚和诉讼离婚，根据《婚姻法》和《婚姻登记条例》的

规定，（　　）是协议离婚的基条件。
(A) 感情确已破裂
(B) 双方自愿
(C) 一方有过错
(D) 对于子女和财产问题已有适当处理

7. 在秦某收养苏鹏以前，秦某（女）与苏鹏之间的关系是（　　）。
(A) 血亲关系　　(B) 拟制血亲关系　　(C) 收养关系　　(D) 姻亲关系

8. 对于秦某的遗产，其法定继承人是（　　）。
(A) 苏某
(B) 苏鹏
(C) 苏琳
(D) 苏某、苏鹏和苏琳

9. 关于刘某留下的遗产，其第一顺序继承人为（　　）。
(A) 苏某
(B) 苏鹏
(C) 苏某和苏鹏
(D) 苏某、苏鹏和王华

10. 关于遗嘱，下列说法不正确的是（　　）。
(A) 公证遗嘱可以由他人带来
(B) 公证遗嘱效力优于其他遗嘱
(C) 录音遗嘱的磁带必须封存
(D) 代书遗嘱须有两个以上的见证人

（四）于先生是一位军人，2007年与予女士结婚。婚后于先生获得复员费10万元，为庆贺二人结婚，于先生的父母赠给儿子一套价值30万元的住房。2008年结婚纪念日于先生将婚前购买的轿车赠给了予女士，并写下了赠与合同，但一直没有过户。2009年二人因感情不和起诉离婚。（2009年11月国家理财规划师考试真题）

1. 10万元的复员费属于（　　）。
(A) 于先生的法定特有财产
(B) 于先生的婚前个人财产
(C) 予女士的婚后个人财产
(D) 婚后共同财产

2. 接上题，30万元的房屋属于（　　）。
(A) 于先生的法定特有财产
(B) 于先生的婚前个人财产
(C) 予女士的婚后个人财产
(D) 婚后共同财产

3. 接上题，二人的汽车属于（　　）
(A) 予女士的婚后个人财产
(B) 于先生的婚前个人财产
(C) 予女士的婚前个人财产
(D) 婚后共同财产

（五）金先生与金女士2000年4月自由恋爱结婚。结婚后不久金先生即下岗，获得解除劳动合同补偿费10万元。下岗后金先生与朋友合伙做生意，购买了一套价值50万元的房屋。2002年金先生在生意中认识了钱小姐，并很快发展为情人关系，二人生有一子金泉。2005年金先生的父亲去世，留给金先生遗产20万元，金先生的母亲早亡。2007年金先生因病去世，留有一份自书遗嘱，将公积金和自己做生意的收益共计60万元留给了钱小姐，房产留给金女士。根据案例六回答：（2009年11月国家理财规划师考试真题）

1. 10万元的劳动合同补偿费属于（　　）。
    (A) 金先生婚前个人财产　　　　(B) 金先生的婚后个人财产
    (C) 金女士的婚后个人财产　　　(D) 夫妻共同财产

2. 金先生的遗产应该按照（　　）来继承。
    (A) 法定继承　(B) 遗嘱继承　(C) 遗赠　(D) 遗赠抚养协议

3. 金女士可获得金先生（　　）万元的遗产。
    (A) 0　(B) 25　(C) 37.5　(D) 70

4. 金女士共可获得（　　）万元的财产。
    (A) 35　(B) 50　(C) 70　(D) 102.5

第11章 理财规划方案设计

> **导读**
>
> 在现代理财活动中，作为专业化的理财专家，在提供给顾客个人或者家庭理财服务过程中，除了提供日常的理财建议外，最常见的是针对家庭财务状况，撰写理财规划报告。

第一节 理财规划流程及要点

一、理财规划步骤

（一）理财前期准备

1. 建立和明确与客户的关系

理财师与客户初次见面，应当做好出以下充足的准备：首先明确与客户谈话的目的，确定谈话的内容。界定清晰的关系，向客户解释服务内容和理财知识。准备好所有的关于自己及过去客户评价等背景资料，选择合适的见面时间和地点。建立良好、通畅的客户联系，为获取完整、真实的客户信息创造条件。其次确认客户是否有财务决定权，是否清楚自身的财务状况。并通知客户需要携带的个人资料。

2. 收集客户信息分析其理财目标

需要收集主要财务数据主要有：客户家庭的基本情况，包括家庭人口，主要经济支柱和赡养人口、家庭成员的健康状况；家庭主要固定资产和金融性资产；月收入、年收入、月支出和年支出水平；保险、投资、税务和资产传承方面的情况。注意，由于财务信息是家庭及个人的重要资讯,且中国一向有着财不露白的说法,故理财师在对顾客进行数据收集的过程中一定要注意适度,把握分寸。并充分展现自己的专业性,以取得客户的信任和配合。同时要严守职业操守,尊重和保护客户个人隐私。同时根据收集的客户财务数据及信息分析其理财目标或期望(见表11-1)。

表 11-1 客户人生不同周期的理财目标选择表

人生阶段	短期目标	中长期目标
单身期 (参加工作至结婚)	自身教育投资 建立备用金 购买汽车、旅游、储蓄	购买房屋 投资、创业
家庭建立期 (结婚至小孩出生)	育儿计划、购买房屋 投资创业、购买保险	子女教育投资 换屋计划
家庭成长期 (小孩出生至上大学)	子女基础教育投资、投资计划、 购买保险、换屋规划	子女大学教育投资 退休养老
家庭成熟期 (子女上大学时期)	子女教育投资 保险计划	退休养老
空巢期 (子女独立至自己退休)	退休规划 保险计划	财产传承
养老期 (退休之后)	固定收益投资 医疗保健、财产传承	制定遗嘱

(二)数据分析和计划制订

1. 分析客户当前的财务状况

(1)资产负债表分析。针对客户特定时点所掌握的各种资源(包括现金和现金等价物、各类自用资产和生息金融资产)以及各种负债(包括短期的消费负债和长期的抵押负债)情况分析。

(2)现金流量表分析。对客户在一定时间内的收入(工资、奖金、利息、股利、资产销售收入等)与支出(包括各种固定支出和变动支出)情况的分析。

(3)比率诊断。在资产负债表和现金流量表所提供数据的基础上,以财务比率的形式直观地反映客户现行的财务状况,以帮助理财师对客户的财务状况进行诊断。

2. 制订理财计划

理财计划制订流程图如图11-1所示。

这一步要求在确保已经掌握了客户的所有信息的背景下,在保护客户的财务安全的前提下,进一步确定客户的目标和要求,并提出相应的投资和理财策略,制作出书面的、正式的金融理财方案又称为金融理财规划书给客户。

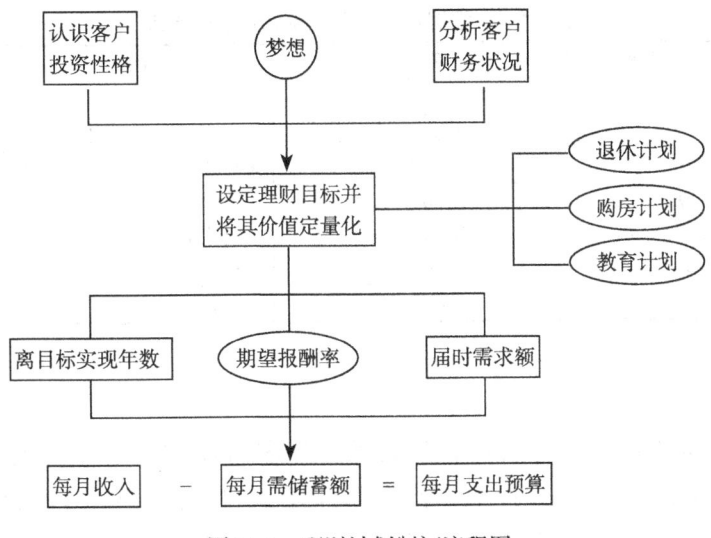

图 11-1 理财计划制订流程图

(三) 执行和监控

1. 执行理财方案

执行规划设计是首先要确定计划的实施步骤，然后根据该计划的要求确定匹配资金的来源，并列出计划实施的时间表。在执行中还应注意以下事项：首先，在实施计划制订的过程中，以及完成之后，应积极主动地与客户进行沟通和交流，让客户亲自参与到实施计划的制订和修改过程中来；其次，执行理财计划必须获得客户的执行授权；并且要妥善保管理财计划的执行记录。

2. 监控执行效果

执行过程中，还要不断回顾客户的理财目标及要求，并且评估财务与投资策略以及当前投资组合的资产业绩。评判当前投资组合的优劣并根据结果调整投资组合，同时注意及时与客户沟通并获得客户授权。最后还要经常检查策略是否合理。

二、理财重点

(一) 理财组合

理财师应根据客户家庭生命周期设计适合客户的保险、信托、信贷理财套餐（见表 11-2）。不同的生命阶段重点不同，需要根据家庭成长阶段做好保险安排，核心资产配置以及信贷运用等重点内容的安排。

表 11-2　根据生命周期理论的理财套餐表

	家庭形成期	家庭成长期	家庭成熟期	家庭衰老期
夫妻年龄	25～35岁	30～55岁	50～60岁	60岁以后
保险安排	提高寿险保额	以子女教育年金储备高等教育学费	以养老保险和递延年金储备退休金	投保长期看护险
核心资产配置	股票70% 债券10% 货币20%	股票60% 债券30% 货币10%	股票50% 债券40% 货币10%	股票20% 债券60% 货币20%
信贷运用	信用卡、小额信贷	房屋贷款、汽车贷款	还清贷款	无贷款或反按揭

（二）总体原则

理财师应根据客户家庭生命周期的流动性、收益性和获利性需求给予资产配置建议：

1. 子女小时和客户年老时，注重流动性好的存款和货币基金的比重要高；
2. 家庭形成期至家庭衰老期，随客户年龄增加，投资风险比重应逐步降低；
3. 家庭衰老期的收益性需求最大，投资组合中债券比重应该最高。

例 11-1　处于不同阶段的家庭理财重点不同，下列说法正确的是（　　）。

A. 家庭形成期资产不多但流动性需求大，应以存款为主
B. 家庭成长期的信贷运用多以房屋、汽车贷款为主
C. 家庭成熟期的信贷安排以购置房产为主
D. 家庭衰老期的核心资产配置应以股票为主

答案：B。解析：A 年轻可承受风险较高的投资；C 接近退休，信贷安排以还清贷款为主；D 为耗用老本的阶段，核心资产应以债券为主。

三、客户风险评估

（一）影响客户投资风险承受能力的因素

首先是年龄，一般客户年龄越大，能承受的投资风险越低。其次是资金的投资年限。一般情况下，投资期限越长，购置的可承受风险能力越强。还有理财目标的弹性。理财目标的弹性越大，承受风险能力越强。以及投资者的主观风险偏好。个人的性格、阅历、胆识、意愿等主观因素决定个人的风险偏好。通常复杂家庭结构的（三代同堂、单亲家庭、收入来源单一），不会有高风险的理财偏好，也不宜从事高风险的投资。还有学历和知识水平。一般来说，高学历、投资知识丰富的人，风险管理能力强，往往能从事高风险投资。此外一般情况下，绝对抗风险能力随着财富增加而增加。

(二) 客户风险偏好的分类及风险评估

1. 客户风险偏好的分类

（1）非常进取型。特点：① 是相对比较年轻、有专业知识技能、敢于冒险、社会负担较轻的人士；② 投资对象：他们敢于投资股票、期权、期货、外汇、股权、艺术品等高风险、高收益的产品与投资工具，追求更高的收益和资产的快速增值，操作的手法往往比较大胆；③ 风险承受能力：他们对投资的损失也有很强的承受能力。

（2）温和进取型。特点：① 个性特点：温和进取型的客户一般是有一定的资产基础、一定的知识水平、风险承受能力较高的家庭，他们愿意承受一定的风险，追求较高的投资收益，但是又不会像非常进取型的人士过度冒险投资那些具有高度风险的投资工具。② 投资对象：他们往往选择开放式股票基金、大型蓝筹股票等适合长期持有，既可以有较高收益、风险也较低的产品。

（3）中庸稳健型。特点：① 个性特点：中庸稳健型的人既不厌恶风险也不追求风险，对任何投资都比较理性，往往会仔细分析不同的投资市场、工具与产品，从中寻找风险适中、收益适中的产品，获得社会平均水平的收益，同时承受社会平均风险；② 投资对象：这一类型的客户往往选择房产、黄金、基金等投资工具。

（4）温和保守型。特点：① 个性特点：温和保守型的客户总体来说已经偏向保守，对风险的关注更甚于对收益的关心，往往以临近退休的中老年人士为主。② 投资对象：更愿意选择风险较低而不是收益较高的产品，喜欢选择既保本又有较高收益机会的结构性理财产品。

（5）非常保守型。特点：① 个性特点：步入退休阶段的老年人群，低收入家庭，家庭成员较多、社会负担较重的大家庭以及性格保守的客户，往往对于投资风险的承受能力很低，选择一项产品或投资工具首要考虑的是否能够保本，然后才考虑追求收益。② 投资对象：这类客户往往选择国债、存款、保本型理财产品、投资连结险、货币与债券基金等低风险、低收益的产品。

例 11-2 某投资者将 10% 资产以现金方式持有，20% 资产投资于固定收益证券，50% 资产投资于期货，20% 资产投资于外汇。该投资者属于（　　）。

A. 温和保守型　　　B. 非常进取型　　　C. 非常保守型　　　D. 中庸稳健型

答案：B

2. 个人风险承受能力的评估

（1）评估目的。风险承受能力是个人理财规划和投资风险管理的重要考虑因素，而现实生活中，客户往往不清楚自己的风险承受能力或风险厌恶程度，他们需要金融理财师的专业指导与评估。风险承受能力的评估不是为了让理财师将自己的意见强加给客户，可接受的风险水平应该由客户自己来确定，金融理财师的角色是帮助客户认识自我，以作出客观的评估和明智的决策。

（2）常见的评估方法。① 定性分析法和定量方法。定性分析法是通过交谈来搜集客户信息，基于直觉和印象而给予的评价。定量分析法是通过调查问卷等方式来收集信息，并将观察结果赋予一定数值，并以此来判断客户风险承受能力。② 客户投资目标。根据客户的关注目标是收益还是安全性来判断。③ 对投资产品的偏好。根据客户对不同产品的评价来判断客户的风险承受能力。④ 概率和收益的权衡。第一，确定收益／不确定收益偏好法。让客户进行两项选择：确定收益和不确定收益。第二，最低成功概率法。让客户进行两项选择：无风险收益和有风险收益。对于有风险收益同时列示五个成功概率：10%、30%、50%、70%、90%，以此加以判断。第三，最低收益法。要求客户就可能收益而不是收益概率做出选择。如：一项投资有一半的可能性损失 1/3 资产，有一半可能得到一笔收益，你愿意承担此项风险的最低收益是多少。

第二节 理财规划案例分析

一、理财目标规划分析

客户所拥有的财务资源有限，而目标却有多个。考察客户现有的投资和未来的储蓄资源是否能满足一生的多个目标，这里可以采用现值法进行测算理财目标供需额度。

例 11-3 李先生打算 5 年内准备购屋金总价 50 万元，10 年内准备子女教育金 20 万元，20 年内准备退休金 100 万元，他的报酬率约 5%，现有资产 10 万元，他应有多少年储蓄？如果他的年收入 10 万元，年支出 6 万元，理财目标的供需缺口是多少？

解析：购屋资金现值：50 万元（PV/FV, 5%, 5）= 39.2 万元

子女教育金现值：20 万元（PV/FV, 5%, 10）= 12.3 万元

退休金现值：100 万元（PV/FV, 5%, 20）= 38.7 万元

20 年支出现值：6 万元（PV/PMT, 5%, 20）= 74.8 万元

20 年收入现值：10 万元（P/PMT, 5%, 20）= 124.6 万元

总需求现值 = 39.2 + 12.3 + 38.7 + 74.8 = 163.9 万元

总供给现值 = 124.6 + 10 = 134.6 万元

该顾客总需求现值大于总供给现值，客户必须增加收入或提高储蓄率，或提高投资报酬率，才能实现所有理财目标。

1. 目标并进法

对于重要性和紧迫性都相同的财务目标，可以采用目标并进法，即用各目标还原现值后占目标总额的比例来分配现有投资及未来的储蓄资源。

例 11-4 王先生 5 年内准备购屋资金 50 万元，用 10 年准备子女教育金 20 万元，20 年准备退休金 100 万元，他的投资报酬率 5%，现有资产 10 万元，若想以目标并进法完成目标，各阶段需储蓄多少？

解析：购屋资金现值：50 万元 $(P/F, 5\%, 5) = 39.2$ 万元

子女教育金现值：20 万元 $(P/F, 5\%, 10) = 12.3$ 万元

退休金现值：100 万元 $(P/F, 5\%, 20) = 38.7$ 万元

理财目标总需求 = 39.2 + 12.3 + 38.7 = 89.2 万元

购屋现值 / 理财目标总需求 = 39.2/89.2 = 44%

教育金现值 / 理财目标总需求 = 12.3/89.2 = 14%

退休金现值 / 理财目标总需求 = 38.7/89.2 = 42%

（1）10 万元资产的分配

购屋资金：10×44% = 4.4 万元

子女教育资金：10×14% = 1.4 万元

退休资金：10×42% = 4.2 万元

（2）客户未来储蓄分配

购屋资金：$(39.2-4.4) \times (A/P, 5\%, 5) = 8.03$ 万元

子女教育金：$(12.3-1.4) \times (A/P, 5\%, 10) = 1.41$ 万元

退休金：$(38.7-4.2) \times (A/P, 5\%, 20) = 2.69$ 万元

所以，客户所有目标同时进行，则：前 5 年每年需储蓄 8.03 + 1.41 + 2.69 = 12.13 万元；6～10 年每年需储蓄 1.41 + 2.69 = 4.1 万元；11～20 年每年需储蓄 2.69 万元。

2. 目标顺序法

对于重要性虽然相同，而实现时间不同的目标，如果前期压力过大，可以采用目标顺序法，即先实现最紧迫的理财目标，在考虑策划时间较长的其他目标。

例 11-5 如果王先生采用目标顺序法完成理财目标，各阶段所需储蓄是多少？

解析：前 5 年准备购屋资金，每年需储蓄：$(39.2-10) \times (A/P, 5\%, 5) = 6.74$ 万元；6～10 年准备子女教育金，每年需储蓄：$20 \times (A/F, 5\%, 5) = 3.62$ 万元；11～20 年准备退休金，每年需储蓄，$100 \times (A/F, 5\%, 10) = 7.95$ 万元。

3. 理财目标的实现与现状存在差距

当理财目标与现状存在一定差距时，则应进行调整，具体有以下选择：调整目标达成期间，如延后购屋年限，延后退休期间等。调整届时目标额，如降低购屋总价，降低退休后生活水准期待或以国内深造代替留学。提高投资报酬率，前两项调整仍不够时再考虑调整投资报酬率，但调整仍应考虑其合理上限。如果以上调整均无法实现，则根据理财目标的优先次序，舍弃最不重要的理财目标，保证重要目标的实现。

二、案例介绍

（一）情况简介

魏先生今年 38 岁，是公司的中层技术干部，月收入 5 000 元，年底奖金 2 万元。他爱人在某公司当会计，月收入 1 500 元；女儿今年 15 岁，是一名初三学生，学习成绩中等。魏先生父母在农村，无收入，爱人父母是市区退休工人。魏先生家现有住房 80 平方米，无贷款，有存款 10 万元，股票基金 15 万元。魏先生觉得女儿越来越大了，需要换一套大点的房子，再者考虑父母年老，想接来身边照顾。今年公司计划在新区集资盖房，每平方米 2 000 元，有 120 平方米、140 平方米、180 平方米 3 种户型。近两年看到公司其他技术干部出去单干，不少人都干大了，魏先生也想尽快积攒一笔 50 万元的创业基金，可一想到即将面临女儿升学、父母养老、供房子、买汽车等现实需求，他无时无刻不感受到来自工作和生活的双重压力。本案例相关假设条件：

1. 假设魏先生夫妇月收入均为税后可支配收入；
2. 不考虑魏先生夫妇工资收入的年增长率；
3. 本案例家庭日常生活支出按魏先生家庭收入的 30% 左右计算；
4. 魏先生女儿三年后就要上大学，对学费的上涨率忽略不计；
5. 投资收益率 8%，为扣除通货膨胀率后的净投资收益率。

（二）要点梳理

1. 客户情况：魏先生，38 岁，公司的中层技术干部；爱人，公司会计；有一女儿，

15 岁,初三学生。

2.资产状况:魏先生月收入 5 000 元,年底奖金 2 万元;爱人月收入 1 500 元。现有住房一套(80 平方米),无贷款,有存款 10 万元,股票基金 15 万元。

3.理财需求:① 今年计划在新区集资一套住房;② 接父母来身边照顾;③ 筹集女儿大学教育金;④ 购车计划;⑤ 积攒一笔 50 万元的创业基金。

(三)理财建议

魏先生家庭有稳定的工资收入,魏先生是公司的中层技术干部,未来收入上升空间较大。从其家庭资产负债情况来看,魏先生家庭目前有住房一套,可用资金 25 万元,无负债,家庭资产结构较好。但由于魏先生人到中年,会面临较重的家庭负担,诸如换房、赡养父母、子女上大学、购车等大额资金支出需求,因此魏先生对自己的资产早做规划是十分必要的。根据魏先生目前的收入和资产状况以及魏先生的理财目标,建议魏先生按照目标实现的时间长短来进行资产规划,具体来说按照以下顺序来逐个实现自己的目标:①购房规划;②赡养父母;③ 2~3 年购车规划;④女儿大学教育金规划;⑤积攒 50 万元的创业基金。

三、理财规划

(一)购房规划

鉴于魏先生女儿逐渐长大,且打算接父母过来同住,而目前魏先生住房面积仅有 80 平方米,所以魏先生今年打算参加公司在新区的集资盖房是非常明智的选择。考虑到魏先生将来需要支出的资金较多,同时女儿长大后与家人同住的可能性较小,魏先生不需要过大面积的住房,所以建议魏先生选择 140 平方米的户型。按照单位集资房 2 000 元/平方米来算,魏先生需要购房款 280 000 元。

魏先生与其爱人均在正规企业参加工作,应该都参加了企业的公积金储备,因此按照公积金管理的相关规定,魏先生可以参加住房公积金贷款。考虑到魏先生目前 38 岁,为避免其在退休后还存在还贷的压力,建议魏先生选择 20 年等额本息还贷方式。由于住房按揭贷款必须要缴纳首付款,按目前购房款 30% 的比例来算,魏先生需要支付购房首付款 84 000 元(280 000 × 30% = 84 000)。魏先生的购房首付款首先从其已缴纳的住房公积金里支付,剩余资金用现有的存款来支付。魏先生住房贷款额为 196 000 元(280 000 − 84 000 = 196 000),按照现行住房公积金贷款 5 年以上执行利率 4.77%,20 年等额本息还贷来算,魏先生每月需支付本息 1 268.74 元($PMT = 20 \times 12$,

4.77/12，0，196 000 = 1 268.74）。如果魏先生夫妇月均收入按 5% 提住房公积金，则魏先生每月可以拿出 650 元（6 500×（5%＋5%）= 650）用来支付住房贷款，其余的资金 618.74 元（1 268.74 − 650 = 618.74）用目前收入来支付。按照魏先生夫妇目前的收入来算，应该能轻松接受。

这样一来，魏先生不仅能解决女儿大了，父母老了，想接父母同住，但苦于住房拥挤的矛盾，同时还能享受到新区快速发展，未来房价可能大幅提升的巨大想象空间，一举多得，何乐而不为呢！

（二）父母赡养

由于魏先生父母家在农村，无退休收入，魏先生打算接父母同住，以尽孝道。同时魏先生的爱人父母虽有退休收入，但同样也要尽孝。因此双方父母赡养的费用会加大家庭的日常开支。建议魏先生设立专门基金用来支付父母赡养费。按照洛阳市目前的消费水平，建议魏先生从每年的年终奖金里拿出 1 万元作为赡养父母基金。

（三）购车规划

如果魏先生搬入新区居住，为了工作和生活需要，购车计划必须列入规划之中。考虑到集资盖房可能需要 1～2 年时间，因此购车计划可以放在 3 年后实现。届时魏先生现有住房可以销售变现，考虑到旧房的折旧及房价上升的多种因素，假设届时旧房依然按现价出售，则可得售房款 160 000 元（80×2 000 = 160 000），这部分资金可以用来作为购车资金的支出，如果还有短缺，可用当时的存款支付剩余部分。

（四）子女教育金规划

由于魏先生的女儿已经上初中三年级，义务教育即将结束，且女儿学习成绩中等，未来孩子教育支出将会大大增加，因此子女教育规划应从现在开始。考虑到孩子的大学教育金将是很大的一笔支出，在此，主要建议魏先生作大学教育金规划。按照目前公办高校教育收费标准，年收费一般在 1 万元左右，则 4 年教育费应该在 4 万元左右[⊖]，建议魏先生每月拿出 1 000 元作基金定投，按照 8% 的投资收益测算，三年后魏先生将得到 40 535 元（$FV = 3×12, 8/12, 0, -1000 = 40 535$），应该能满足魏先生女儿上大学的教育资金。

（五）创业基金规划

魏先生打算积攒一笔 50 万元的创业基金，由于金额较大，且之前的规划已耗去了

⊖ 由于魏先生女儿三年后就要上大学，对学费的上涨率暂忽略不计。

魏先生许多资产，因此该项规划要作为一项长期目标来实现。首先，让我们来看看魏先生还有多少资产和可支配收入进行投资（见表 11-3 和表 11-4）。

表 11-3 魏先生家庭资产负债表

资产项目	金额（元）	备注
存款	100 000	已用来支付购房首付及购车短缺，应所剩无几
股票型基金	150 000	暂时未动
现有房产	160 000	已用来作为购车规划使用
可用于投资的资产	150 000	

表 11-4 魏先生家庭年收入支出表

收入	金额（元）	支出	金额（元）
工资收入	6 500 × 12 = 78 000	日常支出	2 000 × 12 = 24 000
年终奖	200 00	房贷	618.74 × 12 = 7 424.88
		教育金支出	1 000 × 12 = 12 000
		赡养父母	10 000
收入合计	98 000	支出合计	53 424.88
可用于投资的收入	44 575.12		

从表 11-3 和表 11-4 中可看出，魏先生可以用来投资的资产 150 000 + 44 575.12 = 194 575.12（元）。

由于目前投资产品十分丰富，但资本市场波动较大，建议魏先生在投资策略上分散投资，可以将现有的股票型基金分出一部分资金在银行存款、银行理财产品、混合型基金、债券型基金上进行配置，同时将每年可用于投资收入也进行投资组合，这样既可以分散风险，又可以达到增值保值的目的。根据目前银行理财产品、代理基金的投资组合平均收益，结合目前人民币升值、通货膨胀等多种因素，我们将年投资收益率预测为 8%，则魏先生 50 万元的创业基金将会在 6 年后实现。

（六）其他建议

（1）保险规划。由于魏先生夫妇均未参加任何商业保险，作为社会保险的补充，建议魏先生夫妇同时购买一定金额的定期寿险、意外险和健康险（三者比例为 5∶2∶3）。按照魏先生夫妇各自所占的收入比例，可以计算出家庭所需的总保额和保费。

（2）养老规划。本案例未对魏先生的养老进行规划，但建议魏先生应尽早考虑退休养老问题。虽然魏先生夫妇均有社会养老统筹，但从我国目前社会统筹体系来看，要想彻底解决养老问题，还需要很漫长的一个过程。如果魏先生仅凭社保养老基金，届时生活水平将会大打折扣，因此建议魏先生可以将今后工资收入增长部分、上述理财目标实现后的结余资金以及创业资金的盈利部分在养老规划上多做考虑，坚持长期投资，合理配置，一定能实现自由、自在、自主的生活目标。

（3）本案例由于涉及内容较多，规划时间较长，建议魏先生定期与理财师进行沟通，因为任何环节的变动，都将可能影响到理财目标的实现，尽早告知各种变化情况及理财规划执行情况，便于金融理财师对理财规划进行定期修正，以达到最好的理财规划效果。

第三节　理财规划建议书

一、制定理财规划建议书要求

理财规划建议书又称为理财规划报告，是由专业的金融理财规划师在通过对客户情况的了解的基础上，对客户未来的资产配比及人生进程进行理财角度的专业化规划，要求做到以下几点。

1. 可读性强，容易被客户阅读和理解

理财规划建议书的阅读对象是客户，如果建议书用词过于专业，难以被一般客户理解，就谈不到后面的执行了。因此，理财规划建议书的表达语言要亲切友好、结构合理可读、思路严谨清晰、图表简洁易懂，使客户容易阅读和理解。

2. 是一份合乎客户理财要求和目标的报告

金融理财师和客户进行充分沟通，了解客户生活目标和财务目标后，建议书中的理财目标的表达要求有时间和实际金额，明确而有序，建议书围绕理财目标来展开。客户的理财目标，必须运用理财规划的基本理论和技术方法来进行需求分析。

3. 是一份可以被执行的报告

一份好的理财规划建议书并非只是纸上谈兵，而应该是以客户需求为导向，理财方案的思路清晰具体、有可操作性，易于监控和执行。

二、理财规划建议书范例

例 11-6　请通过以下案例学习一份完整的理财规划建议书的结构、内容以及写作过程。

第一部分 家庭情况

一、家庭成员基本情况

家庭成员	年龄	性别	职业	健康状况
沈星	30	男	IT业务助理	良好
妻子	27	女	人事专员	良好

尊敬的客户沈先生：你和你太太正值风华正茂之年，事业正处在高速发展期，因此，你的家庭收入会不断提高，但同时支出也会不断增加，财富将逐步积累。你和你太太目前是二人世界，两年内想为家庭添加一位新成员，可增添家庭的乐趣，但同时也加重了家庭的负担，因此，非常有必要好好给家庭财富和保障规划一下，让家庭中的每位成员都过上幸福、快乐、安定的日子。

二、规划前家庭财务状况

1. 规划前家庭每月收支状况（2006年6月30日）

（单位：元）

每月收入		每月支出	
本人收入	4 000	房屋按揭贷款	4 600
配偶收入	3 000	基本生活开销	1 500
其他收入	0		
收入合计	7 000	支出合计	6 100
每月结余（收入－支出）			900

2. 规划前家庭年度收支状况（2006年6月30日）

（单位：元）

收入		支出	
本人收入	48 000	房屋按揭贷款	55 200
配偶收入	36 000	基本生活开销	18 000
年终奖金	10 000	保险费	7 200
存款、债券利息	0	产险	0
股利、股息	0		
收入合计	94 000	支出合计	80 400
每年结余（收入－支出）			13 600

3. 规划前家庭资产负债表（2006年6月30日）

（单位：元）

家庭资产		家庭负债	
现金及活期存款	30 000	房屋贷款（余额）	720 000
现金及等价物小计	30 000	汽车贷款（余额）	0
定期存款	20 00	消费贷款（余额）	0
基金	20 000	信用卡未付款	0
金融资产小计	40 000		
房地产（自用1）	1 100 000		
房地产（自用2）	300 000		
黄金及收藏品	13 000		
实物资产小计	1 413 000		
资产合计	1 483 000	负债合计	720 000
净资产			763 000

注：在对不动产进行计价时，采用的是成本价。

第二部分　家庭财务分析诊断

一、家庭应急准备金分析

应急准备金是指在日常生活中发生突发性事件急需用钱，而工资又不够时，可从应急准备金中提取。你的家庭正处在成长期，尤其是有了孩子以后，可能会发生各种状况而急需用钱，一般来说，应急准备金安排为一个季度的支出总额，根据你的具体情况，你的家庭需20 000元的应急准备金。这笔资金可以银行活期存款或货币市场基金的形式存放。同时，你也可以办理一张银行贷记卡，其可透支的信用额度可增加你的应急准备金，使你的生活更有保障。

二、家庭金融投资分析

你的家庭金融资产涉及定期存款和基金，应该说有一定的分散投资。由于你的家庭收入不多，而在以后的日子里又需要很多资金，如不好好规划，可能会面临入不敷出的窘境。因此要好好地安排一下金融资产结构，在你的风险承受范围内争取收益最大化。你应根据家庭的风险承受能力，合理进行资产配置，使资产价值最大化，从而为改善你的家庭生活打好基础。

三、家庭实物资产分析

你的家庭不动产总价值为140万元，占了你家庭总资产148.3万元中的94.4%，这是一个相当大的比例。为了能创造出更多的现金流，应好好规划一下这部分资产的使用，而不要让家庭的最大资产处在"睡眠"中。而黄金作为最后支付手段，具有保值增值的功能。

四、家庭负债分析

你的家庭负债比较简单，仅住房抵押贷款一项，但数额较大，还有余额 72 万元之多，这使得你的家庭每月须还款 4 600 元。而你的家庭每月的收入并不多（7 000 元），每月还贷比（＝每月还贷额 / 家庭月收入）达到 65.7%，一般而言，如果一个家庭的每月还贷比超过 50% 的警戒线，就比较危险了，很容易发生流动性风险，这样不但会影响家庭的生活质量，若不准时还贷还会影响你在银行的信用，因此，建议你调整还款期限，使每月还款额减少，将还贷比控制在 50% 以内。具体方案将在第五部分——家庭理财规划方案建议中详细说明。

五、家庭收支分析

从你的家庭收支情况表中可看出，在收入方面，你和你的太太目前的收入并不高，但发展潜力应该很大。你从事的事 IT 行业，你的太太从事的是人力资源工作，应该说这两个工作都有很好的前景，因此收入应会稳步上升。同时，将你的家庭金融资产组合重新规划后，也能产生一定的现金流，以弥补工资收入的不足。此外，重新安排你的家庭不动产，使之也产生一些现金收入，从而最大程度地扩大你的家庭的收入。

在支出方面，目前你的家庭面临的主要支出是住房按揭贷款的每月还贷，这部分已讨论过将重新规划，以减轻每月的还贷压力。由于你的家庭收入不多，这也使得你的家庭每月的日常支出也不能太大，维持在目前的 1 500 元是比较合理的。而你和你的太太在人身保障方面还不够，须加大投保力度，这也将增加每年的支出。此外，你还准备两年后添个宝宝，三年后购买家用轿车，这都将是你的家庭费用支出上升，因此，目前要好好地规划和准备一下，以更好地面对将来的支出压力。

六、家庭保障分析

根据你和你太太已投保的情况来看，你已有一份意外险和一份疾病险，你太太只有一份人寿险，从保障结构看，确实有些不足。购买保险是提高你的家庭生活质量的重要部分，让你的家庭在发生意外事故后，负担可减轻一些，减少你家庭的后顾之忧。因此，需增加一些投保的险种，完善投保险种的结构。

七、家庭财务指标分析

1. 每月还贷比 ＝ 每月还贷额 / 每月收入 ＝ 4 600 / 7 000 ＝ 65.7%

一般而言，一个家庭的每月还贷比高于50%，说明这个家庭的还债能力较差，容易发生还贷风险和流动性风险，因此，你的家庭需要警惕。

2. 流动性比率 = 流动性资产 / 每月支出 = 30 000 / (80 400/12) = 4.5

一般而言，一个家庭的流动性资产应满足其3个月以上的支出，因此你的家庭流动性比率较好。

3. 总资产负债率 = 负债 / 总资产 = 720 000 / 1 483 000 = 48.6%

一般而言，一个家庭的总资产负债率低于50%，说明该家庭发生财务危机可能性较小，因此你的家庭总资产负债率较合理。

4. 每月结余比 = 每月结余 / 每月收入 = 900 / 7 000 = 12.9%

一般而言，一个家庭的每月结余比应在40%以上，因此目前你的家庭每月结余比较差，需要进行"开源节流"来提高这一比率。

通过对你的家庭财务指标的分析可以看出：你的家庭面临一定的流动性风险，主要表现在收入较少，而支出较多，且其中很大一部分是住房抵押还贷，是每月都必须支出的，没有弹性。因此，在收入和支出两方面都要进行调整，以降低流动性风险，提高生活安全性，不让你的家庭生活在"提心吊胆"中。具体方案将在第六部分——家庭理财规划方案建议中详细介绍。

第三部分　家庭理财目标

一、客户提出的家庭理财目标

根据你提供的信息，我们整理出你想实现的家庭理财目标，罗列如下：

（1）两年内为家庭添加一个新成员，并为将来的育儿做好准备。

（2）三年后买一辆10万元左右的家用轿车。

（3）为家庭的资产寻求稳步增长的途径。

（4）合理为家庭成员投保，为自己和太太补充一些保险。

（5）积累一定的养老金，为养老做准备。

二、对家庭理财目标的建议和修改

从你提出的家庭理财目标中，我们大致知道了你的要求。同时，根据你的家庭实际的财务状况，为了更好地实现你的家庭理财目标，我们略作了调整，相信只要好好做一规划，这些目标是完全能实现的。现根据这些目标的重要性，重新罗列如下（越靠前的越重要）：

（1）为家庭成员增加投保品种，使家庭更有保障。

（2）增加一些收入，使家庭资金来源更充裕。

（3）为两年后出生的孩子做好生活上和教育费的准备。

（4）为家庭的资产寻求稳步增长的途径。

（5）2011年年末购买一辆10万元的家庭轿车。

（6）积累一定的养老金，为退休养老做准备。

第四部分　经济参数与基本假设

为了使这份理财规划建议书能提供与实际相符的理财建议，同时能更清晰准确地将理财规划结果呈现给客户，我们根据实际的经济运行环境和合理的预测，给出本理财规划建议书中所使用的一些经济参数。

一、通货膨胀率

随着我国经济持续发展，预计我国经济会进入一个温和通胀期。同时随着我国经济体制改革的继续进行，市场经济逐渐形成，政府的宏观调控能力也会越来越强。因此，我们认为3%通货膨胀率是比较适合的。我们将以此数值作为日常生活费用和孩子教育费用及养车费的年均增长率。

二、收入增长率

根据上海城市国内生产总值（GDP）的增长趋势，及政府颁布的居民收入政策，加上你和你的太太从事的工作综合考虑，假定你和你的太太的工资和奖金收入的年均增长率为5%。

三、金融资产投资收益率

根据金融市场上的一般收益率水平，假定定期存款利率为2%，配置型基金的预期收益率为5%，股票或股票基金的预期收益率为10%。

四、房地产投资收益率

由于上海房地产价格经过多年快速增长，已处在相当高的位置，政府部门近期也出台了许多房地产的调控政策，以抑制房价的过快增长，可见政府已高度关注房地产市场，因此，我们认为今后上海的房地产价格不会出现以往高速上涨的情况，而是呈温和小幅的上涨态势。假定房地产市场的年均增长率为3%。

五、住房抵押贷款利率

为便于计算及考虑实际房贷利率情况，我们假定住房抵押贷款年利率为 5.5%。

第五部分　家庭理财规划方案建议

一、家庭不动产规划

由于你的家庭每月收入不是很多，而各种开支却不少，同时要实现你所提出的各项理财目标也需要很多资金，这在客观上要求你的家庭要"开源节流"。

在"开源"方面，我们认为应该充分利用两套房子，产生现金流，从而增加一些日常收入。

你的家庭拥有两套住房，一套住房总价 110 万元，估计是三室两厅两卫。另一套房子是总价为 30 万元的小户型房，你太太的父母住。为了增加你的家庭的收入，我们建议将你的岳父岳母接来和你和你的太太一起住，相信你现在住的地方应该能让出一间房间给两位老人，同时将那套小户型房出租，每月租金为 1 500 元。其实将两位老人接来，不但不会影响你和你太太的生活，而且还能有个照应，再说你也打算要添个宝宝，如果你和你的太太因工作太忙而无法照顾宝宝时，老人家也可代劳，相信他们一定非常乐意。经过这样规划后，每月可增加 1 500 元的租金收入。我们假定租金的年增长率为 3%。等孩子上了初中，且家庭财富有了一定积累后，两位老人家可搬回去住，不再出租房子。

二、家庭住房抵押贷款规划

在家庭负债分析中已经提过，目前还有 72 万元的贷款没还，每月还款 4 600 元，规划前每月还贷比达 65.7%，这一比例相当高，有较大的风险。因此，我们建议稍微调整一下还款期限，适当减少每月还款额。

根据已知条件：72 万元贷款，每月还款 4 600 元，住房抵押贷款利率 5.5%，可以算出还款期限为 276 个月，也就是 23 年。

为了减小流动性风险及由此可能造成的信用风险，按惯例，应将每月还贷比控制在 50% 以下。我们建议将还款期限延长两年，也就是 25 年或 300 个月，经计算，规划后每月还款额为 4 421 元，第一年每月还贷比为 52%（4 421/8 500），虽然超过 50%，但不是很多。而第二年的月收入有 8 895 元，每月还贷比为 49.7%，已下降到 50% 以下。因此，这一还款额应该是比较合理的。

三、家庭投资规划

金融资产投资是现代家庭必不可少的一项活动。许多家庭理财目标的实现都需要靠金融投资来积累资本。因此对家庭金融资产的规划显得非常重要。

根据你的家庭财务状况看，应该是属于稳健偏积极型的投资者。目前，你的家庭金融资产的情况是：定期存款 2 万元，基金 2 万元。这样的组合显得稍微单薄了一点。中国股票市场已进入牛市，并且从长期来看也是看好的，因此可适当增加股票或股票型基金的比重。同时也建议你可以在平时空闲时间看一些投资方面的书籍，了解一些投资的知识和经验，从而能在投资实战中获得更大收益。

现将你的家庭金融资产配置作一重新规划。根据前面应急准备金的分析，你的家庭需要应急准备金 2 万元，这部分资金作为现金或活期存款，除应急外不作他用，每年按 3% 的速度递增，基本覆盖通货膨胀率。

将现金及活期存款中余下的 1 万元投入股票，并从定期存款中提出 0.5 万元也投入股票，再从定期存款中提出 0.5 万元投入基金。经规划后的金融资产配置为：定期存款 1 万元，基金 2.5 万元，股票 1.5 万元，总计 5 万元。各金融资产所占的比重分别为：定期存款 20%，基金 50%，股票 30%。再按我们对各金融资产收益率所作的假定：定期存款 2%，基金 5%，股票 10%，可以得出整个金融资产组合的收益率约为 6%。对于每年的家庭盈余也按这样的比例进行配置，每年收益率约为 6%。

在此，我们特别要提醒你的是，金融投资是有风险的活动，在投资过程中，请摆正自己的心态，根据自己的风险偏好和风险承受能力，选择适合自己的金融投资工具，根据市场行情及时调整策略，必要时可请教投资理财专家。

四、子女教育金规划

你和你的太太打算两年内添一个小宝宝，因此需要及早规划一下孩子的生活费用和教育金的准备。孩子的生活费每月 500 元，算入基本生活开销中，从孩子出生那年算起，以后每年按通货膨胀率递增。

孩子的教育金来源是每年盈余的投资积累。投资的收益率取投资规划中的数值 6%。教育费用年均增长率取 3%。经计算你的孩子的全部教育费用约为 16 万元，你需要每年从盈余中提出 4 341 元，并以 6% 的收益率进行投资，可满足你孩子的教育金要求。具体每年的情况列表如下说明：假定所有的现金流都发生在年末。教育金账户余额在 2030 年年末应该为 0，由于计算中的近似原因，此处为 -15，但可忽略。

年份	孩子年龄	学历	目前教育费	考虑增长率后的教育费（3%）	现值（6%）	余额
2007						4 341
2008						8 942
2009	1					13 820
2010	2					18 990
2011	3					24 470
2012	4	幼儿园小班	3 000	3 582	2 525	26 697
2013	5	幼儿园中班	3 000	3 690	2 454	28 950
2014	6	幼儿园大班	3 000	3 800	2 384	31 228
2015	7	小学一年级	2 000	2 610	1 545	34 832
2016	8	小学二年级	2 000	2 688	1 501	38 575
2017	9	小学三年级	2 000	2 768	1 458	42 463
2018	10	小学四年级	2 000	2 852	1 417	46 500
2019	11	小学五年级	2 000	2 937	1 377	50 694
2020	12	初中六年级	3 000	4 538	2 007	53 539
2021	13	初中七年级	3 000	4 674	1 950	56 418
2022	14	初中八年级	3 000	4 814	1 895	59 330
2023	15	初中九年级	3 000	4 959	1 842	62 272
2024	16	高中一年级	4 000	6 810	2 386	63 539
2025	17	高中二年级	4 000	7 014	2 318	64 678
2026	18	高中三年级	4 000	7 224	2 252	65 676
2027	19	大学一年级	12 000	22 324	6 567	51 634
2028	20	大学二年级	12 000	22 993	6 381	36 080
2029	21	大学三年级	12 000	23 682	6 200	18 903
2030	22	大学四年级	12 000	24 394	6 025	-15
总计				158 353	54 484	

五、家庭轿车购买规划

根据你的购车计划，打算三年后购买一辆10万元左右的家庭轿车。结合你的要求和你的家庭实际财务状况，建议你在2011年年末购买，这样不但可以使你的家庭有足够的时间为买车做好资金上的准备，同时，2012年正好是你的孩子开始上幼儿园，方便你接送你的孩子上下学。

购车的资金来源为家庭金融资产和家庭盈余，但为了保持金融资产组合的整体收益率在提取后不变，应按资产组合中各金融工具的比例来提取10万元。

购买家用轿车后，每年将增加25 000元的养车费，这一费用按通货膨胀率递增。

由于汽车有一定的使用期限，我们估计一辆车的寿命为10年，因此，在2021年年底旧车报废，重置一辆10万元的新车。

六、家庭保障规划

拥有一个幸福美满的家庭,少不了有坚实的保障作为后盾,因此,家庭的保险显得非常重要。目前,你的家庭的保险情况是:有基本的社保和医疗保险,你有一份 15 万元的意外险和 15 万元的重大疾病险,你的太太有一份 4 万元的寿险。为了更好地保障你的家庭,须适当再增加一些保险品种,完善保险结构。

建议你可以购买一份 10 万元的人寿险,同时将你的太太的人寿险保额也提高到 10 万元。同时,为你的太太购买一份住院医疗险,这份保险兼有重大疾病险的功能,住院也有补贴。这样,每年的保险费支出总计 13 700 元。

但你的孩子出生后,也给你的孩子购买一份适合孩子的住院医疗险。这将使每年的保险费支出再增加 3 300 元,总计 17 000 元。

七、家庭养老金规划

辛苦一辈子总想有个安定的晚年,对于养老金的准备也是不可或缺的。除了通过购买保险来保障外,还要积累一定的养老金以维持退休后的生活水平。养老金的来源有两个:一个是社会养老金,另一个是家庭自筹养老金。社会养老金就按政府部门的规定按时缴纳。而家庭自筹养老金则是通过每年的家庭盈余投资积累而成。

第六部分 理财规划结果分析

结合你提出的家庭理财目标和你的家庭实际的财务状况,我们对你的家庭理财作了规划。现将规划的结果作一分析。下面将从规划后家庭财务状况、现金流量表分析、资产负债表分析和家庭理财目标的实现情况等四个方面将理财规划的结果呈现出来。

一、规划后家庭财务状况

规划后家庭资产负债表(2006 年 6 月 30 日后) (单位:元)

家庭资产		家庭负债	
现金及活期存款	20 000	房屋贷款(余额)	720 000
现金及等价物小计	20 000	汽车贷款(余额)	0
定期存款	10 000	消费贷款(余额)	0
基金	25 000	信用卡未付款	0
股票	15 000		
金融资产小计	50 000		
房地产(自用)	1 100 000		
房地产(出租)	300 000		

(续)

家庭资产		家庭负债	
黄金及收藏品	13 000		
实物资产小计	1 413 000		
资产合计	1 483 000	负债合计	720 000
净资产			763 000

二、现金流量表分析

我们详细列出了2006年下半年到2031年的现金流与盈余情况。从表中可以看到，每年的现金流入与流出都较稳定，没有一年出现赤字的情况，因此，说明本规划方案基本可行。但要特别留意现金流入和流出有较大波动的年份。

1. 现金流量表（一）

（单位：元）

年份	2006①	2007	2008	2009②	2010	2011③	2012
期初余额	20 000	20 600	21 218	21 855	22 510	23 185	23 881
当年现金流入	62 500	121 000	128 597	136 878	145 339	197 980	158 569
工资奖金收入	52 000	98 700	103 635	108 817	114 258	119 970	125 969
租金收入	9 000	18 540	19 096	19 669	20 259	20 867	21 493
投资收益	1 500	3 760	5 866	8 393	10 823	13 713	11 107
其他流入	—	—	—	—	—	43 429	—
当年现金流出	61 900	120 382	127 961	136 223	144 664	197 284	157 853
生活费用	9 000	18 540	19 096	25 669	26 439	27 232	28 049
房贷还款	26 526	53 052	53 052	53 052	53 052	53 052	53 052
保险费	13 700	13 700	13 700	17 000	17 000	17 000	17 000
教育费	—	—	—	—	—	—	3 582
养车费	—	—	—	—	—	—	25 000
其他支出	—	—	—	—	—	100 000	—
当年盈余流出	12 674	35 090	42 113	40 502	48 173	0	31 170
期末余额	20 600	21 218	21 855	22 510	23 185	23 881	24 597

① 本列列出的是2006年下半年的现金流与盈余的情况。
② 2009年孩子出生，每月增加500元生活费，以后每年按3%的通胀率递增。为孩子购买保险，每年增加3 300元。
③ 2011年年末购买轿车，有较大现金流出，请做好准备。"其他流入"是指将部分金融资产变现所得。

2. 现金流量表（二）

(单位：元)

年份	2013	2014	2015	2016	2017	2018	2019
期初余额	24 597	25 335	26 095	26 878	27 685	28 515	29 371
当年现金流入	167 383	176 956	187 348	198 700	211 008	224 346	238 791
工资奖金收入	132 267	138 881	145 825	153 116	160 772	168 810	177 251
租金收入	22 138	22 802	23 486	24 190	24 916	25 664	26 434
投资收益	12 978	15 273	18 037	21 393	25 320	29 872	35 106
其他流入	—	—	—	—	—	—	—
当年现金流出	166 645	176 196	186 565	197 893	210 178	223 490	237 910
生活费用	28 891	29 757	30 650	31 570	32 517	33 492	34 497
房贷还款	53 052	53 052	53 052	53 052	53 052	53 052	53 052
保险费	17 000	17 000	17 000	17 000	17 000	17 000	17 000
教育费	3 690	3 800	2 610	2 688	2 768	2 852	2 937
养车费	25 750	26 523	27 318	28 138	28 982	29 851	30 747
其他支出	—	—	—	—	—	—	—
当年盈余流出	38 262	46 064	55 935	65 446	75 859	87 243	99 677
期末余额	25 335	26 095	26 878	27 685	28 515	29 371	30 252

3. 现金流量表（三）

(单位：元)

年份	2020[①]	2021[②]	2022	2023	2024	2025
期初余额	30 252	31 159	32 094	33 057	34 049	35 070
当年现金流入	227 200	244 878	251 149	267 650	285 515	304 746
工资奖金收入	186 114	195 419	205 190	215 450	226 222	237 533
租金收入	—	—	—	—	—	—
投资收益	41 087	46 157	45 959	52 200	59 293	67 213
其他流入	—	3 302	—	—	—	—
当年现金流出	226 293	243 943	250 186	266 658	284 494	303 694
生活费用	35 532	36 598	37 696	38 827	39 991	41 191
房贷还款	53 052	53 052	53 052	53 052	53 052	53 052
保险费	17 000	17 000	17 000	17 000	17 000	17 000
教育费	4 538	4 674	4 814	4 959	6 810	7 014
养车费	31 669	32 619	33 598	34 606	35 644	36 713
其他支出	—	100 000	—	—	—	—
当年盈余流出	84 502	0	104 026	118 215	131 996	148 724
期末余额	31 159	32 094	33 057	34 049	35 070	36 122

① 2020 年起不再出租房子，因此没有租金收入。

② 2021 年年底旧车报废，重置新车，同样也将部分金融资产变现，列为"其他收入"。

4. 现金流量表（四）

（单位：元）

年份	2026	2027	2028	2029	2030①	2031②
期初余额	36 122	37 206	38 322	39 472	40 656	41 876
当年现金流入	325 546	348 034	371 441	396 717	424 000	453 439
工资奖金收入	249 410	261 880	274 975	288 723	303 159	318 317
租金收入	—	—	—	—	—	—
投资收益	76 136	86 153	96 467	107 994	120 841	135 122
其他流入	—	—	—	—	—	—
当年现金流出	324 463	346 917	370 291	395 533	422 780	452 183
生活费用	42 427	43 700	45 011	46 361	47 752	49 184
房贷还款	53 052	53 052	53 052	53 052	53 052	26 526
保险费	17 000	17 000	17 000	17 000	17 000	17 000
教育费	7 224	22 324	22 993	23 682	24 394	—
养车费	37 815	38 949	40 118	41 321	42 561	43 838
其他支出	—	—	—	—	—	—
当年盈余流出	166 945	171 892	192 118	214 116	238 022	315 635
期末余额	37 206	38 322	39 472	40 656	41 876	43 132

① 2030年孩子大学毕业，以后没有教育费支出。
② 2031年6月，房屋抵押贷款全部还清。

三、资产负债表分析

我们也详细列出了从2006年到2031年每年年末的资产负债表。从表中可以看出，净资产从76.3万元增长到566万元，其中，金融资产从5万元增加到256万元，实物资产从140万元增加到300万元。

1. 资产负债表（一）

（单位：元）

年份（年末）	期初	2006	2007	2008	2009	2010	2011
总资产	1 483 000	1 538 664	1 618 034	1 705 755	1 793 233	1 889 792	1 896 200
现金及等价物	20 000	20 600	21 218	21 855	22 510	23 185	23 881
金融资产	50 000	62 674	97 764	139 877	180 379	228 552	185 123
实物资产	1 413 000	1 455 390	1 499 052	1 544 023	1 590 344	1 638 054	1 687 196
总负债	720 000	713 194	699 008	684 023	668 192	651 468	633 800
住房贷款余额	720 000	713 194	699 008	684 023	668 192	651 468	633 800
净资产	763 000	825 470	919 026	1 021 732	1 125 041	1 238 324	1 262 400

2. 资产负债表（二）

（单位：元）

年份（年末）	2012	2013	2014	2015	2016	2017	2018
总资产	1 978 702	2 069 836	2 170 359	2 282 386	2 405 607	2 540 974	2 689 510
现金及等价物	24 597	25 335	26 095	26 878	27 685	28 515	29 371
金融资产	216 293	254 555	300 619	356 554	422 000	497 859	585 101
实物资产	1 737 812	1 789 946	1 843 645	1 898 954	1 955 922	2 014 600	2 075 038
总负债	615 136	595 419	574 590	552 587	529 341	504 785	478 844
住房贷款余额	615 136	595 419	574 590	552 587	529 341	504 785	478 844
净资产	1 363 566	1 474 417	1 595 769	1 729 799	1 876 266	2 036 189	2 210 666

3. 资产负债表（三）

（单位：元）

年份（年末）	2019	2020	2021	2022	2023	2024	2025
总资产	2 852 319	3 001 847	3 065 522	3 238 535	3 427 806	3 632 990	3 857 097
现金及等价物	30 252	31 159	32 094	33 057	34 049	35 070	36 122
金融资产	684 778	769 280	765 978	870 004	988 219	1 120 216	1 268 939
实物资产	2 137 289	2 201 408	2 267 450	2 335 474	2 405 538	2 477 704	2 552 035
总负债	451 439	422 488	391 905	359 596	325 465	289 408	251 318
住房贷款余额	451 439	422 488	391 905	359 596	325 465	289 408	251 318
净资产	2 400 880	2 579 359	2 673 617	2 878 939	3 102 341	3 343 582	3 605 779

4. 资产负债表（四）

（单位：元）

年份（年末）	2026	2027	2028	2029	2030	2031
总资产	4 101 686	4 353 553	4 628 044	4 927 005	5 252 416	5 658 063
现金及等价物	37 206	38 322	39 472	40 656	41 876	43 132
金融资产	1 435 884	1 607 777	1 799 895	2 014 011	2 252 033	2 567 668
实物资产	2 628 596	2 707 454	2 788 678	2 872 338	2 958 508	3 047 263
总负债	211 079	168 570	123 664	76 224	26 108	—
住房贷款余额	211 079	168 570	123 664	76 224	26 108	—
净资产	3 890 607	4 184 983	4 504 380	4 850 781	5 226 308	5 658 063

注：家用轿车未算入家庭实物资产，也没有算折旧。

四、家庭理财目标的实现情况

经过我们对你的家庭理财进行规划之后，从未来25年的现金流量表和资产负债表中可以看出，你的家庭理财目标都实现了。为你的家庭成员都投了保险，且保险品种结构较合理，有了较好的保障。在初期出租一套房子来增加收入，从而有更充裕的资金应付日常生活费用，以及为财富积累做准备。为孩子的生活费和教育金做好了准备。通过对家庭金融资产投资重新规划后，有了更好的投资比例，从而使资产稳步增值。在中期实现了购车的愿望。通过投资和每年盈余的积累使金融资产达250万元，为养老做好了充分的准备。以每年花费5万元算，可至少够用40年。

第七部分 责任申明

1. 本理财规划建议书是依据你所提供的资料及较合理的假设，来估计未来的各种情况。

2. 本规划所确定的数据是否存在误差，与你提供的数据的准确性直接相关。

3. 本规划所确定的数据根据当前市场情况作出一定的估计和假设，如市场有变化，本建议书的方案应随之作出相应的改变。

4. 由于金融资产存在风险，本理财建议不保证分析过程中所采取的金融工具和投资策略一定能产生本建议书中的收益，此建议仅作为客户的参考，不代表我们对实现投资目标的保证。

5. 由于地震、战争等不可抗力因素引起的经济损失本理财室不承担任何经济和法律责任。

本章小结

金融理财是面向个人和家庭的综合性金融服务。它包括人的生命周期每个阶段的资产和负债分析、现金流量预算与管理、个人风险管理与保险规划、投资规划、职业生涯规划、子女养育及教育规划、居住规划、退休规划、个人税务筹划和遗产规划等内容。

课后习题

一、填空题

请以理财专家的身份给自己的顾客写一封理财寄语表达理财中的权利和义务：

理财寄语

尊敬的_____：

　　你好！

　　首先非常感谢你对_____进行咨询并寻求_____理

财规划建议。这份理财规划建议书是根据_____量身定做的，目的是_____、_____和_____目标。

你的家庭正处于_____，处于这个阶段的家庭有很多理财目标要实现，需要_____，需要_____，为_____做准备，需进行_____投资，为_____准备等，相信通过我们为你_____后，你将拥有_____的生活。

在此需要特别提醒你的是_____、_____、_____、_____、_____，因此，本理财规划建议书_____。

同时，郑重向你保证，_____。请你仔细阅读本建议书，以确保_____。如果_____，请_____，以便_____。

你如果有任何的疑问，_____。

理财师：_____
年   月

二、计算及分析

请寻找一位客户按照理财规划流程进行专业理财活动，并通过计算和分析形成以下理财规划建议书的主要内容：

第一部分　家庭情况

根据顾客提供的关于家庭的财务、投资等信息，进行了整理和分析，并罗列如下：

一、家庭成员基本情况

家庭成员	年龄	性别	职业	健康状况	经济状况	其他

分析：_____

二、规划前家庭财务状况

1. 规划前家庭每月收支状况

（单位：元）

每月收入		每月支出	
收入合计	7 000	支出合计	6 100
每月结余（收入－支出）			

2. 规划前家庭年度收支状况

（单位：元）

收入		支出	
收入合计		支出合计	
每年结余（收入－支出）			

3. 规划前家庭资产负债表

(单位：元)

家庭资产		家庭负债	
现金及活期存款		房屋贷款（余额）	
现金及等价物小计		汽车贷款（余额）	
定期存款		消费贷款（余额）	
基金		信用卡未付款	
金融资产小计			
房地产（自用1）			
房地产（自用2）			
黄金及收藏品			
实物资产小计			
资产合计		负债合计	
净资产			

注：在对不动产进行计价时，采用的是成本价。

第二部分　家庭财务分析诊断

一、家庭应急准备金分析

_____
_____
_____
_____
_____

二、家庭金融投资分析

_____
_____
_____
_____
_____

三、家庭实物资产分析

_____

四、家庭负债分析

_____

五、家庭收支分析

1. 在收入方面：_____

2. 在支出方面：_____

六、家庭保障分析

_____

七、家庭财务指标分析

1. 每月还贷比 = _____

2. 流动性比率 = _____

3. 总资产负债率 = _____

4. 每月结余比 = _____

通过对你的家庭财务指标的分析可以看出：_____

第三部分 家庭理财目标

一、客户提出的家庭理财目标

二、对家庭理财目标的建议和修改

第四部分 经济参数与基本假设

　　为了使这份理财规划建议书能提供与实际相符合的理财建议，同时能更清晰准确地将理财规划结果呈现给客户，我们根据实际的经济运行环境和合理的预测，给出本理财规划建议书中所使用的一些经济参数。

一、通货膨胀率

二、收入增长率

三、金融资产投资收益率

四、房地产投资收益率

五、住房抵押贷款利率

第五部分　家庭理财规划方案建议

一、家庭不动产规划

_____
_____
_____
_____

二、家庭住房抵押贷款规划

_____
_____
_____
_____

三、家庭投资规划

_____
_____
_____
_____

四、子女教育金规划

_____
_____
_____
_____

年份	孩子年龄	学历	目前教育费	考虑增长率后的教育费（3%）	现值（6%）	余额

(续)

年份	孩子年龄	学历	目前教育费	考虑增长率后的教育费（3%）	现值（6%）	余额
总计						

注：假定所有的现金流都发生在年末。

五、家庭轿车购买规划

六、家庭保障规划

七、家庭养老金规划

_____
_____
_____
_____
_____

第六部分 理财规划结果分析

下面将从规划后家庭财务状况、现金流量表分析、资产负债表分析和家庭理财目标的实现情况等四个方面将理财规划的结果呈现出来。

一、规划后家庭财务状况

规划后家庭资产负债表　　　　　　　　（单位：元）

家庭资产		家庭负债	
现金及活期存款		房屋贷款（余额）	
现金及等价物小计		汽车贷款（余额）	
定期存款		消费贷款（余额）	
基金		信用卡未付款	
股票			
金融资产小计			
房地产（自用）			
房地产（出租）			
黄金及收藏品			
实物资产小计			
资产合计		负债合计	
净资产			

二、现金流量表分析

_____
_____
_____

现金流量表（一）　　　　　　　　　　　　　　　　　（单位：元）

年份					
期初余额					
当年现金流入					
工资奖金收入					
租金收入					
投资收益					
其他流入					
当年现金流出					
生活费用					
房贷还款					
保险费					
教育费					
养车费					
其他支出					
当年盈余流出					
期末余额					

现金流量表（二）　　　　　　　　　　　　　　　　　（单位：元）

年份					
期初余额					
当年现金流入					
工资奖金收入					
租金收入					
投资收益					
其他流入					
当年现金流出					
生活费用					
房贷还款					
保险费					
教育费					
养车费					
其他支出					
当年盈余流出					
期末余额					

现金流量表（三） （单位：元）

年份					
期初余额					
当年现金流入					
工资奖金收入					
租金收入					
投资收益					
其他流入					
当年现金流出					
生活费用					
房贷还款					
保险费					
教育费					
养车费					
其他支出					
当年盈余流出					
期末余额					

现金流量表（四） （单位：元）

年份					
期初余额					
当年现金流入					
工资奖金收入					
租金收入					
投资收益					
其他流入					
当年现金流出					
生活费用					
房贷还款					

(续)

年份					
保险费					
教育费					
养车费					
其他支出					
当年盈余流出					
期末余额					

三、资产负债表分析

资产负债表（一） （单位：元）

年份（年末）					
总资产					
现金及等价物					
金融资产					
实物资产					
总负债					
住房贷款余额					
净资产					

资产负债表（二） （单位：元）

年份（年末）					
总资产					
现金及等价物					
金融资产					
实物资产					
总负债					
住房贷款余额					
净资产					

资产负债表（三） （单位：元）

年份（年末）							
总资产							
现金及等价物							
金融资产							
实物资产							
总负债							
住房贷款余额							
净资产							

资产负债表（四） （单位：元）

年份（年末）							
总资产							
现金及等价物							
金融资产							
实物资产							
总负债							
住房贷款余额							
净资产							

注：家用轿车未算入家庭实物资产，也没有算折旧。

四、家庭理财目标的实现情况

附 录

复利终值

计算公式：$f=(1+i)^n$

期数	1%	2%	3%	4%	5%	6%	7%	8%	9%	10%	11%	12%	13%	14%	15%
1	1.0100	1.0200	1.0300	1.0400	1.0500	1.0600	1.0700	1.0800	1.0900	1.1000	1.1100	1.1200	1.1300	1.1400	1.1500
2	1.0201	1.0404	1.0609	1.0816	1.1025	1.1236	1.1449	1.1664	1.1881	1.2100	1.2321	1.2544	1.2769	1.2996	1.3225
3	1.0303	1.0612	1.0927	1.1249	1.1576	1.1910	1.2250	1.2597	1.2950	1.3310	1.3676	1.4049	1.4429	1.4815	1.5209
4	1.0406	1.0824	1.1255	1.1699	1.2155	1.2625	1.3108	1.3605	1.4116	1.4641	1.5181	1.5735	1.6305	1.6890	1.7490
5	1.0510	1.1041	1.1593	1.2167	1.2763	1.3382	1.4026	1.4693	1.5386	1.6105	1.6851	1.7623	1.8424	1.9254	2.0114
6	1.0615	1.1262	1.1941	1.2653	1.3401	1.4185	1.5007	1.5869	1.6771	1.7716	1.8704	1.9738	2.0820	2.1950	2.3131
7	1.0721	1.1487	1.2299	1.3159	1.4071	1.5036	1.6058	1.7138	1.8280	1.9487	2.0762	2.2107	2.3526	2.5023	2.6600
8	1.0829	1.1717	1.2668	1.3686	1.4775	1.5938	1.7182	1.8509	1.9926	2.1436	2.3045	2.4760	2.6584	2.8526	3.0590
9	1.0937	1.1951	1.3048	1.4233	1.5513	1.6895	1.8385	1.9990	2.1719	2.3579	2.5580	2.7731	3.0040	3.2519	3.5179
10	1.1046	1.2190	1.3439	1.4802	1.6289	1.7908	1.9672	2.1589	2.3674	2.5937	2.8394	3.1058	3.3946	3.7072	4.0456
11	1.1157	1.2434	1.3842	1.5395	1.7103	1.8983	2.1049	2.3316	2.5804	2.8531	3.1518	3.4785	3.8359	4.2262	4.6524
12	1.1268	1.2682	1.4258	1.6010	1.7959	2.0122	2.2522	2.5182	2.8127	3.1384	3.4985	3.8960	4.3345	4.8179	5.3503
13	1.1381	1.2936	1.4685	1.6651	1.8856	2.1329	2.4098	2.7196	3.0658	3.4523	3.8833	4.3635	4.8980	5.4924	6.1528
14	1.1495	1.3195	1.5126	1.7317	1.9799	2.2609	2.5785	2.9372	3.3417	3.7975	4.3104	4.8871	5.5348	6.2613	7.0757
15	1.1610	1.3459	1.5580	1.8009	2.0789	2.3966	2.7590	3.1722	3.6425	4.1772	4.7846	5.4736	6.2543	7.1379	8.1371
16	1.1726	1.3728	1.6047	1.8730	2.1829	2.5404	2.9522	3.4259	3.9703	4.5950	5.3109	6.1304	7.0673	8.1372	9.3576
17	1.1843	1.4002	1.6528	1.9479	2.2920	2.6928	3.1588	3.7000	4.3276	5.0545	5.8951	6.8660	7.9861	9.2765	10.7613
18	1.1961	1.4282	1.7024	2.0258	2.4066	2.8543	3.3799	3.9960	4.7171	5.5599	6.5436	7.6900	9.0243	10.5752	12.3755
19	1.2081	1.4568	1.7535	2.1068	2.5270	3.0256	3.6165	4.3157	5.1417	6.1159	7.2633	8.6128	10.1974	12.0557	14.2318
20	1.2202	1.4859	1.8061	2.1911	2.6533	3.2071	3.8697	4.6610	5.6044	6.7275	8.0623	9.6463	11.5231	13.7435	16.3665
21	1.2324	1.5157	1.8603	2.2783	2.7860	3.3996	4.1406	5.0338	6.1088	7.4002	8.9492	10.8038	13.0211	15.6676	18.8215
22	1.2447	1.5460	1.9161	2.3699	2.9253	3.6035	4.4304	5.4365	6.6586	8.1403	9.9336	12.1003	14.7138	17.8610	21.6447
23	1.2572	1.5769	1.9736	2.4647	3.0715	3.8197	4.7405	5.8715	7.2579	8.9543	11.0263	13.5523	16.6266	20.3616	24.8915
24	1.2697	1.6084	2.0328	2.5633	3.2251	4.0489	5.0724	6.3412	7.9111	9.8497	12.2392	15.1786	18.7881	23.2122	28.6252
25	1.2824	1.6406	2.0938	2.6658	3.3864	4.2919	5.4274	6.8485	8.6231	10.8347	13.5855	17.0001	21.2305	26.4619	32.9190
26	1.2953	1.6734	2.1566	2.7725	3.5557	4.5494	5.8074	7.3964	9.3992	11.9182	15.0799	19.0401	23.9905	30.1666	37.8568
27	1.3082	1.7069	2.2213	2.8834	3.7335	4.8223	6.2139	7.9881	10.2451	13.1100	16.7387	21.3249	27.1093	34.3899	43.5353
28	1.3213	1.7410	2.2879	2.9987	3.9201	5.1117	6.6488	8.6271	11.1671	14.4210	18.5799	23.8839	30.6335	39.2045	50.0656
29	1.3345	1.7758	2.3566	3.1187	4.1161	5.4184	7.1143	9.3173	12.1722	15.8631	20.6237	26.7499	34.6158	44.6931	57.5755
30	1.3478	1.8114	2.4273	3.2434	4.3219	5.7435	7.6123	10.0627	13.2677	17.4494	22.8923	29.9599	39.1159	50.9502	66.2118

系数表

16%	17%	18%	19%	20%	21%	22%	23%	24%	25%	26%	27%	28%	29%	30%
1.160 0	1.170 0	1.180 0	1.190 0	1.200 0	1.210 0	1.220 0	1.230 0	1.240 0	1.250 0	1.260 0	1.270 0	1.280 0	1.290 0	1.300 0
1.345 6	1.368 9	1.392 4	1.416 1	1.440 0	1.464 1	1.488 4	1.512 9	1.537 6	1.562 5	1.587 6	1.612 9	1.638 4	1.664 1	1.690 0
1.560 9	1.601 6	1.643 0	1.685 2	1.728 0	1.771 6	1.815 8	1.860 9	1.906 6	1.953 1	2.000 4	2.048 4	2.097 2	2.146 7	2.197 0
1.810 6	1.873 9	1.938 8	2.005 3	2.073 6	2.143 6	2.215 3	2.288 9	2.364 2	2.441 4	2.520 5	2.601 4	2.684 4	2.769 2	2.856 1
2.100 3	2.192 4	2.287 8	2.386 4	2.488 3	2.593 7	2.702 7	2.815 3	2.931 6	3.051 8	3.175 8	3.303 8	3.436 0	3.572 3	3.712 9
2.436 4	2.565 2	2.699 6	2.839 8	2.986 0	3.138 4	3.297 3	3.462 8	3.635 2	3.814 7	4.001 5	4.195 9	4.398 0	4.608 3	4.826 8
2.826 2	3.001 2	3.185 5	3.379 3	3.583 2	3.797 5	4.022 7	4.259 3	4.507 7	4.768 4	5.041 9	5.328 8	5.629 5	5.944 7	6.274 9
3.278 4	3.511 5	3.758 9	4.021 4	4.299 3	4.595 0	4.907 7	5.238 9	5.589 5	5.960 5	6.352 8	6.767 5	7.205 8	7.668 6	8.157 3
3.803 0	4.108 4	4.435 5	4.785 4	5.159 8	5.559 9	5.987 4	6.443 9	6.931 0	7.450 6	8.004 5	8.594 8	9.223 4	9.892 5	10.604 5
4.411 4	4.806 8	5.233 8	5.694 7	6.191 7	6.727 5	7.304 6	7.925 9	8.594 4	9.313 2	10.085 7	10.915 3	11.805 9	12.761 6	13.785 8
5.117 3	5.624 0	6.175 9	6.776 7	7.430 1	8.140 3	8.911 7	9.748 9	10.657 1	11.641 5	12.708 0	13.862 5	15.111 6	16.462 2	17.921 6
5.936 0	6.580 1	7.287 6	8.064 2	8.916 1	9.849 7	10.872 2	11.991 2	13.214 8	14.551 9	16.012 0	17.605 3	19.342 8	21.236 2	23.298 1
6.885 8	7.698 7	8.599 4	9.596 4	10.699 3	11.918 2	13.264 1	14.749 1	16.386 3	18.189 9	20.175 2	22.358 8	24.758 8	27.394 7	30.287 5
7.987 5	9.007 5	10.147 2	11.419 8	12.839 2	14.421 0	16.182 2	18.141 4	20.319 1	22.737 4	25.420 7	28.395 7	31.691 3	35.339 1	39.373 8
9.265 5	10.538 7	11.973 7	13.589 5	15.407 0	17.449 4	19.742 3	22.314 0	25.195 6	28.421 7	32.030 1	36.062 5	40.564 8	45.587 5	51.185 9
10.748 0	12.330 3	14.129 0	16.171 5	18.488 4	21.113 8	24.085 6	27.446 2	31.242 6	35.527 1	40.357 9	45.799 4	51.923 0	58.807 9	66.541 7
12.467 7	14.426 5	16.672 2	19.244 1	22.186 1	25.547 7	29.384 4	33.758 8	38.740 8	44.408 9	50.851 0	58.165 2	66.461 4	75.862 1	86.504 2
14.462 5	16.879 0	19.673 2	22.900 5	26.623 3	30.912 7	35.849 0	41.523 3	48.038 6	55.511 2	64.072 3	73.869 8	85.070 6	97.862 2	112.455 4
16.776 5	19.748 4	23.214 4	27.251 6	31.948 0	37.404 3	43.735 8	51.073 7	59.567 9	69.388 9	80.731 0	93.814 7	108.890 4	126.242 2	146.192 0
19.460 8	23.105 6	27.393 0	32.429 4	38.337 6	45.259 3	53.357 6	62.820 6	73.864 1	86.736 2	101.721 1	119.144 6	139.379 7	162.852 4	190.049 6
22.574 5	27.033 6	32.323 8	38.591 0	46.005 1	54.763 6	65.096 3	77.269 4	91.591 5	108.420 2	128.168 5	151.313 7	178.406 0	210.079 6	247.064 5
26.186 4	31.629 3	38.142 1	45.923 3	55.206 1	66.264 1	79.417 5	95.041 3	113.573 5	135.525 3	161.492 4	192.168 3	228.359 6	271.002 7	321.183 9
30.376 2	37.006 5	45.007 6	54.648 7	66.247 4	80.179 5	96.889 4	116.900 8	140.831 2	169.406 6	203.480 4	244.053 8	292.300 3	349.593 5	417.539 1
35.236 4	43.297 3	53.109 0	65.032 0	79.496 8	97.017 2	118.205 0	143.788 0	174.630 6	211.758 2	256.385 3	309.948 3	374.144 4	450.975 6	542.800 8
40.874 2	50.657 8	62.668 6	77.388 1	95.396 2	117.390 9	144.210 1	176.859 3	216.542 0	264.697 8	323.045 4	393.634 4	478.904 9	581.758 5	705.641 0
47.414 1	59.269 7	73.949 0	92.091 8	114.475 5	142.042 9	175.936 4	217.536 9	268.512 1	330.872 2	407.037 3	499.915 7	612.998 2	750.468 5	917.333 3
55.000 4	69.345 5	87.259 8	109.589 3	137.370 6	171.871 9	214.642 4	267.570 4	332.955 0	413.590 3	512.867 0	634.892 9	784.637 7	968.104 4	1 192.533 3
63.800 4	81.134 2	102.966 6	130.411 2	164.844 7	207.965 1	261.863 7	329.111 5	412.864 2	516.987 9	646.212 4	806.314 0	1 004.336 3	1 248.854 6	1 550.293 3
74.008 5	94.927 1	121.500 5	155.189 3	197.813 6	251.637 9	319.473 5	404.807 2	511.951 6	646.234 9	814.227 6	1 024.018 7	1 285.550 4	1 611.022 5	2 015.381 3
85.849 9	111.064 7	143.370 6	184.675 3	237.376 3	304.481 6	389.757 9	497.912 9	634.819 9	807.793 6	1 025.926 7	1 300.503 8	1 645.504 6	2 078.219 0	2 619.995 6

复利现值

计算公式：$f=(1+i)^{-n}$

期数	1%	2%	3%	4%	5%	6%	7%	8%	9%	10%	11%	12%	13%	14%	15%
1	0.990 1	0.980 4	0.970 9	0.961 5	0.952 4	0.943 4	0.934 6	0.925 9	0.917 4	0.909 1	0.900 9	0.892 9	0.885	0.877 2	0.869 6
2	0.980 3	0.961 2	0.942 6	0.924 6	0.907	0.89	0.873 4	0.857 3	0.841 7	0.826 4	0.811 6	0.797 2	0.783 1	0.769 5	0.756 1
3	0.970 6	0.942 3	0.915 1	0.889	0.863 8	0.839 6	0.816 3	0.793 8	0.772 2	0.751 3	0.731 2	0.711 8	0.693 1	0.675	0.657 5
4	0.961	0.923 8	0.888 5	0.854 8	0.822 7	0.792 1	0.762 9	0.735	0.708 4	0.683	0.658 7	0.635 5	0.613 3	0.592 1	0.571 8
5	0.951 5	0.905 7	0.862 6	0.821 9	0.783 5	0.747 3	0.713	0.680 6	0.649 9	0.620 9	0.593 5	0.567 4	0.542 8	0.519 4	0.497 2
6	0.942	0.888	0.837 5	0.790 3	0.746 2	0.705	0.666 3	0.630 2	0.596 3	0.564 5	0.534 6	0.506 6	0.480 3	0.455 6	0.432 3
7	0.932 7	0.870 6	0.813 1	0.759 9	0.710 7	0.665 1	0.622 7	0.583 5	0.547	0.513 2	0.481 7	0.452 3	0.425 1	0.399 6	0.375 9
8	0.923 5	0.853 5	0.789 4	0.730 7	0.676 8	0.627 4	0.582	0.540 3	0.501 9	0.466 5	0.433 9	0.403 9	0.376 2	0.350 6	0.326 9
9	0.914 3	0.836 8	0.766 4	0.702 6	0.644 6	0.591 9	0.543 9	0.500 2	0.460 4	0.424 1	0.390 9	0.360 6	0.332 9	0.307 5	0.284 3
10	0.905 3	0.820 3	0.744 1	0.675 6	0.613 9	0.558 4	0.508 3	0.463 2	0.422 4	0.385 5	0.352 2	0.322	0.294 6	0.269 7	0.247 2
11	0.896 3	0.804 3	0.722 4	0.649 6	0.584 7	0.526 8	0.475 1	0.428 9	0.387 5	0.350 5	0.317 3	0.287 5	0.260 7	0.236 6	0.214 9
12	0.887 4	0.788 5	0.701 4	0.624 6	0.556 8	0.497	0.444	0.397 1	0.355 5	0.318 6	0.285 8	0.256 7	0.230 7	0.207 6	0.186 9
13	0.878 7	0.773	0.681	0.600 6	0.530 3	0.468 8	0.415	0.367 7	0.326 2	0.289 7	0.257 5	0.229 2	0.204 2	0.182 1	0.162 5
14	0.87	0.757 9	0.661 1	0.577 5	0.505 1	0.442 3	0.387 8	0.340 5	0.299 2	0.263 3	0.232	0.204 6	0.180 7	0.159 7	0.141 3
15	0.861 3	0.743	0.641 9	0.555 3	0.481	0.417 3	0.362 4	0.315 2	0.274 5	0.239 4	0.209	0.182 7	0.159 9	0.140 1	0.122 9
16	0.852 8	0.728 4	0.623 2	0.533 9	0.458 1	0.393 6	0.338 7	0.291 9	0.251 9	0.217 6	0.188 3	0.163 1	0.141 5	0.122 9	0.106 9
17	0.844 4	0.714 2	0.605	0.513 4	0.436 3	0.371 4	0.316 6	0.270 3	0.231 1	0.197 8	0.169 6	0.145 6	0.125 2	0.107 8	0.092 9
18	0.836	0.700 2	0.587 4	0.493 6	0.415 5	0.350 3	0.295 9	0.250 2	0.212	0.179 9	0.152 8	0.13	0.110 8	0.094 6	0.080 8
19	0.827 7	0.686 4	0.570 3	0.474 6	0.395 7	0.330 5	0.276 5	0.231 7	0.194 5	0.163 5	0.137 7	0.116 1	0.098 1	0.082 9	0.070 3
20	0.819 5	0.673	0.553 7	0.456 4	0.376 9	0.311 8	0.258 4	0.214 5	0.178 4	0.148 6	0.124	0.103 7	0.086 8	0.072 8	0.061 1
21	0.811 4	0.659 8	0.537 5	0.438 8	0.358 9	0.294 2	0.241 5	0.198 7	0.163 7	0.135 1	0.111 7	0.092 6	0.076 8	0.063 8	0.053 1
22	0.803 4	0.646 8	0.521 9	0.422	0.341 8	0.277 5	0.225 7	0.183 9	0.150 2	0.122 8	0.100 7	0.082 6	0.068	0.056	0.046 2
23	0.795 4	0.634 2	0.506 7	0.405 7	0.325 6	0.261 8	0.210 9	0.170 3	0.137 8	0.111 7	0.090 7	0.073 8	0.060 1	0.049 1	0.040 2
24	0.787 6	0.621 7	0.491 9	0.390 1	0.310 1	0.247	0.197 1	0.157 7	0.126 4	0.101 5	0.081 7	0.065 9	0.053 2	0.043 1	0.034 9
25	0.779 8	0.609 5	0.477 6	0.375 1	0.295 3	0.233	0.184 2	0.146	0.116	0.092 3	0.073 6	0.058 8	0.047 1	0.037 8	0.030 4
26	0.772	0.597 6	0.463 7	0.360 7	0.281 2	0.219 8	0.172 2	0.135 2	0.106 4	0.083 9	0.066 3	0.052 5	0.041 7	0.033 1	0.026 4
27	0.764 4	0.585 9	0.450 2	0.346 8	0.267 8	0.207 4	0.160 9	0.125 2	0.097 6	0.076 3	0.059 7	0.046 9	0.036 9	0.029 1	0.023
28	0.756 8	0.574 4	0.437 1	0.333 5	0.255 1	0.195 6	0.150 4	0.115 9	0.089 5	0.069 3	0.053 8	0.041 9	0.032 6	0.025 5	0.02
29	0.749 3	0.563 1	0.424 3	0.320 7	0.242 9	0.184 6	0.140 6	0.107 3	0.082 2	0.063	0.048 5	0.037 4	0.028 9	0.022 4	0.017 4
30	0.741 9	0.552 1	0.412	0.308 3	0.231 4	0.174 1	0.131 4	0.099 4	0.075 4	0.057 3	0.043 7	0.033 4	0.025 6	0.019 6	0.015 1

系数表

16%	17%	18%	19%	20%	21%	22%	23%	24%	25%	26%	27%	28%	29%	30%
0.862 1	0.854 7	0.847 5	0.840 3	0.833 3	0.826 4	0.819 7	0.813	0.806 5	0.8	0.793 7	0.787 4	0.781 3	0.775 2	0.769 2
0.743 2	0.730 5	0.718 2	0.706 2	0.694 4	0.683	0.671 9	0.661	0.650 4	0.64	0.629 9	0.62	0.610 4	0.600 9	0.591 7
0.640 7	0.624 4	0.608 6	0.593 4	0.578 7	0.564 5	0.550 7	0.537 4	0.524 5	0.512	0.499 9	0.488 2	0.476 8	0.465 8	0.455 2
0.552 3	0.533 7	0.515 8	0.498 7	0.482 3	0.466 5	0.451 4	0.436 9	0.423	0.409 6	0.396 8	0.384 4	0.372 5	0.361 1	0.350 1
0.476 1	0.456 1	0.437 1	0.419	0.401 9	0.385 5	0.37	0.355 2	0.341 1	0.327 7	0.314 9	0.302 7	0.291	0.279 9	0.269 3
0.410 4	0.389 8	0.370 4	0.352 1	0.334 9	0.318 6	0.303 3	0.288 8	0.275 1	0.262 1	0.249 9	0.238 3	0.227 4	0.217	0.207 2
0.353 8	0.333 2	0.313 9	0.295 9	0.279 1	0.263 3	0.248 6	0.234 8	0.221 8	0.209 7	0.198 3	0.187 7	0.177 6	0.168 2	0.159 4
0.305	0.284 8	0.266	0.248 7	0.232 6	0.217 6	0.203 8	0.190 9	0.178 9	0.167 8	0.157 4	0.147 8	0.138 8	0.130 4	0.122 6
0.263	0.243 4	0.225 5	0.209	0.193 8	0.179 9	0.167	0.155 2	0.144 3	0.134 2	0.124 9	0.116 4	0.108 4	0.101 1	0.094 3
0.226 7	0.208	0.191 1	0.175 6	0.161 5	0.148 6	0.136 9	0.126 2	0.116 4	0.107 4	0.099 2	0.091 6	0.084 7	0.078 4	0.072 5
0.195 4	0.177 8	0.161 9	0.147 6	0.134 6	0.122 8	0.112 2	0.102 6	0.093 8	0.085 9	0.078 7	0.072 1	0.066 2	0.060 7	0.055 8
0.168 5	0.152	0.137 2	0.124	0.112 2	0.101 5	0.092	0.083 4	0.075 7	0.068 7	0.062 5	0.056 8	0.051 7	0.047 1	0.042 9
0.145 2	0.129 9	0.116 3	0.104 2	0.093 5	0.083 9	0.075 4	0.067 8	0.061	0.055	0.049 6	0.044 7	0.040 4	0.036 5	0.033
0.125 2	0.111	0.098 5	0.087 6	0.077 9	0.069 3	0.061 8	0.055 1	0.049 2	0.044	0.039 3	0.035 2	0.031 6	0.028 3	0.025 4
0.107 9	0.094 9	0.083 5	0.073 6	0.064 9	0.057 3	0.050 7	0.044 8	0.039 7	0.035 2	0.031 2	0.027 7	0.024 7	0.021 9	0.019 5
0.093	0.081 1	0.070 8	0.061 8	0.054 1	0.047 4	0.041 5	0.036 4	0.032	0.028 1	0.024 8	0.021 8	0.019 3	0.017	0.015
0.080 2	0.069 3	0.06	0.052	0.045 1	0.039 1	0.034	0.029 6	0.025 8	0.022 5	0.019 7	0.017 2	0.015	0.013 2	0.011 6
0.069 1	0.059 2	0.050 8	0.043 7	0.037 6	0.032 3	0.027 9	0.024 1	0.020 8	0.018	0.015 6	0.013 5	0.011 8	0.010 2	0.008 9
0.059 6	0.050 6	0.043 1	0.036 7	0.031 3	0.026 7	0.022 9	0.019 6	0.016 8	0.014 4	0.012 4	0.010 7	0.009 2	0.007 9	0.006 8
0.051 4	0.043 3	0.036 5	0.030 8	0.026 1	0.022 1	0.018 7	0.015 9	0.013 5	0.011 5	0.009 8	0.008 4	0.007 2	0.006 1	0.005 3
0.044 3	0.037	0.030 9	0.025 9	0.021 7	0.018 3	0.015 4	0.012 9	0.010 9	0.009 2	0.007 8	0.006 6	0.005 6	0.004 8	0.004
0.038 2	0.031 6	0.026 2	0.021 8	0.018 1	0.015 1	0.012 6	0.010 5	0.008 8	0.007 4	0.006 2	0.005 2	0.004 4	0.003 7	0.003 1
0.032 9	0.027	0.022 2	0.018 3	0.015 1	0.012 5	0.010 3	0.008 6	0.007 1	0.005 9	0.004 9	0.004 1	0.003 4	0.002 9	0.002 4
0.028 4	0.023 1	0.018 8	0.015 4	0.012 6	0.010 3	0.008 5	0.007	0.005 7	0.004 7	0.003 9	0.003 2	0.002 7	0.002 2	0.001 8
0.024 5	0.019 7	0.016	0.012 9	0.010 5	0.008 5	0.006 9	0.005 7	0.004 6	0.003 8	0.003 1	0.002 5	0.002 1	0.001 7	0.001 4
0.021 1	0.016 9	0.013 5	0.010 9	0.008 7	0.007	0.005 7	0.004 6	0.003 7	0.003	0.002 5	0.002	0.001 6	0.001 3	0.001 1
0.018 2	0.014 4	0.011 5	0.009 1	0.007 3	0.005 8	0.004 7	0.003 7	0.003	0.002 4	0.001 9	0.001 6	0.001 3	0.001	0.000 8
0.015 7	0.012 3	0.009 7	0.007 7	0.006 1	0.004 8	0.003 8	0.003	0.002 4	0.001 9	0.001 5	0.001 2	0.001	0.000 8	0.000 6
0.013 5	0.010 5	0.008 2	0.006 4	0.005 1	0.004	0.003 1	0.002 5	0.002	0.001 5	0.001 2	0.001	0.000 8	0.000 6	0.000 5
0.011 6	0.009	0.007	0.005 4	0.004 2	0.003 3	0.002 6	0.002	0.001 6	0.001 2	0.001	0.000 8	0.000 6	0.000 5	0.000 4

年金终值

计算公式：$f = \dfrac{(1+i)^n - 1}{i}$

期数	1%	2%	3%	4%	5%	6%	7%	8%	9%	10%	11%	12%	13%	14%	15%
1	1.000 0	1.000 0	1.000 0	1.000 0	1.000 0	1.000 0	1.000 0	1.000 0	1.000 0	1.000 0	1.000 0	1.000 0	1.000 0	1.000 0	1.000 0
2	2.010 0	2.020 0	2.030 0	2.040 0	2.050 0	2.060 0	2.070 0	2.080 0	2.090 0	2.100 0	2.110 0	2.120 0	2.130 0	2.140 0	2.150 0
3	3.030 1	3.060 4	3.090 9	3.121 6	3.152 5	3.183 6	3.214 9	3.246 4	3.278 1	3.310 0	3.342 1	3.374 4	3.406 9	3.439 6	3.472 5
4	4.060 4	4.121 6	4.183 6	4.246 5	4.310 1	4.374 6	4.439 9	4.506 1	4.573 1	4.641 0	4.709 7	4.779 3	4.849 8	4.921 1	4.993 4
5	5.101 0	5.204 0	5.309 1	5.416 3	5.525 6	5.637 1	5.750 7	5.866 6	5.984 7	6.105 1	6.227 8	6.352 8	6.480 3	6.610 1	6.742 4
6	6.152 0	6.308 1	6.468 4	6.633 0	6.801 9	6.975 3	7.153 3	7.335 9	7.523 3	7.715 6	7.912 9	8.115 2	8.322 7	8.535 5	8.753 7
7	7.213 5	7.434 3	7.662 5	7.898 3	8.142 0	8.393 8	8.654 0	8.922 8	9.200 4	9.487 2	9.783 3	10.089 0	10.404 7	10.730 5	11.066 8
8	8.285 7	8.583 0	8.892 3	9.214 2	9.549 1	9.897 5	10.259 8	10.636 6	11.028 5	11.435 9	11.859 4	12.299 7	12.757 3	13.232 8	13.726 8
9	9.368 5	9.754 6	10.159 1	10.582 8	11.026 6	11.491 3	11.978 0	12.487 6	13.021 0	13.579 5	14.164 0	14.775 7	15.415 7	16.085 3	16.785 8
10	10.462 2	10.949 7	11.463 9	12.006 1	12.577 9	13.180 8	13.816 4	14.486 6	15.192 9	15.937 4	16.722 0	17.548 7	18.419 7	19.337 3	20.303 7
11	11.566 8	12.168 7	12.807 8	13.486 4	14.206 8	14.971 6	15.783 6	16.645 5	17.560 3	18.531 2	19.561 4	20.654 6	21.814 3	23.044 5	24.349 3
12	12.682 5	13.412 1	14.192 0	15.025 8	15.917 1	16.869 9	17.888 5	18.977 1	20.140 7	21.384 3	22.713 2	24.133 1	25.650 2	27.270 7	29.001 7
13	13.809 3	14.680 3	15.617 8	16.626 8	17.713 0	18.882 1	20.140 6	21.495 3	22.953 4	24.522 7	26.211 6	28.029 1	29.984 7	32.088 7	34.351 9
14	14.947 4	15.973 9	17.086 3	18.291 9	19.598 6	21.015 1	22.550 5	24.214 9	26.019 2	27.975 0	30.094 9	32.392 6	34.882 7	37.581 1	40.504 7
15	16.096 9	17.293 4	18.598 9	20.023 6	21.578 6	23.276 0	25.129 0	27.152 1	29.360 9	31.772 5	34.405 4	37.279 7	40.417 5	43.842 4	47.580 4
16	17.257 9	18.639 3	20.156 9	21.824 5	23.657 5	25.672 5	27.888 1	30.324 3	33.003 4	35.949 7	39.189 9	42.753 3	46.671 7	50.980 4	55.717 5
17	18.430 4	20.012 1	21.761 6	23.697 5	25.840 4	28.212 9	30.840 2	33.750 2	36.973 7	40.544 7	44.500 8	48.883 7	53.739 1	59.117 6	65.075 1
18	19.614 7	21.412 3	23.414 4	25.645 4	28.132 4	30.905 7	33.999 0	37.450 2	41.301 3	45.599 2	50.395 9	55.749 7	61.725 1	68.394 1	75.836 4
19	20.810 9	22.840 6	25.116 9	27.671 2	30.539 0	33.760 0	37.379 0	41.446 3	46.018 5	51.159 1	56.939 5	63.439 7	70.749 4	78.969 2	88.211 8
20	22.019 0	24.297 4	26.870 4	29.778 1	33.066 0	36.785 6	40.995 5	45.762 0	51.160 1	57.275 0	64.202 8	72.052 4	80.946 8	91.024 9	102.443 6
21	23.239 2	25.783 3	28.676 5	31.969 2	35.719 3	39.992 7	44.865 2	50.422 9	56.764 5	64.002 5	72.265 1	81.698 7	92.469 9	104.768 4	118.810 1
22	24.471 6	27.299 0	30.536 8	34.248 0	38.505 2	43.392 3	49.005 7	55.456 8	62.873 3	71.402 7	81.214 3	92.502 6	105.491 0	120.436 0	137.631 6
23	25.716 3	28.845 0	32.452 9	36.617 9	41.430 5	46.995 8	53.436 1	60.893 3	69.531 9	79.543 0	91.147 9	104.602 9	120.204 8	138.297 0	159.276 4
24	26.973 5	30.421 9	34.426 5	39.082 6	44.502 0	50.815 6	58.176 7	66.764 8	76.789 8	88.497 3	102.174 2	118.155 2	136.831 5	158.658 6	184.167 8
25	28.243 2	32.030 3	36.459 3	41.645 9	47.727 1	54.864 5	63.249 0	73.105 9	84.700 9	98.347 1	114.413 3	133.333 9	155.619 6	181.870 8	212.793 0
26	29.525 6	33.670 9	38.553 0	44.311 7	51.113 5	59.156 4	68.676 5	79.954 4	93.324 0	109.181 8	127.998 8	150.333 9	176.850 1	208.332 7	245.712 0
27	30.820 9	35.344 3	40.709 6	47.084 2	54.669 1	63.705 8	74.483 8	87.350 8	102.723 1	121.099 9	143.078 6	169.374 0	200.840 6	238.499 3	283.568 8
28	32.129 1	37.051 2	42.930 9	49.967 6	58.402 6	68.528 1	80.697 7	95.338 8	112.968 2	134.209 9	159.817 3	190.698 9	227.949 9	272.889 2	327.104 1
29	33.450 4	38.792 2	45.218 9	52.966 3	62.322 7	73.639 8	87.346 5	103.965 9	124.135 4	148.630 9	178.397 2	214.582 8	258.583 4	312.093 7	377.169 7
30	34.784 9	40.568 1	47.575 4	56.084 9	66.438 8	79.058 2	94.460 8	113.283 2	136.307 5	164.494 0	199.020 9	241.332 7	293.199 2	356.786 8	434.745 1

系数表

16%	17%	18%	19%	20%	21%	22%	23%	24%	25%	26%	27%	28%	29%	30%
1.000 0	1.000 0	1.000 0	1.000 0	1.000 0	1.000 0	1.000 0	1.000 0	1.000 0	1.000 0	1.000 0	1.000 0	1.000 0	1.000 0	1.000 0
2.160 0	2.170 0	2.180 0	2.190 0	2.200 0	2.210 0	2.220 0	2.230 0	2.240 0	2.250 0	2.260 0	2.270 0	2.280 0	2.290 0	2.300 0
3.505 6	3.538 9	3.572 4	3.606 1	3.640 0	3.674 1	3.708 4	3.742 9	3.777 6	3.812 5	3.847 6	3.882 9	3.918 4	3.954 1	3.990 0
5.066 5	5.140 5	5.215 4	5.291 3	5.368 0	5.445 7	5.524 2	5.603 8	5.684 2	5.765 6	5.848 0	5.931 3	6.015 6	6.100 8	6.187 0
6.877 1	7.014 4	7.154 2	7.296 6	7.441 6	7.589 2	7.739 6	7.892 6	8.048 4	8.207 0	8.368 4	8.532 7	8.699 9	8.870 0	9.043 1
8.977 5	9.206 8	9.442 0	9.683 0	9.929 9	10.183 0	10.442 3	10.707 9	10.980 1	11.258 8	11.544 2	11.836 6	12.135 9	12.442 3	12.756 0
11.413 9	11.772 0	12.141 5	12.522 7	12.915 9	13.321 4	13.739 6	14.170 8	14.615 3	15.073 5	15.545 8	16.032 4	16.533 9	17.050 6	17.582 8
14.240 1	14.773 3	15.327 0	15.902 0	16.499 1	17.118 9	17.762 3	18.430 0	19.122 9	19.841 9	20.587 6	21.361 2	22.163 4	22.995 3	23.857 7
17.518 5	18.284 7	19.085 9	19.923 4	20.798 9	21.713 9	22.670 0	23.669 0	24.712 5	25.802 3	26.940 4	28.128 7	29.369 2	30.663 9	32.015 0
21.321 5	22.393 1	23.521 3	24.708 9	25.958 7	27.273 8	28.657 4	30.112 8	31.643 4	33.252 9	34.944 9	36.723 5	38.592 6	40.556 4	42.619 5
25.732 9	27.199 9	28.755 1	30.403 5	32.150 4	34.001 3	35.962 0	38.038 8	40.237 9	42.566 1	45.030 6	47.638 8	50.398 5	53.317 8	56.405 3
30.850 2	32.823 9	34.931 1	37.180 2	39.580 5	42.141 6	44.873 5	47.787 7	50.895 0	54.207 7	57.738 5	61.501 3	65.510 0	69.780 0	74.327 0
36.786 2	39.404 0	42.218 7	45.244 5	48.496 6	51.991 3	55.745 9	59.778 8	64.109 7	68.759 6	73.750 6	79.106 5	84.852 9	91.016 1	97.625 0
43.672 0	47.102 7	50.818 0	54.840 9	59.195 9	63.909 5	69.010 0	74.528 0	80.496 1	86.949 5	93.925 8	101.465 4	109.611 7	118.410 8	127.912 5
51.659 5	56.110 1	60.965 3	66.260 7	72.035 1	78.330 5	85.192 2	92.669 4	100.815 1	109.686 8	119.346 5	129.861 1	141.302 9	153.750 0	167.286 3
60.925 0	66.648 8	72.939 0	79.850 2	87.442 1	95.779 9	104.934 5	114.983 4	126.010 8	138.108 5	151.376 6	165.923 6	181.867 7	199.337 4	218.472 2
71.673 0	78.979 2	87.068 0	96.021 8	105.930 6	116.893 7	129.020 1	142.429 5	157.253 4	173.635 7	191.734 5	211.723 0	233.790 7	258.145 3	285.013 9
84.140 7	93.405 6	103.740 3	115.265 9	128.116 7	142.441 3	158.404 5	176.188 3	195.994 2	218.044 6	242.585 5	269.888 2	300.252 1	334.007 4	371.518 0
98.603 2	110.284 6	123.413 5	138.166 4	154.740 0	173.354 0	194.253 5	217.711 6	244.032 8	273.555 8	306.657 7	343.758 0	385.322 7	431.869 6	483.973 4
115.379 7	130.032 9	146.628 0	165.418 0	186.688 0	210.758 4	237.989 3	268.785 3	303.600 6	342.944 7	387.388 7	437.572 6	494.213 1	558.111 8	630.165 5
134.840 5	153.138 5	174.021 0	197.847 4	225.025 6	256.017 6	291.346 9	331.605 9	377.464 8	429.680 9	489.109 8	556.717 3	633.592 7	720.964 2	820.215 1
157.415 0	180.172 1	206.344 8	236.438 5	271.030 7	310.781 3	356.443 2	408.875 3	469.056 3	538.101 1	617.278 3	708.030 9	811.998 7	931.043 8	1 067.279 6
183.601 4	211.801 3	244.486 8	282.361 8	326.236 9	377.045 4	435.860 7	503.916 6	582.629 8	673.626 4	778.770 7	900.199 3	1040.358 3	1202.046 5	1 388.463 5
213.977 6	248.807 6	289.494 5	337.010 5	392.484 2	457.224 9	532.750 1	620.817 4	723.461 0	843.032 9	982.251 1	1144.253 1	1332.658 6	1551.640 5	1 806.002 6
249.214 0	292.104 9	342.603 5	402.042 5	471.981 1	554.242 2	650.955 1	764.605 4	898.091 6	1054.791 2	1238.636 3	1454.201 4	1706.803 1	2002.615 6	2 348.803 3
290.088 3	342.762 7	405.272 1	479.430 6	567.377 3	671.633 0	795.165 3	941.464 7	1 114.633 6	1 319.489 0	1 561.681 8	1 847.835 8	2 185.707 9	2 584.374 1	3 054.444 3
337.502 4	402.032 3	479.221 1	571.522 4	681.852 8	813.675 9	971.101 6	1 159.001 6	1 383.145 7	1 650.361 2	1 968.719 1	2 347.751 5	2 798.706 1	3 334.842 6	3 971.777 6
392.502 8	471.377 8	566.480 9	681.111 6	819.223 3	985.547 9	1 185.744 0	1 426.571 9	1 716.100 7	2 063.951 5	2 481.586 0	2 982.644 3	3 583.343 8	4 302.947 0	5 164.310 9
456.303 2	552.512 1	669.447 5	811.522 8	984.068 0	1 193.512 9	1 447.607 5	1 755.683 5	2 128.964 8	2 580.939 4	3 127.798 4	3 788.958 3	4 587.680 1	5 551.801 6	6 714.604 2
530.311 7	647.439 1	790.948 0	966.712 2	1 181.881 6	1 445.150 7	1 767.081 3	2 160.490 2	2 640.916 4	3 227.174 3	3 942.026 0	4 812.977 1	5 873.230 6	7 162.824 1	8 729.985 5

年金现值

计算公式：$f = \dfrac{1-(1+i)^{-n}}{i}$

期数	1%	2%	3%	4%	5%	6%	7%	8%	9%	10%	11%	12%	13%	14%	15%
1	0.990 1	0.980 4	0.970 9	0.961 5	0.952 4	0.943 4	0.934 6	0.925 9	0.917 4	0.909 1	0.900 9	0.892 9	0.885	0.877 2	0.869 6
2	1.970 4	1.941 6	1.913 5	1.886 1	1.859 4	1.833 4	1.808	1.783 3	1.759 1	1.735 5	1.712 5	1.690 1	1.668 1	1.646 7	1.625 7
3	2.941	2.883 9	2.828 6	2.775 1	2.723 2	2.673	2.624 3	2.577 1	2.531 3	2.486 9	2.443 7	2.401 8	2.361 2	2.321 6	2.283 2
4	3.902	3.807 7	3.717 1	3.629 9	3.546	3.465 1	3.387 2	3.312 1	3.239 7	3.169 9	3.102 4	3.037 3	2.974 5	2.913 7	2.855
5	4.853 4	4.713 5	4.579 7	4.451 8	4.329 5	4.212 4	4.100 2	3.992 7	3.889 7	3.790 8	3.695 9	3.604 8	3.517 2	3.433 1	3.352 2
6	5.795 5	5.601 4	5.417 2	5.242 1	5.075 7	4.917 3	4.766 5	4.622 9	4.485 9	4.355 3	4.230 5	4.111 4	3.997 5	3.888 7	3.784 5
7	6.728 2	6.472	6.230 3	6.002 1	5.786 4	5.582 4	5.389 3	5.206 4	5.033	4.868 4	4.712 2	4.563 8	4.422 6	4.288 3	4.160 4
8	7.651 7	7.325 5	7.019 7	6.732 7	6.463 2	6.209 8	5.971 3	5.746 6	5.534 8	5.334 9	5.146 1	4.967 6	4.798 8	4.638 9	4.487 3
9	8.566	8.162 2	7.786 1	7.435 3	7.107 8	6.801 7	6.515 2	6.246 9	5.995 2	5.759	5.537	5.328 2	5.131 7	4.946 4	4.771 6
10	9.471 3	8.982 6	8.530 2	8.110 9	7.721 7	7.360 1	7.023 6	6.710 1	6.417 7	6.144 6	5.889 2	5.650 2	5.426 2	5.216 1	5.018 8
11	10.367 6	9.786 8	9.252 6	8.760 5	8.306 4	7.886 9	7.498 7	7.139	6.805 2	6.495 1	6.206 5	5.937 7	5.686 9	5.452 7	5.233 7
12	11.255 1	10.575 3	9.954	9.385 1	8.863 3	8.383 8	7.942 7	7.536 1	7.160 7	6.813 7	6.492 4	6.194 4	5.917 6	5.660 3	5.420 6
13	12.133 7	11.348 4	10.635	9.985 6	9.393 6	8.852 7	8.357 7	7.903 8	7.486 9	7.103 4	6.749 9	6.423 5	6.121 8	5.842 4	5.583 1
14	13.003 7	12.106 2	11.296 1	10.563 1	9.898 6	9.295	8.745 5	8.244 2	7.786 2	7.366 7	6.981 9	6.628 2	6.302 5	6.002 1	5.724 5
15	13.865 1	12.849 3	11.937 9	11.118 4	10.379 7	9.712 2	9.107 9	8.559 5	8.060 7	7.606 1	7.190 9	6.810 9	6.462 4	6.142 2	5.847 4
16	14.717 9	13.577 7	12.561 1	11.652 3	10.837 8	10.105 9	9.446 6	8.851 4	8.312 6	7.823 7	7.379 2	6.974	6.603 9	6.265 1	5.954 2
17	15.562 3	14.291 9	13.166 1	12.165 7	11.274 1	10.477 3	9.763 2	9.121 6	8.543 6	8.021 6	7.548 8	7.119 6	6.729 1	6.372 9	6.047 2
18	16.398 3	14.992	13.753 5	12.659 3	11.689 6	10.827 6	10.059 1	9.371 9	8.755 6	8.201 4	7.701 6	7.249 7	6.839 9	6.467 4	6.128
19	17.226	15.678 5	14.323 8	13.133 9	12.085 3	11.158 1	10.335 6	9.603 6	8.950 1	8.364 9	7.839 3	7.365 8	6.938	6.550 4	6.198 2
20	18.045 6	16.351 4	14.877 5	13.590 3	12.462 2	11.469 9	10.594	9.818 1	9.128 5	8.513 6	7.963 3	7.469 4	7.024 8	6.623 1	6.259 3
21	18.857	17.011 2	15.415	14.029 2	12.821 2	11.764 1	10.835 5	10.016 8	9.292 2	8.648 7	8.075 1	7.562	7.101 6	6.687	6.312 5
22	19.660 4	17.658	15.936 9	14.451 1	13.163	12.041 6	11.061 2	10.200 7	9.442 4	8.771 5	8.175 7	7.644 6	7.169 5	6.742 9	6.358 7
23	20.455 8	18.292 2	16.443 6	14.856 8	13.488 6	12.303 4	11.272 2	10.371 1	9.580 2	8.883 2	8.266 4	7.718 4	7.229 7	6.792 1	6.398 8
24	21.243 4	18.913 9	16.935 5	15.247	13.798 6	12.550 4	11.469 3	10.528 8	9.706 6	8.984 7	8.348 1	7.784 3	7.282 9	6.835 1	6.433 8
25	22.023 2	19.523 5	17.413 1	15.622 1	14.093 9	12.783 4	11.653 6	10.674 8	9.822 6	9.077	8.421 7	7.843 1	7.33	6.872 9	6.464 1
26	22.795 2	20.121	17.876 8	15.982 8	14.375 2	13.003 2	11.825 8	10.81	9.929	9.160 9	8.488 1	7.895 7	7.371 7	6.906 1	6.490 6
27	23.559 6	20.706 9	18.327	16.329 6	14.643	13.210 5	11.986 7	10.935 2	10.026 6	9.237 2	8.547 8	7.942 6	7.408 6	6.935 2	6.513 5
28	24.316 4	21.281 3	18.764 1	16.663	14.898 1	13.406 2	12.137 1	11.051 1	10.116 1	9.306 6	8.601 6	7.984 4	7.441 2	6.960 7	6.533 5
29	25.065 8	21.844 4	19.188 5	16.983 7	15.141 1	13.590 7	12.277 7	11.158 4	10.198 3	9.369 6	8.650 1	8.021 8	7.470 1	6.983	6.550 9
30	25.807 7	22.396 5	19.600 4	17.292	15.372 5	13.764 8	12.409	11.257 8	10.273 7	9.426 9	8.693 8	8.055 2	7.495 7	7.002 7	6.566

系数表

16%	17%	18%	19%	20%	21%	22%	23%	24%	25%	26%	27%	28%	29%	30%
0.862 1	0.854 7	0.847 5	0.840 3	0.833 3	0.826 4	0.819 7	0.813	0.806 5	0.8	0.793 7	0.787 4	0.781 3	0.775 2	0.769 2
1.605 2	1.585 2	1.565 6	1.546 5	1.527 8	1.509 5	1.491 5	1.474	1.456 8	1.44	1.423 5	1.407 4	1.391 6	1.376 1	1.360 9
2.245 9	2.209 6	2.174 3	2.139 9	2.106 5	2.073 9	2.042 2	2.011 4	1.981 3	1.952	1.923 4	1.895 6	1.868 4	1.842	1.816 1
2.798 2	2.743 2	2.690 1	2.638 6	2.588 7	2.540 4	2.493 6	2.448 3	2.404 3	2.361 6	2.320 2	2.28	2.241	2.203 1	2.166 2
3.274 3	3.199 3	3.127 2	3.057 6	2.990 6	2.926	2.863 6	2.803 5	2.745 4	2.689 3	2.635 1	2.582 7	2.532	2.483	2.435 6
3.684 7	3.589 2	3.497 6	3.409 8	3.325 5	3.244 6	3.166 9	3.092 3	3.020 5	2.951 4	2.885	2.821	2.759 4	2.7	2.642 7
4.038 6	3.922 4	3.811 5	3.705 7	3.604 6	3.507 9	3.415 5	3.327	3.242 3	3.161 1	3.083 3	3.008 7	2.937	2.868 2	2.802 1
4.343 6	4.207 2	4.077 6	3.954 4	3.837 2	3.725 6	3.619 3	3.517 9	3.421 2	3.328 9	3.240 7	3.156 4	3.075 8	2.998 6	2.924 7
4.606 5	4.450 6	4.303	4.163 3	4.031	3.905 4	3.786 3	3.673 1	3.565 5	3.463 1	3.365 7	3.272 8	3.184 2	3.099 7	3.019
4.833 2	4.658 6	4.494 1	4.338 9	4.192 5	4.054 1	3.923 2	3.799 3	3.681 9	3.570 5	3.464 8	3.364 4	3.268 9	3.178 1	3.091 5
5.028 6	4.836 4	4.656	4.486 5	4.327 1	4.176 9	4.035 4	3.901 8	3.775 7	3.656 4	3.543 5	3.436 5	3.335 1	3.238 8	3.147 3
5.197 1	4.988 4	4.793 2	4.610 5	4.439 2	4.278 4	4.127 4	3.985 2	3.851 4	3.725 1	3.605 9	3.493 3	3.386 8	3.285 9	3.190 3
5.342 3	5.118 3	4.909 5	4.714 7	4.532 7	4.362 4	4.202 8	4.053	3.912 4	3.780 1	3.655 5	3.538 1	3.427 2	3.322 4	3.223 3
5.467 5	5.229 3	5.008 1	4.802 3	4.610 6	4.431 7	4.264 6	4.108 2	3.961 6	3.824 1	3.694 9	3.573 3	3.458 7	3.350 7	3.248 7
5.575 5	5.324 2	5.091 6	4.875 9	4.675 5	4.489	4.315 2	4.153	4.001 3	3.859 3	3.726 1	3.601	3.483 4	3.372 6	3.268 2
5.668 5	5.405 3	5.162 4	4.937 7	4.729 6	4.536 4	4.356 7	4.189 4	4.033 3	3.887 4	3.750 9	3.622 8	3.502 6	3.389 6	3.283 2
5.748 7	5.474 6	5.222 3	4.989 7	4.774 6	4.575 5	4.390 8	4.219	4.059 1	3.909 9	3.770 5	3.64	3.517 7	3.402 8	3.294 8
5.817 8	5.533 9	5.273 2	5.033 3	4.812 2	4.607 9	4.418 7	4.243 1	4.079 9	3.927 9	3.786 1	3.653 6	3.529 4	3.413	3.303 7
5.877 5	5.584 5	5.316 2	5.07	4.843 5	4.634 6	4.441 5	4.262 7	4.096 7	3.942 4	3.798 5	3.664 2	3.538 6	3.421	3.310 5
5.928 8	5.627 8	5.352 7	5.100 9	4.869 6	4.656 7	4.460 3	4.278	4.110 2	3.953 9	3.808 3	3.672 6	3.545 8	3.427 1	3.315 8
5.973 1	5.664 8	5.383 7	5.126 8	4.891 3	4.675	4.475 6	4.291 6	4.121 2	3.963 1	3.816 1	3.679 2	3.551 4	3.431 9	3.319 8
6.011 3	5.696 4	5.409 9	5.148 6	4.909 4	4.69	4.488 2	4.302 3	4.13	3.970 5	3.822 3	3.684 4	3.555 8	3.435 6	3.323
6.044 2	5.723 4	5.432 1	5.166 8	4.924 5	4.702 5	4.498 5	4.310 6	4.137 1	3.976 4	3.827 3	3.688 5	3.559 2	3.438 4	3.325 4
6.072 6	5.746 5	5.450 9	5.182 2	4.937 1	4.712 8	4.507	4.317 6	4.142 8	3.981 1	3.831 2	3.691 8	3.561 9	3.440 6	3.327 2
6.097 1	5.766 2	5.466 9	5.195 1	4.947 6	4.721 3	4.513 9	4.323 2	4.147 4	3.984 9	3.834 2	3.694 3	3.564	3.442 3	3.328 6
6.118 2	5.783 1	5.480 4	5.206	4.956 3	4.728 4	4.519 6	4.327 8	4.151 1	3.987 9	3.836 7	3.696 3	3.565 6	3.443 7	3.329 7
6.136 4	5.797 5	5.491 9	5.215 1	4.963 6	4.734 2	4.524 3	4.331 6	4.154 2	3.990 3	3.838 7	3.697 9	3.566 9	3.444 7	3.330 5
6.152	5.809 9	5.501 6	5.222 8	4.969 7	4.739	4.528 1	4.334 6	4.156 6	3.992 3	3.840 2	3.699 1	3.567 9	3.445 5	3.331 2
6.165 6	5.820 4	5.509 8	5.229 2	4.974 7	4.743	4.531 2	4.337 1	4.158 5	3.993 8	3.841 4	3.700 1	3.568 7	3.446 1	3.331 7
6.177 2	5.829 4	5.516 8	5.234 7	4.978 9	4.746 3	4.533 8	4.339 1	4.160 1	3.995	3.842 4	3.700 9	3.569 3	3.446 6	3.332 1

参考文献

[1] 蔡逢敏．生命周期理财理论在个人理财业务中的应用 [D]．北京：对外经济贸易大学，2006．

[2] 任葆同．着力提高货币的时间价值 [M]．武汉：湖北科技出版社，2007．

[3] 蔡重直，谢怀筑．金融理财原理（上）[M]．北京：中信出版社，2007．

[4] 薛媛．个人理财中的所得税筹划 [D]．成都：西南财经大学，2007．

[5] 傅馨瑶．金融理财视角下退休规划研究 [D]．金融经济，2008（12）．

[6] 银行从业资格考试教材．个人理财 [M]．北京：中国金融出版社，2010．

[7] 李善民．个人家庭理财规划（理论与实践）[M]．北京：中国财政经济出版社，2010．

[8] 艾正家，殷林森．金融理财学 [M]．上海：复旦大学出版社，2010．

[9] 蔡昌．揭秘税收规划 [M]．北京：清华大学出版社，2011．

[10] 李国珍．个人税收与筹划 [M]．长春：吉林大学出版社，2011．

[11] 陈雨露，刘彦斌．理财规划师（基础知识）[M]．北京：中国财政经济出版社，2011．

[12] 郭秀兰，王冬吾．个人理财规划 [M]．成都：西南财经大学出版社，2011．

[13] 陈雨露，刘彦斌．理财规划师（专业能力）[M]．北京：中国财政经济出版社，2011．

[14] 吴清泉，陈丽虹，周莉，南旭光．个人理财 [M]．北京：人民邮电出版社，2012．

[15] 卡普尔．个人理财：理财技能培养方法 [M]．北京：中国人民大学出版社，2013．